2023

宁夏经济蓝皮书

《宁夏经济蓝皮书：宁夏经济发展报告（2023）》

主　　编　段庆林　王林伶

宁夏蓝皮书系列丛书

宁夏经济蓝皮书

宁夏经济发展报告

（2023）

宁夏社会科学院 编

主编／段庆林 王林伶

黄河出版传媒集团
宁夏人民出版社

图书在版编目(CIP)数据

宁夏经济蓝皮书：宁夏经济发展报告. 2023 / 段庆林，王林伶主编. -- 银川：宁夏人民出版社，2022.12
（宁夏蓝皮书系列丛书）
ISBN 978-7-227-07760-2

Ⅰ. ①宁… Ⅱ. ①段… ②王… Ⅲ. ①区域经济发展 – 研究报告 –宁夏 – 2023 Ⅳ. ①F127.43

中国版本图书馆 CIP 数据核字(2022)第 246374 号

宁夏蓝皮书系列丛书
宁夏经济蓝皮书：宁夏经济发展报告(2023)

宁夏社会科学院 编
段庆林 王林伶 主编

责任编辑 周淑芸
责任校对 陈 浪
封面设计 张 宁
责任印制 宋 华

黄河出版传媒集团
宁夏人民出版社 出版发行

出 版 人 薛文斌
地 址 宁夏银川市北京东路 139 号出版大厦(750001)
网 址 http://www.yrpubm.com
网上书店 http://www.hh-book.com
电子信箱 nxrmcbs@126.com
邮购电话 0951-5052104 5052106
经 销 全国新华书店
印刷装订 宁夏银报智能印刷科技有限公司
印刷委托书号 （宁）0025087

开本 720 mm × 1000 mm 1/16
印张 23.75
字数 360 千字
版次 2023 年 1 月第 1 版
印次 2023 年 1 月第 1 次印刷
书号 ISBN 978-7-227-07760-2
定价 68.00 元

目　录

总　报　告

分析预测篇

改革开放篇

产业经济篇

绿色经济篇

专题研究篇

区域发展篇

总报告

ZONGBAOGAO

中国式现代化的宁夏实践研究

——2022—2023年宁夏经济形势分析与预测总报告

段庆林

党的二十大报告提出："从现在起，中国共产党的中心任务就是团结带领全国各族人民全面建成社会主义现代化强国、实现第二个百年奋斗目标，以中国式现代化全面推进中华民族伟大复兴。"回顾新中国成立以来宁夏发生的翻天覆地的变化，总结改革开放以来特别是党的十八大以来的成功经验，我们应该以习近平新时代中国特色社会主义思想为指导，积极落实党的二十大精神和自治区第十三次党代会精神，为建设美丽新宁夏、实现共同富裕而奋斗。

一、中国式现代化建设的历程与特色分析

现代化是18世纪以来人类文明的一种前沿变化和国际竞争，是现代文明的形成、发展、转型和国际互动的前沿过程，是文明要素的创新、选择、传播和退出交替进行的复合过程，是追赶、达到和保持世界先进水平的国际竞争和国际分化[①]。现代化一般发生在文明内容、文明形态、国际体系三个层次上。

作者简介：段庆林，宁夏社会科学院副院长，二级研究员，主要研究领域为"一带一路"与内陆开放、中国西北区域经济、宁夏经济社会重大发展战略等。

①何传启.国家现代化的原理与方法——中国现代化报告概要2001~2021［M］.北京大学出版社,2022:13

世界现代化历程，经历了三次浪潮，第一次大浪潮（18 世纪后期到 19 世纪中叶），是自英国工业革命开端，向西欧扩散的早期现代化过程。第二次大浪潮（19 世纪下半叶至 20 世纪初），是工业化向整个欧洲、北美扩散并取得胜利的过程。第三次大浪潮（20 世纪下半叶）是发达工业国家向高工业化升级与欠发达地区的大批国家卷入工业化的过程。[①]现代化是一种文明转型，第一次现代化是从农业文明向工业文明的转型，第二次现代化是从工业文明向知识文明、物质文明向生态文明的转型。

自晚清以来，我国现代化基本经历了三大阶段：一是晚清时期“师夷长技以制夷”的阶段。鸦片战争后，清政府认识到西方技术的先进，但依然认为西方文化是蛮夷文化，更加注重在技术上学习西方。甲午战争后，提出“中学为体，西学为用”，开始掀起学习日本制度的高潮，导致了辛亥革命和新文化运动。二是辛亥革命后的全盘西化阶段。接受了日本技术和文化合一的思想，开始全盘西化，但各种制度改良基本都以失败告终，十月革命给中国送来了马克思主义。三是遵义会议后开始中国式现代化阶段。坚持马克思主义中国化，强调与中国实际相结合，创立了毛泽东思想。

新中国成立后，我党大力推进四个现代化。宁夏第一次现代化在改革开放前取得了一定的成绩，1957—1977 年，宁夏工业化率从 7.8%提高到 44.1%。改革开放，宁夏工业内部大力实现现代化，突出特征是实现了城镇化。1978—2021 年，宁夏人均 GDP 水平从 370 元提高到 62549 元，工业化率从 43.3%下降到 37.1%，传统工业比重下降，而高新技术产业和现代服务业比重提升，城镇化率从 17.2%提高到 66.04%。改革初期虽然也有全盘西化的思潮，但最终我党创立了邓小平理论、“三个代表”重要思想、科学发展观和习近平新时代中国特色社会主义思想。实践证明：中国共产党为什么能，中国特色社会主义为什么好，归根到底是马克思主义行，是中国化时代化的马克思主义行。我党坚持把马克思主义基本原理同中国具体实际相结合、同中华优秀传统文化相结合，形成了习近平新时代中国特色社

①罗荣渠. 现代化新论——世界与中国的现代化进程（增订本）[M]. 商务印书馆，2004：序言第 6 页

会主义思想，实现了马克思主义中国化新的飞跃。

中国的现代化是在一穷二白、人口众多、工业化基础薄弱等基本国情之上实现的。1954 年，中央提出要实现工业、农业、交通运输业和国防四个现代化的任务，1964 年正式提出把我国建设成为一个具有现代农业、现代工业、现代国防和现代科学技术的社会主义强国宏伟目标。实现共同富裕，是社会主义的本质要求，是中国共产党人的根本价值取向。以毛泽东同志为主要代表的中国共产党人首倡共同富裕，主张通过人民内部平等来推动社会发展，通过实施区域平衡发展战略，把医疗卫生工作的重点放到农村去，城乡居民人均预期寿命大幅度提高，人均预期寿命从新中国成立初期的 35 岁左右增加到 1981 年的 65.77 岁。改革开放以来，1984 年邓小平进一步提出“两步走”战略。到 2021 年，我国已经全面建成小康社会，打赢了脱贫攻坚战，解决了区域性绝对贫困问题。2017 年 10 月，党的十九大作出实施“两个十五年”现代化建设的安排。中国式现代化是以“人”为核心的现代化，也是“以人民为中心”的现代化。以满足人民日益增长的美好生活需要为根本目的，努力增强人民的获得感、幸福感。中国式现代化是全体人民共同富裕的现代化，共同富裕是物质富足和精神富有有机统一的共同富裕。我们要努力走出一条经济繁荣、民族团结、环境优美、人民富裕的具有宁夏特色的现代化之路。

党的十八大把大力推进生态文明建设列入“五位一体”总体布局，树立尊重自然、顺应自然、保护自然的生态文明理念，坚持节约优先、保护优先、自然恢复为主的方针，着力推进绿色发展、循环发展和低碳发展。2015 年 10 月，在党的十八届五中全会上，提出了创新、协调、绿色、开放、共享的发展理念。2020 年 10 月，党的十九届五中全会通过的《中共中央关于制定国民经济和社会发展第十四个五年规划和二〇三五年远景目标的建议》提出，要加快构建以国内大循环为主体、国内国际双循环相互促进的新发展格局。我国已经进入了全面建设社会主义现代化国家、向第二个百年奋斗目标进军的新发展阶段。党的二十大已经确定了建设中国式现代化的宏伟目标，我们一定要主动融入新发展格局，完整、准确、全面贯彻新发展理念。中国式现代化是走和平发展道路的现代化，与一些国家通过战争、殖民、掠夺等方式实现现代化的老路根本不同，要高举和平、发展、合作、共赢旗帜，努力构建人类命运共同体。

据何传启现代化测评，中国第一次现代化指数从 1950 年的 26.1 上升到 1980 年的 53.9，上升到 2018 年的 100；第二次现代化指数从 1970 年的 21 提升到 2018 年的 45.4，处于世界第 48 位。2018 年，美国等 21 个国家为发达国家，俄罗斯等 20 个国家为中等发达国家，中国等 37 个国家为初等发达国家，肯尼亚等 53 个国家为欠发达国家。中国综合现代化指数从 1980 年的 21.1 上升到 2018 年的 47.6，世界排名从第 103 位提高到第 65 位。

党的二十大报告指出："中国式现代化，是中国共产党领导的社会主义现代化，既有各国现代化的共同特征，更有基于自己国情的中国特色。""中国式现代化是人口规模巨大的现代化，是全体人民共同富裕的现代化，是物质文明和精神文明相协调的现代化。中国式现代化是人与自然和谐共生的现代化，是走和平发展道路的现代化。"并提出了中国式现代化的本质要求。

二、党的十八大以来宁夏现代化建设取得辉煌的成绩

党的十八大以来，中国取得了历史性成就。十年来，自治区党委、政府始终坚持发展是解决一切问题的基础和关键，久久为功，各项事业取得显著成就，主要体现在以下几方面。

一是坚持改革开放不动摇，经济发展实现了量的跨越和质的提升。开展宁夏内陆开放型经济试验区建设，努力弥补开放不足这个突出短板，积极融入国内国际双循环格局。2011—2021 年，宁夏地区生产总值从 1931.9 亿元增加到 4522.3 亿元，连续跨过 3 个千亿大关，地区综合实力显著增强。人均 GDP 从 30161 元提高到 62549 元。实施创新驱动战略，按照高质量发展要求，积极引进开发现代煤制油技术等高新技术，促进了产业转型升级，建成全国首个国家新能源综合示范区、全国最大的煤制油和煤基烯烃生产基地，新能源、新材料、高端装备制造业等战略性新兴产业长足发展，初步实现了经济增长的动能转换和效率变革。

二是解决了区域性绝对贫困，与全国同步全面建成小康社会。按照

《中共中央 国务院关于打赢脱贫攻坚战的决定》，聚焦“两不愁三保障”，解决了80.3万人的绝对贫困，9个贫困县全部摘帽，闽宁协作成为全国东西部协作典范，全面建成小康社会。十年来宁夏城乡居民人均可支配收入分别增长了1.96倍和2.26倍，贫困地区群众收入更是增长了2.63倍。坚持以人民为中心的发展理念，实施“六大提升行动”，财政支出绝大多数用于民生项目。在全国率先实现基本医疗保险等“四个全覆盖”。实现了社会和谐稳定、百姓安居乐业、民族团结与宗教和顺。目前正在加快建设乡村全面振兴样板区，促进巩固脱贫攻坚成果同乡村振兴有效衔接。

三是坚持生态优先、绿色发展，黄河流域生态保护和高质量发展先行区建设取得显著成绩。十年来，自治区党委、政府大力推进生态文明建设，坚持“绿水青山就是金山银山”的理念，开展山水林田湖草沙综合治理，实施了贺兰山、六盘山、罗山综合治理，黄河“四乱”整治和腾格里沙漠污染、星海湖生态环境问题整改等。积极打赢污染防治攻坚战，构建绿色制造体系，淘汰高污染高耗能项目及设备，提高资源利用效率。美丽宁夏建设取得显著成绩，森林覆盖率从11.9%提高到16.9%。近年来，在黄河流域率先推进“四水四定”方案，出台《宁夏回族自治区建设黄河流域生态保护和高质量发展先行区促进条例》，先行区建设取得显著成绩。

四是加快建设铸牢中华民族共同体意识示范区，推动民族团结工作走在全国前列。民族团结、宗教和顺是宁夏靓丽的名片，十年来，从着力打造全国民族团结进步示范区到加快建设铸牢中华民族共同体意识示范区，宁夏民族、宗教工作走在全国前列。坚持“三个离不开”思想、增强“五个认同”理念，促进各民族交往交流交融，建设互嵌式社区。依法加强宗教事务治理，开展“三化”问题治理，推动宗教中国化，全面构筑中华民族共有精神家园，呈现出民族团结、宗教和顺的良好局面。

五是坚持全面从严治党，严格执行中央八项规定，宁夏党风政风焕然一新。十年来，历经党的群众路线、“三严三实”、“两学一做”、“不忘初心、牢记使命”主题教育和党史学习教育等党内集中教育的思想洗礼，深刻领悟“两个确立”，坚决做到“两个维护”，更加坚定“四个意识”“四个自信”，严格落实中央八项规定，党风廉政建设不断加强，党的先进性、纯洁性更加体现。

三、2022 年度宁夏经济形势分析

自治区第十三次党代会提出了坚持“一个指导”、统筹“两件大事”、加快“三区建设”、紧盯“四新任务”、实施“五大战略”的思路、任务，为全面建设社会主义现代化美丽新宁夏作出了全新的擘画和部署。2022 年上半年，宁夏实现 GDP 增速居全国第一的好成绩，前三季度 GDP 增速居全国第 4 位，这是习近平新时代中国特色社会主义思想的科学指引，是自治区党委、政府弘扬“社会主义是干出来的”实干精神、凝心聚力、全区人民团结奋斗的结果。

一是高标准落实了稳住经济大盘的任务。2022 年以来，宁夏经济保持了较高的增长势头，在全国经济面临严峻挑战之际，自治区党委、政府对宁夏发展提出了更高的标准，坚持大抓发展、抓大发展、抓高质量发展，坚决打好“七大战役”，出台了稳保促“50 条”“25 条”“45 条”、消费恢复“30 条”等一系列政策措施，促进了经济健康稳定发展，着力实现了保市场主体保就业保民生。2022 年 1—9 月，全区地区生产总值同比增长 4.9%，三次产业增加值分别增长 5.3%、7.6% 和 2.6%。农业增加值增长 5.3%，居全国第 1 位。全区 2499 个重大项目开复工率达到 100%，100 个重点项目投资完成率达 114.2%。1—11 月，固定资产投资同比增长 10.3%，居全国第 3 位，其中基础设施投资增长 18.2%，扭转了多年基础设施投资负增长局面。制造业投资增长 33.2%，高新技术投资、工业技改投资大幅度增长，民间工业投资增长 38%。产业转型升级取得积极成效，发展动能加速转换，发展质量效益稳步提升。1—11 月，宁夏高技术投资同比增长 37.2%，规模以上高新技术制造业增加值增长 31.6%，装备制造业增加值增长 25.2%。1—10 月，软件和信息技术服务业营业收入增长 49.5%，规模以上工业企业利润总额增长 4.8%。

二是得力于能源及大宗商品价格上涨带动了经济加快发展。受市场影响，煤炭及资源类原材料等商品价格上涨。2022 年 1—11 月，全区规模以上工业增加值增长 8.0 %，居全国第 5 位。其中轻工业增长 14.5%，重工业

增长 7.4%，制造业增加值增长超过采矿业和电力等生产和供应业。十大工业行业中，医药、冶金、轻纺、机械、煤炭等行业高速增长。主要工业产品中，风电机组、生铁、化肥、单晶硅、原药、铝材、乳制品、原煤等增长幅度较大。全区货物进出口总额同比增长 39.5% ，居全国第 4 位。其中进口额增长 62.6%，出口额增长 33.7%。苏氨酸、电极碳糊、毛皮衣服、碳化硅、披巾面纱等实现成倍增长，金属锰、铁合金、活性炭、双氰胺、机床及铸件、枸杞等产品出口形势喜人。高新技术产品、机电产品实现进出口高速增长，民营企业成为进出口主力军，保税物流方式的进出口地位进一步提升。

三是高效统筹了疫情防控和经济社会发展。近年来，新冠疫情对接触性、聚集性服务消费造成很大影响，2022 年以来宁夏是全国防疫形势最好的省区之一。自治区党委、政府始终把保市场主体保就业保民生放在首要位置，妥善统筹好疫情防控和经济社会发展的关系，抢抓疫情好转机遇，积极举办 2022 中国面食博览会暨第二届吴忠早茶美食文化节、第五届枸杞产业博览会等各类活动，促进消费恢复。2022 年 1—11 月，在下半年疫情严重影响形势下，全区消费品零售总额增长率与上年同期持平，饮料类、烟酒类、书报杂志类、日用品类、通信器材类等商品快速增长。11 月末，全区登记市场主体总量增长 6.5%，城镇新增就业 7.85 万人，农村劳动力转移就业 82.19 万人，就业形势总体平稳。1—9 月，宁夏城乡居民人均可支配收入分别增长 5.3%和 7.3%，增速均高于全国平均水平。

四、高度关注若干发展与安全重大问题

目前，国内外经济形势异常复杂多变，国际上逆全球化趋势及其美西方对中国的围堵遏止，俄乌冲突导致的粮食危机、能源危机，国外量化宽松政策导致的大宗商品通货膨胀，新冠疫情持续频繁发作，使得统筹发展和安全任务艰巨。党的二十大报告强调“推进国家安全体系和能力现代化，坚决维护国家安全和社会稳定”，自治区第十三次党代会也强调“必须统筹发展和安全”，以大安全保大发展已经成为各界共识，尤其要关注以下重大问题。

（一）后全球化时代的高水平开放与双循环经济

自1970年代信息革命以来，全球化成为世界经济发展的重要趋势，生产要素跨国跨地区流动，国际分工进入以水平分工为主的新阶段，全球化供应链成为世界经济高速增长的动力。中国在改革开放和加入WTO以后，融入现代世界经济体系，创造了中国奇迹。2008年美欧金融危机后，区域经济一体化兴起，开始出现逆全球化倾向。2017年美国特朗普政府发动中美贸易战，进入后全球化的大拆解时代，全球化时代的比较优势逻辑和资本逐利逻辑，逐步被安全逻辑和价值逻辑取而代之①。2022年俄乌战争，更是破坏了西方特别是欧洲对俄罗斯的能源依赖。美国把中国作为优先且唯一的全球性竞争对手，加快降低对中国市场和产业链的依赖，在高科技、高端设备和金融体系方面也逐步与中国脱钩。特别是8月出台的美国《芯片科技法案》，对中国科技产业发展造成了很大的隐患，一些外贸型的中国制造工厂，被迫将先进生产线迁移到了东南亚和印度，民间投资增长率和工业增加值增长率显著下降。2020年，党中央明确提出加快形成以国内大循环为主体、国内国际双循环相互促进的新发展格局。中国长期实行外向型经济战略，成为世界工厂，形成超越内需的巨大产能，在后全球化时代，扩大内需是消化产能的重要方式。2022年4月，中共中央、国务院颁布了《关于加快建设全国统一大市场的意见》；12月，中共中央、国务院印发了《扩大内需战略规划纲要（2022—2035年）》。党的二十大提出“推进高水平对外开放”，也是加强建设贸易强国的重要举措。我国具有制造业大国和超大规模市场优势，2022年，习近平总书记出席了G20会议、亚太经合组织第二十九次领导人非正式会议、首届中阿峰会等，积极推进“一带一路”高质量发展。

据2017年宁夏投入产出表，在总产出中，宁夏国内省外流出量占30.3%，国内省外流入量占71.3%，出口量占3.3%，进口量占1.3%，可见，国内省外流出量是出口额的9.3倍，国内省外流入量是进口额的53.1倍，宁夏货

①孙立平.大拆解后面临的什么：在西方是供给，在中国是需求［EB/OL］.孙立平社会观察，2022-11-14；佐尔坦·波尔兹萨尔.战争、通胀、经济与中美俄欧的地缘政治博弈［EB/OL］.瑞信，2022-08-24

物贸易最主要的地区是国内省区。积极融入以国内市场为主的新格局是宁夏经济发展的主要目标。宁夏出口量最大的行业是化学产品、农林牧渔产品和服务、金属冶炼和压延加工品、纺织服装鞋帽毛皮革羽绒及其制品等。宁夏进口量最大的行业是石油和天然气开采产品、金属矿采选产品、石油炼焦产品等原材料。宁夏流入外省的产品主要是化学产品、金属冶炼和压延加工品、仪器仪表、石油炼焦产品、食品、纺织品、煤炭等。外省流入宁夏的产品主要来自建筑业、批发和零售业、交通运输仓储邮政业等服务业，专用设备、仪器仪表、化学产品等制成品，宁夏对外省产品和服务依赖广泛，且对服务业需求比重逐步提升。2022 年，宁夏进出口形势继续恢复至新冠疫情之前水平，尤其是国际市场价格上涨诱致了出口高速增长。

表 1　宁夏历年进出口额变化

年　份	进出口总额(亿元)	出口总额(亿元)	进口总额(亿元)	外贸依存度(%)
1978	0.46	0.34	0.12	3.5
1990	4.05	3.67	0.39	6.3
2000	36.67	27.10	9.57	12.4
2006	114.94	75.37	39.57	16.8
2012	140.03	103.67	36.35	6.6
2017	341.29	247.71	93.59	10.7
2018	249.16	180.48	68.69	7.1
2019	240.62	148.92	91.70	6.4
2020	123.17	86.68	36.49	3.1
2021	214.00	174.81	39.23	4.7
2022 年 1—11	236.90	181.40	55.50	

资料来源：《宁夏统计年鉴 2021》及相关资料。

（二）后疫情时代的经济复苏及其社会治理

自 2019 年底至今，全球深受新冠疫情影响已经三年了，我国新冠疫情防控及其对经济的影响大致可以划分为三大阶段。

一是 2019 年 12 月 27 日至 2020 年 4 月 28 日武汉保卫战为主的时期。2019 年，从发现不明原因肺炎疫情到确定病毒基因序列信息，实行了最严格的防控措施，一个月经济几乎暂时停摆。宁夏经济在 2018 年时因中美贸易摩擦和国内三期叠加影响，进出口额和固定资产投资大幅度下降。2019

年下跌已经出现大幅度收缩的迹象。受新冠疫情影响，2020 年 1—2 月，宁夏全社会消费品零售额增长率下降 18.3%，工业增加值增长率下降 3.8%。随后国家坚持统筹疫情防控和经济社会发展，经济进入恢复阶段，其中生产恢复快于消费恢复。到 4 月底，打赢了武汉保卫战。

二是 2020 年 4 月 29 日至 2022 年 12 月 7 日的全国新冠疫情防控常态化时期。2020 年 5 月 7 日，国务院联防联控机制印发《关于做好新冠肺炎疫情常态化防控工作的指导意见》，实行精准防控、外防输入、内防反弹的政策。从最初毒性大的新型冠状病毒，2020 年 10 月出现德尔塔毒株，到 2021 年 11 月出现的奥密克戎变异毒株，奥密克戎毒性小但传播快。三年来，我国先后出台了九版防控方案和诊疗方案，始终把人民生命安全和身体健康放在第一位，防疫政策赢得了新冠病毒致病力、毒性持续下降，对症药物研发大量推出，全民广泛接种疫苗的三大宝贵窗口期，避免了全国数百万人死亡，实现了以最小的代价取得最好效果的目标。宁夏疫情防控工作成效显著。2020 年，宁夏进出口额下降 48.8%，全社会消费品零售总额下降 7%，GDP 增长率虽然保持了正增长（3.9%），但也是经济受疫情影响最大的一年，消费品零售额全年均在持续下降。2021 年，进出口增长率逐月加快，GDP 及工业增加值增长率已经恢复到了疫情之前的水平。2022 年，预计全年地区生产总值达到 5000 亿元以上，增长 5%左右，进出口额和工业增加值继续保持较高增长率，固定资产投资增长率也达到了较高水平，唯有疫情对消费市场影响继续增加。

三是 2022 年 12 月 7 日国务院发布疫情防控新十条后的后疫情时期。11 月 11 日，国务院联防联控机制发布了《关于进一步优化新冠肺炎疫情防控措施科学精准做好防控工作的通知》，二十条措施放松了监测隔离政策。12 月 7 日，发布《关于进一步优化落实新冠肺炎疫情防控措施的通知》，开启了从动态清零到全民免疫的模式转换。26 日，国家卫生健康委公告将新型冠状病毒肺炎更名为新型冠状病毒感染，将其从“乙类甲管”调整为“乙类乙管”。中央的决策综合考虑了经济发展、社会安定、就业和民生、国际交往等诸多因素，努力寻找各方利益的平衡点，以及放开的最佳契合点。宁夏是三年新冠疫情防控的模范生，各级政府和群众付出了艰辛的努力，目前宁夏正面临着放开后的疫情反弹，从以防为主转向以医为主模式，出现了一些新情况新挑战。由于新冠病毒变异频繁，未来很可能依然会有多波疫情，甚至与病毒长期共存。不要以为一放开就会形成全体免疫屏障，那些比我们很早就放开的国家，如今依然被新冠疫情反复地侵扰。应该加快推进老年人新冠病毒疫苗接种，保障药物有效供给，积极关注重症率变化，防止出现医疗资源挤兑情况。我们要直面疫情，直至将疫情对经济和社会的影响降到最低，将生产和生活逐步恢复到正常的状态，坚决打赢新冠疫情防控攻坚战。

表 2　宁夏主要经济指标增长情况

单位:%

年　份	GDP 增长率	工业增加值增长率	全社会消费品零售额增长率	进出口额增长率	全社会固定资产投资增长率
2018	6.8	8.0	4.8	–27.0	–18.2
2019	6.5	7.4	5.2	–3.3	–11.1
2020	3.9	4.2	–7.0	–48.8	4.0
2021	6.7	7.9	2.6	73.4	2.7
2022 年 1—11 月		8.0	持平	39.5	10.3

资料来源：宁夏历年统计年鉴、统计公报及月报。

（三）经济收缩时期的稳增长、稳就业、稳物价和防范化解重大风险

改革开放以来特别是加入 WTO 以后，中国经济高速增长形成了扩张性思维，当 2008 年美西方陷入长期金融危机，中美贸易摩擦乃至国际疫情的冲击，逆全球化思潮兴起；当中国人口自然增长率逐步下降，三期叠加后出现经济新常态，党中央作出我国经济已由高速增长阶段转向高质量发展阶段，提出贯彻新发展理念，构建新发展格局。2022 年，中央经济工作会议要求“突出做好稳增长、稳就业、稳物价工作，有效防范化解重大风险”。前些年宁夏中银绒业、宝塔石化等一些知名企业出现资金链断裂等情况，就是没有及时调整扩张性思维的结果。当前宁夏经济虽然逐步恢复，但复苏基础尚不牢固，需求收缩、供给冲击、预期转弱三重压力仍然较大，尤其要注重防范化解重大风险。

一是积极稳住经济大盘。2022 年，虽然全国完成了经济实现正增长的目标，但经济增长的基础依然不够稳定，当前经济运行面临一些突出的矛

盾和问题，各种不确定因素依然存在。受疫情等影响，宁夏要再接再厉，坚持保增长及“六稳”“六保”不松懈，力争实现最好结果。近年来，全国经济进入新常态，特别是新冠疫情影响较大，一些行业停产停业甚至个别企业破产倒闭，失业多，就业难，一部分居民收入水平下降，要更加重视民生问题。受疫情等影响，宁夏地方一般公共预算收入从2018年的436.5亿元减少到2020年的419.4亿元，绝大多数市县财政收入减少；2021年财政收入回升至460亿元，2022年1—11月宁夏地方一般预算收入达到426.02亿元，接近2021年水平，增速居全国第6位，但地方政府财政压力依然较大。2022年，中国经济增长速度预计首次低于印度、越南等周边国家，当前经济工作重点是着力稳增长、稳就业和稳物价，保持经济运行在合理区间。

二是人口增长减缓及其老龄化问题。2010—2021年，宁夏总人口从630多万人增加到725万人，增加了95万人，这是宁夏经济繁荣、宜居宜业的写照。但人口增长减缓，人口自然增长率从2000年的11.92‰下降到2021年的5.53‰。宁夏山区多数县总人口减少，川区个别县区产业衰退导

表3　宁夏各地区人口变动

单位：人

地　区	2020年	2010年	人口变动	地　区	2020年	2010年	人口变动
全　区	7202654	6301350	901304	红寺堡区	197604	165016	32588
银川市	2859074	1993088	865986	盐池县	159209	146560	12649
兴庆区	808282	678306	129976	同心县	320801	318153	2648
西夏区	449559	329310	120249	青铜峡市	244309	264717	-20408
金凤区	643952	282554	361398	固原市	1142142	1228156	-86014
永宁县	321618	218260	103358	原州区	471329	411854	59475
贺兰县	341507	222981	118526	西吉县	315827	354321	-38494
灵武市	294156	261677	32479	隆德县	109451	160754	-51303
石嘴山市	751389	725482	25907	泾源县	85023	101026	-16003
大武口区	298292	286669	11623	彭阳县	160512	200201	-39689
惠农区	178891	185803	-6912	中卫市	1067336	1080832	-13496
平罗县	274206	253010	21196	沙坡头区	399796	378606	21190
吴忠市	1382713	1273792	108921	中宁县	334022	312921	21101
利通区	460790	379346	81444	海原县	333518	389305	-55787

资料来源：宁夏人口普查资料。

致人口流失。2020 年，宁夏 60 岁及以上老年人口占总人口比重达到 13.53%，已经进入老龄化社会。2022 年，中国的人口自然增长率预计首次出现零增长，表示很可能将失去改革开放以来的人口红利。在人口收缩形势下，中央多次强调要推进超大特大城市瘦身健体，严控中心城市规模无序扩张，严控撤县建市设区等。宁夏要实施积极应对人口老龄化战略，建立生育支持政策体系，积极支持人口合理流动，严控人口收缩地区的盲目扩张及其房地产过度开发。

三是警惕房地产下行风险。宁夏房地产业经历了 2007—2014 年的高投资高销售阶段，又经历了 2015—2019 年房地产固定资产投资负增长及销售额高增长的阶段。随着国内大型房地产企业入驻宁夏市场，宁夏土地出让价格上涨，商品房价格出现补涨行情。2020—2021 年银川市房价涨幅在全国主要城市中位居第一，银川市连续出台“银八条”政策调节房地产市场。2021 年，宁夏新开工面积和竣工面积大幅度增长，而销售不畅。2022 年 1—11 月，宁夏房地产开发投资同比下降 9.5%，商品房销售面积下降 27.8%，特别是受疫情等影响，住宅、商业营业用房和办公楼销售额均大幅度减少。房地产业涉及面广泛，目前房地产需求侧为居民购房意愿处于低谷，一些烂尾楼项目对民生影响较大。

四是预防通货膨胀的影响。近年来，西方国家实行量化宽松政策，新冠肺炎疫情后，开始出现供给不足引发的全球供应链危机。2020 年下半年起，大宗商品价格开始攀升。2022 年 2 月俄乌战争发生后，更是出现能源、粮食危机。煤炭、天然气价格居高不下，黑色有色金属价格坚挺，农产品价格也出现上涨。国外大宗商品价格暴涨刺激了中国出口快速增长，也引发了国内生产资料价格上涨。2021 年，宁夏居民消费价格比上年上涨 1.4%，而工业生产者出厂价格、工业生产者购进价格分别上涨高达 19.9%和 20.8%，农产品生产者价格上涨 6.5%。2022 年 1—11 月，宁夏居民消费价格同比上涨 1.6%，宁夏工业生产者购进价格、工业生产者出厂价格分别同比上涨 19%、12.2%，涨幅分别位于全国第 2 位和第 5 位，工业出厂价格涨幅低于工业购进价格涨幅，生产资料价格暴涨将挤压下游中小微企业的利润空间。特别是在保障粮食安全的要求下，宁夏增加了粮食种植，但随着种子、农药、化肥等农业生产资料价格大幅度上涨，出现农产品销售、储藏困难等问题。宁夏要进一步稳定通胀预期，维持物价稳定，防止“滞涨”风险。

五、宁夏推进中国式现代化建设的政策建议

2023年，国内外经济形势不确定因素增加，但经济大概率将走出新冠疫情三年来的影响。中央要求从战略全局出发，从改善社会心理预期、提振发展信心入手，纲举目张地做好经济工作。近日，自治区党委、政府召开会议，学习贯彻中央经济工作会议精神，要求把思想统一到党中央决策部署上来。宁夏经济将坚持稳中求进工作总基调，优化五大政策组合，把握好“六个更好统筹”，抓好五个方面重点工作，持续用力大抓发展、抓大发展、抓高质量发展，为全面建设社会主义现代化国家作出宁夏贡献。

（一）把思想和行动统一到中央对经济形势的分析判断和决策部署上来

一是坚持以经济建设为中心。认真落实党的二十大精神和自治区第十三次党代会精神，认真落实疫情要防住、经济要稳住、发展要安全的要求。发展是党执政兴国的第一要务，必须坚持社会主义市场经济改革方向，充分发挥市场在资源配置中的决定性作用，更好发挥政府作用。市场是资源配置最有效的手段，社会主义市场经济是一个伟大创造，即使在大数据时代，也难以重走计划经济老路。高质量发展是全面建设社会主义现代化的首要任务，实现质的有效提升和量的合理增长，是高质量发展最基本的要求。必须完整、准确、全面贯彻新发展理念。

新发展理念是一个整体，必须坚持系统观念，做好“六个更好统筹”，抓住主要矛盾和矛盾的主要方面，坚持以人民为中心，以新发展理念指导引领全面深化改革开放。针对当前经济形势，必须继续实施积极的财政政策和稳健的货币政策，积极的财政政策要加力提效，稳健的货币政策要精准有力，产业政策要发展和安全并举，科技政策要聚焦自立自强，社会政策要兜牢民生底线。宁夏要积极融入新发展格局，以中国式现代化为引领加快美丽新宁夏建设。

二是切实落实“两个毫不动摇”。针对社会上对是否坚持“两个毫不动摇”的不正确议论，中央经济工作会议作出了明确的表态。近年来，民营

经济受到市场竞争、新冠疫情和环保治理政策的影响，出现了一些问题，也出现了“私营经济离场论”等杂音。2022年1—11月，全国固定资产投资同比增长5.3%，其中民间投资仅增长1.1%，主要还是消费品生产受到疫情等影响；而宁夏固定资产投资同比增长10.3%，其中民间投资增长12.3%，尤其是民间工业投资增长高达38%，宁夏民间投资并没有受到过多负面的影响。中央强调：“要从制度和法律上把对国企民企平等对待的要求落下来，从政策和舆论上鼓励支持民营经济和民营企业发展壮大。依法保护民营企业产权和企业家权益。”为民营经济发展提供了制度保证。

三是激发全社会干事创业的活力。2018年，中共中央办公厅印发了《关于进一步激励广大干部新时代新担当新作为的意见》，提出树立正确用人导向，建立健全容错纠错机制，充分调动和激发干部队伍的积极性、主动性、创造性。2022年12月6日，中共中央政治局会议强调“要坚持真抓实干，激发全社会干事创业活力，让干部敢为、地方敢闯、企业敢干、群众敢首创”。要以“百米赛”的冲劲、“马拉松”的韧劲、“跳起来摘桃子”抢抓机遇的精神，落实真抓实干的要求。解放思想、勇于创新，是我党特别是改革开放以来重要的精神品质，鼓励各级干部群众敢想敢干，提倡首创精神，将为新时代经济工作带来巨大活力。

（二）着力实施扩大内需战略

中央经济工作会议强调“要更好统筹供给侧结构性改革和扩大内需”，从以坚持供给侧结构性改革为主线，到更好统筹供给侧改革和实施扩大内需战略，更加强调既通过高质量供给创造有效需求，又支持以多种方式和渠道扩大内需。

一是把恢复和扩大消费摆在优先位置。目前宁夏经济主要问题是市场和消费还远远没有恢复到新冠疫情之前的水平。新冠疫情对中小微企业和旅游业、航空业、电影业等服务类消费类市场主体影响很大。商品零售额中，服装鞋帽针纺织类、化妆品类、日用品类、文化办公用品类、汽车类等商品销售额下降。希望通过放开快速闯过自然免疫的大关，努力减轻对微观主体的影响，努力增加就业和收入。宁夏经济以国内市场为主，要积极落实《扩大内需战略规划纲要（2022—2035年）》政策，培育完整内需体系，充分发挥国内超大规模市场优势，强化产业配套能力，积极融入国内经济循环。继续深化收入分配改革，多渠道增加城乡居民收入，提高中等收入群体比重，开展“消费需求促进年”活动，发放消费券，加强城乡低收入人群生活保障，支持住房改善、新能源汽车、养老服务等消费，增强消费对经济发展的基础性作用。

二是坚持扩大有效投资，进一步增强市场主体信心。近期中央政策强调坚持稳中求进工作总基调，在扩大需求上积极作为，支持地方政府用足用好专项债务限额，用好基础设施建设投资基金。在经济紧缩时期，要保持财政和货币政策的相对稳定，保持流动性合理充裕，实施跨周期和逆周期宏观调控政策，努力增加政府投资在市场中的中流砥柱作用，增强民营企业市场信心。一定的经济增长速度，是建设美丽新宁夏，缩小地区差距，与全国同步实现现代化的内在要求，也是实现共同富裕的物质基础。保市场主体，就是稳增长，也是稳就业。加大制造业投资支持力度，充分发挥投资对优化供给结构的关键作用。充分发挥政府作用，一方面要增加政府基础设施投资，积极争取黑山峡水利枢纽工程、银太高铁等国家重大项目上马。自 2018 年以来，宁夏长期基础设施投资处于负增长态势。2022 年1—11 月，宁夏基础设施投资增长 18.2%，全区基础设施投资开始高速增长，未来可能进入基础设施投资增速高于 GDP 增速的新阶段，要积极拓展 5G、大数据中心、人工智能、工业互联网、特高压、新能源汽车充电桩、城市轨道交通等新基建投资空间，弥补传统基建的欠账，加快银川至包头高铁建设，努力争取黑山峡水利枢纽工程、银川至太原高铁等项目上马建设。要高度重视行政事业单位及公共设施的危房改造更新。另一方面也要完善社会保障体系，实施好“六大提升行动”，要积极关注生态移民和城市困难群体的生活，加强政策兜底力度。

三是积极推进高水平对外开放。中国越来越成为世界重要的消费市场，国内市场对国际经济影响力逐步提升。宁夏应该继续巩固“一带一路”和欧美日韩等传统市场，充分利用中阿峰会机遇开辟中东阿拉伯国家市场，积极扩大先进技术、重要设备、能源资源等产品进口。

（三）加快建设现代化产业体系

一是狠抓传统产业改造升级和战略性新兴产业培育壮大。宁夏要把发展经济的着力点放在实体经济上，加快发展“六新六特六优”产业，加快传统产业改造升级，培育壮大战略性新兴产业，构建现代化经济体系，推动制造业高端化、智能化、绿色化发展。

实施产业振兴战略，加快产业转型升级。宁夏传统产业依然占据较大比重，要高度重视传统产业，加快改造传统产业。宁夏传统产业改造升级的空间依然很大，要深入实施新型工业强区计划，高度重视利用先进技术提高传统产业的生产效率，利用更高端的工艺和工程技术提高产品的质量和价值，利用国内超大规模市场需求培育本土自主品牌。加快新型材料、清洁能源、装备制造、数字信息、现代化工、轻工纺织“六新”产业发展，注重产业链、供应链、价值链的整合和升级，通过龙头企业来促进全产业链的资金、人才、技术、渠道、品牌等生产要素的协同发展，从提高效率上要效益。应该积极培育“专精特新”企业，把培育全区全国全球“隐形冠军”企业作为提高市场竞争力的关键。要积极支持优势企业“走出去”，掌握海内外产业链主导权。还应该积极支持石嘴山老工业基地转型升级，坚持工业强市不动摇，加快灵武等地羊绒工业和生态纺织业的重组与振兴。加快构建绿色制造体系，以信息技术、环保技术再造宁夏工业新优势。

实施创新驱动战略，实现中国式现代化动力变革。围绕主导产业科技攻关。突出“四个面向”战略导向，围绕产业链布局创新链，实施创新主体培育工程，加快建设全国东西部科技合作引领区，加大科技成果转化应用。推动“科技—产业—金融”良性循环。整合产学研用等各方面资源，构建融通创新循环生态，拓宽科技创新企业融资渠道，形成协同发展格局。积极发展战略性新兴产业。加快新能源、人工智能、生物制造、绿色低碳、量子计算等技术研发和应用推广。深入实施数字赋能计划，大力发展数字经济，建成国家“东数西算”示范等“三大基地”。在建成风电光伏、锂电池产业等一批特色优势产业链基础上，抢占储能、氢能源产业机遇，尽早融入新能源汽车产业链。大力建设国家第一条以开发沙漠光伏大基地、输送新能源为主的特高压输电通道——“宁电入湘”工程及其配套项目，开展“新能源+储能"示范应用，建设国家级新能源综合示范区。形成光伏材料、化工新材料、锂电子电池材料、高性能金属材料、精细化工材料5个新材料产业集聚区，促进化工新材料与轻纺产业链的融合发展。重点推进高端工业母机、清洁能源装备、智能矿山装备、现代农业装备、智能绿色铸造、智能仪器仪表、电工电气、高端环保装备、关键零部件等高端装备制造业。

二是保持产业链供应链安全的三大重点。逆全球化使国际经济的比较优势逻辑逐步向安全逻辑转换，疫情加速了全球产业链调整。中央提出产业政策要发展和安全并举，未来提高产业链的稳定性、安全性和竞争力，宁夏应该关注三大重点。一个重点是紧紧围绕制造业重点产业链，找准关键核心技术和零部件薄弱环节，聚焦"卡脖子"技术，实施重大技术装备攻关工程，确保产业链安全。宁夏在国内国际产业分工中处于较低层次，依赖于能源消耗、劳动密集等环节，要积极强化产业链招商，做好产业链延链补链工作。另一个重点是加强重要能源、矿产资源区内勘探开发和增储上产，建立信任关系，保持金属矿及矿砂、机电、多晶硅等主要进口商品供应链安全，做好外省区煤炭、天然气等大宗商品输入供应工作。积极开发盐池两大千亿方级大气田，优化宁夏能源消费结构。第三大重点是聚焦宁东基地和全区各市县工业园区，积极融入新发展格局。宁东能源化工基地在全国化工园区综合评价中位居第5名，工业总产值占全区的30%，煤制油也是将富集的煤炭资源转换为石油稀缺资源的重要战备技术。宁东基地积极建设产业集聚、产城融合示范区，打造煤制油、煤基烯烃、煤制乙二醇、精细化工、高性能纤维及可降解塑料、锂离子电池材料、电子材料和专用化学品、清洁能源、绿色环保等九大细分产业链体系。

三是着力保市场主体。积极落实退税减税降费政策，把减税降费作为助企纾困的"重头戏"。实施阶段性电价支持政策。加大对重点投资项目的长期融资支持，开展防范和化解拖欠中小企业账款专项行动，帮助市场主体纾困解难。

（四）加快融入新发展格局

一是构建双循环产业基础。中央经济工作会议要求更大力度吸引和利用外资，宁夏应该努力推进高水平对外开放，更加注重对内开放，充分发挥国内超大规模市场优势，逐步形成以国内大循环为主体、国内国际双循环相互促进的新发展格局。为了保持中国制造业大国优势，避免陷入中等收入陷阱，应该充分发挥我国经济回旋余地大的优势，保护中国经济韧性，加强中西部地区招商引资工作，把承接产业转移作为重要手段，形成大国雁阵模式。宁夏作为劳动力资源并不富集的地区，应该充分发挥资源能源丰富、气候条件独特、产业特色鲜明等综合优势，面向东部沿海地区，积极通过承接产业转移，加快纺织业、化工业、食品加工业等产业升级。宁夏加工贸易和来料加工曾经一度有较快发展，但 2020 年受疫情和航空业影响，开始大幅度减少，至今未能恢复。宁夏应该继续加强国内外互联互通，畅通国内国外物流堵点。努力使用工业机器人替代，对冲劳动力成本的上升。充分利用国际国内两种资源两个市场，培育发展壮大新市场主体，在西部大开发新格局中展现宁夏力量。

二是充分发挥宁夏沿黄城市群的引领作用。建立中心城市带动都市圈、都市圈引领城市群、城市群支撑区域协调发展的空间动力机制。要建立基于加快产业转型升级、产业集聚集群、产城融合的城乡发展新格局。银川市作为宁夏首府城市，要加快先行区示范市建设，着力创新发展引领市建设，聚焦“三新”产业，打造世界葡萄酒之都、中国新硅都、新型储能电池制造基地、智能终端材料和半导体材料生产基地等“两都五基地”。石嘴山市坚持工业强市战略，中卫市强化大数据产业中心、文化旅游、交通枢纽优势，提高吴忠市轻工业城市及美食文化城市的地位，加强固原市生态文旅特色市和历史文化名城建设，建设宁东产业集聚产城融合示范区，加快产业转型升级。

三是进一步优化营商环境。继续深化“放管服”改革，尊重市场规律，深化简政放权，营造市场化、法治化、国际化一流营商环境。构建亲清政商关系，全力打造西部最具吸引力竞争力的投资目的地。2023 年，应该是大疫之后的休养生息之年、补短板之年、放开搞活之年。

（五）有效防范化解重大经济金融风险

一是确保房地产市场平稳发展。房地产是国民经济的支柱产业，中央经济工作会议把确保房地产市场平稳发展作为防范化解重大经济金融风险的首要问题，强调在坚持“房住不炒”的定位下，推动房地产业向新发展模式平稳过渡。稳定房地产市场，重点防风险和保交楼，做好保交楼、保民生、保稳定各项工作。因城施策，支持刚性和改善性住房需求，努力增强市场预期，以稳住经济大盘。应把防范房地产业系统风险作为近期重要目标，要防止开发商资金链断裂，有效防范化解优质头部房企风险，以稳房价为目标控制好房地产开发节奏，以城市更新为抓手引导房地产业转型升级。

二是保障粮食和能源安全。农业、农村、农民依然是我国发展和安全的关键，农业稳则经济稳，农村安则天下安。在全球粮食市场并不乐观形势下，保障粮食和重要农产品稳定安全供给始终是头等大事。2022 年，宁夏粮食产量实现“十九连丰”，前三季度，全区农林牧渔业总产值 548.92 亿元，同比增长 5.9%，呈现出农林牧渔业全面发展良好形势。应该继续积极落实全国农村工作会议精神，加快农业强区建设，构建现代农业产业体系，依靠科技和改革双轮驱动，加快推进农业和农村现代化。应该充分发挥河套平原粮食生产优势，保障粮食等初级产品供给，大力发展葡萄酒、枸杞、牛奶、肉牛、滩羊、冷凉蔬菜“六特”产业，加快建设乡村全面振兴样板区，防止出现规模性返贫，继续推进以人为核心的新型城镇化。我国和宁夏的资源禀赋都是以煤炭为主，宁夏实现碳达峰碳中和目标任重道远，要努力增加供给，提高宁电外送能力。

三是防范化解金融风险。2023 年，外部环境动荡不安，各种不确定因素增加，要守住不发生系统性风险的底线，防止形成区域性、系统性金融风险，防范化解地方政府债务风险，实现高质量发展和高水平安全良性互动。

展望 2023 年，全球经济将开始新一轮衰退，中国经济运行有望总体回升。走出三年大疫大灾的迷雾，当务之急是把发展作为首要任务，全力拼经济，宁夏经济增速应该稳定在全国平均水平以上。我们一定要贯彻落实党的二十大精神和自治区第十三次党代会精神，完整、准确、全面贯彻新发展理念，坚持以推动高质量发展为主题，积极融入新发展格局。按照中央和自治区经济工作会议部署，打好稳增长的财政、货币、产业、科技、社会等政策组合拳，以系统观念处理好“六个更好统筹”关系，实现经济质的有效提升和量的合理增长。推动黄河流域生态保护和高质量发展先行区建设迈上新台阶、乡村全面振兴样板区建设取得新突破、铸牢中华民族共同体意识示范区建设创造新经验，奋力谱写建设社会主义现代化美丽新宁夏壮丽篇章。

参考文献

1.习近平. 高举中国特色社会主义伟大旗帜，为全面建设社会主义现代化国家而团结奋斗——在中国共产党第二十次全国代表大会上的报告［M］. 人民出版社，2022

2. 新华社. 中央经济工作会议在北京举行［EB/OL］. 2022-12-17

3. 中国共产党宁夏回族自治区第十三次代表大会报告辅导读本［G］. 内部资料. 2022

4. 中国共产党宁夏回族自治区第十三届委员会第三次全体会议公报［EB/OL］. 宁夏广电新闻中心，2022-12-26

5. 罗荣渠. 现代化新论——世界与中国的现代化进程（增订本）［M］. 商务印书馆,2004

6. 何传启. 国家现代化的原理与方法——中国现代化报告概要 2001~2021［M］. 北京大学出版社，2022

7. 卓贤. 全球产业链供应链调整新逻辑和中国新机遇［EB/OL］. 澎湃新闻，2022-12-23

8. 孙立平. 大拆解后面临的什么：在西方是供给，在中国是需求［EB/OL］.孙立平社会观察，2022-11-14

9. 宁夏回族自治区党委宣传部举行系列新闻发布会（第一场）：交出一份收获满满的成就单！介绍自治区党委十三届三次全会暨党委经济工作会议基本情况和主要精神［EB/OL］. 宁夏广电新闻中心，2022-12-27

10. 韩保江，李志斌. 中国式现代化：特征、挑战与路径［J］. 管理世界，2022（11）

11. 吴晓波. 遇见 2022：勇敢者的方法论. 预见 2023：找到信心的那根引线［EB/OL］. 吴晓波频道，2022-12-30

12. 国家统计局国民经济核算司. 中国地区投入产出表 2017［M］. 中国统计出版社，2020

分析预测篇

FENXI YUCE PIAN

2022—2023年宁夏国民经济总体运行情况分析与对策建议

徐秀梅　马宏德　王军建

2022年以来，面对错综复杂的发展环境，在自治区党委和政府的正确领导下，宁夏上下深入贯彻习近平总书记视察宁夏重要讲话和重要指示批示精神，坚决落实党中央、国务院各项决策部署，按照疫情要防住、经济要稳住、发展要安全的要求，高效统筹疫情防控和经济社会发展，精准打好调控“组合拳”，全力稳增长、固优势、补短板、强弱项、防风险，有效应对疫情对经济运行的影响，全区重点产业支撑有力，市场需求稳定恢复，投资出口较快增长，转型升级步伐加快，发展动能不断增强，质量效益稳步提升，民生福祉持续改善，经济运行保持“总体平稳、稳中有进”的发展态势。

一、全区经济运行的主要特点

2022年，宁夏按照大抓发展、抓大发展、抓高质量发展工作要求，紧盯经济社会发展目标任务，狠抓工作落地见效，不断补齐短板弱项，全区经济总体保持平稳较快增长态势。

作者简介：徐秀梅，自治区统计局党组书记、局长，高级统计师；马宏德，自治区统计局党组成员、副局长，高级统计师；王军建，自治区统计局国民综合统计处处长。

（一）经济运行总体平稳，重点产业支撑有力

1. 经济增速位居前列

根据地区生产总值统一核算结果，初步核算，2022 年前三季度，宁夏实现生产总值 3599.18 亿元，按不变价格计算，同比增长 4.9%，比全国高 1.9 个百分点，增速居全国第 4 位，排名为历史同期最好水平。分产业看，第一产业增加值 258.56 亿元，同比增长 5.3%，增速居全国第 1 位；第二产业增加值 1690.05 亿元，增长 7.6%，比全国高 3.7 个百分点，居全国第 3 位；第三产业增加值 1650.57 亿元，增长 2.6%，比全国高 0.3 个百分点，居全国第 15 位。

2. 农业经济保持较快增长

全力抓好农业生产和重要农产品稳产保供工作，粮食生产实现“十九连丰”，畜牧业较快发展，农业经济实现了量增质提的良好发展态势。前三季度，全区农林牧渔业总产值 548.92 亿元，同比增长 5.9%，比上年同期加快 1.0 个百分点。其中，畜牧业产值 233.36 亿元，同比增长 11.3%。一是粮食生产实现“十九连丰”。据宁夏调查总队统计，2022 年，全区粮食产量 375.8 万吨，增产 7.4 万吨；全年粮食播种面积 1038.4 万亩，单位面积产量 362 公斤/亩，每亩比 2021 年增产 6 公斤。二是畜牧业较快增长。牛羊养殖规模扩大，畜禽出栏平稳增长。前三季度，全区肉牛出栏 56.07 万头，同比增长 4.2%；肉羊出栏 534.72 万只，增长 12.2%；家禽出栏 909.28 万只，增长 1.3%。三是奶产业发展势头强劲。奶牛养殖规模持续扩大，养殖效益稳步提高。9 月末，全区奶牛存栏 79.84 万头，同比增长 24.6%；牛奶产量 248.10 万吨，增长 23.6%。四是部分农产品产量保持增长。前三季度，全区肉产量 27.19 万吨，同比增长 5.0%；禽蛋产量 9.51 万吨，增长 1.5%；水产品产量 12.90 万吨，增长 3.9%；瓜果产量 180.95 万吨，增长 1.4%。

3. 工业生产稳定增长

精准落实稳工业各项政策措施，加强能源保障、原材料保供、运输保畅，抓好重点企业生产经营，扭转了工业生产月度增速连续 4 个月下滑势头。1—11 月，全区规模以上工业增加值同比增长 8.0%，比全国高 4.2 个百分点，居全国第 5 位。其中，轻工业增加值增长 14.5%，重工业增长

7.4%。一是工业三大门类保持增长。1—11月，全区规模以上采矿业增加值同比增长7.6%；占规模以上工业增加值比重67.6%的制造业增长9.5%，拉动规模以上工业增加值增长6.3个百分点；电力、热力、燃气及水生产和供应业增长2.5%。二是各类型企业较快增长。全区规模以上大中型企业增加值同比增长12.3%，国有控股企业增长4.7%，民营企业增长10.1%。三是主要行业保持增长。全区十大行业中，电力行业增加值同比增长1.3%，化工增长3.0%，冶金增长24.8%，有色增长6.4%，轻纺增长11.6%，机械增长8.2%，医药增长37.7%，其他行业增长25.5%。在全区38个工业行业大类中，有23个行业增长，增长面为60.5%。四是主要产品产量增长。重点监测的50种工业产品中，有35种产品产量增长，增长面为70.0%。其中，饲料产量同比增长10.6%，乳制品增长30.7%，精甲醇增长15.9%，合成氨增长21.9%，初级形态塑料增长11.4%，单晶硅增长72.7%，多晶硅增长90.7%，化学药品原药增长18.6%，铝材增长15.8%，工业机器人增长6.1%，风力发电机组增长24.1%，变压器增长15.9%，工业自动调节仪表与控制系统增长15.7%，电工仪器仪表增长45.6%。

4. 服务业保持增长

宁夏认真贯彻落实“稳保促”政策措施，有效缓解服务业经济下行压力，2022年前三季度，全区服务业增加值同比增长2.6%。其中，批发和零售业实现增加值158.26亿元，同比增长1.2%；金融业实现增加值261.08亿元，增长4.2%；软件和信息技术服务业实现增加值130.89亿元，增长11.2%。1—11月，全区公路客货运输周转量同比增长2.7%，其中，11月，公路客货运输周转量增长24.1%。1—10月，全区电信业务总量增长21.6%。

（二）市场需求稳定恢复，投资出口较快增长

1. 投资保持快速增长

稳投资政策持续加力，重大项目建设加快推进，实物投资量不断扩大，投资较快增长势头得到进一步巩固。1—11月，全区固定资产投资同比增长10.3%，比上年同期加快10.1个百分点，比全国高5.0个百分点，居全国第3位。一是二、三产业投资保持增长。1—11月，全区第二产业投资同比增长23.6%，比1—10月加快5.3个百分点；第三产业投资增长1.6%。

二是工业投资增速加快。全区工业投资同比增长 23.6%，比 1—10 月加快 5.3 个百分点，拉动投资增长 10.0 个百分点。其中，采矿业投资增长 25.6%，制造业投资增长 33.2%。三是基础设施投资快速增长。全区基础设施投资同比增长 18.2%，拉动全区投资增长 3.1 个百分点。其中，交通运输业投资增长 12.5%；水利、环境和公共设施管理业投资增长 23.6%；信息传输和信息技术服务业投资增长 29.9%。四是民间投资活力增强。全区民间投资同比增长 12.3%，比全国高 11.2 个百分点，其中，占民间投资 54.0% 的民间工业投资增长 38.0%，比 1—10 月加快 2.0 个百分点。民间投资占全区投资比重的 59.0%，比全国高 4.4 个百分点。

2. 消费市场稳定恢复

落实优化疫情防控措施，加快推动复商复市，有力保障居民基本生活必需品供应，积极开展各类促消费活动，全区市场消费持续恢复。1—11 月，全区社会消费品零售总额 1224.82 亿元，与上年同期持平。其中，限额以上消费品零售额 425.92 亿元，同比增长 2.4%，比 1—10 月加快 0.3 个百分点。全区实物商品网上零售额同比增长 20.9%，比全国高 14.5 个百分点。一是月度消费加快回升。11 月，全区社会消费品零售总额 103.11 亿元，同比下降 2.3%，降幅比 10 月收窄 14.5 个百分点。其中，限额以上消费品零售额 36.90 亿元，增长 6.2%，比 10 月加快 47.9 个百分点，扭转了 10 月大幅下降态势，比全国高 12.0 个百分点，居全国第 3 位。二是基本生活类商品消费保持增长。1—11 月，重点监测的 18 类商品中，有 9 类零售额同比增长，其中，粮油食品类增长 6.7%，饮料类增长 25.7%，烟酒类增长 20.2%，日用品类增长 19.6%，书报杂志类增长 21.1%，通信器材类增长 9.5%，家用电器和音像器材类增长 0.3%，中西药品类增长 0.1%。三是大宗商品消费较快增长。1—11 月，占全区限额以上消费品零售额 35.5%的石油及制品类商品零售额同比增长 5.0%，拉动限额以上消费品零售额增长 1.7 个百分点。11 月，占全区限额以上消费品零售额 28.8%的汽车类商品零售额同比增长 15.1%。四是主要行业销售（营业）额保持增长。1—11 月，全区限额以上批零住餐业销售（营业）额 1879.64 亿元，同比增长 11.8%。其中，批发业销售额 1534.53 亿元，增长 13.2%；零售业销售额 329.06 亿元，增长6.1%，比1—10月加快0.9个百分点；住宿业营业额5.60亿元，下降11.7%，降幅收窄0.7个百分点；餐饮业营业额10.45亿元，增长4.2%，加快0.6个百分点。

3.对外贸易增势强劲

据银川海关统计，1—11月，全区货物贸易进出口总额236.9亿元（人民币，下同），同比增长39.5%，比全国高30.9个百分点，居全国第4位。其中，出口181.4亿元，增长33.7%；进口55.5亿元，增长62.6%。货物进出口差额（出口减进口）125.9亿元。主要出口商品呈增长态势，机电产品出口35.5亿元，同比增长52.6%；基本有机化学品出口31.3亿元，增长33.3%；医药材及药品出口15.5亿元，增长1.2%；铁合金出口5.3亿元，增长13.5%。

（三）转型升级步伐加快，发展动能不断增强

1. 高技术产业快速发展

从投资看，1—11月，全区高技术产业投资同比增长37.2%。其中，高技术制造业投资增长57.6%，高技术服务业投资增长1.2%。从工业看，规模以上高技术制造业增加值同比增长31.6%，比1—10月加快1.9个百分点；规模以上装备制造业增加值增长25.2%，加快1.8个百分点

2. 信息产业较快增长

1—10月，全区规模以上信息传输、软件和信息技术服务业营业收入同比增长13.9%，比规模以上服务业营业收入高1.8个百分点，其中，软件和信息技术服务业营业收入增长49.5%。

3. 市场主体持续增加

据自治区市场监管厅统计，1—11月，全区新增市场主体10.74万户，同比增长0.2%，比1—10月回升0.8个百分点；11月末，全区登记的市场主体总量74.47万户，增长6.5%，其中，企业20.55万户，增长5.0%。

4. 绿色转型扎实推进

1—11月，全区光伏发电投资同比增长59.9%，比1—10月加快51.5个百分点；水电、风电、太阳能等可再生能源发电量469.39亿千瓦时，增长5.3%。据自治区生态环境厅统计，1—11月，全区优良天数比例为

84.6%，同比上升 1.8 个百分点，细颗粒物（$PM_{2.5}$）平均浓度为 30.0 微克/立方米，均好于年度考核目标要求；黄河干流宁夏段水质稳定保持“Ⅱ类进Ⅱ类出”。

（四）质量效益稳步提升，民生福祉持续改善

1. 财政金融增长较快

据自治区财政厅统计，1—11 月，全区地方一般公共预算收入 426.02 亿元，同口径（扣除留抵退税因素后）增长 17.2%，居全国第 6 位。其中，税收收入 288.18 亿元，同口径增长 24.4%；一般公共预算支出 1449.75 亿元，同比增长 14.8%，比 1—10 月加快 0.7 个百分点，居全国第 1 位。据人民银行银川中心支行统计，11 月末，全区人民币各项存款余额 8443.79 亿元，增长 14.1%，居全国第 8 位，其中，住户存款 4821.00 亿元，增长 14.3%；人民币各项贷款余额 8878.08 亿元，增长 8.7%。

2. 企业利润较快增长

1—10 月，全区规模以上工业企业实现营业收入 6633.36 亿元，同比增长 27.2%，比全国高 19.6 个百分点，居全国第 2 位；实现利润总额 434.30 亿元，增长 4.8%，比全国高 7.8 个百分点。其中，采矿业实现利润总额 102.63 亿元，增长 88.7%；电力、热力、燃气及水生产和供应业实现利润总额 58.92 亿元，增长 4.4 倍。

3. 居民收入稳定增长

据宁夏调查总队统计，前三季度，全区全体居民人均可支配收入 20671 元，同比增长 6.4%，比全国高 1.1 个百分点，居全国第 7 位。其中，城镇常住居民人均可支配收入 28953 元，同比增长 5.3%，比全国高 1.0 个百分点，居全国第 9 位；农村常住居民人均可支配收入 10523 元，增长 7.3%，比全国高 0.9 个百分点，居全国第 6 位。城乡居民收入比由上年同期的 2.80 缩小为 2.75。

4. 城乡就业总体平稳

据自治区人力资源和社会保障厅统计，11 月末，全区城镇新增就业 7.85 万人，完成全年目标任务的 104.7%；农村劳动力转移就业 82.19 万人，完成全年目标任务的 109.6%。

5. 消费价格涨势平稳

据宁夏调查总队统计，11 月，全区居民消费价格同比上涨 1.6%，比 10 月回落 0.8 个百分点，增速与全国持平，居全国第 12 位。其中，食品烟酒价格上涨 1.5%。在食品中，粮食上涨 5.2%，禽肉上涨 5.1%，蛋类上涨 6.6%，菜及食用菌下降 21.1%。交通和通信上涨 4.4%。1—11 月，全区居民消费价格累计上涨 2.3%，比 1—10 月回落 0.1 个百分点，比全国高 0.3 个百分点，居全国第 3 位。

二、当前经济运行中存在的主要问题

总体来看，全区经济保持了“总体平稳、稳中有进”的发展态势。但工业生产面临的需求不足、成本上升、基数抬高的压力不减，市场消费恢复不及预期，房地产市场持续低迷，服务业对经济增长的拉动作用明显偏弱，全区经济发展形势依然复杂严峻，保持经济稳定增长的压力依然很大。

（一）农业增长势头有所放缓

从粮食产量看，虽然全年粮食实现“十九连丰”，产量达到 375.8 万吨，但同比仅增长 2.0%。从总产值看，前三季度，全区农林牧渔业总产值同比增长 5.9%，分别比一季度、上半年回落 0.7 个和 1.9 个百分点。一是当季畜牧业出栏下滑。受二季度畜牧业出栏快速增长及饲养周期不足等因素影响，三季度，全区生猪出栏同比下降 27.6%，比二季度回落 36.7 个百分点；肉牛出栏下降 1.8%，回落 22.1 个百分点；肉羊出栏增长 1.0%，回落 25.7 个百分点。二是蔬菜水果产量下降。前三季度，全区蔬菜及食用菌产量 378.79 万吨，同比下降 2.4%。园林水果产量 42.61 万吨，下降 6.4%。三是农业生产成本上升。种植业方面，全区化肥、农药价格和农机作业费分别同比上涨 30%、50%和 25%左右；养殖业方面，豆粕、苜蓿、燕麦草价格分别同比上涨 23%、26%和 17%。全区牧业、渔业生产价格分别同比下降 8.4%和 20.4%。种养业生产成本持续上升，生产价格下降，种粮效益下降，养殖利润空间压缩。

（二）工业较快增长难度加大

一是产品库存增加，部分行业生产趋缓。1—10 月，规模以上工业产成品存货同比增长 40.4%，比全国高 27.8 个百分点。其中，化学原料和化学制品制造业产成品存货增长 90.3%，黑色金属冶炼和压延加工业增长 81.1%，非金属矿物制品业增长 29.0%。1—11 月，占全区规模以上工业增加值比重较大的化工（增长 3.0%）、建材（下降 0.1%）等行业增加值增速较低或下降，分别比规模以上工业低 5.0 个和 8.1 个百分点。二是生产价格倒挂，工业利润增速回落。据宁夏调查总队统计，1—11 月，全区工业生产者出厂价格同比上涨 12.2%，居全国第 5 位；工业生产者购进价格同比上涨 19.0%，居全国第 2 位，出厂价格与购进价格涨幅倒挂 6.8 个百分点。11 月，全区工业生产者出厂价格与购进价格涨幅倒挂 5.7 个百分点，价格倒挂持续挤压企业利润。1—10 月，全区规模以上工业企业利润增速比 1—9 月回落 5.2 个百分点。占规模以上工业企业利润 62.8%的制造业利润同比下降 21.9%，其中，化学原料和化学制品制造业利润下降 21.8%，石油煤炭及其他燃料加工业下降 30.7%，黑色金属冶炼和压延加工业盈转亏 23.64 亿元。

（三）部分领域投资增长乏力

一是建安投资增速回落。1—11 月，全区建筑安装工程投资同比增长 14.1%，增速分别比一季度、上半年和前三季度回落 20.4 个、15.1 个和 6.9 个百分点。二是部分领域投资增速回落。全区一产投资同比下降 9.0%，比 1—10 月回落 9.1 个百分点，其中，占一产投资 51.3%的畜牧业投资下降 19.5%；风力发电投资下降 75.3%，降幅比 1—10 月扩大 1.8 个百分点；工业技改投资增长 6.2%，比 1—10 月回落 4.2 个百分点。三是房地产投资降幅扩大。1—11 月，全区房地产开发投资 399.20 亿元，同比下降 9.5%，降幅比 1—10 月扩大 2.5 个百分点，下拉全区投资增速 2.5 个百分点。其中，住宅投资 299.64 亿元，下降 7.7%。全区商品房销售面积 645.41 万平方米，下降 27.8%，比全国多降 4.5 个百分点，其中，住宅销售面积下降 23.1%。

（四）消费恢复受到较大冲击

1—11 月，全区社会消费品零售总额同比增速比 1—10 月回落 0.2 个百分点，其中，限额以下消费品零售额下降 1.3%，降幅扩大 0.5 个百分点。一是部分重点商品销售下降。1—11 月，全区重点监测的 18 类商品中，有 7 类零售额下降。其中，服装鞋帽针纺织品类下降 6.0%，化妆品类下降

11.1%，金银珠宝类下降 12.0%，体育娱乐用品类下降 19.0%，文化办公用品类下降 13.9%，家具类下降 34.2%。二是部分零售企业经营困难。新百集团以外的限额以上其他综合零售企业零售额下降 9.8%。限额以上小微企业零售额同比下降 13.4%，降幅比 1—10 月扩大 4.1 个百分点，连续 8 个月负增长。三是石油和汽车销售仍不稳固。11 月，全区石油及制品类商品零售额同比下降 4.1%。1—11 月，全区石油及制品类商品零售额同比增长 5.0%，比 1—10 月回落 0.8 个百分点，连续 8 个月回落；限额以上批零企业汽油零售量下降 13.3%，连续 11 个月下降，石油零售额增长主要依靠价格上涨而非销量增长。1—11 月，全区汽车类商品零售额同比下降 0.9%，下拉限额以上零售额 0.3 个百分点。

（五）部分服务业增速下降

1—11 月，全区航空客货运输周转量同比下降 44.9%。1—10 月，全区规模以上多式联运和运输代理业营业收入下降 17.6%，租赁和商务服务业营业收入下降 10.3%；装卸搬运和仓储业营业收入下降 34.8%，降幅比 1—9 月扩大 4.9 个百分点；规模以上文化、体育和娱乐业营业收入下降 29.0%，降幅扩大 6.3 个百分点。

三、促进经济平稳健康发展的几点建议

2023 年是全面贯彻落实党的二十大精神的开局起步之年，是落实自治区第十三次党代会部署的发力之年，全区上下要深入学习贯彻党的二十大和习近平总书记视察宁夏重要讲话和重要指示批示精神，全面落实自治区第十三次党代会部署，完整、准确、全面贯彻新发展理念，站位中国式现代化建设全局，聚焦加快融入新发展格局，以推动高质量发展为主题，抢抓政策机遇、聚焦关键领域、打好工作提前量，为全区大抓发展、抓大发展、抓高质量发展提供有力支撑。

（一）全力促进农业提质增效

一是提升粮食生产能力，激发粮食生产内生动力，加快推进引黄灌区小麦、水稻储备粮基地建设，提升粮食综合生产能力。二是持续推进肉牛和滩羊、奶业等特色产业发展，引导鼓励养殖户积极补栏、及时出栏，巩

固畜牧业较快发展势头，发挥对农业经济增长的带动作用。三是围绕“六特”产业发展，加大政策扶持，加快培育一批农产品生产和加工龙头企业，延长产业链、价值链，努力实现特色农产品的扩量提质增效。

（二）全力稳定工业生产运行

把稳定工业生产作为稳经济的首要任务，加大政策落实力度，保障产业链、供应链稳定畅通，着力稳定市场主体预期，全力稳定工业经济运行。一是强化靶向调控保增长。围绕煤炭、电力、化工、有色等重点行业和生产放缓的重点企业开展精准调度，尽快扭转月度工业增速持续回落的不利局面；切实抓好物流保畅保通，积极化解产成品库存，确保重点企业稳产满产，发挥好重点企业对稳增长的支撑作用。强化工业增长包抓专班工作机制，精准调度重点行业、重点企业生产，发挥好龙头骨干企业稳工业增长的突出作用，确保工业经济实现平稳较快增长。二是发挥政策合力稳增长。推动全区稳经济保民生政策措施直落快落尽落，不折不扣落实工业稳增长“36条”，不断释放政策红利，让能源保供稳价和金融输血等纾困政策直达市场主体，缓解企业成本压力和资金压力，加大对小微工业企业帮扶力度，增强企业发展信心，推动停工减产企业尽快恢复生产，遏制小微企业增速下降势头。三是强化招商引资增强发展后劲。围绕“六新”产业加大招商引资力度，储备一批产业关联度高、互补性强、附加值高的上下游产业链项目，全力推动补链延链强链，发展产业集群，带动工业结构持续优化升级，推动工业经济高质量发展。

（三）全力巩固投资增长势头

把扩大有效投资作为稳经济的重要支撑，持续发力扩大有效投资。一是督进度扩投资。抓住有效投资建设期，加强要素保障，及时解决制约重大项目落地、推进不及预期的问题，推动签约项目落地、在建项目入库、入库项目加速建设，形成更多实物投资量。二是谋项目争资金。聚焦“六新六特六优”产业、国家新能源综合示范区、“东数西算”示范区等，谋划推进一批大项目好项目。争取财政性建设资金优先支持重点领域和重大项目建设，吸引社会资本积极参与，为扩大有效投资提供支撑。加快推进储备项目前期准备工作，形成远近结合、梯次接续、压茬推进格局，为全区投资增添动力活力。三是强措施稳楼市。坚持因城施策、一城一策，积极推进“保交楼，稳民生”政策措施，强化调控政策的协调性和精准性。加快建立多主体供给、多渠道保障、租购并举的住房保障制度，释放刚性和改善性住房需求。加强对房地产企业运营状况和项目建设情况的跟踪监测，加大纾困力度，化解市场风险，稳定提振房地产市场信心。

（四）全力推动消费市场恢复

把恢复市场消费作为稳经济的重要手段，加强促消费力度，提振消费市场信心，促进消费市场加快回补。一是稳住市场经营主体。加大对批零住餐、交通运输、文体娱乐、旅游会展等受疫情影响较大行业的扶持力度，切实帮助中小微企业纾困解难，有效对冲疫情对消费的影响，确保服务行业健康发展。二是积极开展促消费活动。继续发放惠民消费券，调动社会资金加大投入，活跃消费市场。支持实体商业开拓线上销售，加快推广“线上引流+实体消费”促销模式；深入开展“爱尚宁夏 惠享生活”购物季等系列活动，促进消费市场人气回暖，最大限度促进消费回补。深入开展全区居民收入提升行动，持续落实稳岗拓岗、促农增收“13条”等政策措施，着力稳市场主体保就业，稳定工资性收入预期，拓宽财产性收入渠道，切实增强居民消费能力。三是提振大宗商品消费。持续开展好大宗商品促消费活动，抢抓新能源汽车减免购置税、家电以旧换新政策机遇，稳住汽车、家电等大宗消费。鼓励新能源汽车、智能家电、绿色建材下乡，发挥好大宗商品消费对消费市场恢复的支撑作用。四是培育消费热点，挖掘消费潜力。加大新经济、新业态、新商业模式培育，积极引进国内外首店品牌企业和平台经济头部企业落户宁夏。充分挖掘网上消费潜力，引导实体企业加快推广“线上引流+实体消费”模式，积极开展直播带货、社群营销等销售方式，充分满足和刺激消费者需求，带动消费稳步增长。

（五）全力抓好服务业平稳增长

把推进服务业发展作为稳经济的主要抓手，在补齐短板弱项上持续用力。一是促进交通运输业加快恢复。持续做好道路交通物流保通保畅工作，加强商品流通基础设施建设，开拓公路货物运输市场。鼓励铁路、公路、航空运输企业与第三方物流企业合作组建多式联运专业化经营主体，尽快遏制多式联运和运输代理业、装卸搬运和仓储业下降势头。二是巩固电信业务总量增势。积极发展互联网数据中心、大数据、云计算、人工智能等新兴业务，加大商贸物流、文化医疗、金融科技等领域实体经济与数字技术融合发展力度，加快推进智慧宁夏、数字宁夏建设，有效扩大电信业务总量。三是力促信贷规模稳定增长。引导金融机构拓展信贷增长空间，聚焦重点特色产业、重大投资项目等方面，在中期风险可控的前提下千方百计扩大信贷投放，稳住存量贷款，扩大新增贷款，保持信贷稳定增长。

（六）全力保障和改善民生

把稳就业增收入作为保民生的重中之重，全面落实保民生政策举措，着力保市场主体，多措并举增收入，狠抓民生保障工作。一是全力稳定就业，科学精准做好疫情防控工作，全力支持市场主体稳定和扩大就业岗位，切实抓好重点群体就业工作，确保就业形势稳定。二是加大促进居民增收政策落实力度，进一步挖掘潜力，努力增加工资性收入，扩大经营性收入，提高财产性收入，稳定转移性收入，确保城乡居民收入稳定增长。三是关注物价上涨态势，做好市场价格监管，对出现的苗头性、倾向性、潜在性问题，及时反映，妥善处理，保持物价水平总体稳定。四是深入实施“六大提升行动”，解决好群众“急难愁盼”问题，做好疫情受困群众临时救助，加大社会救助保障力度，切实保障困难群体基本生活，不断增进人民群众获得感、幸福感、安全感。

2022—2023年宁夏农业及农村经济运行情况分析与对策建议

韩治泰　太鸿泽　马洪武　杨建军

2022年是踏上全面建设现代化国家新征程的关键之年，宁夏农水林系统深入学习宣传党的二十大精神，全面贯彻习近平总书记关于“三农”工作重要论述和视察宁夏重要讲话精神，认真落实自治区第十三次党代会部署和自治区党委、政府要求，坚持把大抓发展、抓大发展、抓高质量发展作为第一要务，高效统筹疫情防控和农业农村经济发展，加快推进乡村全面振兴样板区建设，农水林工作取得了显著成效。

一、农业农村工作成效显著

一是坚决扛牢政治责任，粮食生产“十九连丰”。全面落实党政同责要求，将国家下达的1034万亩（大豆13.4万亩）粮食播种任务落实落细到县、乡、村、组和田块。实行包抓责任制，及时调度指导抗旱抢墒播种，确保应种尽种。足额兑付种粮农民一次性补贴等各类资金15.83亿元，有效调动了各市、县区重农抓粮和农民务农种粮积极性。宁夏夏粮增产数量占全国夏粮增产总量的30%，得到农业农村部通报表扬。全年粮食生产面积达到1038万亩，超额完成国家下达的目标任务，全年粮食总产量

作者简介：韩治泰，自治区政府研究室（发展研究中心）副主任；太鸿泽，自治区水利厅办公室副主任；马洪武，自治区农业农村厅办公室副主任；杨建军，自治区林草局办公室副主任。

375.8 万吨，实现粮食生产“十九连丰”。特别是面对“9·20”突发疫情影响，开展“全程式”服务，帮助农户抢收秋粮 1.2 万亩，确保秋粮应收尽收、颗粒归仓。

二是突出抓好技术支撑，综合能力不断夯实。坚持把提升农业综合生产能力摆在突出位置，全力抓好耕地、种子“两个要害”，持续夯实农机、科技“两个支撑”。大力推进高标准农田建设，深入实施“三个百万亩”工程，新建高标准农田 95 万亩，发展高效节水灌溉 43 万亩，为实现 1400 万亩永久基本农田及高标准农田建设全覆盖，打造全国整省域高标准农田示范区奠定了坚实基础。深入实施种业振兴行动，主要农作物良种覆盖率达到 96.5%，奶牛良种化率稳定在 100%，肉牛和滩羊良种化率分别达到 89%和 91%。大力实施农机装备补短板行动，农机化“四分”研究成果在全国交流推广，宁夏农机购置补贴政策落实绩效管理评估结果为优秀等次，位居全国第 5 名。贺兰、青铜峡 2 个县（市）入选国家乡村振兴示范县创建名单。

三是着力强化提质振兴，“六特”产业发展强劲。聚焦“六特”产业，深入实施产业振兴战略和特色农业提质计划，加快推进六大产业集群建设，现代农业三大体系建设迈出坚实步伐。完成了牛奶等“六特”产业高质量发展标准体系建设。2022 年，成功举办第二届中国（宁夏）国际葡萄酒文化旅游博览会，宁夏国家葡萄及葡萄酒产业开放发展综合试验区全面启动建设，预计新增酿酒葡萄基地 5.7 万亩以上；成功举办第五届枸杞产业博览会，预计新增枸杞基地 1 万亩以上。新建规模养殖场 111 个，宁夏与伊利集团签订首个千亿级农业（牛奶）产业集群战略合作框架协议，利垦 25 万头奶牛集群等一批重点项目落地建设或建成投产。兽药饲料监管工作经验在全国会议上交流。到 2022 年底，预计奶牛存栏 82.5 万头，同比增长 17.5%，增速连续 4 年居全国第一；肉牛、肉羊饲养量分别达 224 万头、1408 万只，同比分别增长 6.8%、6.5%。肉、蛋、奶总产量分别达到 37.3万吨、13 万吨和 350 万吨，同比增长 5.7%、1.6%、23.6%，畜牧业总产值302 亿元，同比增长 7.5%。新建设施农业 2.89 万亩，预计瓜菜播种面积 282 万亩，总产量 720 万吨，同比增长 0.3%。“六特”产业综合产值达到 2200 亿元，农业特色产业质量、效益和竞争力进一步增强。

四是精心组织宣介展销，品牌溢价持续提升。深入实施农产品品牌提升行动，坚持“走出去”与“请进来”相结合，线上与线下齐发力，区市县联动，农文旅融合，聚焦长三角、京津冀、粤港澳大湾区等大市场，建成运营宁夏名优特色农产品展销中心，精心组织开展“宁夏品质中国行”等系列大型展销推介活动 6 场，累计签约金额达 93.84 亿元，销售额达 3.5 亿元以上，“宁字号”农产品品牌知名度和市场竞争力明显提升。宁夏地理标志农产品保护工程获优秀等次。贺兰山东麓葡萄酒、中宁枸杞、盐池滩羊肉分别位列 2022 年全国区域品牌（地理标志）百强榜第 9 名、第 12 名和第 35 名，品牌价值分别达 301.07 亿元、191.88 亿元和 98.25 亿元，盐池滩羊肉位列畜牧类排行榜第 1 名，盐池滩羊肉成为 2022 北京冬奥会和冬残奥会指定食材。

五是深入推进科技服务，创新能力不断增强。围绕“六特”产业，遴选发布农业主推品种 140 个、主推技术 123 项和绿色技术模式 16 项。中国（宁夏）良种牛繁育中心建成运行，宁夏首次成功实现奶牛体外性控胚胎批量生产和移植，自主培育的“宁京 1 号”种公牛达到国内一流、国际先进水平，实现了单一引种向自主繁育转变。大力实施基层农技推广体系建设项目，全区农业主推技术到位率达 95%以上。宁夏科技现代化先行县建设工作经验在全国会议上交流。宁夏农业转基因研究试验现场检查覆盖率 100%，涉农科研育种单位试验基地抽样检测覆盖率 100%。审核批准宁夏第一家农业转基因生物加工许可证，农业科技创新能力有效提升。

六是全面开展乡村建设，农村改革不断深化。扎实推进城乡面貌提升行动，新改造农村户厕 3.02 万户，超额完成年度任务，农村卫生厕所普及率达 64.9%（一、二类县达到 91.9%，三类县达到 50.5%）。持续推进村庄清洁行动“四季战役”，统筹推进垃圾和污水治理，农村生活垃圾治理村庄比例达到 95%，生活污水治理率达到 30%。红寺堡区被评为全国促进乡村产业振兴、改善农村人居环境整治激励县，青铜峡市、原州区被评为全国村庄清洁行动先进县。农村土地“三权”分置改革持续深化，确权率达 95.7%。第二轮农村土地承包到期后再延长 30 年试点扎实推进。贺兰县、平罗县农村宅基地制度改革试点稳慎推进。农村集体产权制度改革红利逐步释放，累计分红 1.8 亿元。新型农村集体经济持续发展壮大，83.8%的建制村实现稳定经营收益。新型农业经营主体量质齐升，累计培育发展农民合作社 6367 家、家庭农场 15075 家。农业农村部在全国推广宁夏农村集体“三资”监管经验。

七是统筹疫情防控和经济发展，农民收入稳步提高。针对疫情导致的农副产品供应受阻等问题，及时制订应急服务工作方案，协调解决问题。第一时间启动保供车辆通行证审核发放工作，运输量达 122 万吨，及时协调沟通，确保滞销蔬菜及时运出。协调中国农产品市场协会下发通知，联系区内外经销商、物流企业直采，多渠道帮助农户解决农产品销售问题，着力保障农民增收。健全完善防止返贫动态监测、精准帮扶和脱贫群众稳定增收长效机制，千方百计促进农民增收，实现“两个高于”目标。全区脱贫人口人均纯收入预计达到 13972.5 元，同比增长 20.58%，高于全国和西部地区脱贫人口收入增速。前三季度，全区农业总产值 548.9 亿元，第一产业增加值 258.7 亿元，同比分别增长 5.9%和 5.3%，连续两个季度居全国第一；农村居民人均可支配收入 10523 元，同比增长 7.3%，高于全国 0.9 个百分点，居全国第六，取得了宁夏历史上具有创纪录意义的成绩，为全区经济社会发展作出了积极贡献。

二、水利事业成就卓越

一是重大工程取得突破，防汛减灾筑牢发展底线。黑山峡水利枢纽工程作为重大水利项目之首，自治区主要领导亲自谋划，大力推进，带队赴京对接国家部委。目前，国家发展改革委已明确项目转入可行性研究阶段，黄委会正式印发可研报告编制工作方案，工程可研招标全面完成、可研工作全面展开，工程前期工作迈出具有里程碑意义的关键一步。坚持底线思维，推动搁置 10 年的青铜峡大沟拦洪库副坝成功闭合，成功拦蓄洪水 6 次。完成水毁工程修复 126 处，实施中小河流及山洪沟治理 11 条、中小型病险水库除险加固 15 座；努力穷尽问题隐患，有效应对 207 场次洪水过程，实现群众无伤亡。

二是抗旱保灌夯实基础，城乡供水增进百姓福祉。面对旱情、疫情交织影响，夏秋灌采取提前开灌、延迟停灌、错峰补灌、跨渠联灌等措施，累计引水42.7亿立方米，生态补水3.14亿立方米，实现有旱情无旱灾，保障了1000万亩农田灌溉及生态、产业用水。“9·20”疫情突发后，千方百计克服困难，加快灌区工程建设，打通冬灌供水通道，确保按期开闸放水，顺利完成冬灌任务。想方设法办好饮水民生实事，全区168处城乡集中供水工程运行良好。维修养护农村集中供水工程147处，涉及人口185.33万。全区农村集中供水率、自来水普及率均高于全国平均水平，确保720万城乡居民饮水无忧。坚持工程水网、信息水网、服务水网“三网”融合，推动“互联网+城乡供水”示范省区建设，完成固原市五县区先行先试，全区77%县区完成可研报告批复，智慧水利加快推进。

三是资源管理全面落实，深度节水控水稳步推进。立足水资源节约集约利用、经济社会可持续发展，压实“四水四定”属地责任，建立刚需用水保障、市场交易调控、丰枯风险应对机制。持续推进地下水超采区治理，银川市超采区地下水位回升增幅全国靠前。严格用水定额约束，全区城市再生水利用率达到27%。累计发展高效节灌487万亩，占灌区耕地总面积近60%，预计农田灌溉水利用系数达到0.565，万元GDP用水量、万元工业增加值用水量较2020年分别下降6%、4%。

四是水权改革提升效益，基础建设发挥支撑作用。落实自治区“六权”改革部署，全区工农业用水确权全部完成。探索实行用水权有偿取得，各地用水权价值基准全部确定，22个县区末级渠系全部执行新水价。赋予用水权融资功能，国开行等6家银行通过用水权质押、授信等形式发放贷款4.5亿元。实现用水权全流程电子化交易，累计交易金额3.29亿元，推动水资源向“水资产”转换。固海扩灌扬水更新改造、清水河流域城乡供水、银川都市圈城乡东线供水工程加快推进，青铜峡、固海大型灌区续建配套与现代化改造加快实施。全区水利工程供水能力超90亿立方米，水资源保障能力持续增强。

五是河湖治理高效推进，生态修复有力有序实施。持续深化河湖长制机制，生态环境保护督察涉水问题有序整改，中小河流、农村河湖“四乱”

问题动态清零。黄河宁夏段水质稳定保持Ⅱ类进出，主要入黄排水沟水质稳定达到Ⅳ类以上，泾源县水系连通和水美乡村建设试点获得全国优秀等次。坚持山水林田湖草沙一体化保护和系统治理，完成小流域治理面积257平方公里，新建旱作水平梯田7.48万亩，水土保持生态工程建设进度位于全国前列。启动宁夏黄土高原水土保持小流域特色产业示范区建设，探索推动水土保持综合治理与特色产业融合发展，新增水土流失治理面积920平方公里。

三、林业建设成绩突出

一是强化系统治理，科学开展国土绿化。大力实施北部绿色发展区防护林、中部防沙治沙、南部水源涵养等工程，全力推进科学绿化试点示范区建设，严格落实“非农化”“非粮化”政策要求，积极开展国土绿化空间摸底调查评估工作，不断提高国土绿化精细化管理水平。统筹推进草原湿地生态系统保护修复，不断提升草原和湿地生态功能。持续开展荒漠化治理，全面落实天然林保护修复，巩固退耕还林还草成果。初步统计，全年完成营造林150万亩、草原生态修复22.8万亩、湿地保护修复22.7万亩，治理荒漠化土地90万亩。预计森林覆盖率、草原综合植被盖度、湿地保护率分别达到18%、56.7%、56%。

二是聚焦重点领域，深入推进林草改革。全面推行林长制，智慧管理系统建成试用。深入推进山林权改革，在5个重点县区建立驻县包抓机制，带动全区无权属争议林地确权515.9万亩，确权率达到75%。推进以林养林、以地换林新路径，引入社会资本，经营利用林地面积139.3万亩，集体林地经营权流转面积达到19.11万亩。积极开展宁夏林草碳汇计量评估与碳中和战略研究，积极组织申报林业碳汇试点市（县）建设和森林碳汇监测试点工作。扎实推进自然保护地体系建设，按照“三区三线”划定规则，进一步修改完善自然保护地整合优化预案，妥善解决现实矛盾问题。全力推进贺兰山国家公园设立工作，国家草原自然公园建设试点等工作稳步推进。

三是守牢底线思维，全面加强资源管理。统筹发展和安全，高位推动中央环保督察反馈问题整改、黄河宁夏段河道及滩涂林木和管护用房整治、自建房安全专项整治、百日安全行动等重点工作落地见效。全力做好森林草原防火工作，强化森林草原火灾风险普查、隐患排查、火源管控、预警监测、宣传教育等重点工作落实，有效提升防灭火能力，近4年连续在国务院考核中取得优秀等次。积极开展重大林草有害生物监测防治，扎实推进外来入侵物种普查。全面完成2022年林草湿荒综合调查监测工作。认真开展林木种质资源普查成果验收，启动实施宁夏古树名木抢救复壮试点。严厉查处各类涉林草违法违规案件，深入开展野生动植物违法犯罪打击整治，有效保护林业资源。

四是推进绿色发展，不断提升产业质量。统筹推进现代枸杞产业高质量发展，新增枸杞种植面积2.2万亩。举办第五届枸杞产业博览会，"宁夏枸杞"宣传力度空前。初步统计，全区枸杞种植面积达44万亩，基地标准化率82%，鲜果产量30万吨，鲜果加工转化率30%，规上企业达到30家，综合产值达到300亿元左右。持续抓好苹果、红枣、设施果树、红梅杏、花卉等经济林产业发展，新增经果林2.82万亩，完成"三低"果园改造5.4万亩。大力实施林草科技推广项目，林草标准体系进一步优化。

五是坚持生态为民，围绕中心服务大局。严格落实生态补偿政策，惠及农户50余万人。扎实推进2021年度巩固拓展脱贫攻坚成果同乡村振兴有效衔接考核评估问题整改。进一步加强林草资金监管，提升管理使用效益。积极主动对接重点项目用地保障。组织开展国际荒漠化防治知识管理中心网络培训平台暨2022年荒漠化防治技术与实践在线课程启动仪式，为"一带一路"沿线国家在荒漠化防治方面提供学习交流平台。

四、存在的问题

一是农业基础比较薄弱。一些耕地质量还不高，部分高标准农田和高效节水灌溉项目已难以正常发挥作用，种业支撑能力较弱，农机装备短板突出。

二是产业发展水平较低。产业规模化、标准化、融合化水平不高，农产品精深加工能力不强。"宁字号"品牌知名度和市场竞争力不足，一些特色优质农产品市场占有率较低，销售不畅。专业人才缺乏，农业比较效益不高。

三是乡村建设、治理水平不高。农村基础设施建设有待完善，农村基本公共服务水平不高，农村空心化和“三留守”问题比较突出，深化农村改革和乡村治理有待提升。

四是农民增收压力加大。促进农民增收政策支撑不足。农民就业务工渠道不宽，企农利益联结机制还不完善，农民深度参与产业发展不够，农民分享改革发展红利有待提升。

五是水资源短缺仍是最大瓶颈。随着工业化、城镇化进程加快，人民对美好生活的需要提升，用水需求刚性增长，水资源供需矛盾日益突出。

六是用水权改革任务依然艰巨。随着改革向纵深推进，一些深层次矛盾也逐步显现，用水权市场交易面临管理、技术、法律等诸多问题，须争取国家政策支持。

七是水利保障能力还有待提升。全方位贯彻“四水四定”原则亟待进一步压实，水资源监测计量体系还不健全，违规取用水现象还未完全杜绝。水利科技创新体系还未完全建立，智慧水利亮点经验还未全面推广，水利现代化能力还需整体提升。

八是深入推进山林权改革难度加大。山林地不动产登记颁证工作推进缓慢，历史遗留问题等因素制约了林权类不动产登记颁证进度。

九是新造林空间不足。枸杞等生态经济林发展空间紧张，农田防护林和乡村绿化正陷入无地造林困境。

五、2023年宁夏农水林业工作建议

一是落实安全责任，保障农产品供给。严格粮食安全责任制考核，落实最严格的耕地保护制度，大力推进高标准农田建设，不断提高农业综合生产能力。大力发展高效节水农业，深入推进种业振兴行动，抓牢农业命脉。

二是抢抓政策机遇，推动先行区建设。抓住中央实施黄河流域生态保护和高质量发展重大战略机遇，推动建立部区共建协作推进机制，提升宁

夏农业农村基础设施建设水平。围绕优势特色，优化产业区域布局，加快重点产业扩规提质增效发展。大力培育龙头企业，提升精深加工能力，着力提升品牌价值，对接消费，拓宽市场，促进农产品畅销增值。拓展农业多种功能，推动“三产”高质量融合发展。

三是聚焦治理重点，扎实推进乡村建设。深入开展乡村建设，聚焦建设美丽乡村、生态乡村、善治乡村，让农村成为宜居宜业的美丽家园。大力提升农村基本公共服务水平，积极解决村庄空心化和“三留守”问题，持续提升乡村治理能力。

四是持续破解难点，深化农村综合改革。持续稳慎推进农村土地、集体产权等制度改革，扶持壮大村级集体经济。大力发展农业社会化服务，促进小农户和现代农业发展有机衔接，持续拓宽农民增收致富空间。

五是抓住重中之重，构建治黄新格局。举全力推进黑山峡水利枢纽工程前期工作。实施黄河宁夏段河道治理、贺兰山东麓和重点城市防洪治理等工程，完善区域防洪减灾体系，提升防洪保安能力，保障人民生命财产安全。

六是严格“四水四定”，集约利用水资源。严守取水总量管控指标红线，强化水资源管理考核。强化水资源最大刚性约束地位，严格涉水规划和建设项目节水评价。实施工业水效提升行动，开展典型地区再生水利用配置试点。

七是坚持保护优先，改善水生态环境。深入贯彻落实习近平生态文明思想，重拳治理河湖乱象，依法管控河湖空间，纵深推进“清四乱”常态化规范化，实现问题动态清零。开展重点河湖生态修复治理，实施水系连通及水美乡村建设。坚持山水林田湖草沙一体化保护和系统治理，推动水利全要素与特色产业融合发展。

八是统筹开展试点，深入推进林草改革。积极开展科学绿化试点建设，以山林权改革为契机，深化集体林权制度改革，持续推进自然保护地体系建设，持续推进国有草原资源资产所有权委托代理和国家草原自然公园试点等改革工作。

九是健全工作机制，严格林草资源管理。切实发挥好林长制的指挥棒作用，完善督查考核体系，层层压实责任，全面加强林草资源保护管理，切实抓好森林草原防火和重大有害生物防治工作，坚决守住林草生态安全底线。

十是推进产业升级，促进高质量发展。建立林草生态产品价值实现机制，突出宁夏葡萄地理优势、枸杞道地优势，以“宁夏葡萄酒”地域品牌、“宁夏枸杞”“中宁枸杞”区域公用品牌，引领产业高质量发展。优化整合拓宽造林空间，积极培育苹果等林下经济等绿色富民产业，推动实现生态美、百姓富。

2022—2023年宁夏规模以上工业经济运行情况分析与对策建议

张成海

2022年以来，在自治区党委和政府的正确领导下，全区上下深入贯彻习近平总书记视察宁夏重要讲话和重要指示批示精神，坚决落实党中央、国务院决策部署，高效统筹疫情防控和经济社会发展，加快推动黄河流域生态保护和高质量发展先行区建设，按照大抓发展、抓大发展、抓高质量发展工作要求，聚焦稳经济、保增长、促发展目标任务，持续落实落细中央、自治区各项政策措施，全力保供稳价、保畅纾困、延链育能，聚力“六特六新六优”产业发展布局，加强工业经济运行调控，不断激发市场主体活力，扎实推动高质量发展，全区工业经济增长动力持续增强，发展基础不断夯实，结构调整稳步推进，转型升级成效显著，质量效益持续改善，全年运行保持平稳较快增长态势，有效地发挥了经济“压舱石”作用。

一、规模以上工业经济运行基本情况

2022年以来，宁夏工业战线千方百计采取有效措施，靶向协调调度，强化能源、原材料等生产要素供应保障，精准对接确保物流畅通，力促企

作者简介：张成海，自治区统计局工业处四级调研员，统计师，主要从事工业生产统计、工业核算工作。

业生产稳定，工业经济保持平稳较快增长。1—10 月，全区规模以上工业增加值同比增长 8.1%，比全国高 4.1 个百分点，位居全国第 6 位、西部第 5 位、西北第 3 位，对全区经济增长的拉动作用明显增强。

（一）轻、重工业全面增长，制造业增长加快

1—10 月，全区规模以上轻、重工业保持全面增长，其中，轻工业增加值同比增长 14.4%，重工业增长 7.5%。从工业三大门类看，采矿业增加值增长 6.1%，电力、热力、燃气及水生产和供应业增长 5.1%，制造业增长 9.3%，制造业比 1—6 月和 1—3 月加快 2.2、7.2 个百分点（见表 1）；制造业增加值占全区规模以上工业增加值比重为 67.8%，对规模以上工业增加值增长的贡献率高达 77.0%，分别比 1—6 月和 1—3 月提高了 22.3、57.1 个百分点。制造业持续加快增长，对全区规模以上工业增长的支撑作用显著增强。

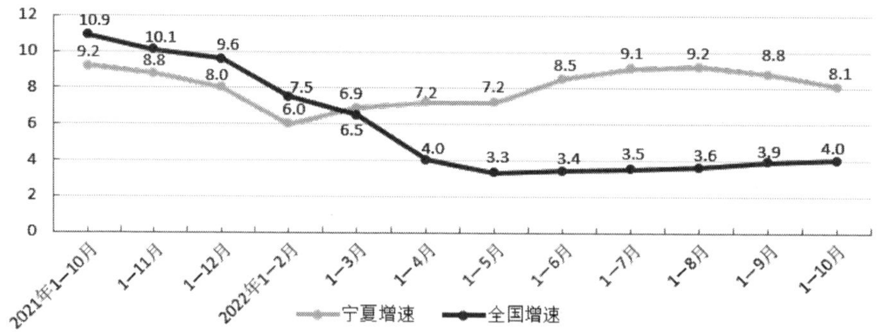

图 1　2022 年 1—10 月宁夏规模以上工业增加值增速（%）

（二）主要行业增势稳健，六成以上行业增长

1—10 月，全区规模以上十大工业行业中实现“九增一降”。其中，电力行业增加值同比增长 4.2%，化工行业增长 2.6%，冶金行业增长 24.9%，有色行业增长 6.2%，轻纺行业增长 11.3%，机械行业增长 8.6%，建材行业增长 1.7%，医药行业增长 38.8%，其他行业增长 23.9%（见表 1）。从工业大类行业看，在全区 38 个工业大类行业中，23 个行业实现增长，增长面为 60.5%。其中，农副食品加工业增长 11.9%，烟草制品业增长 9.8%，石油、煤炭及其他燃料加工业增长 16.8%，医药制造业增长 38.8%，通用设备制造业增长 10.0%，电气机械及器材制造业增长 20.2%，计算机、通信和其他电子制品制造业增长 30.8%，仪器仪表制造业增长 26.8%。

表 1　2022 年 1—10 月宁夏规模以上工业增加值增速

	1—10 月增长(%)	1—6 月增长(%)	1—3 月增长(%)
规模以上工业增加值	8.1	8.5	6.9
分轻、重工业			
轻工业	14.4	12.0	6.9
重工业	7.5	8.2	6.9
分三大门类			
采矿业	6.1	18.9	16.7
电力、热力、燃气及水生产和供应业	5.1	5.8	15.7
制造业	9.3	7.1	2.1
分十大工业行业			
煤炭	–2.8	11.2	9.2
电力	4.2	3.1	14.8
化工	2.6	0.2	–1.0
冶金	24.9	23.1	12.4
有色	6.2	1.2	–2.1
轻纺	11.3	5.9	3.0
机械	8.6	11.7	23.4
建材	1.7	1.0	6.2
医药	38.8	34.6	23.5
其他	23.9	18.8	6.4

（三）重点企业贡献突出，新建企业拉动明显

2022 年以来，宁夏重点骨干企业工业生产保持较快增长，充分发挥了其规模大、占比高，对全区规模以上工业增长贡献“挑大梁”的作用。1—10 月，全区累计产值前 100 户重点企业总产值占全部规上工业总产值的比重为 72.4%，同比增长 33.0%，高出全区总产值增长平均水平 9.2 个百分点，对全区规上工业总产值增长的贡献率超过 90.0%，拉动规上工业总产值增长 22.2 个百分点。

截至 10 月末，宁夏新建投产纳入统计调查的工业企业 28 户。1—10月，

28户新建企业完成工业总产值115.4亿元，户均产值4.1亿元，拉动全区规模以上工业总产值增长2.3个百分点。

（四）新兴动能增势强劲，持续夯实增长基础

2022年以来，宁夏规模以上工业转型升级持续推进，新兴动能增势强劲，新兴产品快速增长，工业投资稳定增长，企业数量不断增加，新动能培育成果显著。一是高端制造业快速增长。1—10月，全区装备制造企业和高技术产业增加值同比增长23.4%、29.7%，分别高出全区规模以上工业增长平均水平15.3、21.6个百分点，比1—6月加快3.9、9.7个百分点。二是新兴产品快速增长。1—10月，全区工业机器人同比增长13.6%，工业自动调节仪表与控制系统增长14.4%，电工仪器仪表增长53.2%，变压器增长28.4%，风力发电机组增长45.7%，单晶硅增长57.9%，多晶硅增长77.7%。三是工业投资较快增长。1—10月，全区工业投资同比增长18.3%，高出全区固定资产投资平均水平7.9个百分点，比1—6月加快12.6个百分点。其中，高技术制造业投资增长64.4%，比全区工业投资高出46.1个百分点。四是企业数量明显扩大。截至10月底，全区规模以上工业企业1435户，比2021年增加125户。

（五）国有企业增长亮眼，民营企业快速增长

1—10月，规模以上国有企业增加值同比增长11.4%，比全区规上工业平均水平高3.3个百分点。其中，国有大中型工业企业增长12.7%，国有控股工业企业增长5.0%。

1—10月，全区规模以上民营工业企业增加值占全区规上工业增加值的53.7%，同比增长10.0%，比全区平均水平高1.9个百分点，对规上工业增长的贡献率为65.4%，拉动工业增长5.3个百分点；民营工业企业平均用工人数达19.2万人，占全部规上工业企业平均用工人数的60.3%，同比增加0.6万人，增长3.0%。民营工业企业在推动工业经济持续较快增长和吸纳就业方面作用突出。

（六）结构调整成效明显，质量效益继续改善

1—10月，全区规上工业企业实现营业收入6633.4亿元，同比增长27.2%；实现利润总额434.3亿元，同比增长4.8%，增速比全国平均水平高

7.8个百分点。一是供给侧结构性改革成效明显。1—10月，全区规模以上工业企业每百元营业收入中的费用同比减少1.8元，比全国平均水平少1.4元；全区规模以上工业资产负债率为63.8%，比上年同期下降0.9个百分点，与年初相比回落0.8个百分点。二是资金使用效率提高。10月末，全区规模以上工业产成品存货周转天数16.2天，同比减少0.2天，比全国平均水平减少2.0天；应收账款平均回收期49.5天，比上年同期缩短3.8天，比全国平均水平缩减5.1天。三是创收能力持续增强。1—10月，全区规模以上工业每百元资产实现的营业收入为63.0元，同比增加9.3元，企业人均营业收入为250.0万元，同比增加51.0万元。

（七）能源保供力度加大，煤炭电力供应充足

2022年以来，自治区坚决贯彻落实党中央、国务院决策部署，不断挖掘能源生产潜力，促进能源企业满产稳产，确保全区煤、电、油等供应充足，为全区经济社会持续发展做好能源保供工作。1—10月，全区原煤产量同比增长10.3%，工业发电量增长7.6%，外送电量增长10.1%，原油加工量增长4.8%，汽油增长6.7%，柴油增长20.2%。

（八）结构调整进展明显，绿色发展卓有成效

全区工业战线始终坚持生态环境优先、绿色低碳发展，紧盯绿色发展目标，严格落实“两高”项目清理，严控“两高”项目盲目上马，鼓励企业节能减排“双向调节”，持续推进产业结构优化调整，节能降碳成效显著。1—10月，全区高耗能行业增加值同比增长5.7%，比全区平均水平低2.4个百分点。从制造业内部结构看，1—10月，全区规模以上高技术制造业增加值增长29.7%，装备制造业增长23.4%，消费品制造业增长14.6%，分别高于传统的原材料制造业23.9、17.6和8.8个百分点。全区工业制造业增长结构明显改善。

（九）政策红利持续释放，激发企业生产信心

2022年以来，面对复杂严峻的发展环境和多重超预期因素影响，自治区党委和政府按照疫情要防住、经济要稳住、发展要安全的要求，在落细落实减税降费等国家一揽子助企纾困政策的基础上，聚焦“六稳”“六保”工作任务，紧盯全年经济社会发展目标，先后出台了《自治区关于振作工业经济促进工业经济平稳增长的行动方案》《自治区稳经济保增长促发展50条政策措施》《自治区工业经济稳增长36条政策措施》《全区稳经济保民生政策措施》等一系列政策措施，各市、县区政府也结合各地工业经济运行实际情况，及时增补配套措施，在扩大覆盖面、增强针对性、提升操作性上下足功夫，有效地降低了企业生产成本，切实减轻了企业负担，疏通了物流堵点卡点，确保产业链、供应链稳定，极大地激发了企业生产积极性，为工业经济持续较快增长提供了坚强有力的支撑。

二、规模以上工业经济运行存在的主要问题

2022年以来，宁夏工业经济运行总体实现了平稳较快增长。但受国际国内大宗商品和原材料及能源产品价格高位，工业产品出厂和原材料购进价格倒挂，企业生产经营成本上升，产成品库存增加，企业利润空间不断缩小，区域间、行业间、企业间发展分化，小微企业竞争力提升缓慢，减产、停产企业数量较多等问题交织叠加影响，工业经济承压加大，保持较快增长的难度越来越大。

（一）企业发展困难增多，减停企业数量较多

宁夏工业经济结构中，能源工业、高耗能工业占比较高，能源资源约束趋紧，大部分原材料产品处于产业链前端、价值链低端，市场竞争力还有待提高。企业创新投入不足，发展的层次还不够高，持续增长的动力还需加强。一是小微企业生产快速下降。截至10月末，小微工业企业数量占规上工业企业的86.1%，但小微企业竞争力不强，管理不完善，成本控制和市场议价能力不足。随着生产成本不断上升，小微企业生产明显下降。1—10月，全区规模以上小微企业增加值同比下降4.5%，比大中型工业企业低16.9个百分点，比1—6月回落5.1个百分点，比1—3月回落14.0个百分点。二是减产停产企业数量较多。10月，当月停产企业171户，停产面11.9%，累计减少产值71.5亿元；1—10月，累计减产企业528户，减产面36.8%，累计减少产值242.6亿元。

（二）工业生产有所波动，月度增速持续放缓

2022年以来，宁夏规模以上工业生产保持稳定增长，1—2月增长

6.0%，之后逐月加快，到4月提高至8.2%的增长水平，之后随着市场需求的减弱和上年月度产值基数逐月增加，规模以上工业月度增速在6月达到增长15.0%的高点后开始逐步放缓。10月，规模以上工业增加值同比增长2.8%，比6月、7月、8月、9月分别回落12.2、9.6、7.5、5.2个百分点，月度增速放缓的趋势明显。

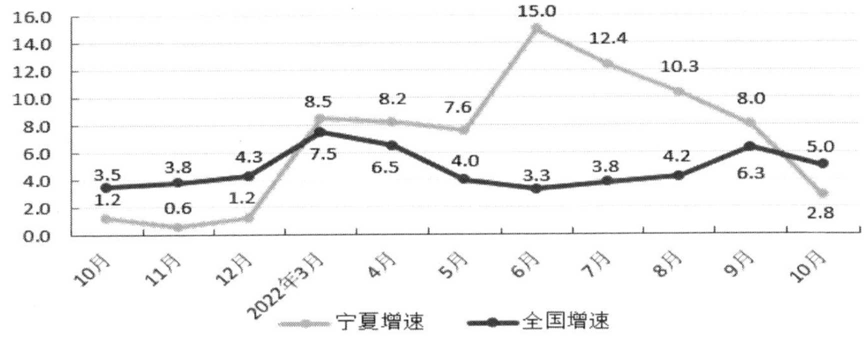

图2　2022年宁夏规模以上工业月度增加值增速（%）

（三）支柱行业增长乏力，重点企业增长放缓

煤炭、冶金、化工、电力、医药、建材等行业是宁夏工业经济的重要支柱行业。2022年下半年由于市场需求减弱，铁合金、钢材、电石、精甲醇、聚氯乙烯等重点产品的价格回落明显，加之部分煤炭企业受矿井涌水、更换作业面等不利因素影响，黑色金属冶炼、煤炭开采及洗选等行业增速回落，化学原料和化学制品制造业小幅增长。1—10月，全区煤炭开采及洗选业增加值同比下降2.8%，分别比1—6月、1—3月回落14.0、12.0个百分点；黑色金属冶炼及压延加工业下降2.8%，分别比1—6月、1—3月回落10.5、3.0个百分点；化学原料和化学制品制造业仅增长0.4%，行业增加值的比重超过20.0%，但对规模以上工业增长的贡献仅为1.0%。从企业来看，1—10月，全区累计产值前100户重点企业实现的工业总产值占全部规上工业总产值的72.4%，同比增长33.0%，分别比1—6月和1—3月回落5.4和4.9个百分点。

（四）企业各项成本高企，持续经营承压较大

一是购进出厂价格倒挂。1—10月，宁夏工业生产者出厂价格指数

（PPI）为 113.9%，购进价格指数（IPI）为 120.8%，购销价格差异 6.9 个百分点，分别比 1—6 月、1—3 月扩大 1.1、1.9 个百分点。购、销两个价格差异进一步扩大，持续压缩企业盈利空间。二是营业成本持续上升。1—10 月，宁夏规模以上工业企业营业成本同比增长 32.1%，每百元营业收入中的成本为 85.1 元，分别比上半年、2021 年高 0.76 元、2.11 元，比全国平均水平高 0.3 元。

三、对策建议

稳定工业经济增长对宁夏稳经济大盘意义重大。宁夏要聚焦新型工业强区战略，多措并举固优势、强弱项、补短板，稳定市场预期，增强企业发展信心，确保工业经济平稳快速增长。宁夏工业战线要在调结构、促转型、培动能、强发展上持续用力，支持优势潜力产业、行业延链补链强链，引导重点骨干企业做大做优做强。同时，不断优化营商环境，提前谋划一批好项目大项目，加快新建在建工业项目建设，确保“存量、增量”同向发力，实现工业经济质的稳步提升和量的合理增长，保持对全区经济增长的持续有效拉动。

（一）加强工业运行调控，确保企业稳定生产

持续强化部门联动协作，深入推进落实新型工业强区战略，以“六特六优六新”产业发展为引领，强化工业行业发展调控，扎实做好保供保价保畅、育新育能扩能、复产增产增收工作，稳定重点工业企业生产。采取针对性强的措施，支持煤炭、冶金、化学、建材等重点行业、重点企业稳定生产，在稳定生产要素保障的基础上，更好融入国内国际双循环，确保重点行业和重点企业产业链、供应链稳定，支撑工业经济基本面，持续巩固工业经济平稳增长的基础。

（二）加大政策扶持力度，激发企业发展活力

狠抓各项稳经济、保稳定、促发展政策措施及接续政策的落地见效，聚焦问题分类精准施策，优化各类政策措施的组合效应，切实减轻企业成本和税费负担，稳定企业生产经营预期，把企业的政策单向贯通转为企业自内而外的突破和政策激励扶持的“里应外合”，合力激发企业发展活力。

加强对减产停产企业减停原因分析，精准施策，推动停产减产企业尽快恢复生产，实现增产。进一步深化政校企合作、产学研融合，指导科研成果创新转化，提高企业市场竞争力，有效遏制企业尤其是小微企业增速下降势头。

（三）持续优化产业结构，提升自主创新能力

围绕电子通信、生物医药、智能制造、仪器仪表等高技术和装备制造行业，持续培育壮大一批附加值高、产业链长的企业，同时还要加强对传统产业的提升改造，提高产品科技含量，增强自主创新能力，提升企业发展层次。同时，紧盯拟投产拟达标拟纳入统计调查的工业企业的服务指导和重大绿色工业项目的落地跟进，持续优化产业结构，发挥新建新投企业对工业经济增长的拉动作用，形成工业经济新的增长极。

（四）加强价格监测预警，助力企业稳定生产

密切关注国际国内大宗商品及原材料购进价格，跟踪监测市场主要工业品价格波动，加强大宗商品市场供需、价格变化的监测预警，有效抑制原材料价格过快上涨，充分化解各类供给冲击压力，确保市场供应和产品价格的基本稳定。加强市场监管和价格预期管理，及时发布市场信息或通告重点信息，严厉打击各种不合理涨价行为，合理引导市场预期，竭力为企业营造公平合作、互惠互利的营商环境，助力企业稳定生产，正常经营。

2022—2023年宁夏服务业运行情况分析与对策建议

杨 雯

2022年以来，面对复杂严峻的发展环境，在自治区党委和政府的正确领导下，宁夏上下高效统筹疫情防控和经济社会发展，政策助推效应逐步显现，服务业经济延续恢复性增长，主要指标运行在合理区间，重点行业发展平稳，新动能持续发力。

一、全区服务业经济稳步增长

2022年前三季度，宁夏服务业实现增加值1650.57亿元，同比增长2.6%，高于全国平均水平0.3个百分点，占全区GDP的45.8%，对经济增长贡献率为27.1%，拉动GDP增长1.3个百分点。

（一）服务业高质量发展势头良好

新产业新业态新商业模式层出不穷，新兴服务业快速兴起。科技服务业加快孕育成长，技术推广和市场交易更趋活跃，以云计算、大数据、物联网、人工智能为代表的新一代信息技术日新月异，互联网与各行业加速融合、交融共进，促进了服务业高质量发展，同时加速了传统产业的转型升级。

作者简介：杨雯，自治区统计局服务业统计处一级主任科员。

1. 服务业新动能支撑有力

现代服务业发展势头足。信息技术成为引领产业发展的核心驱动力。前三季度，宁夏信息传输、软件和信息技术服务业实现增加值130.89亿元，同比增长11.2%，高于同期服务业增速8.6个百分点；金融业实现增加值261.08亿元，增长4.2%，比服务业高1.6个百分点。服务业重点领域增势良好。1—9月，规模以上信息传输、软件和信息技术服务业及科学研究和技术服务业营业收入同比分别增长13.9%和24.6%，分别比规模以上服务业增速高4.7和15.4个百分点。信息技术企业的快速增长，为促进“互联网+”融合发展提供了有力保障。科技投入加大，研发经费保持快速增长，2021年，全区研发经费支出70.44亿元，增长18.1%，比全国平均水平高3.5个百分点。全区全社会研究与试验发展（R&D）经费支出规模持续扩大，研发经费投入强度稳步提高，科技成果转化应用能力不断提升，科技创新引领高质量发展的动能进一步增强。

2. 服务业新业态发展活跃

疫情发生以来，当传统消费和产业受到较大冲击时，互联网行业依托其完善的基础设施、移动互联网的普及以及技术上的创新，在战“疫”和保障民生等方面发挥了积极作用，实现了成功突围，“线上经济”迎来高光时刻。前三季度，全区实物商品网上零售额79.1亿元，同比增长30.2%，高于同期社会消费品零售总额增速27.9个百分点。1—10月，邮政行业寄递业务量累计完成1.59亿件，同比增长3.8%。其中，快递业务量同比增长2.4%，快递业务收入增长0.1%。快递需求的持续增长，成为疫情防控常态化背景下服务业复苏的动力支撑。前三季度，全区移动互联网用户接入流量12.97亿GB，同比增长18.7%。数据中心、云计算业务收入同比增长38.8%，拉动电信业务收入增长6.5个百分点，新业务成为行业收入增长的主要贡献力量。

3. 服务业投资增势良好

产业发展以坚实的投资为保障，2022年以来，宁夏将补短板、惠民生作为经济社会发展的重要着力点，加大了对基础设施、民生领域的投资力度，第三产业投资增势良好。1—10月，全区服务业固定资产投资同比增长5.3%，占全区固定资产投资的50.5%。其中居民消费相关行业、新兴行业等投资实现较快增长，信息传输和信息技术服务业投资增长42.7%，高技术服务业投资增长10.5%，居民服务、修理和其他服务业投资同比增长22.1%，批发和零售业投资增长23.5%，住宿和餐饮业投资增长4.0倍。

4. 服务业就业形势稳中向好

服务业是缓解就业压力的重要渠道，是吸纳就业和保障市场主体的关键。2022年以来，宁夏出台多项保就业、稳就业政策措施，保障服务业市场主体经营稳定、就业稳定。前三季度，服务业就业形势恢复较好，全区规模以上服务业从业人员所涉及的12个行业门类中，有7个行业门类就业人数增长。交通运输、仓储和邮政业，水利、环境和公共设施管理业，卫生和社会工作，科学研究和技术服务业，批发和零售业，租赁和商务服务业，教育从业人员期末人数同比分别增长27.4%、10.3%、11.9%、8.2%、6.3%、2.4%和2.3%，在稳就业保民生方面发挥了积极作用。

（二）服务业重点行业运行平稳

1. 邮政电信业稳定增长

随着互联网与国民经济各行业的融合发展，快递业继续深化与电商协同联动，成为推动邮政业务发展的主要动力。1—10月，在快递业务持续增长的拉动下，邮政行业实现业务收入20.60亿元，同比增长1.8%。数据中心、云计算等新兴业务快速增长，有力带动电信业务收入平稳增长，1—10月，全区电信业务总量87.5亿元，同比增长21.6%；全区电信业务收入61.8亿元，同比增长10.9%。

2. 金融业运行稳中有进

2022年以来，金融业坚持金融服务实体经济的宗旨和本源，加大稳健货币政策执行力度，引导金融机构围绕自治区重点领域和薄弱环节，全力以赴扩大信贷投放，为全区经济恢复稳定增长提供了有力支持。据人民银行银川中心支行统计，10月末，全区金融机构人民币存款余额8308.37亿元，同比增长12.5%，较上月末加快1.1个百分点；全区金融机构人民币贷款余额8823.92亿元，同比增长8.7%，与上月末持平。1—10月，全区新增存款842.6亿元，同比多增581.24亿元；新增贷款539.65亿元，同比多增202.62亿元，创5年同期最高水平，信贷结构进一步优化，金融支持实体经济质效持续提升。

3. 消费市场保持增长

2022年以来，宁夏贯彻落实稳增长、促消费的政策导向，不断推进供给侧结构性改革，人民群众大众化、多元化、优质化的消费需求日益旺盛，消费市场保持增长。1—10月，全区社会消费品零售总额1121.71亿元，同比增长0.2%。其中，限额以上消费品零售额389.05亿元，同比增长2.1%。基本生活类商品消费增长较快。1—10月，全区粮油食品、日用品、烟酒、饮料等基本生活类商品零售额同比分别增长6.8%、17.4%、19.8%和22.8%，通信器材、书报杂志等升级类商品零售额分别增长9.1%和14.8%。

（三）规模以上服务业企业平稳恢复

1. 服务业企业生产经营稳定

规模以上服务业保持平稳增长。2022年以来，随着促进服务业发展的各项政策逐步落实，全区规模以上服务业生产经营保持稳定，市场主体数量持续增加，经济规模不断扩大。虽然部分接触性服务行业持续受疫情冲击，经营效益有所下滑，恢复缓慢，但整体发展韧性较强。1—9月，全区规模以上服务业企业实现营业收入317.17亿元，同比增长9.2%，高于全国同期增速4.5个百分点。10个行业门类营业收入中有5个保持增长，其中，交通运输、仓储和邮政业，信息传输、软件和信息技术服务业，科学研究和技术服务业，居民服务、修理和其他服务业实现两位数增长，分别增长19.5%、13.9%、24.6%、10.0%，卫生和社会工作实现增长4.4%，合计拉动规模以上服务业企业营业收入增长10.0个百分点。

2. 服务业大型企业拉动作用突出

截至9月末，宁夏规模以上服务业企业中营业收入过亿的企业有64家，其中营业收入10亿元以上的5家、2亿—9亿元的29家。64家企业营业收入占全区规模以上服务业营业收入的67.9%，同比增长22.5%，高出全区规模以上服务业增速13.3个百分点，合计拉动规模以上服务业营业收入增长13.6个百分点，大型企业较快的发展势头和引领带动能力助推全区规模服务业经济逐步恢复。

二、需要关注的问题

2022年以来，在国际环境复杂严峻和国内疫情多点散发交织叠加的影响下，服务业部分行业主要指标增速缓慢或降幅扩大，对服务业稳定增长的支撑作用进一步减弱，对宁夏服务业恢复性增长产生不利影响。

（一）服务业增加值占比偏低

2022年前三季度，全区服务业增长放缓，服务业增加值占GDP比重为45.8%，比全国平均水平低7.7个百分点。从服务业内部结构看，主要行业集中于传统服务业，现代服务业占比仍然偏低，产业结构有待进一步优化。交通运输、仓储和邮政业，批发和零售业，住宿和餐饮业，房地产业，公共管理、社会保障和社会组织等传统服务业占服务业增加值比重达61.7%。信息传输、软件和信息技术服务业，租赁和商务服务业，科学研究和技术服务业等新兴服务业占服务业增加值比重仅为13.5%，现代服务业产业规模有待进一步扩大。

（二）服务业部分行业恢复缓慢

1. 交通运输、仓储和邮政业恢复缓慢

2022年以来，全区道路货运量增长放缓。前三季度，全区交通运输、仓储和邮政业增加值同比增长0.4%，低于同期服务业增加值增速2.2个百分点。1—10月，全区规模以上多式联运和运输代理业营业收入下降20.1%，装卸搬运和仓储业营业收入下降29.9%。从货运看，受公路货运需求下降、跨区域高速公路货车流量下降明显、运输企业成本上升、生产积极性不高等因素叠加影响，全区铁路、公路、民航，共完成货运量、货物周转量同比分别增长2.9%和6.2%，增速比前三季度分别回落2.2和0.7个百分点。从客运看，受疫情反复、旅客出行需求下降、跨区域出行恢复缓慢影响，仍处于低位运行状态，全区铁路、公路、民航，共完成客运量、旅客周转量分别下降21.9%和40.2%，降幅比前三季度扩大5.4和4.8个百分点。

2. 住宿和餐饮业增势较缓

在疫情持续多点散发的背景下，旅游人数减少，会议会展、商务差旅等住餐行业人员流失较多。前三季度，全区住宿业营业额同比增长0.6%；

餐饮业营业额增长 4.3%，比上半年回落 0.3 个百分点。全区住宿和餐饮业增加值 40.41 亿元，增长 0.8%，对服务业增长的贡献率仅为 0.7%。接触性、聚集性消费恢复缓慢，企业经营困难犹存。

3. 房地产业下行趋势仍未扭转

受全区土地市场热度减退，企业投资意愿下降，房地产销售市场低迷，房地产开发企业资金压力增大等因素影响，1—10 月，全区房地产开发投资 365.20 亿元，同比下降 7.0%。全区商品房销售面积同比下降 27.9%，降幅比前三季度扩大 5.7 个百分点。前三季度全区房地产业增加值 146.62 亿元，同比下降 2.1%。

（三）规上服务业部分行业回落明显

租赁和商务服务业降幅扩大。1—9 月，全区规模以上租赁和商务服务业企业实现营业收入同比下降 16.9%，降幅较 1—8 月扩大 6.4 个百分点。全区文化、体育和娱乐业规模小，业务单一，抗风险能力差，自疫情发生以来，以室内电影院、游乐场为主的规模以上文化、体育和娱乐业发展始终低迷。1—9 月，全区规模以上文化、体育和娱乐业营业收入同比下降 22.7%。

三、对策建议

总的来看，宁夏服务业积极适应形势变化，保持稳定恢复态势。下阶段，要全面贯彻落实党的二十大精神和自治区第十三次党代会精神，把扩大内需战略和深化供给侧结构性改革有机结合起来，推动服务业高质量发展，巩固经济稳定恢复基础。

（一）促发展，保障经济政策稳定有力

坚持经济社会发展和常态化疫情防控两手抓，保障服务业经济稳定运行。灵活施用政策调控和市场机制双向策略，积极应对需求收缩、供给冲击、预期转弱三重压力。全力以赴保障产业链供应链畅通稳定，多措并举保供应、稳物价、惠民生。持续释放稳健的助企政策，增强贷款惠利政策偏向，帮助服务业企业减负纾困、恢复发展，强化企业应对和化解风险的能力，稳定市场主体经营信心。

（二）提比重，努力壮大服务业产业规模

党的二十大报告提出，构建优质高效的服务业新体系，推动现代服务业同先进制造业、现代农业深度融合。加快发展物联网，建设高效顺畅的流通体系，降低物流成本。加快发展数字经济，促进数字经济和实体经济深度融合，打造具有国际竞争力的数字产业集群。优化基础设施布局、结构、功能和系统集成，构建现代化基础设施体系。

自治区第十三次党代会报告提出："推动生产性服务业增容扩量、生活性服务业提质升级、新兴服务业发展壮大。"结合宁夏服务业发展实际，就是要高质量发展现代服务业，全力提升服务业增加值占 GDP 比重。一是围绕数字经济、文化旅游、现代物流、新型消费等领域，着力推动服务业重大项目建设，进一步扩大服务业有效投资，努力促进服务业投资增速好于全社会投资水平。重点扩大战略性新兴产业、现代化服务业的投资，实现投资带动消费、牵引供给的良性循环。二是大力发展信息服务业，加速科研能力的提高和信息技术的应用，充分发挥其作为数字经济核心产业的先导作用，带动现代农业、先进制造业、现代物流等产业技术升级，促进数字经济与实体经济融合创新发展，提升实体经济数字化、网络化、服务化水平，促进生产性服务业向专业化高端化发展。三是推进创新发展，打造新兴服务业发展新动能。宁夏新兴服务业体量小，带动力不足，亟须不断创新发展模式，加快培育新商业模式。推动生活性服务业数字化转型发展，支持商贸业线上线下融合发展，推广社群电商、直播电商、农村电商等新模式，积极培育"小而美"互联网平台和网络品牌。以在线教育、线上医疗、数字文旅、智慧养老为重点，推动"数字技术+生活服务"融合发展。通过加强员工培训、优化服务标准、加大智能设备投入等方式提升企业管理水平和服务能力，提高服务质量。

（三）优服务，抓好规模以上服务业培育

营造服务业发展良好环境。以打造政务高效、竞争良性、需求兴旺的市场发展环境为目标，持续优化营商环境质量，切实解决好企业各类需求，不断提升服务保障效能。加速完善相关法律体系建设，依法保护市场主体产权和合法权利。针对供需循环不畅的关键点，对症施策扩大消费需求。

强化服务业联席会议机制，抓好重点行业、重点企业的经营状况监测和发展趋势预判，提升政府、部门、企业间的信息流通速率和问题处理效率。

继续加强服务业政策支持。一是持续关注恢复较慢的行业领域。对于受疫情影响较大的服务业行业，继续加大调研力度，对接企业发展过程中的困难和诉求，出台更多更精准的优惠政策，降低企业经营成本，助力企业发展。推动助企纾困和激发活力并举，补齐发展短板，帮助企业尽早恢复正常经营。二是统筹做好疫情防控和经济社会发展，在抓好疫情防控前提下，促进服务消费回补和潜力释放，有序推动受疫情影响较大的住宿餐饮、实体零售、文化旅游、居民服务等生活性服务业恢复正常经营秩序。三是持续做好服务业企业引进工作，灵活实施政策调控和市场机制双向策略，积极应对需求收缩、供给冲击、预期转弱等下行压力，针对服务业发展中呈现的新特点新态势，对投资规模大、带动能力强、科技含量高的服务业项目和企业，提供更大的扶持力度和更优的营商环境。

培育、抓好行业发展的龙头企业。一是做大做强现有龙头企业。大力实施龙头企业“培优扶强”行动，对贡献突出、带动成效明显的优质企业，给予相应的奖励支持，努力让企业扎根宁夏，做大做强。二是加快引进行业龙头企业。立足宁夏资源优势和产业发展实际，实施精准招商，着力引进一批具有行业影响力、号召力的龙头企业。三是发挥龙头企业带动作用。鼓励龙头企业以产业链现代化为导向，实施补链、延链、强链行动，形成全产业链上下联动、协同发展局面。

（四）优队伍，积极引进培育高层次人才

与传统服务业相比，生产性服务业是知识密集型产业，对人力、物力资本有着更高层次的依赖，在科技研发、技术推广、检验检测、电子商务等领域，更需要高端人才支撑。宁夏人才构成不合理问题较为突出，缺乏新型高科技人才，中高端科技人才短缺已经成为科技服务业发展重要制约因素。一是创造条件吸引各类人才。注重产业升级与人才引进并举。加大领军型人才的引进力度，吸引高层次人才带领团队和项目落户。在高等教育上，做优存量，加大对本地高校的扶持力度，做大增量，与国内外知名高校、中国科学院等科研机构加强合作。重视职业教育，推动校企联合培养机制构建，培育本地实用型人才。二是提升行业素质。建立人力资源服务业领军人才培养和引进机制，将人力资源服务业高层次人才纳入人才引进计划，组织开展集中培训。健全人力资源管理专业职称评审制度，拓展职称评审范围，完善职称评价机制。加强高技能人才培训基地、产业就业培训基地建设，面向人力资源服务领域从业人员开展培训，加快培养一批具有较高素质、具备一定能力的人力资源服务人才。建立人力资源服务业专家库，为行业高质量发展提供理论支撑。支持组建一批具有社会公信力、区域影响力的人力资源服务行业协会。鼓励举办人力资源服务博览会、行业发展大赛等活动，扩大行业影响力。三是加大人才保障力度。组织重点服务业企业前往知名高校招聘，为重点服务业企业急需用工提供即时信息发布、对接、面试洽谈等一站式服务。立足服务业从业人员的岗位差异、层次差异，加强对服务业从业人员培训，提高新型服务业态职业技能培训比例，培育发展服务业特色劳务品牌。

2022—2023年宁夏财政税收运行情况分析与预测

李海宁　袁海龙

2022年以来，面对多重超预期因素冲击，宁夏各级财政全面落实中央稳住经济大盘的各项部署，加大“稳经济保民生”工作力度，最大限度地对冲疫情对经济的冲击和影响。1—10月，全区财政经济运行承压而上，财政收入、税收收入增速分别居全国第5位、第6位；财政支出跃居全国第2位，财政政策资金持续发力，促进全区经济社会各项事业向稳向好发展。下一阶段，财政部门将统筹兼顾，有保有压，加速释放财政资金效能，加力促进经济恢复提振，力促全年圆满收官。

一、宁夏一般公共预算收支情况

(一) 一般公共预算收入情况

1—10月，全区地方一般公共预算收入完成396.3亿元，同口径增长20.5%。（图1）其中，税收收入完成269.8亿元，同口径增长26.3%（图2），非税收入完成126.5亿元，同比增长7%。按自然口径计算，全区财政收入增长4.0%，较1—9月提升0.2个百分点，企稳回升态势较好。

主要税种收入稳定增长。1—10月，国内增值税完成84.0亿元，扣除

作者简介：李海宁，宁夏财政政策研究中心主任；袁海龙，宁夏财政政策研究中心研究助理。

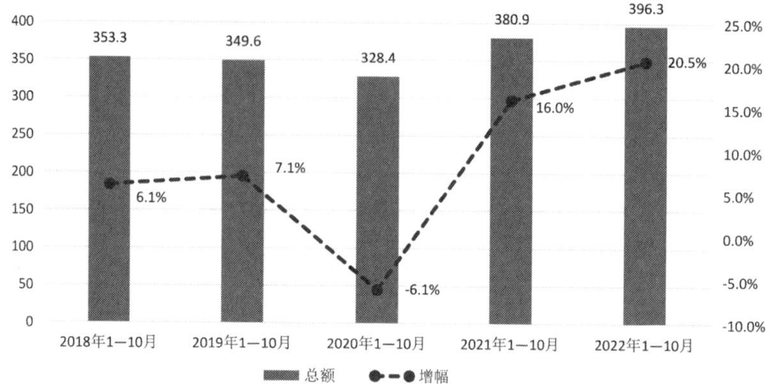

图 1　2022 年 1—10 月宁夏地方一般公共预算收入情况

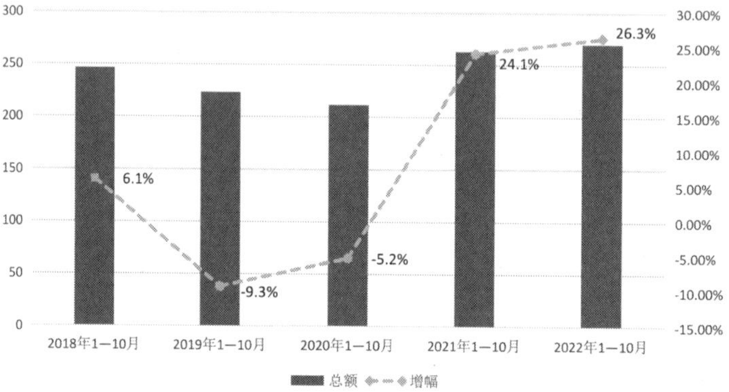

图 2　2022 年 1—10 月宁夏地方一般公共预算税收收入情况

留抵退税因素后增长 39.7%；企业所得税完成 48.3 亿元，增长 49.1%；个人所得税完成 10.7 亿元，下降 35.4%；资源税完成 31.8 亿元，增长 48.2%；城市维护建设税 18.7 亿元，增长 23.4%；房产税完成 16.5 亿元，增长 22.3%。

（二）一般公共预算支出情况

1—10 月，全区一般公共预算支出 1334.6 亿元，同比增长 14.1%，增速高于全国 7.9 个百分点，跃居全国第 2 位，为近年来最快增度。（图 3）支出进度为年度变动预算的 77.3%，支出规模达到上年全年支出的 93.5%，为全区各项事业发展提供有力保障。

从支出项目看，民生等重点领域保障有力，1—10 月，全区民生支出 1005.7 亿元，增长 14.7%，民生支出占比 75.4%，较上年同期提高 0.4 个百分点。其中，教育支出 169.1 亿元，增长 10.9%；社会保障和就业支出

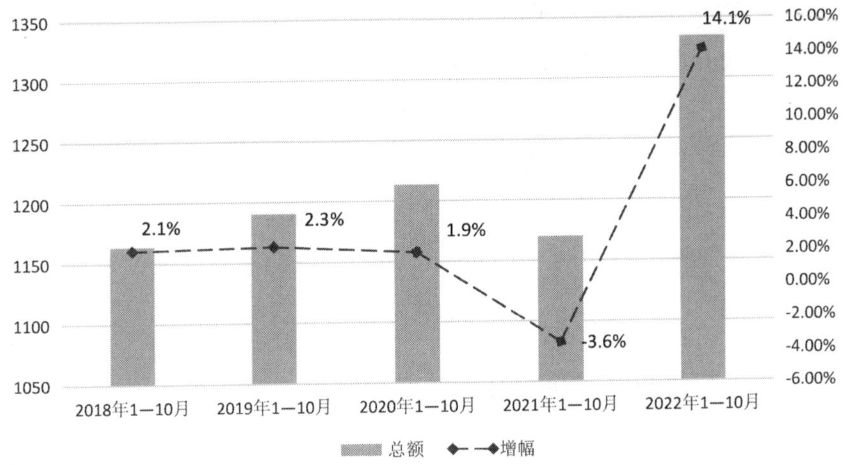

图 3　2022 年 1—10 月宁夏一般公共预算支出情况

245.1 亿元，增长 25.0%；卫生健康支出 106.0 亿元，增长 21.2%；节能环保支出 52.2 亿元，增长 50.5%；交通运输支出 107.7 亿元，增长 55.7%；农林水支出 200.1 亿元，增长 10.5%；住房保障支出 61.7 亿元，增长 30.3%，筑牢民生保障屏障。

1—10 月，在支持教育领域方面，统筹资金 8.6 亿元，加力做好困难学生资助帮扶，支持落实各级各类家庭经济困难学生资助政策。在支持保障住房方面，安排下达 1950 万元，支持市县向 5837 户城镇低收入住房困难家庭发放租赁补贴；统筹资金 2.4 亿元，支持市县筹集保障性租赁住房 9092 套，扩大向新市民、年轻人、外来务工人员等群体的住房供给；加大棚改货币化安置力度，安排 1.6 亿元支持实施城市棚户区改造拆迁安置工作。

二、宁夏政府性基金预算收支情况

（一）政府性基金预算收入情况

1—10 月，全区政府性基金预算收入完成 83.8 亿元，下降 23.7%，为年度预算的 40.2%。分级次看，自治区本级完成 12.9 亿元，增长 56%，为年度预算的 75.4%；市县完成 70.9 亿元，下降 30.2%，为年度预算的 37.1%，其中：银川市（含宁东）、石嘴山市、吴忠市、中卫市、固原市收入增幅分别为−26.7%、43.5%、−26.2%、−51.7%、−65.5%，分别完成年度预算的 37.3%、39.7%、49.4%、28.9%、22.6%。

（二）政府性基金预算支出情况

1—10 月，全区政府性基金预算支出完成 81 亿元，增长 4.3%。分级次看，自治区本级完成 11.8 亿元，增长 85.1%；市县完成 69.2 亿元，下降 3.0%，其中：银川市（含宁东）、石嘴山市、吴忠市、中卫市、固原市支出增幅分别为 3.2%、111.0%、-26.5%、7.6%、-13.9%。各级财政严格落实“收支两条线”，政府性基金支出与收入来源总体匹配。

三、当前财政经济运行存在的突出问题

疫情对宁夏经济社会发展的影响逐渐加深。同时，产业结构较为单一、经济结构不均衡等深层次问题，使得宁夏经济社会发展矛盾与问题相互交织，面临的困难体现在以下方面。

（一）部分行业税收增速放缓

受疫情影响，市场主体生产经营困难面扩大，相关税收回落较为明显。10 月，全区增值税开具发票销售收入同比下降 8.9%，增速为 2022 年以来最低，环比下降 23.6%。批发和零售业、住宿和餐饮业税收降幅较大，同比分别下降为 12.2%、41.2%。1—10 月，房地产业相关税收同比下降10%，其中契税下降 18.8%，降幅较 1—9 月扩大 2.4 个百分点，累计减收 3.7 亿元，回暖不及预期。受原料运输、成品出厂受阻等因素影响，部分企业停产减产面扩大，加工行业需求持续疲软，相关企业税收贡献能力减弱。

（二）财政收支平衡趋紧

1—10 月，全区各市、县区“三保”运行总体平稳，但受多重因素影响，财政收支延续紧平衡状态。一是收入增收空间收缩。受大宗商品价格回落，疫情影响部分企业停产减产面扩大，叠加 14 项行政事业性收费缓缴以及上年财政收入基数较高等因素影响，进入 11 月，财政收入增速将放缓，增收空间进一步收缩。二是土地出让短收扩大。1—10 月，全区土地出让收入下降 32.8%，降幅持续扩大，市级土地出让困难加剧。三是疫情防控支出对市县造成较大压力。全区疫情防控支出主要集中在核酸检测、生活和防疫物资应急保障等。常态化疫情防控下，全区防疫支出持续增加，

市县可用财力有限，保障疫情防控支出压力较大。四是民生领域支出压力较大。全区人员及民生保障类资金需求较大。全区工资调资及津补贴纳入养老保险、住房公积金基数较上年增加，企业职工养老保险全国统筹后，一次性缴纳养老保险费退休人员（失地农民）待遇等清单外项目支出须由地方一般公共预算负担。同时，市县持续加大教育、生态环保等民生领域投入，严格落实国家有关教育支出“两个只增不减”要求，保障教师工资水平不低于公务员水平等政策，民生支出需求逐年增加，财政收支压力较大，预算平衡难度增加。

（三）工业增速明显放缓

10月，受疫情和多重不利因素影响，全区规模以上工业增加值同比仅增长2.8%，较9月回落5.2个百分点，跌至近年来低点。单月工业增速已连续4个月回落，拉低1—10月增速至2022年最低点8.8%，下行压力持续加大。工业增速放缓，是当前财经运行的突出问题，既有物流保通不畅、人员到岗不足的疫情因素影响，也有生产预期减弱等非疫情因素制约。受疫情影响，施工人员隔离管控，宝丰能源等大部分项目被迫停工，大体量项目投资不及预期。宁东部分企业采购设备、原料不能及时到位，设计、人员受到延误，计划年内建成项目推迟，新增的经济量不及预期。

非疫情因素主要表现在上年同期基数水平较高，项目投产不及预期，市场需求持续低迷，原材料、能源价格成本上涨，综合成本持续上升等方面。一是价格因素影响。与上年同期相比，煤炭等能源价格同比上涨因素收窄，直接影响能源产业产值放缓，企业生产规模增量减少。二是新投产工业项目较少。宁夏工业增加值增长主要来源新项目投资投产，截至10月末，全区新增入库工业企业28户，累计实现工业产值115.4亿元，与预期值差距较大。三是东部地区传导压力加大。受国际国内经济环境影响，东部市场需求收缩，向中西部地区、向中上游行业传导压力态势更加明显，影响产品销售和市场预期。宁夏产业多居于上游，部分原材料价格下行，压缩企业利润空间。从先行指标看，10份制造业采购经理指数（PMI）仅为45.4%，连续5个月处于荣枯线以下，新增订单指数42%，环比下降5.7个百分点，仍处于收缩区间。四是综合成本上升。原材料、能源成本上涨，电力、天然气、运输成本上涨超30%，规上企业营业成本同比增加35.8%，制造业规上企业利润降幅扩大，影响企业投产积极性。

（四）固定资产投资动力不足

1—10月，全区固定资产投资同比增长10.4%，增速较1—9月回落1个百分点，部分领域投资呈现放缓态势。一是基础设施投资压力较大。基础设施投资在固定资产投资中占比20%，其中交通、水利对基础设施投资带动影响作用较大，今后一个阶段宁夏公路建设列入国家重点支持的项目较少，影响中央对宁夏的补助；水利项目的公益性难以引入社会资本投入等问题制约项目实施，影响基础设施建设投资稳定增长。二是工业投资下滑较大。工业投资占比44.3%，受突发疫情和市场需求不足等因素影响，部分项目建设进度放缓，大项目投资不及预期，直接影响经济增长。1—10月，全区电力、热力投资下降7.9%，下拉全区投资1.2个百分点。与此同时，市县普遍反映缺乏大的好的优质项目，项目储备不足制约工业投资增长。三是房地产投资持续低迷。全区房地产开发投资持续下降，降幅较1—9月扩大3.2个百分点，对全区投资增速影响加大，商品房销售面积持续下降，房地产企业投资意愿不强，预计短期内难以回暖。

（五）消费降幅逐步扩大

10月，全区消费品零售总额同比下降16.8%，环比回落20.5个百分点，降幅比全国扩大16.3个百分点，18类重点监测商品中，有16类零售额下降，汽车类降幅达73.1%。受疫情因素影响，第三产业全面承压，消费恢复缓慢，居民消费意愿依旧不强，对四季度经济运行冲击明显。特别是银川市，第三产业比重占银川市生产总值半壁江山，1—10月，零售业商品销售额大幅回落3.6个百分点，餐饮业回落5个百分点，住宿业回落4.8个百分点，商品房销售面积继续回落4.3个百分点，占全区限额以上消费品零售额近20%的新百集团10月销售额下降31%，一定程度下拉了全年经济发展增速。

四、当前财政经济形势分析与预测

（一）财政数据反映经济稳中有进

1—10月，全区地方一般公共预算收入同口径增长20.5%，高于全国

15.1个百分点，居全国第5位。按自然口径计算，全区财政收入增长4.0%，较1—9月提升0.2个百分点；税收收入同比增长2.7%，较1—9月提升1.3个百分点，企稳回升态势较好，带动税收占比提高到68.1%，较1—9月提升2个百分点，为5月以来最好收入质量。全区一般公共预算支出同比增长14.1%，增速高于全国7.9个百分点，跃居全国第2位，为近年来最快增度。

（二）积极财政政策持续助力实体经济发展

1—10月，落实各项减税免税缓税政策，及时执行14项行政事业性收费缓缴政策，为逾30万户市场主体减轻税费负担220.4亿元。其中，增值税留抵退税163.3亿元，新增减税26.2亿元，降费6.8亿元，制造业中小微企业缓缴税费24.1亿元。享受政策红利行业从生产、制造行业到科技研发再到农林牧渔和生活生产服务业，基本实现了对国民经济主要行业范围的全覆盖。聚焦小微企业发展困难，加大政策扶持力度，累计为1.35万户小微企业退税45.8亿元。全面落实政府采购促进中小企业发展政策，授予中小企业合同金额71.4亿元，占总采购规模的73.4%，本地中小企业获得政府采购合同3467家，占比79.2%，有力增强内生动力。

（三）财政聚焦重点领域项目建设，稳投资、促增长

加速释放财政政策资金效益，发挥逆周期调节作用，综合施策，提高经济发展质量。10月，着力以全链条闭环化管理狠抓债券支出进度，提速已发行89.14亿元新增政府债券支出进度，专项债券支出进度达86.2%，全力保障棚户区改造、城市基础设施提升等自治区重点项目建设。持续加大重点领域投入。1—10月，全区交通运输、农业水利、节能环保、住房保障领域累计支出421.6亿元，分别增长55.7%、10.5%、50.5%、30.3%，财政资金快速落地，带动全区基础设施投资保持高位增长。

（四）保障疫情防控需求

坚持把疫情防控支出放在当前支出的首要位置，加大资金统筹力度，节省非必须支出，调整用于疫情防控应急领域。“9·20”疫情暴发以来，紧急拨付市县疫情防控资金4.1亿元，重点支持市县开展核酸检测、集中隔离封控、隔离板房建设、安装疫情防控电子门禁等工作，有效增强市县疫情防控保障能力。加大疫情严重县区财力保障，10月综合考虑支出需求、财政困难程度等客观因素，拨付下达市县均衡性转移支付8.75亿元，支持市县全面落实好疫情防控增支政策，努力确保基层财政平稳运行。

（五）加快补齐民生短板弱项

1—10月，全区民生支出增长14.7 %，支出占比达75.4 %，较上年同期提高0.4个百分点。及时下达困难群众救助资金29.2亿元，发放低保金17.4亿元，全力保障全区38.5万城乡低保对象基本生活。对特困人员增发一次性生活补贴2.4亿元，扩大临时救助范围。及时启动阶段性物价联动机制，共发放2次价格补贴2500万元，惠及56万人，切实保障困难群众基本生活。安排下达就业补助资金9.9亿元，统筹职业技能提升资金3.6亿元，支持困难人员就业，加快培育创业实体；拨付资金3.2亿元，落实“三支一扶”专项招募计划、基层服务专项计划；拨付1.7亿元，全面落实企业返还稳岗补贴政策，全力支持零就业家庭动态清零。统筹安排各类储备补贴资金1.8亿元，重点用于储备原粮、应急食用油、肉类、食盐等民生物资，全力保障疫情防控下基本民生需要。

总体看，1—10月，全区财政经济运行呈现“总体平稳，稳中趋缓，缓中向优”趋势。“稳”主要是经济基本面保持稳定，全区固定资产投资、进出口总额保持平稳发展态势，固定资产投资增长10.4%，居全国第4位；进出口总额增长57.6%，居全国第2位。“缓”主要是部分指标增速趋缓，工业增加值、社会消费品零售总额增速回落态势明显，工业增加值、社会消费品零售总额较1—9月分别回落0.7、2.1个百分点。“优”是财经效益改善提升，财政收入结构优化。1—10月，全区税收占比68.1%，较1—9月份提升2个百分点，为5月以来最好收入质量。国有企业经营效益大幅提升，利润增长42.3%，提前完成年度目标任务的1.3倍。

五、宁夏财政促进经济平稳健康发展的对策建议

（一）积极采取措施，稳住工业经济运行

一是支持传统优势产业。运用政府产业引导基金，加大对宝丰储能、百川新材料、江苏润阳等重点产业、重点企业的支持，持续做大做强宁夏

优势产业，在竞争中取得领先地位。二是稳住骨干企业。着力加大骨干企业发展要素保障，加大保通保畅力度，加快推进复工复产，强化资金要素保障，推动骨干企业尽快投产达产，多作贡献。三是纾困困难企业。运用纾困基金等方式，增强市场信心，缓解企业经营困难，支持中小微企业发展。

（二）加强财政资金保障，促进扩大有效投资

充分发挥财政资金杠杆引导作用，加大产业投资支持力度，并加大对基础设施建设的支持。一是统筹资金渠道。专项债券资金向重点产业、重点园区、重点项目倾斜，支持加快启动张骞葡萄郡、园区环境基础设施、棚户区改造等重点项目建设；用好一般债券资金，督促城镇老旧小区改造等项目加快执行进度，全力推动银川市、吴忠市地下综合管廊、城市基础设施建设，尽早发挥债券资金投资拉动作用。二是全力保障20项重大工程建设。财政资金安排向20个重大项目倾斜，逐一摸排项目资金需求，及时安排资金。三是加大重点基础设施支持力度。对交通、水利、铁路重大基础设施建设加大支持，力争推动公路与水利投资完成年度目标任务，将财政资金转化为项目建设推动力，并深入研究重大基础设施建设筹资模式。

（三）深挖消费潜力，加快激发消费活力

继续采取有力措施，促进扩大消费。一是巩固商品零售等基础消费。抢抓“双十二”、元旦消费旺季，开展新一轮促消费行动。充分调动市县积极性，积极协调金融企业、平台型企业、生产厂家、商户企业、网络运营商投入资金参与扩大消费，充分挖掘潜力。二是扩大大宗商品消费。集中力量推动新能源汽车、绿色家电等大宗商品消费，新购新能源汽车继续减免购置税，实施绿色家电消费激励政策，开展家电下乡惠民行动。完善房地产市场调控政策，引导刚需购房消费等，多措并举为明年经济发展奠定基础。三是创新消费模式。着眼长远，按照打破思想上条条框框的要求，大力支持消费新业态新模式，下大力气引入平台型企业、总部型企业，在宁夏发展壮大。打造“买全国销全国”模式，迅速增加全区社会消费品零售总额。

（四）精准保障和改善民生，切实增进民生福祉

始终把保民生作为当前重要任务，坚决落实自治区45条稳经济保民生政策，冲击疫情影响。一是加大困难群体生活保障。注重临时困难救助帮扶，加快进度、加大力度，精准救助、精准帮扶，对受疫情影响，家庭成员均为灵活就业人员且没有稳定收入来源，暂时无法工作的困难人员等3类不同情况困难群众，给予一次性临时救助，保障好困难群众基本生活，温暖过冬。二是稳妥推进企业基本职工养老保险全国统筹。科学设计政策，做好政策衔接，妥善处理企业职工基本养老保险金全国统筹对地方支出的影响，确保党中央、国务院确定的重大改革在宁夏平稳落地实现。三是重点保障基本民生。扎实做好特殊群体慰问关怀，加大对因疫情影响造成的临时性、突发性生活困难职工慰问和“两节”期间走访慰问工作保障力度，提升群众获得感。

（五）全力统筹财政收支平衡，确保基层平稳运行

针对当前基层财政收支困难，采取有力措施。一是全面落实过“紧日子”要求，持续压减非必要支出，严控一般性支出，“三公”经费只减不增，坚决防止年底突击花钱。加强临聘人员支出管理，严把财政支出关口，确保临聘人员支出只减不增。指导市县加大盘活财政存量资金力度，全面清理收回结余结转资金，提升财政资金使用效益。二是加强疫情防控落实保障。压实市县主体责任，本着“财政可承受，企业费用能结算”的原则，积极采取措施，多措并举稳步解决拖欠疫情防控费用问题，督促市县将抗疫防疫支出及时纳入统计数据，做到应统尽统、不遗不漏。三是兜牢兜实“三保”底线。压实市县“三保”主体责任，严格落实“两个支出优先”，确保资金优先用到“三保”上，兜实“三保”底线。密切关注基层财政状况，加大对困难地区补助支持力度，适度加大均衡性转移支付力度，支持县区做好疫情防控等重点支出保障，缓解基层收支压力，确保基层财政运行平稳。

2022—2023 年宁夏金融业发展与对策建议

严雪薇

2022 年以来，自治区地方金融监管局系统坚持以新发展理念为引领，以金融供给侧结构性改革为主线，按照自治区党委和政府的部署要求，全面落实服务实体经济、防控金融风险、深化金融改革 3 项任务，推动金融改革发展实现了稳中有进、进中向好，在全力服务全区经济高质量发展的同时，实现了金融产业自身发展持续向好。

一、2022 年宁夏金融业发展情况

（一）金融业综合实力持续增强

大力推动“引金入宁”计划，做大宁夏金融总量。十九大以来，共引进组建各类金融机构和金融组织 84 家，基本形成多层次、全方位、广覆盖的多元化综合金融服务格局。一是金融组织体系不断健全。目前，宁夏有金融机构 522 家（法人单位 317 家）。其中，银行机构 56 家，金融资产管理公司 4 家，财务公司 1 家；证券机构 59 家，期货机构 6 家，基金代销机构 48 家，私募基金管理人 49 家；保险机构 23 家（法人保险机构 1 家）；“7+4”类地方金融组织（小额贷款、融资担保、典当行、融资租赁、商业保理、资产管理、区域性股权交易市场）276 家，全区

作者简介：严雪薇，自治区地方金融监管局干部，研究方向为金融政策。

金融体系日趋完善，现代金融体系初具雏形。二是融资规模不断扩大。2022年以来，宁夏融资规模保持高增长态势。截至10月末，全区人民币存款余额8328.77亿元，同比增长12.5%，新增842.6亿元，已连续10个月创历史同期最高水平；贷款余额8909.07亿元，同比增长7.4%，新增539.65亿元，创近5年同期最高水平。三是多层次资本市场逐步完善。2022年以来，自治区地方金融监管局进一步加大多层次资本市场培育力度，大力实施直接融资“明珠计划”，梯次培育后备企业。截至10月末，全区有境内外上市公司16家，总市值1549.36亿元；“新三板”企业39家，其中创新层10家。已报在审企业2家（中房实业、威力传动），报辅企业9家，后备企业近50家，数量创历史新高。债券发行规模持续扩大，前10个月发行各类债券683.14亿元，同比增长36%。

（二）服务实体经济质效持续提升

坚持稳增长与防风险并重，统筹疫情防控和经济社会发展，全力做好“六稳”工作，落实“六保”任务，金融服务实体经济的供给和保障进一步充裕，能力和水平进一步提升。一是全力落实保市场主体。2022年以来，为应对疫情影响和经济下行，加大政策供给，先后出台金融支持稳经济保增长促发展的18条若干措施、支持抗疫纾困10条措施、支持制造业高质量发展16条等高含金量的政策，并强化对银行机构信贷投放情况的通报、考核、督导，推动更多市场主体享受到政策红利。截至10月末，全区小微企业贷款余额2861.97亿元，同比增长11.8%，1—10月新增217.82亿元，是上年同期增量的1.2倍。二是融资担保让利成效明显。截至10月末，全区32家政府性融资担保机构在保户数102845户，同比增加39143户，同比增长61.45%；在保余额351.35亿元，同比增加56.74亿元，同比增长19.26%。对32828户免收担保费40.79亿元，对21177户42.58亿元担保业务取消了反担保措施，为201户4.31亿元采取延期缴纳担保费业务。三是助贷平台作用不断发挥。创新“线上+线下”一体化金融服务新模式，加强宁夏企业融资服务平台和“两中心一委员会”的有效衔接。截至10月末，累计线上对接融资需求609笔39.55亿元，线下对接首贷、续贷等融资需求 270 笔 51.77 亿元，为企业节约银行利息 260.51 万元，降低助贷成本 812.94万元。

（三）金融风险防控形势持续向好

积极稳妥推进“三大风险”化解处置各项工作，加强各类风险隐患监测预警，做到早发现、早处置，牢牢守住不发生区域性系统性风险的底线，确保全区金融风险整体收敛、总体可控。截至 10 月末，全区银行业金融机构不良贷款余额 273.68 亿元，较年初减少 1.09 亿元，同比下降 5.3%；不良贷款率 3.03%，较年初减少 0.17 个百分点（剔除宝塔石化财务公司辖内不良贷款余额 137.84 亿元，不良率 1.55%）。出台《自治区防范和处置非法集资工作实施细则（试行）》，加大解读宣传力度，持续打击非法集资行为，立案25起，破获 13 起，抓获嫌疑人 26 名，涉案金额 4.75 亿元，挽回损失 2.47 亿元。

二、宁夏金融面临的问题和挑战

当前，宁夏经济正处于结构调整与动能转换的窗口期、机遇期、关键期，多元化、差异化的实体金融需求对金融服务提出了更高要求；疫情影响叠加经济下行，造成一些矛盾隐患，给金融风险防控带来了更多挑战。相较之下，宁夏金融业总量小、融资渠道单一，促进经济金融良性循环、共荣共进依然面临不少困难和挑战。一是服务实体经济能力有待提升。宁夏地方法人金融机构实力、活力、竞争力不足，法人证券、民营银行等牌照空缺，普惠金融、绿色金融、科技金融等创新融合机制还不健全，企业融资过度依赖银行贷款，金融工具综合运用不够，民营企业和中小微企业融资难融资贵的问题依然突出。全区企业直接融资比例不足 5%，上市公司再融资能力弱，上市、挂牌企业数量少，区域性股权市场基础薄弱，非金融企业债券、股票融资规模小。二是金融企业的实力有待加强。现代金融产业规模是其服务实体经济能力的主要体现，没有规模，就没有服务广度和深度，对实体经济影响力就有限。宁夏金融业资产规模是地区生产总值的 2.53 倍，远低于全国的 14.7 倍；全区银行信贷规模超千亿元的银行仅有国家开发银行、黄河农商行系统；地方法人银行资本充足率不足，公司治理规范化水平还有待提升；地方金融组织主营业务量较小，有的因亏损业务停滞。三是防范化解金融风险任务艰巨。金融和经济风险交织叠加、相互传导，重点企业债务、银行信用等风险及隐患防控任务依然艰巨；非法集资陈案、新案积压并存，金融违法违规行为时有发生，给风险预判、识别、监管带来了更大挑战。四是金融发展的环境仍待优化。目前，地方金融监管队伍还不强，数字化监管手段不完备，监管处罚的法律法规依据仍然不充分，导致监管及时性、穿透性还不够，监管效力还不强。同时，与外省区相比，宁夏还没有市场化运营的征信服务平台，现有的企业融资服务平台、“两中心一委员会”助企服务作用发挥还不充分。这些问题都需要在下一步工作中着重解决。

三、2023 年宁夏金融业工作思路

（一）深入贯彻落实各级指示精神

一是紧紧遵循习近平总书记在第五次全国金融工作会议上提出的金融工作四项重要原则，即回归本源，把为实体经济服务作为出发点和落脚点；优化结构，完善金融机构、金融市场、金融产品体系；强化监管，提高防范化解金融风险能力；市场导向，发挥市场在金融资源配置中的决定性作用。二是认真梳理党的二十大报告中对金融领域的部署和要求，结合当前形势与任务，对各项工作进行再研究、再部署，谋划好新形势、新任务、新要求下金融支持实体经济和防范化解金融风险的思路和举措，确保党的二十大精神在全区金融系统贯彻落实。三是持续落实全区稳经济保民生政策措施，积极推广“信易贷”模式，发挥普惠小微贷款支持工具作用，进一步引导金融机构加大对重点产业、重点行业、重点企业信贷投放力度，组织开展政银企融资对接活动，用足用好宁夏企业融资服务平台、“两中心一委员会”，推动“线上+线下”融资对接，全力保障实体经济融资需求。

（二）持续发力建设现代金融产业

一是持续引进银行、证券、保险、期货、基金、资产管理等机构来宁设立分支机构，继续壮大全区金融业的基本盘。鼓励地方法人金融机构专

注主业、深耕本土，“一行一策”推动宁夏银行等地方法人银行改革，进一步提升公司治理水平。支持“7+4”类地方金融组织立足普惠金融定位，专注主业、规范发展、依法行业，通过监管评价、分级分类、自律引导等多种方式，实现扶优限劣、提质增效，更好地发挥补充作用。二是大力实施企业上市“明珠计划”，推进企业上市“育苗”“孵化”“展翼”“扶持”全过程及保姆式服务，帮助企业解决上市过程中所涉及的相关问题。推动上市公司切实承担起规范发展、提高质量的主体责任，专注主业、稳健经营，充分利用资本市场，通过再融资、并购重组、股权质押、债转股等方式募集资金，增强资本实力。扩大债券融资规模，探索“碳中和绿色公司债券”“科创债券”和“乡村振兴公司债券”等创新性债券品种融资路径。鼓励企业通过设立基础设施不动产投资信托基金（REITs）等方式筹集资金。三是大力支持重大项目建设，推动金融机构精准支持“六大提升行动”“六新六特六优”“20 个重大项目”等重点领域。创新发展科技金融，用好科技创新再贷款，创新开展知识产权和股权质押融资等业务，积极发展科技保险业务，引导更多资金支持科技型企业发展。创新发展绿色金融，研发绿色低碳金融产品和相关服务，支持具有稳定现金流的绿色项目开展资产证券化业务，创新支持“六权”改革，探索形成特色鲜明的绿色金融发展模式。创新发展普惠金融，着力构建广覆盖、可持续、多元化的数字普惠金融服务体系，创新信用类普惠金融产品，大力支持固原市申创全国普惠金融服务乡村振兴改革试验区，打造普惠金融服务乡村振兴的“六盘高地”。

（三）实施金融环境优化提升工程

一是加强金融法治建设，出台地方金融监管条例，修订完善现有监管、服务政策及其配套监管规则、实施细则，确保金融活动全部纳入监管、全部持牌经营。二是加强金融风险防控，坚决落实“稳定大局、统筹协调、分类施策、精准拆弹”的基本方针，压实地方属地、金融监管、企业自救等各方责任，强化部门协调联动、信息共享，积极稳妥处置“三大风险”，不断提升维护金融安全的能力和水平。三是制订《村镇银行改革化险实施方案》，促进地方中小银行健康发展。四是坚决查处养老领域非法集资行为，继续开展“伪金交所”清理整顿专项行动，维护金融市场秩序，持续优化金融发展环境。五是着力构建全区信用信息共享应用体系，开展市场化的征信服务供给，不断提高中小微企业贷款覆盖率、可得性和便利度。

2022—2023 年宁夏物价形势分析与预测

刘　嵩

2022 年是党的二十大和自治区第十三次党代会召开之年，是实施“十四五”规划关键之年。自治区党委、政府认真贯彻落实习近平总书记视察宁夏重要讲话精神，全面贯彻新发展理念，主动融入新发展格局，坚持以供给侧结构性改革为主线，统筹疫情防控和经济社会发展，多措并举保障重要民生商品供应。1—10 月，宁夏居民消费价格总水平运行在合理区间；受国内有效需求不足影响，宁夏工业生产者价格整体回落。

一、2022 年宁夏物价运行情况

（一）居民消费价格指数（CPI）运行特点

1. 物价平稳上涨

宁夏调查总队价格监测调查显示：1—10 月，宁夏居民消费价格总水平累计上涨 2.4%，高于全国平均水平 0.4 个百分点，在全国 31 个省（区、市）中与青海并列第 2 位；在西北五省区中，与青海并列首位，分别比陕西、甘肃、新疆高 0.1、0.5、0.8 个百分点。

分城乡看：城市上涨 2.2%，农村上涨 3.1%。分食品与非食品看：食品价格上涨 2.6%，非食品价格上涨 2.5%。分重点消费品类别看：服务项目价

作者简介：刘嵩，国家统计局宁夏调查总队三级主任科员。

格上涨 1.4%，工业品价格上涨 3.5%，消费品价格上涨 3.0%， 能源价格上涨 14.1%。

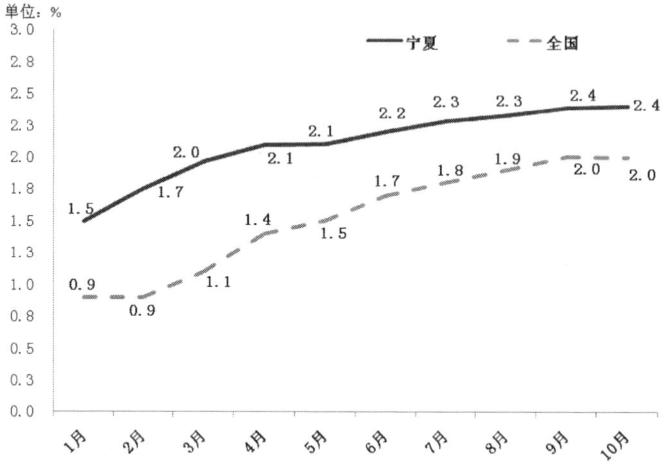

图 1　2022 年 1—10 月全国及宁夏 CPI 累计走势

2. 环比涨跌互现，月度同比震荡走高

从环比看，总体呈现 W 形走势、温和波动态势。其中：7 个月份上涨，2 个月份下降，1 个月份持平；最大涨幅 0.7%，最大降幅 0.4%。从月度同比看，总体呈现前低后高态势。其中：月度同比全部上涨，最大涨幅 2.8%，最小涨幅 1.5%。

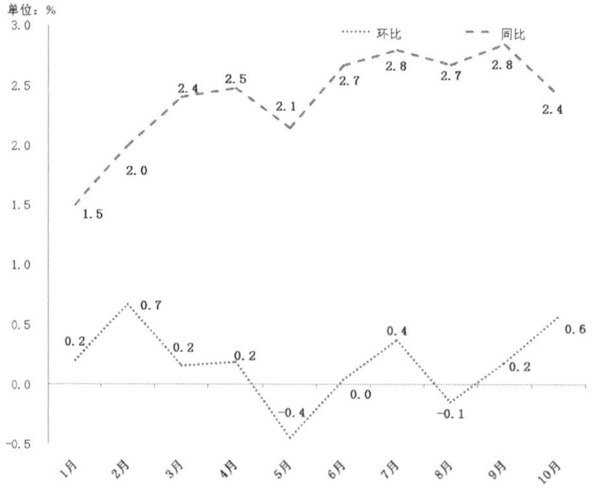

图 2　2022 年 1—10 月宁夏 CPI 环比、同比走势

3. 八大类商品及服务价格“七涨一降”

1—10 月，宁夏居民消费价格上涨特征明显，构成 CPI 的八大类商品及服务价格呈现“七涨一降”态势。其中：交通通信价格涨幅最大，上涨 7.3%，拉动 CPI 上涨约 1.1 个百分点；医疗保健价格上涨 2.4%，拉动 CPI 上涨约 0.25 个百分点；食品烟酒价格上涨 2.2%，拉动 CPI 上涨约 0.62 个百分点；教育文化娱乐价格上涨 1.5%，拉动 CPI 上涨约 0.18 个百分点；生活用品及服务价格上涨 1.4%，拉动 CPI 上涨约 0.09 个百分点；居住价格上涨 1.1%，拉动 CPI 上涨约 0.2 个百分点；其他用品及服务价格上涨 0.9%，拉动 CPI 上涨约 0.03 个百分点；衣着价格下降 1.0%，影响 CPI 下降约 0.07 个百分点。

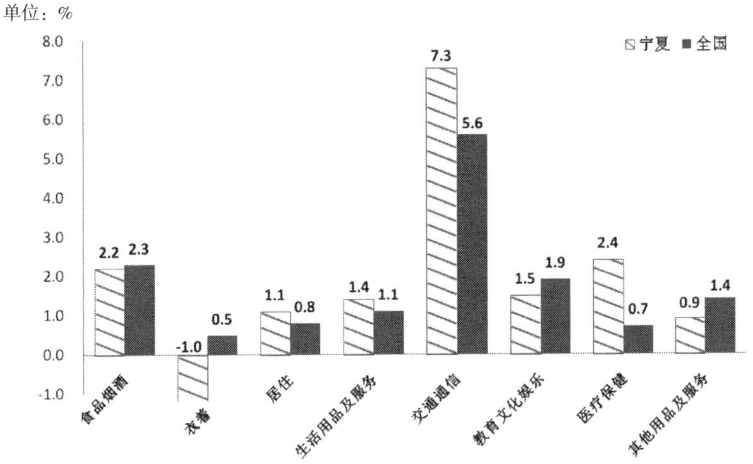

图 3　2022 年 1—10 月全国及宁夏 CPI 分类别累计涨跌幅

4. 翘尾影响减弱，核心 CPI 涨幅回落

1—10 月，宁夏扣除食品和能源价格的核心 CPI 累计上涨 1.0%。分季度看，前三季度（1—9 月），宁夏扣除食品和能源价格的核心 CPI 累计上涨 1.0%，涨幅比上半年（1—6 月）回落 0.2 个百分点，比一季度（1—3月）回落 0.4 个百分点，表面市场供求总体稳定。

（二）工业生产者价格指数运行特点

1. 工业生产者出厂价格由升转降

宁夏调查总队价格监测调查显示：1—10 月，宁夏工业生产者出厂价格（PPI）上涨 13.9%，与 1—9 月相比涨幅回落 2.4 个百分点，与上年同期相比涨幅回落 4.1 个百分点。2020 年 12 月—2022 年 9 月，宁夏工业生产者出厂价格同比指数已经连续上涨 22 个月，2022 年 5 月以来，上年度翘尾影响逐渐减弱，出厂价格同比涨幅开始持续回落，10 月价格由升转降。

2. 工业生产者购进价格持续回落

1—10 月，宁夏工业生产者购进价格（IPI）平均上涨 20.8%，与 1—9 月相比涨幅回落 2.8 个百分点，与上年同期相比涨幅扩大 2.8 个百分点。1—10 月，宁夏 IPI 持续上涨，其中，1—4 月涨幅不断扩大，5 月起涨幅逐渐回落。

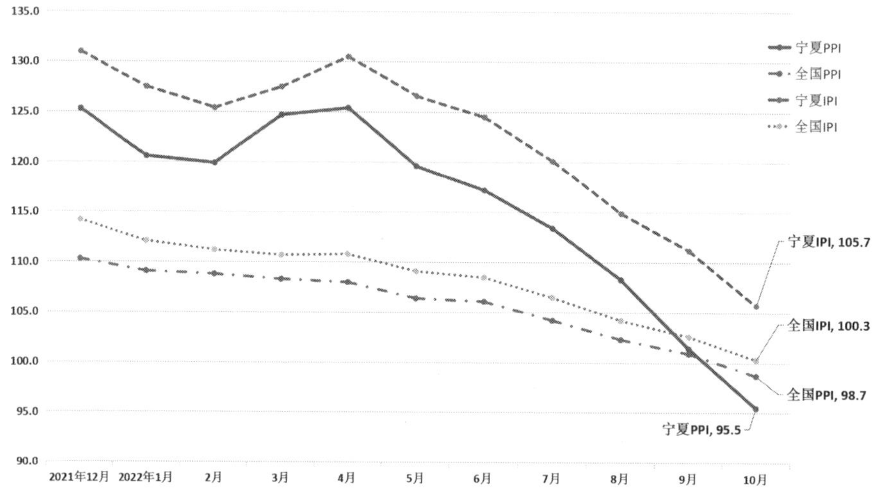

图 4　2022 年 1—10 月全国及宁夏工业生产者价格走势

3. 宁夏工业生产者价格涨幅高于全国

1—10 月，宁夏工业生产者出厂价格高于全国平均水平 8.7 个百分点，在全国 31 个省（区、市）中居第 5 位，在西北五省区中居第 3 位。1—9 月，宁夏 PPI 涨幅始终在全国平均水平之上，但涨幅差总体呈缩小趋势，10 月 PPI 均由升转降，宁夏 PPI 降幅高于全国平均水平 3.2 个百分点。

2022 年 1—10 月，宁夏工业生产者购进价格高于全国平均水平 13.3 个百分点，在全国 31 个省（区、市）中居第 2 位，在西北五省区中居首位。1—10 月，宁夏 IPI 走势与全国平均水平基本一致，但涨幅始终高于全国平均水平，涨幅差逐渐缩小。

4. 生产资料价格上涨是PPI上行的主要动力

受经济结构影响，在工业生产中生产资料所占份额大，生产资料涨势迅猛，下游生活资料走势平稳。1—10月，宁夏生产资料出厂价格同比上涨15.0%，生活资料出厂价格同比下降0.7%，变动相差15.7个百分点，生产资料对指数影响贡献率达107.9%，其中，采掘、原材料、加工工业同比分别上涨18.4%、15.7%、12.2%。

5.“三黑一色”行业产品涨幅“三落一增”

1—10月，宁夏“三黑一色”产品价格同比上涨13.8%，涨幅与2021年全年相比回落16.1个百分点。其中，煤炭相关行业产品同比上涨14.9%，钢铁相关行业产品同比上涨3.4%，有色相关行业产品同比上涨10.5%，与2021年全年相比涨幅分别回落22.7、25.7、14.5个百分点；石油相关行业产品同比上涨29.8%，与2021年全年相比涨幅扩大9.0个百分点。分月来看，除石油价格始终保持在高位运行外，钢铁、有色、煤炭相关行业价格呈回落走势，分别在7、8、9三个月份由升转降。

6. 九大原材料购进价格全面上涨

1—10月，宁夏九大原材料购进价格均呈上涨态势。其中，燃料、动力类价格上涨30.9%，黑色金属材料类价格上涨12.5%，有色金属材料及电线类价格上涨11.1%，化工原料类价格上涨11.5%，木材及纸浆类价格上涨0.9%，建筑材料及非金属类价格上涨33.9%，其他工业原材料及半成品类价格上涨9.7%，农副产品类价格上涨1.9%，纺织原料类价格上涨9.9%。

二、物价变动的主要原因

(一) 影响CPI变动的主要因素

1—10月，在食品价格和非食品价格的双重因素影响下，宁夏CPI走势与全国基本一致，呈现普涨态势。

1. 食品价格拉动

1—10月，宁夏食品价格累计上涨2.6%，高于全国平均水平0.1个百分点，拉动CPI上涨约0.46个百分点，对CPI上涨贡献率为19.2%。

（1）小麦价格走高，带动粮食价格上涨。一是河南、山东等主要小麦产地受2021年暴雨影响，小麦减产，导致国内供应收紧。二是小麦主产国乌克兰脱离国际粮食市场，印度宣布小麦出口禁令，影响国际小麦价格。三是国内疫情散发，成品油价格持续上涨，不断推升面粉生产、防疫、运输成本。四是由于近两年玉米价格持续高位，部分饲料厂用小麦代替玉米作为生产原料，导致需求增加，对小麦价格形成支撑。监测数据显示：1—10月，宁夏粮食价格累计上涨4.6%，拉动CPI上涨约0.11个百分点。其中，大米价格上涨1.6%，面粉价格上涨6.7%，其他粮食价格上涨1.0%，粮食制品价格上涨6.3%。

（2）鲜菜、鲜果价格齐涨。1—10月，鲜菜价格累计上涨5.0%，鲜果价格累计上涨5.3%，共同拉动CPI上涨约0.23个百分点。一是种子、化肥、农药等农资价格普遍上涨，加之人工费用居高不下，拉高了鲜菜、鲜果的种植成本。二是汽、柴油价格不断上行，带动运输费用增加。三是各地疫情防控，交通物流受限，运输效率降低。特别是山东、河南、四川、广西等全国鲜菜、鲜果主产区时有疫情散发，导致鲜菜、鲜果的检疫、消杀、储存、人工等成本增加，致使鲜菜、鲜果出产价格有所上涨。再加上宁夏鲜菜、鲜果的需求体量与绝大多数地区相比较小，造成规模化物流的平均成本相对较高，在一定程度上推高了鲜菜、鲜果价格。

（3）畜肉类价格累计下降5.2%，影响CPI下降0.21个百分点。其中：猪肉价格下降11.6%，牛肉价格下降0.4%，羊肉价格下降6.9%，其他畜肉及副产品价格下降7.1%。

猪肉价格持续回弹。监测数据显示：5月以来，猪肉价格环比由之前4个月的下降转为连续上涨；7月以来，猪肉价格月度同比由之前6个月的下降转为连续上涨且涨幅持续扩大；10月，猪肉价格同比上涨至62.9%，为2022年内最高涨幅。一是上半年猪肉收储及产能去化效果显现，猪肉市场供应量减少。5月以来，猪肉价格触底反弹，月度环比连续上涨形成了较大的新涨价因素。二是中秋、国庆等节假日带动猪肉的消费需求增加。三是受国际局势影响，小麦、玉米、豆粕等饲料价格持续高位，生猪养殖成本增加。四是季节性因素叠加猪周期上行趋势影响，养殖户惜售、压栏导致供给偏紧，带动猪肉价格同比由下降转为上涨，对 CPI 同比的影响由负向抑制转为正向拉动。

牛羊肉价格仍居高位。自 2020 年以来，苜蓿、青贮、玉米、豆粕等饲草料价格一直处于高位，养殖成本居高不下。同时，随着生活水平不断提高，城乡居民对牛羊肉需求快速增长，致使牛羊肉价格持续高位运行。

（4）其他食品价格上涨。1—10 月，受供需趋紧、成本上涨等因素影响，食用植物油价格上涨 9.6%，鸡肉价格上涨 2.3%，鸡蛋价格上涨 5.7%，鲜奶价格上涨 3.8%，糖果糕点类价格上涨 7.2%，调味品价格上涨 4.2%，共同拉动 CPI 上涨约 0.22 个百分点。

2. 能源价格驱动

2022 年以来，国内成品油价格延续了 2021 年末连涨的势头，1—10 月共调整价格 19 次（12 次上调，7 次下调），形成了较高的新涨价因素。宁夏交通价格累计上涨 10.2%，拉动 CPI 上涨约 1.14 个百分点。其中，汽油价格上涨 23.7%，柴油价格上涨 25.9%，其他车用能源价格上涨 23.1%，三者共同拉动 CPI 上涨约 1.01 个百分点，对 CPI 上涨贡献率为 42.1%，是拉动宁夏 CPI 上涨的主要因素。

3. 医疗价格推动

根据《宁夏调整优化公立医院医疗服务收入结构试点方案》和《试点三甲公立医院优化医疗收入结构调整医疗服务价格方案》精神，宁夏部分公立医院调整部分医疗服务价格。1—10 月，医疗保健价格累计上涨 2.4%，拉动 CPI 上涨约 0.25 个百分点。其中，一般医疗服务价格上涨 7.8%，一般医疗操作价格上涨 19.0%，病理学诊断价格上涨 8.2%，康复医疗价格上涨 4.2%，中医治疗价格上涨 7.6%。

4. 衣着价格下降对 CPI 上涨起抑制作用

1—10 月，衣着价格累计下降 1.0%，其中，服装、鞋类价格分别下降 0.8%和 1.5%。主要原因是消费偏好减弱。由于新冠肺炎疫情散发，居民出行购物意愿有所降低，同时对一些灵活就业人员的收入带来影响，导致居民对衣着的需求偏弱。

（二）影响工业生产者价格变动的主要因素

1. 基数较高

2021 年，受国际大宗原材料价格上涨、国际货币环境宽松、疫情形势好转、经济持续恢复向好、市场需求旺盛等因素影响，宁夏 PPI 涨势加快并屡创新高，形成前低后高的态势，为 2022 年宁夏 PPI 奠定了高基期。

2. 输入性压力逐步缓解

2022 年上半年，全球疫情持续蔓延，地缘政治冲突加剧，导致产业链、供应链不畅，大宗商品价格持续高位运行，如布伦特原油价格最高涨至 139 美元/桶。下半年以来，全球主要经济体通胀高企，生产与消费需求全面走弱，大宗商品价格上涨动力不足。同时，美联储持续加息引发美元升值，也在一定程度上抑制了以美元计价的大宗商品价格，9 月上旬，欧美原油期货跌破每桶 90 美元，有色金属铜、铝、锌、镍等价格较年内高点跌幅在 30%以上，国内输入性价格传导压力逐步减轻。

3. 部分行业需求偏弱

纵观当前全国工业品市场，需求恢复相较于生产恢复较为缓慢，需求不足较为突出。2022 年前三季度，全国社会消费品零售总额、固定资产投资、货物贸易进出口总额增速较上年同期均有所回落。国内有效需求不足，对宁夏生产领域价格带来一定影响，导致工业品价格走势整体下行。10 月，调查的 29 个工业行业大类中，有 13 个出厂价格较上年同期下降，下降面为 44.8%。

4. 政策调控积极有效

2021 年以来，原材料价格上涨加重了企业生产经营负担，相关部门积极落实助企纾困政策，采取了供需调节、市场监管、预期引导等一系列保供稳价措施，取得了较好效果，煤炭、铁矿石等由国内主导的工业品价格应声下降。10 月，宁夏煤炭开采和洗选业价格同比下降 11.6%，黑色金属矿采选业价格同比下降 30.4%。

三、2022 年 CPI 走势及 2023 年价格预判

（一）2022 年 CPI 预计

当前，宁夏商品和服务供给能力总体充裕，市场保供稳价力度不断加大，物价有望保持温和上涨态势。但是疫情防控仍处于关键时期，“米袋子”“菜篮子”“果盘子”等重要民生商品保供稳价是重中之重，增加了物价平稳运行的难度。与此同时，临近年关，宁夏对外埠鲜菜、鲜果的依赖度只增不减。周边省份时有疫情发生，物流效率受到影响。猪肉价格持续回弹，牛羊肉迎来消费“旺季”。能源价格居高难下，大宗商品价格向部分终端消费品价格传导压力难以消除。这些影响物价运行的主要因素短期内仍然存在，预计 11、12 月份宁夏物价涨幅虽然有可能继续扩大，但是仍将维持在温和区间运行，全年能够实现年初确定的 CPI 涨幅在 3.0%左右的预期调控目标。

（二）2023 年 CPI 预判

1. 新冠肺炎疫情散发带来的不确定因素

疫情反复对部分地区的经济社会发展形成干扰，尤其是对部分地区的物流、商品供给、生产经营活动造成一定影响。从前期情况看，疫情容易导致居民集中大量采购生活物资，食品价格局部短期会出现非理性上涨。同时，随着新版防控方案落地，各地防控措施愈加精准有效，文旅相关服务消费有望迎来“补偿式消费”，服务业价格略有上涨。

2. 极端恶劣天气带来的不确定因素

鲜菜、鲜果等生鲜产品的生产供应存在季节性短缺困扰。2022 年以来，极端天气频发，尤其是 7 月以来，全国部分地区出现长时间的高温干旱天气，对鲜菜、鲜果的生产供应造成一定影响。11 月以来，随着寒冬将至，气温降低，一旦出现冰冻灾害天气，鲜菜、鲜果价格不排除有上涨的可能性。

3. 猪肉价格波动带来的不确定因素

受猪肉价格触底反弹，叠加节假日，养殖户惜售、压栏等因素影响，5 月以来宁夏猪肉价格呈持续上升趋势，对 CPI 的影响由负向拉动转为正向

带动。后期，随着猪肉消费需求增加，叠加元旦、春节影响，预计短期内猪肉价格仍将保持高位震荡走势。

4. 大宗商品价格带来的不确定因素

下阶段，国际大宗商品价格对国内价格的影响仍然有不确定性。从供给看，俄乌地缘政治冲突导致能源、粮食、化肥等相关产品产量下降，以及出口管制增加，冲击全球大宗商品供应。从需求看，全球经济持续恢复将支撑大宗商品需求增长。在供给短缺的预期下，一些大宗商品进口国囤货需求增加，加剧供需失衡。同时，由于地缘政治冲突带来部分国家间的制裁和反制裁，影响全球供应链效率，大宗商品运输和交易成本上升，加大了价格上涨压力。

四、2022 年工业生产者价格走势预判

（一）PPI 运行乏力，工业经济面临下行压力

受多重因素影响，世界经济增速不及预期，世界银行将 2022 年全球经济增长预期下调至 2.9%，低于原预期值 1.2 个百分点。PPI 作为工业经济的“晴雨表”，其运行态势乏力反映了工业经济面临的下行压力较大。2022 年 1—10 月，月度 PPI 同比涨幅大幅回落，凸显出全球经济增速放缓影响之下，市场对工业产品的需求明显减弱。

（二）“高进低出”持续，企业效益继续收缩

2021 年 11 月以来，宁夏工业生产者购进价格（IPI）涨幅高于出厂价格（PPI），工业生产者价格“高进低出”现象已持续 12 个月。2022 年 1—10 月，宁夏购销价格“剪刀差”高于全国平均水平 4.6 个百分点，位居全国第一，表明产业链中下游价格传导途径仍然梗阻，企业利润空间收缩。

（三）能源价格仍处高位，保供稳价亟须进一步加强

2022 年 1—10 月，宁夏燃料、动力类购进价格上涨 30.9%，石油、煤炭及其他燃料加工业购进价格上涨 30.5%。受此影响，发电、制热企业成本攀升。1—10 月，宁夏电力、热力生产和供应业出厂价格上涨 8.6%，燃气生产和供应业出厂价格上涨 22.8%，致使下游企业用能成本大幅上涨。加强能源价格监测，保障能源市场供需平衡及价格稳定是当务之急。

（四）预判 2022 年 PPI 涨幅低于 2021 年

从国际环境看，受全球融资环境持续收紧、加息周期尚未结束、俄乌冲突不确定性加大的影响，世界主要经济体经济衰退风险加大，外部需求不足将给国内工业产品价格带来较大下行压力。从国内形势看，经济长期向好的基本面和支撑高质量发展的要素条件没有改变，随着稳经济一揽子政策和接续政策落地落实，党的二十大报告再次强调把发展经济的着力点放在实体经济上，推进新型工业化，企业生产活力会快速恢复，消费需求有望逐步回升，带动部分工业产品价格上行。据测算，2022 年 11 月份翘尾因素影响为–3.5 个百分点，对工业生产者价格的影响逐渐消退。预计四季度宁夏工业生产者价格同比跌涨震荡，全年涨幅将低于上年。

2022—2023年宁夏对外贸易形势分析与对策建议

冯李婷

2022年以来，复杂演变的国际局势和跌宕反复的新冠肺炎疫情等超预期因素叠加，宁夏外贸进出口发展面临的外部环境更趋复杂严峻。但在全区经济平稳发展、生产供给较快增长、疫情防控赢得重大战果、外贸稳增长政策效果持续显现等积极因素的支撑下，宁夏对外贸易稳健恢复，增势喜人。

一、2022年以来宁夏外贸进出口主要特点

据银川海关统计，2022年前10个月，全区货物进出口总额214.03亿元，同比增长57.6%，高出全国增速48.1个百分点。其中，出口167.15亿元，增长59.3%；进口46.88亿元，增长52.1%。顺差120.27亿元，同比扩大50.4%。分季度看，第一、第二、第三季度进出口规模逐步走高，分别为53.54亿元、68.94亿元、77.04亿元。进出口规模前10个月已达2021年全年水平。

根据银川海关统计数据，前10个月，全区外贸运行主要呈现如下特点。

（一）进出口稳健恢复，增速位列全国第一梯队

2022年以来，全区货物进出口稳健恢复，增速保持高位运行，外贸增

作者简介：冯李婷，自治区统计局贸易外经统计处三级主任科员。

长潜力快速释放。一季度同比增长 62.8%，上半年同比增长 70.1%，前三季度同比增长 66.2%。同期，进出口增速分别高出全国增速 52.1、60.7、56.3 个百分点，增速分别位居全国第 2 位、第 1 位、第 1 位。

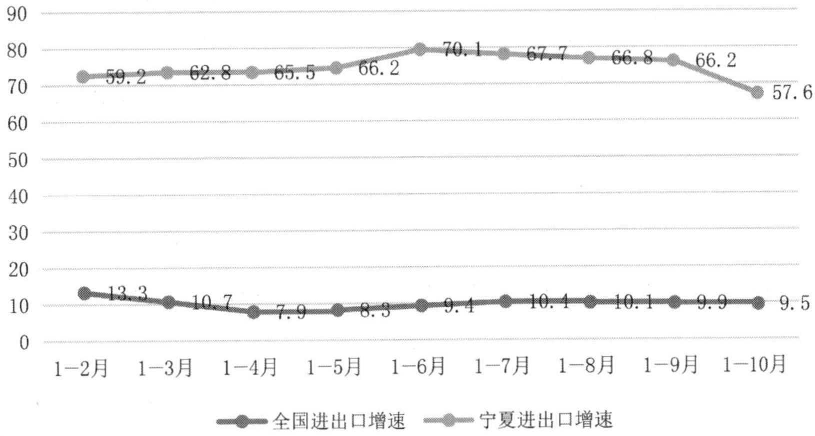

图 1　2022 年 1—10 月全国与宁夏进出口增速（%）

（二）一般贸易保持主导地位，保税物流增速领跑

从贸易方式看，前 10 个月，全区一般贸易实现进出口 152.60 亿元，同比增长 24.2%，占全区进出口总额的 71.3%。其中，出口增长 28.1%，进口增长 11.3%，分别占全区出口总值和进口总值的 72.3%、67.7%。加工贸易实现进出口 2.23 亿元，同比下降 47.7%，仅占全区进出口总额的 1.0%。以保税物流方式实现进出口 59.15 亿元，同比增长 6.0 倍，占全区进出口总额的 27.6%。

（三）民营企业主力军作用凸显，国有企业增速加快

从经营主体看，前 10 个月，全区民营企业实现进出口 148.89 亿元，同比增长 60.1%，高出整体增速 2.5 个百分点，占全区进出口总额的 69.6%。其中，出口 118.93 亿元，增长 52.0%。国有企业实现进出口 35.93 亿元，同比增长 1.1 倍，增速比上半年加快 11.0 个百分点。其中，出口 27.37 亿元，增长 1.1 倍。外资企业实现进出口 29.20 亿元，同比增长 16.6%。其中，出口 20.84 亿元，增长 50.5%。

（四）高新技术产品、机电产品等保持出口正增长

从出口结构看，前 10 个月，全区高新技术产品实现出口 24.79 亿元，同比增长 1.1 倍，增速比上半年加快 42.3 个百分点。同期，机电产品实现出口 32.78 亿元，同比增长 96.2%。在全区出口总值超过 3 亿元的优势产品中，基本有机化学品、医药材及药品、劳动密集型产品、服装及衣着附件、纺织纱线织物及其制品、文化产品出口总值分别增长 53.9%、2.9%、97.1%、68.9%、93.2%、83.2%。

（五）对主要贸易伙伴进出口保持良好增势

从进出口市场看，前 10 个月，在全区主要进出口市场中，对“一带一路”沿线国家实现进出口 65.50 亿元，同比增长 54.8%，占全区进出口总额的 30.6%。对《区域全面经济伙伴关系协定》（RCEP）其他成员国实现进出口 56.88 亿元，增长 23.0%，占比 26.6%。对欧盟实现进出口 42.63 亿元，增长 73.6%，占比 19.9%。对其他金砖国家实现进出口 34.10 亿元，增长 65.3%，占比 15.9%。对其他上合成员国实现进出口 28.77 亿元，增长72.0%，占比 13.4%。对东盟实现进出口 21.29 亿元，增长 21.7%。对美国实现进出口 20.56 亿元，增长 63.7%。对日本实现进出口 18.40 亿元，增长 12.0%。

（六）综保区进出口成倍增长，银川市领头羊地位突出

从地市分布看，前 10 个月，银川市实现进出口 128.19 亿元，同比增长 66.7%，占全区进出口总额的 59.9%。其中，银川综保区实现进出口 51.74 亿元，增长 2.8 倍，占全区进出口总额的 24.2%，较 2021 年同期提高 14.5 个百分点。石嘴山市实现进出口 48.56 亿元，同比增长 38.2%。吴忠市实现进出口 7.10 亿元，同比增长 1.1 倍。固原市实现进出口 0.99 亿元，同比增长 5.5 倍。中卫市实现进出口 29.20 亿元，同比增长 44.0%。

（七）重点进出口产品多数增长

从重点产品看，前 10 个月，监测的 29 种全区重点出口产品中，18 种为正增长。其中，苏氨酸、电极碳糊、毛皮衣服、碳化硅、披巾面纱等 5 种实现成倍增长。进口方面，在进口总值居前 5 位的商品中，4 种为正增长。其中，金属矿及矿砂进口额 17.05 亿元，同比增长 81.2%；机电产品 15.21 亿元，增长 57.8%；农产品 3.12 亿元，增长 43.1%；多晶硅 3.02 亿元，增长 1.4 倍。

二、对外贸易发展环境分析及形势研判

当前，以俄乌冲突为代表的地缘政治动荡，进一步恶化国际产业链、供应链运行，推高全球性通胀压力，世界经济复苏脆弱乏力；新冠肺炎疫情起伏反复的严重冲击，进一步增加了国外需求与生产供应的不稳定性和不确定性，全球发展环境面临深刻复杂变化。受错综复杂的外部环境和全区外贸进出口同期基数较高等因素影响，2022 年全年维持外贸进出口持续的高速增长态势需要付出更多努力。

（一）世界经济复苏乏力，预期普遍下调

全球经济尚未走出世纪疫情阴霾，又遭遇地缘冲突等因素叠加影响，复苏步伐明显放缓。国际货币基金组织（IMF）10 月发布的《世界经济展望报告》预计，2022 年全球经济将增长 3.2%，2023 年全球经济增长将进一步放缓至 2.7%，并称这是“自 2001 年以来最疲软的增长状况”。联合国贸发会议（UNCTAD）10 月发布《2022 贸易与发展报告》，进一步下调全球经济增速预期至 2.5%，将 2023 年经济增长率放缓至 2.2%。经合组织（OECD）在 11 月 22 日最新一期《经济展望报告》中指出，由于乌克兰危机引发的能源冲击继续刺激通胀，增加全球风险，预计未来一年全球经济增长将进一步放缓，预计全球经济 2022 年增速为 3.1%，2023 年放缓至 2.2%。世界贸易组织（WTO）10 月发布全球贸易年度预测报告，预测 2022 年全球货物贸易量将增长 3.5%，全球经济将增长 2.8%；同时，将 2023 年全球货物贸易增速预期放缓至 1%，远低于此前预计的 3.4%，并将 2023 年全球经济增速下调至 2.3%。从全球主要经济体看，IMF 将 2022 年美国经济增长预期下调至 1.6%、2023 年增长预期下调至 1.0%。欧盟委员会发布经济预测报告，预测 2022 年欧元区 GDP 增长 3.2%，下调 2023 年 GDP 预测值至 0.3%。

（二）全球大宗商品价格高企，通胀压力加剧

2021 年，全球通胀水平已处高位。当前，国际疫情仍未得到有效控制，供给瓶颈依然存在，OPEC+减产叠加地缘冲突影响，全球通胀“高烧”

难退，国际大宗商品价格高位震荡，各大经济体均面临较大通胀压力，而较为顽固的通胀压力或持续抑制需求，进一步加剧后续全球经济衰退风险。在剔除波动性较大的食品和能源价格后，美国9月核心消费者价格指数（CPI）同比上涨6.6%，达到1982年以来的最高水平。受乌克兰局势影响，欧元区能源和食品价格持续飙升，10月CPI同比上涨10.7%，再创历史新高。IMF强调，不断上涨的通胀仍是当前和未来繁荣的最直接威胁，因为高通胀会挤压各国实际收入并破坏宏观经济稳定。IMF预计，发达经济体2022年的通胀率将达到7.2%，其中美国为8.1%，欧元区为8.3%，新兴市场和发展中经济体2022年通胀率将达到9.9%。世界银行10月发布的《大宗商品市场展望》报告，预计2022年能源价格将上涨60%，而用来充当农业生产投入品的能源商品价格上涨将进一步推高食品价格。

（三）非美货币持续走弱，外需收缩不确定性上升

当前全球经济下行压力加大，发达经济体货币政策不断紧缩，海外需求总额进一步收紧，对我国出口产生不利影响。11月议息会议，美联储如期加息75个基点，将美国联邦基金利率抬升至3.75%—4.00%区间，年内连续4次加息75个基点，堪称过去40年来最大力度、最为激进的紧缩政策，接连引发了全球非美金融市场动荡、资本流出、汇率贬值、经济增长压力加大、整体金融局势不稳定等一系列影响，尤其是在强美元周期引发的资本外流下，欧洲金融危机风险快速酝酿。中国物流与采购联合会公布的数据显示，10月份全球制造业采购经理指数（PMI）为49.4%，连续5个月环比下降，继2020年7月以来首次降至50%以下的收缩区间；而欧洲10月的制造业PMI为47.1%，继续刷新自2020年6月以来的最低纪录。近期美、欧央行快速加息，人民币主要对美元出现较大幅度贬值，而对其他非美货币多表现为升值，在其他国家货币贬值幅度更大的背景下，人民币对美元贬值难以大范围提升我国产品的出口价格竞争力。据银川海关统计，宁夏10月当月出口增速出现年内首次同比负增长，外需疲软恐继续拖累出口增速下滑。

（四）RCEP生效实施，红利持续释放

作为迄今为止全球规模最大的自由贸易协定，《区域全面经济伙伴关系协定》（RCEP）已于2022年1月1日正式生效。RCEP生效实施是东亚经济一体化新的重大进展，将有力拉动地区贸易投资增长，对促进地区经济复苏产生积极影响。在电子商务规则方面，RCEP是亚太区域内达成的范围全面、成员最多的多边电子商务规则，也是目前我国参与的水平最高的电子商务协定。各方承诺促进无纸化贸易，承认电子签名的效力，为网络交易的开展提供制度性保障，有利于我国企业借助跨境电商平台扩大出口。RCEP生效后，我国与东盟、澳大利亚、新西兰之间的立即零关税比例均超过65%，与韩国相互立即零关税比例达到39%和50%，与日本相互立即零关税比例达到25%和57%。

据银川海关统计，RCEP落地生效10个月以来，宁夏企业充分挖掘政策红利，积极拓展区域市场，RCEP促进外贸稳进提质的作用已初步显现。1—10月，全区RCEP项下享惠进出口货值达7.23亿元，进出口企业享受RCEP关税优惠超2100万元。其中，银川海关共为关区42家企业签发RCEP原产地证书535份，签证货值6.57亿元。签证产品主要是碳化硅、未锻轧锰、人造石墨、活性炭、单晶硅棒等，签证产品主要出口至日本、韩国、泰国、新加坡和越南。RCEP生效以来，宁夏企业进出口的大部分机电、化工产品都在降税清单以内，关税减让受益明显。

（五）保稳提质政策密集出台，合力加快形成

一方面为稳住外贸基本盘，2022年以来国家一系列举措陆续加快落地，推动外贸保稳提质，助力稳经济稳产业链、供应链。仅5月，国务院办公厅就先后下发《关于推动外贸保稳提质的意见》和《关于印发扎实稳住经济一揽子政策措施的通知》两个重要文件，帮扶外贸企业应对困难挑战，实现外贸外资保稳提质任务目标。商务部、国家税务总局、海关总署、人民银行等部委先后下发《关于高质量实施〈区域全面经济伙伴关系协定〉（RCEP）的指导意见》《关于进一步加大出口退税支持力度 促进外贸平稳发展的通知》《关于开展内外贸一体化试点的通知》《关于支持外经贸企业提升汇率风险管理能力的通知》《关于支持外贸新业态跨境人民币结算的通知》《关于印发支持外贸稳定发展若干政策措施的通知》《鼓励外商投资产业目录（2022年版）》等文件，从启动内外贸一体化试点、出口退税、营商环境等多方面全力保障外贸领域生产流通稳定发展。

另一方面，金砖国家领导人第十四次会晤、上海合作组织成员国元首理事会第二十二次会议、二十国集团（G20）领导人第十七次峰会、亚太经合组织（APEC）第二十九次领导人非正式会议等重要国际会议的召开，向全球市场释放复苏的强大信号。第132届中国进出口商品交易会（广交会）、第四届中国西部国际投资贸易洽谈会（西洽会）、第二届中国国际消费品博览会（消博会）、2022年中国国际服务贸易交易会（服贸会）、第二十二届中国国际投资贸易洽谈会（投洽会）、第五届中国国际进口博览会、第19届中国—东盟博览会等一系列高规格、高水准展会的成功举办，也为促进国际贸易高质量发展作出了积极贡献。

（六）全区上下政企聚力，高质量发展取得新突破

面对复杂严峻的国际形势，宁夏未雨绸缪、多点发力，高度重视抢抓共建“一带一路”重大机遇，常态化运行国际货运班列，积极融入西部陆海新通道建设，切实打通外贸企业出口环节堵点，深度融入国内国际双循环新发展格局，全面提升对内对外开放水平。2022年以来，宁夏首发中老班列集结出发，“一单制”铁海联运集装箱班列首发开行，宁夏—欧洲（布达佩斯）中欧国际货运班列首发开行，宁夏（银川）至伊朗（安扎利）“跨里海”国际货运班列成功开行，宁夏企业出口货运的“出海口”从天津前移到区内，宁夏与欧洲内陆地区点对点班列实现零的突破，宁夏“跨里海”进入西亚国家的国际物流新通道首次打通。中国（宁夏）—日本线上经贸对接会成功举办，银川跨境电子商务人才培养基地正式揭牌，中国（宁夏）—蒙古国大宗商品跨境交易直通平台启动仪式和2022年宁夏《区域全面经济伙伴关系协定》（RCEP）专题培训会在银川举办，银川河东国际机场总体规划（2022年版）正式获得中国民航局批复，银川市荣获“中国投资热点城市”称号等成果，对助力宁夏主动服务和融入新发展格局，提升宁夏对外开放水平，加快推进黄河流域生态保护和高质量发展先行区建设等，均有重要意义。

2022年以来，在《关于推进全区外贸新业态新模式发展的若干措施》和《关于推进全区内外贸一体化发展的若干措施》等自治区政策指导下，一方面，发改、商务、海关、税务等职能部门和各金融机构在政策引领、降本增效、通关便利、外汇结算、信贷支持、出口退税、市场风险防范等方面采取了多项积极有效的措施。如：一是支持企业保订单拓市场，利用阿里巴巴国际站、e外贸数字贸易平台等线上平台开拓国际市场；二是支持跨境电商、外贸综合服务企业等外贸新业态新模式创新发展；三是推动外贸转型升级基地，跨境电商综试区、综保区等开放载体建设；四是发挥部门联动效应，健全贸易投资便利化工作机制和贸易金融联动服务机制；五是组织外贸企业参加黄河流域自贸试验区联盟启动暨对外开放高质量发展大会、第六届全球跨境电子商务大会、2022年黄河流域跨境电商博览会等，宣传宁夏优势特色产业，扩大先进技术、关键零部件进口。另一方面，宁夏外经贸企业抢抓机遇、乘势而上，积极主动开拓市场，防范化解市场风险，努力扩大进出口规模，宁夏内陆开放型经济高质量发展实现新突破。

三、几点建议

自治区第十三次党代会就“打造改革开放热土”进行了重大部署。面向未来，我们要坚定不移推进高水平对外开放，认真贯彻习近平总书记视察宁夏重要讲话和重要指示批示精神以及在第三次“一带一路”建设座谈会上的重要讲话精神，主动对接西部大开发、黄河流域生态保护和高质量发展等重大国家战略，着力提升开放型经济水平，奋力打造改革开放热土。

（一）深入挖掘对外贸易潜力

一是深入挖掘存量。强化对现有进出口企业的跟踪服务，切实稳定外贸存量规模；鼓励已备案但未开展进出口业务的企业积极开展国际业务，着力挖掘外贸增长潜力；引导有进出口潜力的招商引资落地项目在宁夏开展进出口业务，积极促进外贸回流。二是积极扩大增量。支持宁夏羊绒、枸杞、氰胺、锰、钽等具有较高国际市场占有率的专业外贸公司或生产企业，建设集交付、物流、品控等于一体的细分领域综合服务平台；支持有关企业加强与国内外第三方海外仓企业合作，布局集商品展示、仓储物流、售后服务于一体的国际营销网络。

（二）积极打造对外贸易载体

依托自治区重点产业集聚区，争取批准建设氰胺、光伏、葡萄酒等外向型产业贸易投资提质增效示范项目，进一步提升重点产业融入新发展格局的竞争能力；依托工业园区，争取批准设立一批国家级外贸转型升级基地，推动建设一批具有地域特色的自治区级外贸转型升级基地，进一步提升外向型产业的集聚发展能力；依托银川综保区等海关特殊监管区域以及银川跨境电商综试区等创新试点区域，用好用足先行先试政策优势，积极承接加工贸易产业转移，加快发展保税加工、保税物流、转口贸易和跨境电商等进出口业务，进一步提升外贸新业态发展能力。

（三）持续优化对外贸易环境

一是贯彻落实好中央和自治区推动贸易高质量发展的系列政策措施，进一步提高促进对外贸易发展的精准施策能力。二是建立完善银行担保保险等金融联动服务机制，高效解决企业进出口环节融资问题；进一步健全商务、海关、外汇、税务等政府部门联动服务保障机制，有效提升进出口企业报关报检、出口退税、外汇结算等全链条服务能力。三是加强与天津、青岛等沿海港口，新疆阿拉山口、内蒙古二连浩特等沿边口岸的合作，联合铁路、船运公司和物流企业积极开行“一单到底”“一箱到底”铁海国际货运班列，进一步畅通进出口企业国际物流大通道；适时开辟银川至RCEP成员国热点城市航线航班，满足外贸新业态新模式国际货运需要。

改革开放篇

GAIGE KAIFANG PIAN

宁夏在构建新发展格局中的产业定位和发展研究

杨旭东　王雪虹

高质量发展是新时代新阶段全面建设社会主义现代化国家的首要任务，而加快构建以国内大循环为主体、国内国际双循环相互促进的新发展格局，则是实现高质量发展的重要基础和前提条件。本文就宁夏经济在主动服务、积极融入这一“国之大者”的全局重大战略中的定位和产业发展问题做一探讨。

一、加快构建新发展格局是党和国家的重大战略决策

（一）构建新发展格局的提出

在2020年4月10日召开的中央财经委员会第七次会议上，习近平总书记首次提出构建以国内大循环为主体、国内国际双循环相互促进的新发展格局。仅仅这一年，习近平总书记在中央政治局常委会会议、在看望全国政协经济界委员、在宁夏考察工作、在企业家座谈会、在中央政治局会议、在经济领域专家座谈会、在中央深改委第十五次会议、在十九届五中全会、在中央经济工作会议以及重大外交场合，都反复强调要加快构建新发展格局。习近平总书记关于加快构建新发展格局的论述，集中在《国家

作者简介：杨旭东，中共宁夏区委党校原二级教授，主要从事区域经济学教学与研究工作；王雪虹，中共宁夏区委党校经济学教研部副教授，主要从事社会主义市场经济理论与实践教学和研究工作。

中长期经济社会发展战略若干重大问题》（《求是》2020年第21期）和《把握新发展阶段，贯彻新发展理念，构建新发展格局》（《求是》2021年第9期）两篇署名文章中。

加快构建新发展格局，作为党提出的关于我国发展全局的重大战略任务，被纳入十九届五中全会关于制定“十四五”规划的《建议》之中，并在国家制定的《国民经济和社会发展第十四个五年规划和2035年远景目标纲要》中作出了全面部署。

在党的二十大报告中，“加快构建新发展格局，着力推动高质量发展”放在了作为党中央部署全面建设社会主义现代化国家11个方面事业发展任务的首要位置，充分体现了加快构建新发展格局的重要性、紧迫性及其与作为现代化国家建设首要任务的高质量发展之间的内在联系。

（二）构建新发展格局的主要原因

习近平总书记明确指出，加快构建新发展格局，是根据我国发展阶段、环境、条件变化作出的战略决策，是事关全局的系统性深层次变革。

就内部因素看，我国已进入中国特色社会主义新时代，社会主要矛盾已由人民日益增长的物质文化需要与落后的社会生产之间的矛盾转变为人民日益增长的美好生活需要和不平衡不充分的发展之间的矛盾，党的中心任务是团结带领全国人民全面建成社会主义现代化强国，实现第二个百年奋斗目标，以中国式现代化全面推进中华民族伟大复兴。同时，过去许多推动我国经济快速增长的优势条件有些已经弱化，有些甚至丧失，以主要依靠资源投入和“两头在外”为动力的发展方式已难以为继。

从外部环境看，世界正经历百年未有之大变局。一方面，新一轮科技革命和产业变革深入发展，国际力量对比深刻调整，我国综合国力和影响力在世界上不断提高和扩大，这使我国发展面临新的战略机遇。另一方面，世界疫情影响深远，逆全球化思潮抬头，单边主义、保护主义明显上升，世界经济复苏乏力，局部冲突和动荡频发，世界进入新的动荡变革期。特别是以美国为首的西方国家，已明确宣布将中国视为战略竞争对手和“国际规则”的最大挑战者与最大威胁，从科技、贸易、产业、人才乃至军事等一系列方面试图与中国“脱钩断链”，孤立、遏制、打压中国已成为常态。我国随时面临着经受风高浪急甚至惊涛骇浪的重大考验。

如果说内因决定了构建新发展格局的必要性的话，那么外因则决定了加快构建新发展格局的迫切性。

（三）构建新发展格局的内涵

构建新发展格局是推进我国高质量发展、实现现代化的路径选择，是把握未来发展主动权的战略性布局和先手棋，内涵极其丰富。从方针看，就是要增强忧患意识，坚持底线思维，以经济安全为基础，统筹发展与安全，以安全保障发展，以发展强化安全。从关系看，就是国内大循环起主导作用并以此吸引全球资源要素，增强两个市场、两种资源的联动效应。从内容看，就是以内需为战略支点，建立起中国自己的、相对独立的、高质量的供给与需求基本平衡的国民经济循环体系。从重点看，就是牢牢把握经济安全这一国家综合安全的基础，确保粮食、能源、资源、重要产业链供给链安全可控。从目的看，就是建立健全能保证中国经济高质量发展的创新链、供应链、产业链，牢牢掌握中国经济发展的主动权。从本质看，就是实现高水平的自立自强，“就是要在各种可以预见和难以预见的狂风暴雨、惊涛骇浪中，增强我们的生存力、竞争力、发展力、持续力，确保中华民族伟大复兴进程不被迟滞甚至中断”。

二、初级产品供给和宁夏经济在新发展格局中的定位

狭义的初级产品又称原始产品或原料，指未经加工或略作加工的产品。按照联合国《国际贸易标准分类》，初级产品包括食品、饮料、农矿原料、动植物油脂和燃料五大类。广义的或一般意义上的初级产品除了取自于自然界的原始产品或原料外，还包括相对最终产品而言的、有待于进一步加工制造的中间产品即材料以及为生产生活提供动力的能源。总之，可简约概括为原料、材料和能源，有物质形态也有非物质形态，涵盖农业、工业多个领域的众多产品。这也是人们常常用来描述某一地方“产业层次低”“初级产品比重大”“附加值低”“产业链短”经济特征的主要由来。初级产品虽然不像制成品那样光鲜亮丽，但因其总量有限，许多还不可再生、难以替代，往往在产业链中拥有更强的影响力、话语权乃至决定性，尤其

是在有重大变故和关键时候，其重要性将压倒一切。所以初级产品是整个国民经济最为基础的部分。

保障初级产品供给是构建新发展格局的重要内容。我国是一个有14亿多人口的发展中大国和国内生产总值位居世界第二的超大经济体，这意味着经济发展和居民生活对初级产品有着极为庞大的需求。所以，保障好初级产品供给是一个重大的战略问题，这无论是对统筹发展和安全、强化国家综合安全的经济基础，还是保障产业链供应链稳定，推动经济高质量可持续发展，都具有至关重要的意义。习近平总书记一直高度重视初级产品的供给保障，反复强调粮食安全是“国之大者”，中国人的饭碗任何时候都要牢牢端在自己手中；强调能源安全是关系国家经济社会发展的全局性、战略性问题；强调提高资源的自我生产能力，优化海外资源保障能力；强调全面促进资源的节约集约利用，推动资源利用方式根本转变；等。在2021年12月召开的中央经济工作会议上，习近平总书记将确保初级产品供给安全作为加快构建新发展格局需要正确认识和把握的五个重大理论和实践问题之一做了专门阐述，就如何做好初级产品供给保障提出了要求，作出了部署。

宁夏在主动融入新发展格局中如何定位，是一个需要明确回答的问题。根据党和国家关于加快构建新发展格局的要求，从宁夏可及和可能的实际出发，我们认为把宁夏经济定位为“国家初级产品供给重要保障基地”是一个合理选择。

首先，宁夏有发展初级产品产业的丰富自然资源。一是矿产资源较为丰富。目前已发现的矿产资源有49种，有工业开采价值的22种，以煤炭和非金属矿产为主。其中已探明的煤炭储量有300多亿吨，预测储量超过2000亿吨，居全国第8位，且煤种齐全、品质优良；石膏探明储量近25亿吨，预测储量3000亿吨以上，居全国第3位；石灰岩探明储量3.9亿吨，居全国第8位；其他如白云岩、石英砂、磷、硅、盐等矿藏均有一定储量规模。二是除煤炭外的其他能源资源开发前景看好。包括探明储量2.9亿吨的石油和探明储量2000多亿立方米的天然气等油气资源，年日照时数为2195—3082小时和年太阳辐射量为4936—6199兆焦的光热资源，年均风速2米/秒—

3米/秒、理论蕴藏量为640亿千瓦时的风能资源，以黄河干流为主的理论蕴藏量为196万千瓦时的水能资源。三是土地资源潜力较大。宁夏现有耕地1955万亩，人均占有量居全国第4位；有3000多万亩草地，是全国十大牧区之一；特别是拥有超过1000万亩宜农荒地的全国少数省区之一。

其次，宁夏有着力发展初级产品产业的深厚历史积淀和雄厚现实基础。自治区成立之时，中央对宁夏经济发展提出了3条指导意见：发挥引黄灌溉优势，大力搞好农业；搞工业建设要从自身资源状况出发；加强地下资源的勘查。从当地优势自然资源条件出发发展经济，符合宁夏这样的落后地区经济发展和起飞的一般规律。中央确定的指导方针，不仅对当时宁夏形成以初级产品供给为主的经济结构起了决定性作用，而且为数十年后的今天及今后一个时期宁夏经济发展绘就了浓墨重彩的底色。在自治区成立前后，以包兰铁路建设、贺兰山煤田开发、青铜峡水电站建设“三大工程”为标志，勾勒起了宁夏以农业为基础、以煤炭电力工业为主导的新的经济体系雏形。20世纪60年代中叶至70年代中叶，经过大小“三线”建设，初步形成了以煤炭、电力、化工、冶金、建材、纺织、机械为主导的工业体系和以粮食种植为主的农业体系。改革开放以来，经过调整、探索、改革，于世纪之交，基本形成了以能源工业为主导、以高耗能基础工业为主体的工业体系，农业走向全面发展的道路。进入新世纪后，党和国家提出并实施西部大开发战略，把培育地方特色优势产业作为重点任务之一列在首位。特别是2008年国务院《关于进一步促进宁夏经济社会发展的若干意见》，将宁东基地列为国家重点开发区，要求将宁东建设成为国家重要的大型煤炭基地、煤化工产业基地、“西电东送”火电基地，将宁夏建成世界重要的钽铌铍、碳基材料制品生产研发基地和国内重要的镁硅及其深加工产品基地。这是国家以全局视野、从战略高度和首次以专门文件形式对宁夏在全国经济发展格局中作出的明确定位。由此，宁夏确立了工业以能源、煤化工、新材料等为主的“五优一新”，农业以特色当头的“一特三高”的经济发展方针，并取得了积极成效。党的十八大以来，党和国家先后赋予了宁夏建设黄河流域生态保护和高质量发展先行区、国家农业绿色发展先行区、国家新能源综合示范区等历史重任。宁夏以新发展理念为引领，着力实施了用新技术、新装备改造提升煤炭、电力、化工、冶金、建材、纺织等传统产业提升工程，实施了推进优质粮食、畜牧、枸杞、葡萄、瓜菜发展的特色农业品牌塑造工程，实施了推动新能源、新材料、生物医药、信息等发展的新兴产业提速工程等。2022 年召开的自治区第十三次党代会，以先行区建设牵引美丽新宁夏建设为总目标，以推进高质量发展为首要任务，围绕“六新六特六优”产业，对加快构建具有宁夏特色的现代产业体系做了部署。其中作为实体经济的“六新”和“六特”的聚焦点集中在工业的新型材料、清洁能源、现代化工、轻工纺织等主导产业以及农业的葡萄酒、枸杞、牛羊等特色产业。

综观自治区经济发展史，可以发现，宁夏实体经济数十年来始终贯穿着能源资源开发利用即初级产品供给这条主线。尽管时代背景、体制机制和环境条件发生了巨大变化，资源来源也突破当地限制而日益社会化乃至国际化，新技术、新装备、新产业和信息化有了重大进步，但总体看，这些新因素更多的是作为渗透性、拓展性、赋能性、提质性要素推进着宁夏初级产品产业向高端化、绿色化、智能化、融合化的高质量方向发展，而没有根本改变宁夏经济以初级产品供给为主体的基本格局和发展态势。乃至目前，能源资源型产业仍占宁夏工业份额的 70%左右。

再次，建设国家初级产品供给重要保障基地是宁夏义不容辞的历史责任。自治区第十三次党代会报告强调我们必须胸怀“两个大局”、心系“国之大者”；强调要统筹发展和安全，主动服务和融入新发展格局；强调要准确把握宁夏发展的比较优势，集中资源打造特色优势产业，加快构建具有宁夏特色的现代产业体系。加快构建新发展格局、着力推动高质量发展是党中央确立的全面建设社会主义现代化国家的首要任务。有基础、有条件、有能力，用新技术、新装备、新方式，把宁夏打造成为高端化、绿色化、智能化、融合化、现代化的国家初级产品供给重要保障基地，就是宁夏贯彻落实习近平经济思想和党中央重大战略决策的具体行动，是宁夏主动融入构建新发展格局的具体实践，是宁夏“小省区办大事、为全国大局作贡献”的具体体现。

三、产业选择：基于初级产品供给保障视角的分析

从初级产品供给保障角度，紧密结合实际，可重点从农业、工业和战略储备3个实体经济方面对宁夏主动融入新发展格局的产业主攻方向进行分析。

（一）农业领域

农产品是保障人们生活需要最重要的初级产品，也是保障轻工业原料来源的重要初级产品。宁夏应当把粮食、油料作物和畜产品作为在农业领域的主攻方向。

——粮食。以保障粮食安全为首要任务，以创建国家农业绿色发展先行区为目标，以粮食生产功能区为主要产地，以创建国家级和自治区级各种类型的现代农业产业园为主要载体，以粮食尤其是口粮供需平衡、略有节余为约束底线，强化粮食生产。为此，一要优先划定耕地和永久基本农田控制线，实行严格的耕地保护制度和节约用地制度。保证耕地拥有适度合理的规模和稳定性，保障粮食安全和重要农产品供给。二要着力推进高标准农田建设，争取在较短时期内将永久性基本农田全部改造成为高标准农田。三要坚持优质耕地主要用于粮食生产，稳定粮食种植面积，坚决遏制耕地非农化和基本农田非粮化倾向。四要用技术手段和工程手段，大力发展高效节水农业。五要强化农业科技和装备支撑，推进农业绿色、优质发展，努力提高粮食等农作物的单位面积产出。

——畜牧业。根据历史传统、已有基础和发展前景，以建设全国重要的绿色食品生产基地为目标，把奶牛、肉牛、滩羊作为畜牧业发展的主攻方向，让宁夏更多的特色畜产品走向市场，保障副食品供给安全。为此，一要按照相对集中和规模化原则，持续优化空间布局，促进牛羊养殖的量的增加和市场容量的扩大。二要合理确定耕地利用方案，在确保粮食特别是口粮安全的前提下，按照畜草一体化思路，给饲料种植业发展留有足够用地。三要坚持规模化养殖和农户家庭分散养殖相结合的方式，坚决遏制通过人为手段禁止或限制农户家庭养殖的行为。四要在养殖业发展的基础上，积极发展畜产品高端制品业，以提高、扩大副食品的供给保障能力水平和范围。

——蔬菜种植。蔬菜是人们生活的重要必需品。宁夏有蔬菜种植得天独厚的自然条件，特别是冷凉蔬菜，不仅有地方意义，而且有全国意义。要着力促进以六盘山为重点的冷凉蔬菜产业集群发展，助力全国蔬菜供需平衡。

（二）工业领域

能源原材料是工业的初级产品，是工业基础性、先导性产业，是制造业的关键环节和基本支撑。作为新发展格局的重要内容，2021 年 12 月中央经济工作会议对强化能源原材料供给保障给予了特别强调。宁夏应把清洁能源和新材料产业作为主攻方向，放在优先发展的地位。

——能源工业。一是以保障国家能源安全为出发点，以发挥资源比较优势为基础，以发展清洁能源为重点，加速推动能源产业绿色转型，构建清洁低碳安全高效的现代能源体系，把宁夏建设成为国家新能源综合示范区。二是高度重视煤炭和煤电在能源保障体系中的压舱石和兜底作用，保持合理布局和适度规模。煤炭和煤电的退出要建立在清洁能源发展基础之上，把握好二者之间的替代关系、替代能力和替代节奏，坚决防止在没有新能源接续前提下任意强制传统能源退出，造成社会能源供给紧张的情况发生。三是清洁能源以大规模集中式的风电、光伏发电为主攻方向，其中光伏发电兼顾分布式发展形式。积极发展前景看好、潜力巨大的氢能，使其尽快成为新能源的重要组成部分。推动黄河黑山峡水利枢纽工程建设，提高水电比重。推进千亿方级天然气开发利用，批量增加清洁能源总量。四是实施“源网荷储”工程，加快建设新型电力系统，实现多能互补和新能源承接、消纳、外送一体化。五是贯通上下游、延长产业链，促进国家重要的风能、光伏、氢能、储能等新能源装备制造业发展，以在更高水平上为国家能源供给安全提供保障。

——材料工业。一是深入实施新型工业强区战略，把新型材料产业放在工业发展重中之重地位，持续实施结构改造、绿色改造、智能改造、技术改造行动，推动新材料产业向高纯度、高强度、高精度、高性能和精细化、规模化、集群化、高质化方向发展，争做行业领跑者，再造工业新优势，把宁夏建设成为国家重要的新材料供给保障基地。二是新材料工业重点包括以稀有金属材料、铝镁合金材料、特殊合金材料等为主的高性能金属材料，以高分子材料、高性能纤维、精细化工材料等为主的新型化工材料，以碳基材料、新型建筑材料、先进耐火材料、先进陶瓷材料等为主的先进无机非金属材料，以锂离子电池材料、光伏材料、电子信息材料等为主的电池与电子材料和以石墨烯、超导材料、增材制造等为主的前沿新材料。三是以银川都市圈为核心区，以宁东国家级现代煤化工产业示范园区和银川市、石嘴山市国家级开发区等行业优势园区为主要依托，构建“一核三群”的新材料发展格局。四是加大用新技术、新工艺、新装备对传统材料产业改造提升力度，推动其向绿色低碳少污高效方向发展。五是坚持节约优先，着力推进资源全面节约、集约、循环利用，努力降低单位产品能耗物耗，提高投入产出效率。

（三）进口替代领域

从初级产品到关键零部件到高端产品，在许多方面我国都存在较高的对外依存度。针对这种情况，习近平总书记在讲到构建新发展格局时特别强调，为保障我国产业安全，“要着力打造自主可控、安全可靠的产业链、供应链”，“努力重塑新的产业链，全面加大科技创新和进口替代力度”。宁夏在可及和可能条件下，应当努力为此作出贡献。

——进口替代型农产品。一是油料作物。大豆用途广泛，既是我国食用油的主要构成部分，也是优质饲料的来源。宁夏可在耕地使用中，专门安排一定的面积用于大豆种植，或利用与其他作物套种方式，保证大豆生产具有一定的规模性。南部山区则以规模化种植胡麻为主，助力食用油的供给保障。二是葡萄和葡萄酒。高标准建设百万亩国家优质酿酒葡萄基地，坚持大产区、大产业、酒庄酒发展思路，塑造贺兰山东麓葡萄酒“当今世界殊”的国际声誉。三是种质资源。加强投入，强化粮食果蔬、牲畜家禽优良品种的保护和繁育，积极培育各种新的优质品种。四是在奶牛产业高质量发展的基础上，努力把宁夏打造成国内领先、国际并跑的高端乳制品之乡。

——进口替代型工业。一是在现有基础上，着力研究开发先进仪器仪表、智能铸造、数控机床、工业机器人等产品，努力在高端装备制造业上实现替代突破。二是充分利用区内外人才技术，着力研究开发先进液压泵、操作阀、控制器等技术，力求在关键零部件和核心技术上实现替代突破。三是围绕新能源、新材料等主导产业，着力对核心技术、关键零部件、先进工艺、高端装备进行研发，努力创造自主可控的新供给，减少对国外的依赖。

（四）战略储备领域

习近平总书记反复强调，完善的实物储备和产能储备是保障初级产品供给和国民经济正常运转的必备条件，特别是在关键时刻能发挥保底线的调节作用。因此，宁肯十防九空，也要全面加大储备体系建设。从实际出发，除加强常规储备，从战略储备角度审视，宁夏应高度重视以下储备能力建设。

——战略物资储备。一是新材料储备。利用宁夏新材料产业优势，以稀有金属材料、铝镁合金材料、特殊合金材料为主的高性能金属材料和以高分子材料、精细化材料为主的新型化工材料以及碳基材料、先进电池与电子材料为主，加强工业初级产品实物储备。二是推动建设国家级战略物资储备基地。主要包括依托全球产能最大、市场占有率最高的宁夏天元锰业集团，建设金属锰储备基地；依托中欧班列，以中亚国家为主，兼顾俄罗斯、乌克兰等国家和区域，建设丝路经济带粮食储备基地；依托“西油东输”枢纽地位，建设石油储备基地。

——战略资源储备。一是加强矿产资源勘查。实施新一轮找矿突破战略行动，进一步摸清“家底”，做到心中有数。二是划定战略资源保护区。宁夏最具战略性的资源是煤炭，可将贺兰山“太西煤”、宁东部分含煤丰富的重要区块等，明确为保护区，非必须禁止开发。三是稀缺或重要矿产资源实行限量开发，将每年的产量规模限定在一定范围内，以期永续利用。

——战略产能储备。一是宜农荒地整理。宁夏宜农荒地数量庞大，应制订规划方案，将条件较好、易于开发且具有一定规模的荒地明确为后备耕地范畴，同时进行主要路基修筑、土地平整、骨干渠道设计等基础性前期工作，以备一旦需要能在短期内迅速开发利用。二是现有基础上的产能储备。在去产能过程中一些具有一定规模和完备设施的企业，不能简单地一关了之，更不能粗暴地一拆、一毁了之，特别是较为重要的矿山、火电站，应使其处于“储备产能”状态，一旦需要就能快速启用。三是扩大煤制油产能。“多煤少油缺气”是我国能源资源的重要特点。宁夏煤制油项目建设，实质是国家应对关键时刻可能遭遇的油品短缺采取的战略举措。宁夏应抓住当前有利时机，争取第二套煤制油工程建设。四是储备林建设。建设储备林是保障国家木材供给安全的需要。宁夏要以南部山区特别是六盘山为主要基地，加强国家储备林建设。

四、保障措施

为在构建新发展格局中把宁夏建设成为国家初级产品供给重要保障基地，应注意做好以下几方面的工作。

——抓顶层设计。习近平总书记指出，构建新发展格局“必须从持久战的角度加以认识，需要从全局高度准确把握，积极推进”。因此，作为长期战略任务，建议自治区制定关于宁夏主动服务和融入构建新发展格局的意见，为全区实际行动提供指导和遵循。

——抓对外开放。扩大对外开放是构建新发展格局的题中之义，包括对国（境）外开放和国内开放。对外开放主要目标取向，一是获取重要战略资源（特别是从国外），二是获取建设资金，三是获取智力人才，四是获取关键核心技术和先进适用技术。通过强化对外开放，增强宁夏后发优势。

——抓约束条件。通览近年国家经济发展政策，特别强调 3 个约束条件的“全覆盖”，一是低碳绿色发展，二是人才与科技创新，三是产业数字化。宁夏可通过大力发展清洁能源和加快新能源对传统能源的替代，通过引进高质量规模化企业带来的集群性人才与新技术，通过对重点骨干企业的智能化改造等根本性措施，求得在满足约束条件下的最大化发展。

——抓政策支持。一是国家具体支持政策，二是要素供给保障政策，三是财税引导奖补政策，四是金融保险支持政策，五是营商环境服务政策。

——抓基础设施支撑。一是加强公路、铁路、航空等传统交通基础设施建设，形成完善的综合交通运输网络；二是以信息化为特征的新型基础设施建设，重点推进信息化和实体经济的融合发展。

宁夏增强投资的关键性作用研究

余登波　张亚茹　黎　雪

投资是增加社会资本存量的主要手段和有效途径，是驱动经济持续稳定发展的主要动能。党的二十大报告强调指出："高质量发展是全面建设社会主义现代化国家的首要任务。发展是党执政兴国的第一要务。"作为欠发达地区的宁夏，在践行习近平总书记提出的建设黄河流域生态保护和高质量发展先行区重要指示的行动中，必须充分认识到高质量发展是质量与数量的统一，只有数量没有质量肯定不是高质量发展，但仅有质量没有一定数量也不是高质量发展。对宁夏来说，要推动高质量发展，必须保持经济增速在合理区间。而投资不仅是拉动宁夏经济增长的强劲动力，而且是补齐宁夏城乡基础设施短板，增加投资品和新型消费品的生产供应，满足全面建成小康社会后广大人民更高消费需求的主要途径，尤其是投资结构决定着产业结构的提升和优化，直接关乎高质量发展。宁夏要继续把高质量投资作为经济发展的强大动力常抓不懈。

一、宁夏投资基本情况和特点

党的十八大以来，宁夏充分发挥投资对经济增长的拉动作用，坚持把

作者简介：余登波，自治区发展改革委二级调研员，主要从事区域经济研究；张亚茹，山东财经大学管理科学与工程学院电子商务专业学生；黎雪，国家统计局宁夏调查总队居民收支调查处三级主任科员。

投资作为“稳增长”的重要支撑，按照高质量发展的时代要求，高度重视投资结构和质量效益，投资保持了平稳增长。

（一）投资力度进一步加大

按照支出法地区生产总值核算，2012—2019 年①，宁夏资本形成总额由 1469.8 亿元增加到 1848.1 亿元，年均增长 3.3%，2015 年资本形成率攀升至 75.2%，达到党的十八大以来的峰值。其中，固定资本形成总额由 1350.1 亿元增加到 1773.5 亿元，年均增长 4.0%，占资本形成总额的比重由 91.9%上升至 96.0%；存货变动由 119.7 亿元下降到 74.6 亿元，占资本形成总额的比重由 8.1%下降至 4.0%。

表 1　2012—2021 年宁夏支出法地区生产总值及构成

年　份	地区生产总值（亿元）	最终消费支出（亿元）	资本形成总额（亿元）			货物和服务净流出	最终消费率［消费率（%）］	资本形成率［投资率（%）］
				固定资本形成总额（亿元）	存货变动（亿元）			
2012	2131.0	1123.9	1469.8	1350.1	119.7	–462.7	52.7	69.0
2013	2327.7	1266.5	1588.9	1477.7	111.2	–527.7	54.4	68.3
2014	2473.9	1381.6	1791.1	1675.1	116.0	–698.8	55.8	72.4
2015	2579.4	1523.0	1939.7	1835.9	103.8	–883.3	59.0	75.2
2016	2781.4	1681.0	2074.7	1979.1	95.6	–974.3	60.4	74.6
2017	3200.3	1865.8	2188.8	2098.0	90.8	–854.3	58.3	68.4
2018	3510.2	2050.0	1949.3	1869.0	80.3	–489.0	58.4	55.5
2019	3748.5	2219.4	1848.1	1773.5	74.6	–318.3	59.2	49.3

数据来源：《宁夏统计年鉴 2021》。

2012—2021 年，宁夏全社会固定资产投资总量②累计达 30956.7 亿元，投资建设进入新发展阶段，由速度规模型向质量效益型逐步转变，增速稳中趋缓。2021 年，全社会固定资产投资达 2984.7 亿元，同比增长 2.7%，是 2012 年的 1.4 倍。固定资产投资建设力度不断加大，对经济平稳运行的支撑作用显著增强。2021 年，实现地区生产总值 4522 亿元，比 2012 年增

① 2020 年以后年份宁夏不再公布支出法地区生产总值数据

② 2018 年开始，宁夏全社会固定资产的相关数据只公布增速，不公布绝对值数据。本文 2018 年及以后年份的全社会固定资产投资总额及构成的总额数据均为增速推算估计数

加2391亿元，按现价计算，年均增长7.3%。2022年1—10月，全区固定资产投资同比增长10.4%，继续保持对经济增长的强劲拉动作用。

（二）投资与经济的阶段性特征显著

第一阶段，党的十八大以前，宁夏地区生产总值增速基本保持在10%以上，且地区生产总值平均高于全社会固定资产投资总额。第二阶段，2012—2017年，全区全社会固定资产投资总额的平均值明显超过地区生产总值平均值613.3亿元，并对同期GDP保持过百的份额。2012—2017年，固定资产投资总额平均投入为3195.6亿元，全社会固定资产投资平均投入首次超越了地区生产总值平均值。第三阶段，2018—2021年，宁夏扎实推进“三去一降一补”重点任务，去产能成效突出。加之受到世纪疫情影响，全社会固定资产投资增速为负，同期的地区生产总值也处于低位运行。（见图1）

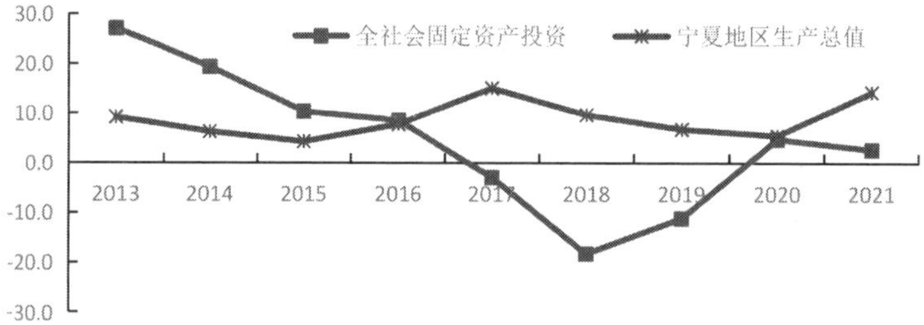

图1　2013—2021年宁夏投资与经济增长情况（%）

（三）投资结构渐趋合理

十八大以来，宁夏更加注重投资增长方式与结构的转变，全区投资结构逐步调整优化，有效促进了经济增长方式、速度和效益的改变，国民经济三次产业投资结构不断得到优化和调整，一、二、三产业稳步壮大。（见图2）

从产业投资结构看，全区第一、第二、第三产业投资结构从2012年的3.4∶49.7∶46.9调整为2021年的8.2∶41.7∶50.1，形成了三、二、一的产业投资格局。其中，第一产业投资额增长快，由71.8亿元涨至176.1亿元，增长2.5倍，年均增长10.5%，但投资占比始终维持在9%以内的较低水平；第二产业投资额由1049.3亿元涨至1307.3亿元，增长1.2倍，投资占比由49.7%降至41.7%；第三产业投资额由988.4亿元涨至1501.3亿元，增长

1.5 倍，投资占比由 46.9%增加到 50.1%。投资结构的不断优化，也促进了经济结构的调整升级。

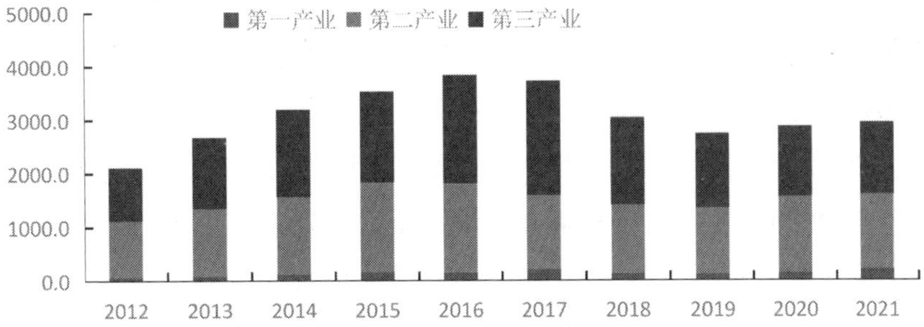

图 2　2012—2021 年宁夏三次产业投资比重走势

数据来源：2013—2021 年《宁夏统计年鉴》《宁夏统计公报》。

从行业投资结构看，工业装备技术水平明显提升。从 2013—2021 年各行业全社会固定资产投资中看出，农林牧渔，制造业，电力、燃气及水的生产和供应业，交通运输仓储邮政业，房地产业，水利、环境和公共设施管理业六大行业总计占比在 80%左右，是影响宁夏投资效率的主要行业。其中，制造业投资占比基本保持在近三成。（见表 2）

表 2　2012—2021 年宁夏分行业全社会固定资产投资占比情况

年份	农林牧渔(%)	制造业(%)	电力、燃气及水的生产和供应业(%)	交通运输仓储邮政业(%)	房地产业(%)	水利、环境和公共设施管理业(%)	合计
2012	3.4	29.8	10.7	5.4	28.3	5.1	82.7
2013	3.3	29.4	9.2	5.8	29.4	6.7	83.8
2014	4.0	24.7	13.8	6.8	28.4	8.1	85.8
2015	4.7	23.5	19.9	7.6	24.9	7.6	88.2
2016	5.3	24.7	16.6	1.0	22.6	9.1	79.3
2017	6.8	21.4	10.3	10.9	21.4	12.3	83.1
2018	5.5	25.4	10.1	10.3	18.3	12.0	81.6
2019	7.4	30.4	8.1	7.1	16.5	14.6	84.1
2020	8.0	29.2	11.7	6.9	15.6	10.8	82.2
2021	8.2	21.8	15.0	9.6	24.4	7.0	86.0

数据来源：2012—2021 年《宁夏统计年鉴》《宁夏统计公报》。

（四）投资主体多元化格局形成

从财政资金来看，2012—2021年，来源国家预算内投资资金累计2200.0亿元，占全部资金的7.1%。从国内贷款来看，银行信贷投资比重逐步提高。2012—2021年，全区投资资金来源国内贷款累计5529.8亿元，占全部资金来源的17.9%。从利用外资来看，全区积极拓宽吸收外资渠道。2012—2021年，全区投资资金来源中利用外资累计32.9亿元，占全部资金来源的0.1%。从自筹资金来看，全区投资来源中项目单位自筹资金的比重逐年上升。2012—2021年，自筹资金累计13412.1亿元，占全部资金来源的43.3%，年均增长0.8%。从其他资金来看，2012—2021年，其他资金累计4908.6亿元，占全部资金来源的1.59%，年均增长1.14%。

（五）民间资本成为投资主体

党的十八大以来，进一步破除民间资本进入的壁垒，不断完善市场准入负面清单，支持引导民间资本进入自治区重大战略及补短板领域项目，民营企业投资力度不断增强，对促进全区经济发展起着举足轻重的作用。2012—2021年，民间投资总量占全区投资比重一直稳定在70%—85%，累计完成民间投资22614.8亿元。

（六）民生领域投入不断加大

十八大以来，围绕民生领域的投资不断增大。水利、环境和公共设施及科教文卫体等社会事业投资大幅增长，人们的居住环境、生活条件、生活方式发生了显著变化。2013—2021年，全区累计完成民生工程投资7223.16亿元。其中，供水、污水和垃圾处理等与人们生活休戚相关的公共设施项目的投资大幅增长。2021年，全区水利、环境和公共设施投资达到4500亿元，是2012年的3.0倍；全区教育事业投资达到568亿元，卫生和社会工作投资达414亿元，文化、体育和娱乐业投资513亿元，分别是2012年的2.5倍、3.5倍和4.3倍，民生服务和社会保障设施极大改善。

二、宁夏投资存在的主要问题

（一）投资总量低

2013年，全区投资总量首次超过经济总量，但到2017年低于经济总量。“十三五”时期，宁夏全社会固定资产投资一直徘徊在3500亿—3800亿，没有实现大的突破，到2018年和2019年同比则分别下降了18.2%和11.1%。2021年投资率仅为66.0%，比2012年下降33.0个百分点。由于投资不足，无论是基础设施、公共服务等领域，还是产业培育发展，均存在着明显的短板和不足，与全国的差距不断拉大。从投资产业结构看，关系全局发展的大项目少，产业提升和新兴产业培育发展的项目少，绝大多数项目细碎零散，难以形成后续增长力，投资增长后劲不足。

（二）投资效益不高

全区投资效益整体不高。从投资的GDP弹性系数来看，2012—2015年，全区固定资产投资增长对经济增长的弹性系数超过2，表明投资拉动经济的作用较强。但从2015年以后逐渐减弱（见表3），2017—2019年呈现负弹性，表明单靠投资拉动经济增长已经十分有限。与此同时，宁夏投资效率持续走低，百元投资创造GDP不足100元。2019年全区投资率为73.98%，高于全国平均水平18.1个百分点，但投资效果系数仅为13.9%，低于全国平均水平2.3个百分点。投资精准性、有效性有待提高。

表3　2012—2021年宁夏总投资效率与投资弹性

年　份	宁夏GDP（亿元）	固定资产投资总额（亿元）	百元固定资产投资创造GDP（元）	固定资产投资的GDP弹性系数	投资率（%）
2012	2131.0	2109.52	101.02	—	98.99
2013	2327.7	2681.14	86.82	2.91	115.18
2014	2473.9	3200.98	77.29	3.56	129.39
2015	2579.4	3532.93	73.01	3.15	136.97
2016	2781.4	3835.50	72.52	1.50	137.90
2017	3200.3	3813.38	83.92	–0.05	119.16
2018	3510.2	3119.34	112.53	–2.24	88.87
2019	3748.5	2773.10	135.17	–1.45	73.98
2020	3920.5	2906.21	134.90	0.77	74.13
2021	4522.3	2984.67	151.52	0.13	66.00

数据来源：2013—2021年《宁夏统计年鉴》、2021年《宁夏经济要情手册》及2021年《宁夏统计公报》。

（三）产业投资结构亟待优化

多年来宁夏投资以补短板为主，政府投资主要集中在基础设施、社会公共服务、生产设施条件、生态环境等领域，对产业改造提升、新产业培育壮大、新动能培育、新基建等领域投资较少。工业结构层次低，倚重型的工业结构不断强化，宁夏工业增加值占 GDP 的比重由 2012 年的 37.6%下降至 2021 年的 37.1%，在全国产业链条中长期处于能源原材料供给低层次。三次产业结构投资中，一产投资比重一直偏低。统计资料显示，2012—2021 年，宁夏三大产业的投资额均有增长，但第一产业投资占比始终在 9%以内的较低水平，农业生产基础设施条件还不够完善，农产品加工能力不强，农业产业优势没有得到充分发挥。近两年，虽然全区产业项目、新基建新动能项目投资占比有所提高，但是项目投资零散，缺乏系统性和先导性，结构偏低、补短板为主的局面还未彻底扭转，仍处于投资结构调整的“过坎期”。

（四）民间投资增幅出现下滑态势

2012—2021 年，全区累计完成民间投资 22614.8 亿元，民间投资总量占全区投资比重一直稳定在 70%以上。但民间投资比重呈现下降趋势。2012 年，民间投资占全区全社会固定资产投资的比重为 84.4%，到 2017 年降至 70%，2021 年虽有所上升，达到了 76.8%，但依然比 2012 年低 7.6 个百分点。

三、促进宁夏投资主要对策建议

自治区第十三次党代会报告中明确提出，要发挥有效投资的关键性作用，发挥基础设施建设的支撑性作用，指明了宁夏加快投资的方向。

（一）以补短板强基础为目标，加大投资力度

一是加快传统基础设施建设的改造提升步伐，用 3—5 年时间，着力弥补交通运输、水安全风险防控、城市地下空间布局和管网建设、城镇生活垃圾分类和处理设施等方面的一些短板，突破这些瓶颈制约。二是抢抓国家支持新基建的有利时机，谋划一批事关全区、关乎投资和消费环境改善的重大新基建项目，着力改善宁夏 5G 等信息类基础设施，充电桩、智能交

通等以高新技术改造传统基础设施的融合类投资项目，科学装置、现代化实验室、科创中心等科创类基础设施投资项目，切实改善宁夏投资和消费发展环境和条件，夯实长远发展基础。三是加快投资消费平台建设。重点加强全区国家级、自治区级工业园区传统基础设施和新型基础设施建设，配套完善产业园区功能。重点加强中型城市、副中心城市和市、县区城区商业服务设施和商业体系及农贸市场建设，加快物流通道和仓储、配送等基础设施和信息化智能化设施建设，打通宁夏内外物流、城乡物流的堵点，疏通淤点，构建内通外达、快速便捷、成本低廉的物流运输体系。

（二）紧紧围绕“六新六优六特”产业的壮大，增强投资力度

党的二十大报告再次强调，发展是执政兴国的第一要务。为此，要紧紧围绕自治区第十三次党代会提出的“六新六优六特”产业及其集群加大投资力度。一是进一步加大国家各项智农惠农政策和项目资金争取，整合各项支农投入，创新农业投资机制，吸引个人、集体、外资等各类经济主体投资农业基础设施建设，重点加强农田水利设施、中低产田改造，加快推进农业机械化水平，努力构筑强大的现代农业物质技术条件，夯实现代农业物质基础。依托葡萄酒、枸杞、牛奶、肉牛、滩羊、冷凉蔬菜“六特”产业，进一步提高宁夏农产品有效供给能力，为“打造投资消费旺地”提供丰富充裕的农副产品。二是加强对工业投资力度。依托宁夏特色农副产品和工业发展的优势资源，加快新型材料、清洁能源、装备制造、数字信息、现代化工、轻工纺织“六新”产业发展，打造全国重要的新材料生产、清洁能源产业、装备制造产业、数字信息产业、现代化工产业，尤其是大力发展食品制造、生物医药、现代纺织等轻工业，解决工业产品结构单一问题，在增品种、提品质、创品牌上实现新突破，不断提升宁夏轻工业产品供给保障能力，培育宁夏具有优势竞争力的产业集群，并围绕产业集群及其配套产业形成招商引资和社会投资热点。三是加快服务业尤其是现代服务业发展步伐。进一步加大政府管理体制改革，探索政府提供公共服务改革路径，提升政府公共服务的效率和水平，尤其是增强教育、医疗、社保等公共服务的高质量保障能力。按照基础条件好、带动性强、科技含量高、市场前景广和就业潜力大的原则，积极扩大电子商务、现代物流、信息服务、健康养老、文化旅游、现代金融六大先导产业及其产业集群的发展。

（三）以推进城市化进程，增强投资的持久动力

城镇化是扩大内需、拉动投资的重要途径。要顺应灌区农村人口进入银川、南部山区农村人口进入固原市的流动趋势，持续促进农业转移人口市民化。一是重点推动人口向首府银川市集中。着力改善提升银川市基础设施和公共服务设施水平，提高公共服务供给能力，大力发展二、三产业，增强城市吸纳就业的能力，将银川市建设成为西北乃至西部重要大城市和人口聚集区。二是推动宁夏中南部县区人口向副中心城市固原市集中。持续加强固原市生态建设和保护力度，不断夯实生态良性发展的基础，提高固原市生态休闲养生的美誉度和知名度，有效改善固原市内通外达交通条件，进一步提高固原市教育、医疗、康养、旅游等公共服务设施和公共服务能力，切实提高政府管理城市、服务民众的意识和能力，大力发展生态旅游、红色旅游产业，大力发展绿色食品精深加工业，增强固原市吸纳就业的能力，着力将固原市打造成为宁夏中南部地区重要的投资消费旺地。三是加快完善城镇基础设施和公共服务设施建设。按照自治区第十三次党代会关于城镇化发展要求，要加大城镇基础设施和公共服务设施建设的投入力度，实施产业配套设施提质增效、市政公用设施提档升级、公共服务设施提标扩面、环境基础设施提级扩能工程，促进产城融合、城乡互动、协调共生，打造颜值更高、功能更优的新型城镇，不断增强县城聚集人口的能力。四是健全完善居民身份证管理制度。加快城市户籍改革步伐，取消传统的城市户籍管理制度，全面放开银川市及全区大中城市户籍管理，允许中专以上学历在银川市就业居住。利用现代信息技术，建立人口大数据信息库，与社会保障、健康医疗、税务管理、居民服务等信息实现共享，消除信息“孤岛”，优化城市人口管理，从而有效推进宁夏大中城市化进程。

（四）狠抓项目管理创新，加快投资发展步伐

一是扎实做好项目谋划，争取更多的国家项目和资金。全区各相关部门和各市、县区要认真研究国家重大方针政策和产业政策，结合宁夏实际，加强调查研究，认真谋划符合国家政策和产业投向的重大项目、可持续投资项目、基础产业项目、高科技项目、基础设施项目和新基建等项目，抢抓机遇，争取国家更多项目资金落地宁夏，确保争取国家项目数量和资金额度不断增长。要强化项目滚动储备。抢抓国家全面加强基础设施建设、构建现代化基础设施体系等重大政策机遇，紧盯国家重大战略、政策导向、重要规划等方向，结合宁夏“三区建设”“四新任务”“五大战略”“九大支撑”等重点，谋划一批符合投向、条件成熟、操作可行的重大项目，系统性、全局性谋划一批跨省区、跨市县的项目，补充完善全区重大基础设施建设项目库。二是发挥比较优势，促进社会投资加快增长。充分发挥宁夏投资环境不断改善的优势，进一步加大招商引资力度。随着中央对土地、生态环境管控力度持续加大，宁夏投资环境优势日益凸显。要抢抓我国加强基础产业地位、产业结构加速升级、产业布局优化调整的有利时机，依托“六新六特六优”产业，扎实谋划一批国家需要、宁夏能为的基础产业、特色产业、高新技术产业等重大项目招商引资工作，鼓励支持有实力的大企业大集团采取多种方式参与宁夏现有产业发展。完善向民间资本推介项目长效机制，加强地方政府、企业、投资机构之间的信息共享，促进重点项目落地。鼓励引导民间资本采用 PPP（政府和社会资本合作）等方式参与盘活国有存量资产，提高参与基础设施项目的便利程度。三是探索混合所有制改革的路径，激发民间投资潜能。坚决贯彻落实新形势下进一步调动民间投资积极性的政策措施，解决制约民间投资增长的难点堵点问题，降低民间投资成本。通过混合所有制改革、引入战略投资者和专业运营方等，投入到宁夏“六新六特六优”产业和公共服务设施等领域，解决宁夏投资不足和公共服务短板问题。四是狠抓项目管理，精准扩大有效投资。加快推进项目前期设计，深化政府投资项目可行性研究，加强企业投资项目能耗空间、环境容量等指标论证，简化审批手续，提高审批效率。加强项目要素保障，要着力解决项目推进过程中存在的难点痛点堵点。用好新增可再生能源和原料用能不纳入能源消费总量控制、国家重大项目能耗单列等政策，保障项目合理用能需求。增强用地计划与项目计划的联动，保障重大项目新增建设用地等指标。积极鼓励民间投资以 PPP、REITs（不动产投资信托基金）等综合开发模式，参与重点领域项目建设，激发民间投资活力。全力推动项目建设，明确项目推进计划及具体时间节点，以清单化管理推进每个节点的工作，及时协调解决项目建设中存在的问题，切实加快项目进度。稳定房地产市场，支持刚性和改善性住房需求，加快化解“烂尾楼”“逾期房”，促进房地产市场平稳健康发展。五是全力推进21个基础建设重点任务落地实施。各部门和相关市、县区要聚焦自治区党委和政府确定的网络型基础设施建设、产业升级基础设施建设、城市基础设施建设、农业农村基础设施建设、安全保障基础设施建设、其他基础设施建设6个领域的21个重点任务，齐心协力，调动一切力量，积极推动项目进度，争取成熟一个落地建设一个，让项目早建成早发挥效益。

（五）营造良好营商环境，增强宁夏的投资吸引力

营商环境直接关系民间投资发展和国内外资本的引进。一是推进法治政府建设。要围绕政府职能转变，大力取消和下放行政审批事项，实现权力“瘦身”，推动政府依法全面履行宏观调控、市场监管、社会管理、公共服务、环境保护等职责。进一步构建系统完备、科学规范、运行有效的依法行政制度体系，使政府管理各方面制度更加成熟更加定型。推进行政决策制度科学、程序正当、过程公开、责任明确，大幅提升行政决策公信力和执行力。严格规范公正文明执法，通过改革行政执法体制、完善行政执法程序、创新行政执法方式、全面落实行政执法责任制、健全行政执法人员管理制度、加强行政执法保障等有力措施，确保法律法规得到严格实施。二是大力推进行政权力规范透明运行。加强对行政权力运行的制约和监督，形成科学有效的行政权力运行制约和监督体系，健全惩治和预防腐败体系，全面推进政务公开，使党内监督、民主监督、审计监督、舆论监督等各方面监督形成合力，切实保障人民群众的知情权、参与权、表达权、监督权。健全依法化解纠纷机制，加强行政复议，完善行政调解、行政裁决、仲裁制度，形成公正、高效、便捷、成本低廉的多元化矛盾纠纷解决机制，依法维护人民权益，切实保护公民、法人和其他组织的合法权益。三是切实提高政府服务效能。服务企业就是服务发展，要着力在“优化”上下功夫、求实效。要认真落实国家、自治区工程建设项目审批制度改革举措，着力解决项目建设融资、用地、环评手续审批等难题。落实优化营商环境政策措施，以“最多跑一次”改革倒逼审批项目提速提效，进一步优化工作流程，变串联为并联，加快推进工程项目审批效率。

（六）建立投资的资源保障机制，以促进投资的进度

建立全方位、多层次的资源支撑和保障机制是扩大投资的基础条件，尤其离不开稀缺的土地、资金、技术等资源的强力支撑。而目前宁夏普遍存在着劳动力、土地、资金等资源要素的稀缺，一般项目建设都存在资源短缺的问题。针对全区尤其是贫困地区资源短缺现实，尽快建立自治区重大基础工程、重大项目等投资资源保障制度，促成多层次资源支撑保障机制的形成与可持续发展。构建完善有效的保障机制，必须牢牢把握问题导向、目标导向、效果导向，把推进投资消费旺地建设的制度执行和监督贯穿区域发展、行业发展及各县区发展的全过程，着力构建人人负责、层层负责、环环相扣、科学合理、行之有效的工作机制，推进重点项目投资落地和建设进度，切实增强投资对经济增长的有效拉动作用。

宁夏经济稳定运行的影响因素及对策建议

马　鑫

受地缘冲突、贸易争端、全球供应链受阻等因素影响，全球经济发展环境复杂性、严峻性、不确定性上升，国内经济宏观面仍面临着疫情防控和需求收缩、供给冲击、预期转弱三重压力，下行压力持续加大。稳定宏观经济运行，关系财税来源稳定、产业持续发展、企业健康运营、就业收入增加、民生福祉改善、社会和谐稳定等方面。

一、宁夏经济运行现状

宁夏经济量小质弱，区位通道不优，市场化程度不高，产业体系薄弱，市场主体较小，要素配置不全，同时还面临宏观经济形势复杂不确定，疫情反复扰动、发展预期转弱等现状。2021 年 GDP 总量 4522 亿元①，2022 年前三季度全区生产供给稳定增长，投资保持较快增长，消费市场稳步恢复，新兴动能增长强劲，质量效益持续提升，经济运行总体稳定，增速走在全国前列。同时，局部及行业存在的挑战不少。1—9 月，全区房地产开发投资 341.30 亿元，同比下降 3.8%。乡村消费品零售额 129.51 亿元，下降 1.1%。9 月工业用电同比增速下降 0.2%。截至 9 月末，全区原煤生产库

作者简介：马鑫，中共银川市委党校副教授，主要研究领域为产业经济学。

①根据《中国统计年鉴 2021》《宁夏回族自治区 2021 年国民经济和社会发展统计公报》整理

存219.07万吨，库存周转天数为10天。[①]输入性通货膨胀压力上升，粮食等物价指数上涨明显，新增就业压力加大，失业保险支出增加，疫情反复冲击经济运行，稳增长、稳就业、稳物价面临新的严峻挑战。

新形势下，确保宁夏经济平稳运行，应紧盯决定GDP、财税、就业、收入等重点领域，坚持用改革开放路径、市场化办法、系统科学举措，稳住市场主体，发展重点产业，确保全区经济稳定运行。

二、影响宁夏经济运行的相关因素

（一）长期基础性因素

1. 经济量小质弱，规模效应不优

宁夏国土面积居全国倒数第八，人口居全国倒数第三、西北倒数第二，[②]经济总量相当于东部沿海中型城市体量，低于周边的榆林、鄂尔多斯、太原、郑州等城市。GDP总量决定着一个区域规模经济效应大小。不到5000亿的GDP，决定了宁夏经济规模效应有限，很多产业链项目不具备单位产量递增效益空间，单位生产成本相对较高。有些产业项目在外省区投产收益理想，但未必适宜在宁夏投产，例如物流、零售等业态。由于宁夏可以选择的产业布局和产业集群有限，一定程度影响着相关产业链延长、供应链补齐乃至全区经济持续稳定发展。此外，经济发展质量层面的全要素生产率（包括亩均产出）、全员劳动生产率（包括人均GDP、收入）相对较低，平均投资收益率没有突出优势。

2. 供应通道不畅，物流成本不低

供应链是产业链补齐和延伸的必要支撑，通道是供应链的物理基础，决定供应的可行性和成本大小。从货物流通、人员流动的角度看，宁夏存在现实的短板劣势，表现为无海路通道，高铁仅是单线接入，处于国家高铁网的末梢，双线或多线接入有待加快步伐。已经开通的银川—德黑兰中

①宁夏回族自治区统计局.前三季度全区经济运行总体平稳、稳中有进、进中向好[EB/OL]. http://tj.nx.gov.cn/tjxx/202210/t20221031_3820967.html. 2022-10-31

②根据《中国统计年鉴2021》《宁夏回族自治区2021年国民经济和社会发展统计公报》整理

欧班列，物流运输单程空载率高；缺乏公铁陆路口岸，需要通过周边地区口岸进出，大大降低了货物通关便利度，增加了物流成本。空中通道在国家“一带一路”倡议中具有突出优势，虽开通了阿联酋航空银川—迪拜航线，找准了宁夏通道开放的突破口，有效发挥了宁夏的空中优势，曾经显著提升了银川的开放度和影响力，但因各种因素影响，该航线目前已暂停运营。至今没有一个领事馆等办事机构。与国内大城市相比，抑或与周边竞争性城市如西安、郑州、兰州等相比，供应链和开放通道要素不完善，缺乏比较优势，物流成本较高，人流便利度不够，制约产业规模扩大、产业链延伸，影响开放型经济发展和城市国际化的稳步推进。

（二）中期结构性因素

1. 产业体系不够健全

一是产业基础薄弱。宁夏虽有一定的制造业基础，但是制造业基础薄弱，作为生产的必要要素，现代产业体系必要支撑的科技研发能力偏弱、现代金融体系欠缺、人力资源供需失衡，严重影响了生产改进、产业提升、经济发展，成为中期影响区域经济持续健康发展的重要原因之一。二是产业布局有待持续优化。个别地方产业布局区域化不到位，认为布局的产业越多越好，贪大求全，浪费有限的公共资源，降低了区域化特色优势，违背了差异化发展原则。三是产业链供应链不完整。主导产业和重点产业普遍存在产业链短，以原材料或者中间产品为主，技术支撑相对初级，居于技术链和价值链的初端，制约了产业质量效益和竞争力，例如能源化工、新材料、生物医药等产业。部分重点产业还在起步阶段，单个产业自身规模较小，使得重点产业之间融合度不高，例如肉牛、滩羊和绿色食品，新材料和清洁能源等之间融合度不高，进一步制约了产业链延长，影响产业集群效应的充分发挥。

2. 市场主体量小质弱

长期以来，受经济体量、物流通道等因素影响，宁夏市场主体总量偏小、质量偏弱。2021 年底，全区市场主体总量达到 71.29 万户。市场主体中，企业 19.73 万户，国有企业 1.24 万户，民营企业 18.39 万户，外商独资企业 910 户，个体工商户 50.03 万户，农民合作社 1.52 万户。企业占市场主体比重相对低，外资企业数量较少，市场主体结构有待优化。同时，私营企业登记注册数量和注册资本稳步增长，成为投资创业的主力军。2021 年，全区新增市场主体 11.92 万户，同比增长 13.89%。截至 2022 年 9 月底，全区新登记市场主体 9.64 万户，市场主体总量达到 74.89 万户，同比增长 6.77%。[①]

3. 要素配置不够完善

生产可行性依赖于生产要素配置的完善程度，现阶段土地、能源、水、金融、人才依然是重要的生产要素。

充裕性要素方面，宁夏土地、能源要素具有相对优势，土地投资密度、开发密度均在全国后列，土地腾挪空间较大。宁东作为国家能源金三角重要的一角，煤炭储量居全国第五。宁夏地广人稀，光伏风力发电便利，是电力输出省份，全区电力产能超过 4000 亿千瓦时，区内电力需求小于供给。另外，宁夏气温适中、湿度适中，这些都是宁夏布局相关产业项目的重要优势。稀缺性要素方面，水资源、金融服务、人才供给等要素相对短缺和滞后，这些是必不可少的生产要素，很大程度决定生产的可能性和成本。但因为属于中长期投资领域，中小企业、专业性生产企业投资以上要素的动机意愿较低，因此，需要发挥政府引导作用，强化创新意识，实施有力举措，完善配齐生产要素，这将大幅提升投资吸引力，助推产业项目落地，尤其是新兴产业发展。

（三）短期宏观性因素

1. 宏观环境复杂多变

当前，宏观经济环境复杂性、不确定性上升，影响全球经济稳定增长的风险上升，主要经济体通胀严重，主要货币间汇率波动加大，应对通胀货币政策加速推出，制约全球投资和贸易持续增长。国内需求收缩、供给冲击、预期转弱三重压力进一步加大，房地产、金融等重点行业的风险尚未完全解除。宁夏经济运行受以上因素影响，产业供应链和价值链方面困难增加，受生产物流成本上升影响，企业利润受到挤压，阻碍企业流动性，

①宁夏：监管机制加快健全　市场主体活力迸发［N/OL］. 人民网，http://nx.people.com.cn/n2/2022/1013/c192482-40159085.html. 2022-10-13

削减产品订单，运营风险增加，企业经营压力进一步加大。

2. 疫情反复，防控艰巨

疫情多地散发、反复，不同程度挤压企业经营，全社会创业就业压力相应加大，居民收入、消费支出受到一定程度影响，餐饮、旅游、运输等行业受影响大，对总体经济运行造成较大扰动。疫情是当前经济平稳运行最重要的扰动因素，科学认识、精准防控任务复杂艰巨。

3. 预期转弱，回暖缓慢

受外部环境影响，加之疫情冲击，2022 年近几个月以来，全区乃至全国投资增速、消费增速、经理人采购指数（PMI）、房地产销量等一系列数据指标显示，投资者、生产者到消费者都对经济发展预期持续转弱，生产消费行为延迟或推后，挤压抵消政策调控效用，加剧区域经济波动，影响经济复苏和增长。中小微企业生产经营面临着前所未有的困难，存在着承担风险能力减弱、发展信心不足等问题。因此，提振市场主体信心非常重要，尤其是在经济扰动因素多元，波动周期较长时，各级党委、政府要高度重视预期变化，推动新出台政策与宏观政策取向保持一致，加强政策的解读和预期引导，主动回应社会关切，稳定发展预期，增强发展信心。

总之，宁夏经济稳定运行面临长期、中期、短期等诸多因素影响，应从长期着眼，从中短期着手，短期内强化项目投资管理，加快发展重点产业，稳定房地产预期和投资，确保规上工业企业稳定运营等；长期内要大力实施系统性体制机制改革，为经济可持续高质量发展构建健康环境。

三、稳定宁夏经济运行的对策建议

当前，应对不确定性因素和宏观经济波动，必须从观念认知上学习创新、从发展模式上量身定做、从政策体系上系统科学、从关键举措上精准发力，前瞻性研究、系统性谋划、整体性推进，确保宁夏宏观经济平稳运行。

（一）加大短期保数量举措

1. 确保规上企业只增不减

规上企业是 GDP 和税收的主力军，是全区固定资产投资的重要构成，也是全区经济基本盘的基础和党委、政府赢得经济发展主动权的基础，必须确保稳中有进。推动个转企、小升规、规改股、股上市，确保全区规上企业数量只增不减、效益只增不减。细化目标任务，将目标分解到县（市）区和园区。启动激励机制，加大奖惩力度。

2. 推动房地产业良性循环

稳中求进，因城施策，优化房地产供给侧管理。协同推动全区土地耕地增减调整，提升供给效率，稳定供给和价格，稳定房地产需求侧管理。制定紧盯房价变动与动态政策响应的相机管理需求机制，即价格持续上涨时自动多限多控，房价涨幅放缓时自动减控，房价回落预期转弱时自动退限。试点建设房屋租赁政府数字平台，创建公共部门（事业单位）参与公正的租赁交易。推动房地产与重点产业协同发展，适度提前或同步配套产业居住设施。推动房地产与人口协同发展。基于人口流动趋势，发挥宁夏沿黄城市群核心区（银川）"五宜"优势，研究制订《银川市鼓励人口流入方案》，通过购房补贴等措施吸引劳动力等要素向沿黄城市群聚集。

3. 实施发展预期管理

一是动态监测经济发展预期。成立由统计局为主导的发展预期检测机构，制定含 PMI、消费者信心指数等为主要因素的指标体系，定期发布，重点监测。二是实施政策引导预期机制。积极发挥政府效能，根据预期变化情况及时实施动态引导干预。各级党委和政府要加大有关经济发展的活动，为市场释放注重经济发展的信号。实施历史遗留烂尾工程项目专项治理计划及行动，宣传部门加大发展是第一要务的全媒体宣传。三是构建全员社会信用体系。推进包括政务诚信、商务诚信、社会诚信等在内的社会信用体系建设，完善激励守信、惩戒失信的体制机制，营造诚信社会环境，降低社会交易成本，增加社会制度效益，稳定投资消费信心。

（二）实施中期保质量举措

1. 提升要素保障能力

配齐金融、土地、人力等生产要素。一是依托现代金融融资育商。运用政府金融解决企业融资难题，创新激活社会资本的政策杠杆，将补贴、奖励等类型扶持统一为政府国有资本的现金入股支持。构建以流动性为主要指标的国有资本债务监管指标。综合运用金融工具，适度放大和动态调整杠杆，调动社会资金参与投资，解决产业发展的资金难题。二是提高公共资源配置效率。清理阻碍生产要素流动的各种限制，为人才、科技、能源高效配置创造制度性基础。全面改革专技人员行政化管理办法，全面实施事业和结果导向管理。深化土地、能源等要素市场化改革，完善要素价格形成机制，提高资源配置效率。继续落实重大项目领导包抓机制，梳理要素政策，权威解读政策，动态调整政策，统筹推进政策。

2. 优先培育壮大民营企业

一是精准确保民营企业运转。尝试“因时施策”“因地施策”，优化防控措施，确保生产生活正常运行。提高现有纾困基金使用效率和流动性。优先纾困重点产业、重点项目、民营企业、中小企业。二是精准确保民营企业流动性。充分发挥制度优越性。国资委、金融服务等部门协同发力，加大对地方金融机构的道义劝告；政府投资担保公司协同发力，坚决杜绝断贷、抽贷等现象发生。试点先行区动态信用管理体系，依照经济景气指数自动调节市场主体和自然人信用记录管理，经济景气指数高时适度从紧，经济景气指数低时适度从宽，最大限度稳定市场主体的信用资产和融资机能，推行守信联合激励，实施包容审慎监管等。三是精准降低民营企业成本。分类实施免租免息行动。凡是承租国企物业的，2023 年减免一半租金，组织部非公组织办、工商联等机构协调其他物业所有者参照以上力度适度减免租金。

（三）深入推进长期基础提升举措

1. 持续构建现代市场体系

持续构建法制健全、产权明晰、信息完全、公平竞争、交易成本较低的利于市场主体发展壮大的高水平现代市场体系。一是持之以恒构筑法治市场。依据相关涉宁国家文件，探索出台落实市场在资源配置中的决定性作用，更好发挥政府作用的办法或者条例，明确界限，激励市场。深化负面清单制度，细化能源、土地、水、环境、技术等市场准入标准。二是科学推进市场治理现代化。依法制定市场规则，健全完善行政执法体系。参照自贸区“一线放开、二线管住”的做法，全面放松市场主体准入管制，加强事中事后监管。三是营造竞争高效的市场环境。全方位由行政审批向规则制定和优化服务方向转变，大力推动“黄河流域一网通办”，全面推行先行区“一网通办”，优化国际化商事法律环境，全面清理歧视性规定，严守政企契约，维护公共信用，减少交易成本，提振市场信心，增加投资信心。

2. 构建现代产业体系

坚持产业布局区域化，立足宁夏资源禀赋、区位通道、道地优势，发展重点产业，形成具有区域比较优势的现代产业体系。加快产业基础高级化。大力实施“四大改造”行动。有序推进安置“机器手”“机器臂”等行动，加快传统产业赋能赋智赋值，推动传统产业生产方式和企业形态根本性变革。推动产业发展现代化。围绕高质量发展、高水平安全，延长产业链、夯实供应链、补齐创新链、提升价值链。清理过时、重干预的产业政策，全面实施竞争中性产业政策，构建科学有效的产业发展机制，构建具有宁夏区情特色、具备区域比较优势的现代产业体系。

宁夏深化供销合作社改革研究

王宇恒

供销合作社起源于工人阶级经济合作，经过时代发展，逐步成为在党和政府领导下的综合性合作经济组织，以为农服务为根本，是我国服务农业、农村、农民工作的重要载体。供销合作社在不同历史阶段发挥着重要的作用，如今更是实现农业农村现代化和全面推进乡村振兴战略的一支重要力量。2022年7月，习近平总书记在《坚持把解决好“三农”问题作为全党工作重中之重 举全党全社会之力推动乡村振兴》一文中指出，“要深化供销合作社综合改革，完善体制、优化职能、转变作风，更好为‘三农’服务。”①进入新时代，立足新阶段，宁夏以为农服务为主线，深化供销社改革持续推进。

一、供销合作社历史沿革

供销合作社在我国已有百年历史，最早可追溯至1922年的安源路矿工人消费合作社。安源路矿工人消费合作社是党领导下的中国工人阶级最早的经济组织，被视为供销合作社的雏形。在新中国成立前，合作社这一经

作者简介：王宇恒，宁夏社会科学院《宁夏社会科学》编辑，研究实习员。

①习近平.坚持把解决好“三农”问题作为全党工作重中之重　举全党全社会之力推动乡村振兴［J］.求是，2022（07）

营形式保障了农民、工人生活，团结人民群众，如延安南区合作社极大地促进了当地经济发展，成为当地人民经济的中心。在这一时期，供销合作模式受到广泛认可。1936 年 7 月，中央西北办事处国民经济部部长毛泽民到盐池县指导成立了宁夏历史上第一个合作社——城区消费合作社，宁夏供销合作事业得以起步与发展。

新中国成立后，发展供销合作社成为促进农村经济发展、解决农民问题的重要途径，党和政府切实给予引导、支持和推动①。以历史视角看，供销合作社经历了从发展到弱化再到重振的变迁②，但始终未脱离我国农业、农村、农民工作。1949 年 11 月，国家成立了中央合作事业管理局，主管全国合作事业。1950 年 7 月，国家成立了中华全国合作社联合总社，负责全国的供销、消费、信用、生产、渔业和手工业合作社等工作③，承担统一领导与管理职能。1952 年 12 月，宁夏省合作社联合社正式成立，负责宁夏合作事业相关事务。1954 年 7 月，中华全国合作社联合总社改名为中华全国供销合作总社，宣告了全国供销合作社系统的建立④。自此，供销合作系统正式构建，供销合作事业进入新的阶段。

随着经济发展与时代变迁，供销合作社在 70 余年的发展历程中，在体制机制、产权制度、运营方式等方面多次改革，与国营商业部门“三分三合”。进入社会主义市场经济时期，供销合作社不断发展转型，打破了在计划经济时期统购统销、垄断专营的模式。1984 年 10 月，宁夏回族自治区供销合作社联合社成立，坚持“社办”改“官办”、全民改集体的方向，恢复组织上的群众性、管理上的民主性和经营上的灵活性，围绕发展商品经济，推动体制改革不断深入，探索综合性农业服务组织的发展路径。

改革开放以来，社会主义市场经济快速发展，农村日用品、土产、农

---

①高雪.供销社与农民新型利益关系的构建［J］.智富时代，2017（06）:298-299

②张瑞，高天，韩艺.乡村治理中的供销社嵌入：学理分析、现实考量与优化路径［J/OL］.农林经济管理学报:1-11［2022-12-24］.http://kns.cnki.net/kcms/detail/36.1328.F.20221205.1432.002.html

③④李哲.中日农村合作经济组织比较研究［D］.中共中央党校，2020

资和棉花等专营制度陆续取消，加上供销合作社产权、职能等系统内部体制机制不顺，供销事业遭遇较大挑战。1990年代，面对快速发展的市场经济冲击，全系统连续多年亏损，亏损金额较大。1995年2月，党中央、国务院根据建立社会主义市场经济体制和深化农村改革的要求，作出了《关于深化供销合作社改革的决定》（中发〔1995〕5号），阐明了供销合作社的性质、宗旨、地位和作用，支持供销合作社改革，恢复成立中华全国供销合作总社，为农业、农村经济发展道路明确方向。次年7月，宁夏回族自治区人民政府办公厅印发了《自治区供销合作社联合社机构改革方案》。宁夏供销合作社坚持为农服务的宗旨，适应社会主义市场经济体制需求，推进"四项改造"，即改造基层社、社有企业、联合社、供销社的网络等，保障了农资供应、农产品流通、农业结构调整，促进了农业产业化等新型经营形式落地。1999年，《国务院关于解决供销合作社当前几个突出问题的通知》（国发〔1999〕5号）正式出台，此后供销合作社的工作重点转向了扭亏增盈。经过不懈努力，2000年全系统扭亏为盈，并实现持续盈利。

进入新世纪，党的十六届五中全会提出了建设社会主义新农村的目标。供销合作社系统为健全农村市场体系，发展适应现代农业要求的流通产业等，提出建设农业生产资料现代经营服务网络、农副产品市场购销网络、再生资源回收利用网络和日用消费品现代经营网络等四大体系，即建设"新农村现代流通服务网络工程"（简称"新网工程"）。在"新网工程"的强力推进下，2011年，供销合作社全系统基本建成了覆盖县、乡、村三级的现代服务网络。宁夏供销合作事业以构建"四个网络"为中心，探索出一条符合宁夏实际、具有供销合作社特色的新农村现代流通网络建设之路，供销合作社业务得到恢复和加强。

2012年党的十八大召开后，以农业现代化发展为核心，农业生产经营方式、农村面容面貌、农民生活方式等农业领域发生了深刻变化。2015年，《中共中央 国务院关于深化供销合作社综合改革的决定》（中发〔2015〕11号）明确提出，供销合作事业要顺应农业现代化发展趋势，着力由流通服务向全程农业社会化服务延伸，与新时代农业发展相匹配，向全方位城乡社区服务拓展等。2019 年 10 月，全国供销总社发布《供销合作社条例（征求意见稿）》，再次明确了供销合作社的性质、资产、组织体系，激发了供销合作社干事创业新活力。2021 年，《中共中央 国务院关于全面推进乡村振兴加快农业农村现代化的意见》出台，这份中央一号文件进一步提出在全面推进乡村振兴阶段，要加快农业现代化发展，开展生产、供销、信用“三位一体”综合合作试点，搭建服务农民生产生活综合平台。2021 年 2 月，全国供销总社批复宁夏为全国“数字供销”示范区。宁夏供销合作社以建设现代农业社会化服务体系和新型基层组织体系“两个体系”为切入点，推进“现代供销”“开放供销”“市场供销”“数字供销”“活力供销”转型升级，深化综合改革，推动供销事业发展。截至 2022 年 10 月，宁夏供销合作社全系统共有三级联合社 22 个，供销合作社出资企业 9 家，供销集团出资、全资、控股企业 9 家，参股企业 53 家，分别从事农资、农产品、日用消费品、仓储物流、农村电子商务及宾馆、旅行社等业务，实现年度销售总额 87.16 亿元，利润总额 1.12 亿元。

二、深化改革中供销合作社的角色定位与职能演变

早期供销合作社被视为劳动者集体经营、避免中间剥削的一种经济组织，主要任务是减轻农村“中间剥削”，推动农业生产发展，团结工人农民，以及巩固工农联盟与促进工业化。[①]新中国成立以来，尽管供销合作社体制机制几经变化，但始终被赋予服务“三农”的战略角色，并逐步发展成农村商品流通的主渠道。这种介于政府与市场之间的特殊组织形态，使供销合作社具有一定行政能力与经济资质[②]，能够在农民与政府之间连接和协调，在一定程度上帮助农民应对市场失灵。在经济发展进程中，供销合作社具有着特殊优势和重要使命，例如保障供应双向流通、提供大农业路

①李学桃.中华人民共和国成立初期邓子恢对发展供销合作社的思考［J］.南京师大学报（社会科学版），2021（06）:148—156

②汤益诚.供销合作社改革的顶层设计与政策匹配［J］.改革，2017（08）:31—39

径下社会化服务、搭建服务大国小农的综合平台①。但是这种特殊形态也使供销合作社在经济发展，尤其是社会主义市场经济体制建设过程中产生角色定位矛盾与体制机制的困扰，发展一度受限，连续亏损长达8年。为破除制约供销合作事业发展的体制机制障碍，2015年《中共中央　国务院关于深化供销合作社综合改革的决定》明确，“供销合作社是为农服务的合作经济组织，是党和政府做好‘三农’工作的重要载体”，供销合作社角色定位愈加清晰。部分学者认为，这种具有混合特征的嵌入型组织更加具有合理性，能够为多方合作提供正当性，节约交易成本②。进入新时代，深化供销合作社改革持续推进，供销合作社围绕“三农”核心，发挥特殊组织形态的优势，建设农产品流通网络，参与农业产业化经营与农村综合服务体系建设，开展农业社会化服务，提供耕种、技术支持、仓储物流、产品销售、土地流转等服务，为农业种植、技术引进、系统开发等提供支持，做到为农、务农、姓农。

三、宁夏深化供销合作社改革的历史机遇

党的十八大以来，习近平总书记就供销工作多次作出重要指示批示，进一步明确了供销合作社的性质定位、本质特征、根本宗旨、发展目标，为新时代供销合作社改革发展指明了前进方向、提供了根本遵循。党的二十大胜利召开，我国迈上全面建设社会主义现代化国家新征程，农村基本具备现代生活条件是我国基本实现现代化的主要发展目标之一。今后一段时间，既是全面建设社会主义现代化国家开局起步的关键时期，也是深入贯彻习近平总书记视察宁夏重要讲话和重要指示批示精神、先行区建设的关键时期，宁夏供销合作事业正值实现转型升级创新发展的历史机遇。

（一）构建新发展格局提供了新的切入点

建设全国统一大市场，畅通国内大循环，加快发挥消费对经济的牵引

①朱阮林.发展供销合作经济 保障初级农产品供给——供销社稳定农产品供给的现实使命与实践探索［J］.党政干部论坛，2022（07）:40—42

②孟庆国，董玄，孔祥智.嵌入性组织为何存在？供销合作社农业生产托管的案例研究［J］.管理世界，2021，37（02）:165—184+12

带动作用，供销工作可以进一步发挥流通网络优势，发展乡村新消费，在推动农民共同富裕中重塑供销合作业务。

（二）全面推进乡村振兴提供了新的舞台

习近平总书记赋予宁夏建设黄河流域生态保护和高质量发展先行区的时代新使命。自治区第十三次党代会提出，全面建设社会主义现代化美丽新宁夏，要加快建设乡村全面振兴样板区。在“三农”工作重心转向乡村振兴的战略部署下，加快完善适应现代农业发展的组织体系、经营体系和服务体系，全面促进农村消费、推进农业绿色发展时不我待。

（三）“数字供销”示范区建设提供了新的契机

2021年，宁夏建设全国“数字供销”示范区获批。为全国供销合作社系统提供可复制、可推广的经验做法，是全国供销合作总社赋予宁夏的重大责任，也为提升全区供销合作社系统服务能力和市场竞争力，实现全区供销合作事业转型升级、创新发展提供了新的契机。

（四）市场竞争新形态提出了新的挑战

随着乡村振兴深入推进，各类工商资本加速下乡、抢滩布局，各方力量齐聚乡村振兴主战场，各种新模式新业态不断涌现，市场竞争日趋激烈。供销合作社的传统经营理念、组织体系和服务机制面临严峻挑战，供销合作事业不进则退。

（五）时代与自身发展提出了新的要求

目前，供销合作社系统基层组织体系发展质量不高，与农民利益联结不够密切，农产品流通体系还不够完善，促进工业品下行和农产品上行存在堵点难点，服务能力还不适应新时代农业农村发展需要，社有企业支撑作用发挥不足。这些问题在一定程度上制约着供销合作事业发展。

四、宁夏深化供销合作社改革路径探索

深化供销合作社改革，目的在于让供销合作这种经济模式更好地服务“三农”，更好地助力乡村振兴，更好地服务现代农业。当前，新经济形式不断发展，深化供销合作社改革要坚持为农服务根本宗旨，基于自身的市场资源、渠道资源、网络资源、职能资源，发挥优势与专长，促进供

销合作事业由流通服务向全程农业社会化服务延伸，向全方位城乡社区服务拓展。

（一）提高“数字供销”服务能力

以“数字供销”示范区建设为契机，大力实施数字赋能提升行动，推进全国“数字供销”示范区建设，建立完善“数字供销”市场化运营体系，提升供销服务现代农业和社会化综合服务水平的能力。完善综合服务体系，引领带动系统联合发展、创新发展。提高对农事服务、农产品溯源、仓储物流等要素的综合管理和服务水平。

“数字供销”可重点通过搭建供销大数据平台建立数据共享机制，协同提升为农服务质效。提供数据参考，为相关部门、各级社、企业、农户等提供数据展示、分析、决策参考等支撑功能。提供办事功能，加载嵌入为涉农企业和农户服务功能，能够办理供销政务、事务、商务，形成信息、办事的聚合载体，提高服务质效。提供多行业融合功能，与其他行业平台资源融合共享，协同推进农业物联网应用、农产品追溯、普惠金融等场景应用建设。

（二）畅通城乡要素双向流动渠道

在推动城乡融合发展上充分发挥供销合作社的独特优势和重要作用，建设现代物流网络，促进城乡商贸流通，提升消费帮扶能力。

建设农产品流通工程，让农产品走出去。凭借供销合作社系统仓储资源和渠道网络优势，推进农产品批发市场和仓储升级改造。在农产品主产区、重要集散地建设县域产地农产品冷链物流中心、枢纽基地和城市销地农产品冷链物流中心，拉近农产品产地、销地距离，完善农产品集散中心服务功能，畅通农产品产销供应流动渠道。

促进商贸流通提升，让工业品走进来。铺设现代仓储物流配送网络，深入市、县、乡、村搭建四级物流配送网络，建设物流中心、快递仓储中心，打通乡村“最后一公里”，形成“县有集采集配中心、镇有综合超市、村有综合服务社”的商贸流通体系。

推进消费帮扶，发挥“六特”产业优势。创建宁夏供销品牌特色，持续打造“供销壹号”“供销传奇”等系列品牌，发展农村电商，运用脱贫地区农副产品网络销售平台，常态化开展供销助农线上线下产销对接活动，拓展“六特”农产品销售渠道，助力农民群众增收，提升优质农产品品牌影响力和市场占有率。

（三）运用新科技服务现代农业

广泛运用农事服务数字技术、物联网技术、质量安全追溯技术等新科技，服务农业本原，提高农业现代化水平，提高农业产出效率。

建设农事服务数字化平台，提供测土配方、庄稼医院、农业生产资料供应、农业技术技能培训等专业化服务，建设为农资、农技、企业、供应链等主体服务的数字化平台，发挥供销合作社角色和层级优势，推广农业技术，成为科技创新力量下乡的主藤蔓，让新型农业科技触达农村、农户。

推广农业物联网技术，建设现代农业示范平台，在农业重点环节布局物联网设备与系统，如特色灌溉、智能施肥、环境监测、土壤墒情、病虫害防治等，加快数字化、智能化转型与应用，解决传统农业中存在的难点、痛点，提高农业产出效率。加强线下网点（店）建设，建设供销农服驿站和综合服务网点，改造农产品展示中心、市县地方特色农产品展馆、供销驿站店铺，培育农业物联网示范基地。

实施农产品质量安全追溯技术，通过利用新型物联网产品追踪技术，加大各个阶段的农业投入品、产出品的质量检测，监督农事生产、加工、储运、销售等环节，运用数字化追踪和管理方式，建立完善的产品追溯体系，帮助诊断质量疏漏环节，提高农产品产销安全能力，扩大宁夏名特优新农产品质量知名度。

（四）发挥基层组织和社有企业优势

供销合作的优势在于基层网络发达，上下流动渠道畅通。无论推进数字供销，还是服务农业本原，都离不开基层组织的强健。固本强基，筑牢基层组织“主阵地”，进一步密切与农民的利益联结，在深化改革中必不可少。

推进基层社改造，因地制宜、分类指导、一社一策，有效恢复经营服务阵地，通过充实合作发展基金、探索免息借款等方式，统筹用于基层社发展壮大，扩大基层社覆盖率，强化供销合作体系支撑。

推进供销社“三位一体”综合合作试点，积极争取金融机构、经营主体的支持，融合供销合作社、农民专业合作社、信用社专业能力，坚持合作属性、强化联结，吸纳龙头企业、农民专业合作社、家庭农场等新型经营主体加入基层社，在市场与竞争中发挥各自优势，提高效益。

提高社有企业市场竞争力。聚焦为农服务主责主业，采取吸收合并、划转股权、战略重组、清算注销、依法破产等方式，对社有企业进行改革重组，全系统社有企业优化资源配置，提高产业集中度，进一步做强做大优势产业，切实提升企业市场竞争力和行业影响力。稳妥化解历史债务，推动社有企业健康、稳定发展。

产业经济篇

CHANYE JINGJI PIAN

宁夏实施新型工业强区计划 打造“六新”产业研究

王林伶　马玉清

党的二十大报告提出，构建新一代信息技术、新能源、新材料、高端装备等一批新的增长引擎，坚持以高质量发展为主题，推动战略性新兴产业融合发展。自治区第十三次党代会提出，着力打造“六新六特六优”产业，实施新型工业强区计划，再造宁夏工业新优势。在新型材料、清洁能源、装备制造、数字信息、现代化工、轻工纺织“六新”产业方面，提出要将新型材料产业打造成为全国重要的新材料生产基地，装备制造产业打造成为行业领跑者、标准制定者，数字信息产业着力建设信息产业高地。

一、宁夏“六新”产业发展概况及形势

国家提出要把发展经济的着力点放在实体经济上，推进新型工业化，建设制造强国。宁夏高度重视实体经济的发展，对重点产业成立了省级领导干部包抓机制专班，并在各级包抓机制的有力推动下，相继引进实施了一批规模大、技术含量高的项目，促进了“六新”产业实现持续稳定增长。

作者简介：王林伶，宁夏社会科学院综合经济研究所副所长，副研究员，主要研究方向：“一带一路”与内陆开放型经济、区域经济与产业经济、资源规划与可持续发展；马玉清，自治区工业和信息化厅经济运行监测协调处处长。

（一）新材料产业

新材料产业具有基础性、战略性、先导性作用，是制造业发展的重要支撑、产业链提升的关键环节。在产业包抓专班高位推动下，制订印发《2022年全区新材料产业高质量发展工作任务分工方案》，召开全区新材料产业高质量现场会，帮助企业解决困难诉求，督促落实扶持政策，解决用地用工用能等实际困难，有效地促进了新材料产业稳步提升。一是推进关键核心技术攻关和重大科技成果转化。第一批61项新材料领域科研项目获得自治区重点研发计划财政资金支持4600余万元，带动总研发经费近3.6亿元；有16个新材料领域重大科技成果申请了自治区首批重大科技成果转化项目，维尔铸造获得了首批企业购置关键核心设备补助资金500万元；170家新材料企业预计获得企业研发费用补助和规上工业企业新增研发费用奖励资金1亿元，带动企业投入研发经费超过12亿元。二是以人才引育提升产业创新。宁夏大学材料与新能源学院获批准成立，计划招生110人、其中研究生35人；宁夏新材料现代产业学院（石嘴山工贸职业技术学院）与江苏润阳、宁夏盈氟金和等新材料企业签订订单培训计划135人；科技厅对新材料领域规上工业企业及科技型企业的高管、科研管理人员、一线研发人员等实施线上线下梯次培训52期，其中新材料企业人员约5000人次，进一步助推产业“内涵式发展”。三是产值效益不断提升。2021年，全区100余户规模以上新材料企业完成工业产值1289.4亿元，同比增长44.1%，占全区规上工业总产值的20.1%。截至2022年8月，全区109家规模以上新材料企业完成工业产值1248.02亿元，同比增长49.23%，占全区规模以上工业总产值的25.6%，新材料产业呈现强劲发展势头，已成为宁夏的支柱产业。

宁夏的新型材料产业主要集中在5个领域。一是高性能金属材料领域。现有规上企业接近20家，以钽铌铍稀有金属、铝合金板带及线缆、特种合金生产加工为主，代表性企业有东方钽业、国电投青铜峡新材料、宁创新材料、科通新材料、宝胜线缆等。二是化工新材料领域。现有规上企业超过40家，以烯烃及下游材料、高性能纤维、电子化学品和特色精细化工产品生产为主，代表性企业有宝丰能源、泰和新材、晓星氨纶、瑞泰科技、大地循环、贝利特化工等。三是电池材料领域。现有规上企业接近 15 家，以光伏材料、锂电池正负极材料生产为主，代表性企业有银川隆基光伏、宁夏中环光伏、协鑫晶体、巴斯夫杉杉、百川新材料、中化锂电池等。四是先进无机非金属材料领域。现有规上企业接近 30 家，以碳基材料、新型建筑材料生产及深加工为主，代表性企业有平罗滨河新材料、金晶科技、和兴碳基、宁平炭素等。五是电子信息材料领域。现有规上企业 4 家，以生产半导体级单晶硅棒和工业蓝宝石为主。代表性企业有中欣晶圆半导体、天通银厦新材料、中晶半导体、鑫晶盛等。

（二）清洁能源产业

宁夏干旱少雨、荒漠土地充裕、风能光能富集，是全国首个新能源综合示范区，发展清洁能源产业既是践行习近平生态文明思想，也是优化宁夏能源结构，积极推进资源优势向经济优势转化的重要举措。宁夏新能源整体呈现“资源足、发电强、送出稳、消纳好”的局面。截至 2022 年 8 月底，宁夏新能源装机容量 2897 万千瓦，占比 49%，位居国网系统第三。其中风电 1457 万千瓦，占比 24.65%；光伏 1440 万千瓦，占比 24.36%。新能源发电量 333 亿千瓦时，占比 24.39%，是全国平均水平的 2 倍，其中风电 183 亿千瓦时，占 13.44%，光电 150 亿千瓦时，占 10.95%。新能源利用率达到 98%，位居新能源高占比（超过 40%）省区第一。

近年来，宁夏清洁能源产业快速发展，相关项目建设稳步推进，产业转型升级步伐加快，强链补链效果显著，清洁能源制造业保持快速增长的态势。一是加快转型升级步伐。实施企业基础设施、设备、业务云化改造和智能改造，清洁能源制造企业运用新技术、新工艺、新设备、新材料，加速与 5G 信息技术产业深度融合，努力构建清洁能源制造业智能化产业链发展生态。天津中环 50GW 太阳能级单晶硅材料智慧化工厂、上能电气 10GW 逆变器生产线建设项目一期、青岛武晓风电塔筒、隆基乐叶科技年产 5GW 单晶电池等 15 个项目建成（部分建成）投产，取得了规上清洁能源制造业技术改造投资同比增长 20%以上的效果。二是经济运行保持快速增长。截至 2022 年 8 月底，清洁能源制造业实现产值 397 亿元，同比增长 62.7%，其中清洁能源装备制造业实现产值 105 亿元，同比增长 22%；光伏制造业实现产值292亿元，同比增长86%，为清洁能源全产业链发展提供了有力支撑。三是强链补链效果显著。全力打造以晶硅为基础的光伏全产业链、以关键部件为支撑的风电全产业链、以电池材料为主体的储能全产业链。加快布局建设东方希望宁夏晶体新能源材料项目、江苏润阳晶硅材料及高效电池项目等，全球最大单晶硅棒及切片生产基地初具规模。同时，一批储能制造业重大项目、风电设备零部件配套产业项目、新能源装备制造等产业链布局日渐完善。

（三）装备制造产业

为推动和指导全区装备制造产业高质量发展，自治区政府印发了《自治区装备制造产业高质量发展工作机制》，有力地促进了装备制造产业发展。截至2022年8月，全区装备制造业规模以上企业183家（其中，机械制造产业规上企业160家），实现产值555.4亿元，同比增长49.65%；实现工业增加值150亿元，同比增长23.8%。宁夏装备制造业主要细分领域有电工电气、汽车制造、清洁能源装备、矿山机械、仪器仪表、数控机床、节能环保、农业装备等行业。在这些行业中，清洁能源装备、矿山机械、仪器仪表、数控机床、节能环保、农业装备等保持了20%以上的增速。

装备制造产业包抓领导机制注重顶层设计引领，牵头起草了《自治区装备制造产业高质量发展实施方案》，对未来5年的产业发展思路、工作重点等进行了梳理，还启动了《自治区装备制造产业高质量发展规划（2023—2027年）》编制工作，并建立了“四个清单”（重点工作任务清单、项目清单、问题清单、责任清单），进一步从宏观上指导了工作方向，也从微观上细化了年度重点任务，明确了责任单位和责任人。同时，在近年的产业布局中注重从企业的供应链、产品链、销售链等进行规划，为推进产业配套，提升协作水平奠定了基础，尤其对机械制造行业中规模较大、产品有特色、业界有影响的重点企业进行帮扶，如对隆基宁光、共享装备等企业协调及时足额拨付国家智能制造专项资金，为小巨人公司产能扩建协调解决水电，帮助乔锋机械公司推介优质产品等。

（四）数字信息产业

宁夏数字信息产业是由电子信息产业转型而来，电子信息产业具有创新活跃、带动性强、渗透范围广等特点，对于集成创造新业态、新模式、新经济具有十分重要的作用。宁夏电子信息产业发展虽然起步较晚，但在自治区党委、政府决策部署与高位推动下，立足调整结构、提质增效、增创优势，把数字信息产业作为转型发展的重要方向和重点领域，加快培育、加速发展，推动形成了从布局分散到集聚发展，从低端产品到高端技术，从点上突破到全面推进，产业规模逐步扩大、质量不断提高、活力明显增强、效益逐年向好的发展态势。宁夏数字信息产业主要涉及电子信息、软件制造、通信产业等领域。截至2022年8月底，全区数字信息产业实现产值超过432亿元，同比增长39%，其中电子信息制造业实现产值357亿元，同比增长57%；软件业务收入26.2亿元，增长28.8%；通信业务收入49.6亿元，增长11%。

宁夏数字信息产业规模逐步壮大，信息基建日臻完善，融合应用持续深入，社会影响力不断提升。一是出台了《关于促进大数据产业发展应用的实施意见》《宁夏加快推进全国一体化算力网络国家枢纽节点建设的若干政策》《宁夏数据中心建设指南》。自治区财政厅安排资金支持宁夏枢纽基础设施建设和国家（中卫）新型互联网交换中心高效运营，宁夏通信管理局加快推进互联网交换中心监管平台建设等，为数据中心等新型基础设施高水平建设提供有力支撑。二是全区共建设开通5G基站9548个，已实现县级城区、工业园区5G信号全覆盖。建成国家级工程技术研究中心2家，自治区级重点实验室4家、工程技术研究中心7家、创新中心35家，国家高新技术企业57家；改造建成了宁夏电子信息现代产业学院等创新平台和人才培育基地，打造北斗导航位置服务数据中心宁夏分中心。三是建成7个大型数据中心，总装机能力达到70万台，数据中心产业发展指数西部第一。国家（中卫）新型互联网交换中心开始联调联试，算力质效指数全国第四；在全国率先实现规上企业智能制造诊断评估全覆盖，建成工业互联网平台60多个，累计培育认定智能工厂和数字化车间101个、大数据产业试点示范项目47个，规模以上企业数字化研发设计工具普及率和关键工序数控化率分别达到56.2%和55.1%，处于西北领先水平。四是成功举办了首届“西部数谷”算力产业大会。大会期间共签约项目合同24个，金额

727 亿元，框架协议 14 个，金额 2710 亿元，为数字信息产业高质量发展注入了强劲动力。同时，银川市、中卫市举办了“2022 银川智慧城市峰会”“第五届云天大会”，提升了宁夏枢纽的吸引力和竞争力。

（五）现代化工产业

现代化工在各国的国民经济中占有重要地位，在我国属基础产业和支柱产业。宁夏属于煤炭能源富集省区，现代化工产业在宁夏主要涉及现代煤化工、石油及深加工、电石深加工、精细化工等四个大类。截至 2022 年 8 月底，宁夏现代化工产业累计实现工业产值约 1364 亿元，同比增长 40%。从细分产业看，1—8 月，现代煤化工实现工业产值约 659 亿元，同比增长 31%；石油及深加工实现工业产值约 460 亿元，同比增长 44%；电石深加工实现工业产值约 136 亿元，同比增长 31%；精细化工实现工业产值约 109 亿元，同比增长 22%。综合考虑重点企业运行趋势、重点项目建设及大宗化工产品价格等情况，预计全区现代化工 2022 年实现产值 2000 亿元左右。

在全区现代化工产业高质量发展包抓工作机制指导下，印发了《自治区现代化工产业高质量发展工作机制》《自治区现代化工产业高质量发展 2022 年工作要点》，建立了各司其职、齐抓共管、统筹推进的工作机制。一是各地区协力推进现代化工产业发展。银川市建立了市级现代化工产业包抓工作机制，细化工作职责；石嘴山市研究制定了《关于加快建设产业转型示范市的实施意见》，并主办了以“携手未来·聚力共赢”为主题的宁夏·石嘴山氰胺产业发展论坛；吴忠市、中卫市已制定化工行业“十四五”发展规划；宁东基地先后主办了“2022 中国煤基绿色园区与新材料产业发展论坛”“2022 氨纶行业新阶段高质量发展论坛暨中国化学纤维工业协会氨纶分会年会”；自治区科技厅 2022 年第一批自治区重点研发计划已立项支持现代化工领域项目 21 项，支持财政资金 1271 万元，撬动总研发投入 1.55 亿元；自治区财政厅积极推动现代化工企业享受减税降费、产业资金、政府引导基金等惠企政策；自治区商务厅推动实施现代化工产业招商引资多个合同项目落地，实际到位资金达到 35.63 亿元。二是各地将产业项目建设作为促增长的关键举措。作为推动现代化工产业经济高质量发展的

“压舱石”，建立了全区现代化工重点项目库，已梳理入库项目65个，预计全部达产达效后年新增产值接近1000亿元。

（六）轻工纺织产业

轻工纺织业是基础性产业，涉及社会、民生及服务业等众多领域。宁夏在轻工纺织产业方面有传统的比较优势，全区五市都布局了轻工纺织产业，造就了一批相关行业的知名品牌，如“宁夏枸杞”“中宁枸杞”“贺兰山东麓葡萄酒”“宁夏大米”“盐池滩羊肉”“灵州雪”等。品牌的塑造代表着产品的品质，也标志着宁夏在持守传统优势产业方面付出了艰辛努力。近年来，自治区党委、政府高度重视，将轻工纺织产业作为重点产业进行规划布局，使全区轻工纺织产业再获发展新动力。截至2022年8月底，宁夏有轻工纺织规模以上企业337家，实现产值近490亿元，同比增长20%左右。宁夏的轻工纺织产业主要涉及食品、医药、纺织和其他行业，从主要行业看，1—8月，全区食品行业实现产值约300亿元，同比增长20%左右；医药行业实现产值约58亿元，同比增长39%左右；纺织行业实现产值约70亿元，同比增长21%左右；轻工其他行业实现产值约62亿元，同比增长17%左右。

轻工纺织产业领导包抓专班深入五市和宁东开展了调研工作，与各地工信部门、园区管委会、重点企业深入座谈交流，向基层问计、向企业问需，注重从顶层设计和源头梳理发展中存在的问题。一是修改完善并印发了《自治区轻工纺织产业高质量发展工作机制》和《自治区轻工纺织产业2022年工作要点》，并启动了《宁夏轻工纺织产业高质量发展规划（2023—2027）》编制工作。二是注重解决企业突出问题，专班会同自治区药监局，联合自治区科技厅、财政厅修订了《自治区仿制药一致性评价奖补资金管理暂行规定》，积极为医药企业办理相关备案和注册事宜；自治区卫生健康委积极推进食品安全地方标准制定工作，枸杞原浆地方标准已发布实施，并报送国家食品安全风险评估中心备案；自治区商务厅组织开展系列招商引资活动，落实轻工纺织产业合同项目102个，实际到位资金53.66亿元。

二、宁夏“六新”产业发展存在的问题

自治区将“六新”产业定位为重点产业后，全区上下在推进重点产业方面取得了明显的成效，但还存在对相关行业的数据统计中有交叉、有重复的现象，“六新”产业普遍存在产业链不够完善、研发投入不足、企业创新能力不强等问题。

（一）产业链条配套还不够完善

宁夏的“六新”产业，有的还处于刚起步阶段，有的规模较大但产值较低，有的虽然发展时间较长但产业链构建还不完善、不协调、不配套。如光伏产业链上游规模大，下游产能小；锂离子电池以正、负极材料为主，完整的电池生产还是空白；智能终端产业以零配件为主，缺乏高端成套产品；大数据产业主要提供存储备份服务，仍处于产业价值链中低端环节；算力产业链缺失服务器制造环节产业，存在前端多后端少、低端多高端少、链条短、支撑力弱、耦合度低等问题，企业间协同合作、产业间横向融合还不够系统，高端化、绿色化、智能化程度还不高。

（二）企业创新能力不强，产业数据统计交叉重复

整体看，宁夏的“六新”产业研发创新基础较弱，仍是制约全区产业高质量发展的突出短板；区内支撑“六新”产业发展的高校、科研院所、研发平台等创新资源较少，整体创新能力较弱。技术工人短缺也是制约“六新”产业发展的重要因素，企业普遍反映一线技术工人招引难、留住难，熟练工人尤为紧缺。同时，数据统计对掌握产业发展情况、研判经济形势至关重要，但是在“六新”产业中由于产业关联与划分界限范围不够明显，导致在产业数据统计中有相互重复和相互交叉的方面。如电池材料既可以划分到新型材料产业中，又可以划分到新能源产业中，在实际的统计中存在重复统计；在数字信息产业中，将单晶硅、多晶硅等电池材料进行了统计，而在装备制造产业中又将新能源材料再次进行统计，出现了三者相互交叉、多次重复的状况；还存在数据无法进来的现象，如电信、联通集团公司所建数据中心未设立独立核算的子公司，营业收入统计、固定资产投资都不能计入当地。

（三）产业同质化与不稳定因素较多

产业同质化竞争加剧越来越明显，尤其在数据信息产业方面，甘肃、内蒙古与宁夏同为西部地区全国一体化算力网络国家枢纽节点，算力承接目标方向均为京津冀地区，资源、环境等条件相似，都竞相出台产业扶持政策，在算力产业发展上形成同质化竞争，致使投资者左右摇摆不定。在材料产业方面，受国内疫情多点频发影响，东南沿海省区下游市场进一步萎缩，导致上游原材料市场需求不足，对化工、有色等产品价格和销量产生较大影响，多晶硅料价格居高不下，导致后端光伏发电项目建设缓慢，也影响单晶硅、电池片及组件中下游企业不能满负荷生产，利润空间压缩，经营压力持续增大。在不稳定因素方面，光伏、储能项目投资成本超过全周期寿命收益。自2020年以来，国际大宗商品价格上涨，传导给光伏、电池材料市场，使需求预期增强，导致清洁能源产业上游材料价格高位运行，光伏组件、储能电池成本涨幅居高不下，出现了光伏项目基本没有盈利空间，企业投资建设的积极性不高，项目备案多、建设少、进度慢等现象。

三、促进宁夏“六新”产业发展的建议

以高质量发展为目标，以市场需求为导向，以重大项目为牵引，以科技创新为动力，以延链强链为重点，优化产业结构和布局，推动“六新”产业对工业经济的支撑引领作用。

（一）加快项目布局，完善产业链条及产业体系建设

根据产业发展方向与目标，对“六新”工业领域产业进行统筹设计与规划，尤其要将清洁能源领域中的光伏、风电、储能装备制造业和新型材料产业，同化工材料产业和装备制造业“四产”进行通盘统筹考虑，着眼上中下游全产业链系统谋划，应会同工信厅、发展改革委、商务厅、五市、宁东等有关部门，围绕清洁能源装备、数字信息、新型材料等产业，梳理谋划一批强链延链补链项目，优先进行产业链补链布局。加快构建以现代煤化工、新型材料、数字信息、装备制造、精细化工等为重点的现代化工产业体系，如巩固扩大煤制油、煤制烯烃领先优势，强化高附加值环节投资，高水平推进费托蜡、丙烯腈、聚丙烯等重点项目建设，延伸发展α-烯

烃、油蜡及润滑油添加剂等下游产品，大力发展高牌号聚烯烃、乙烯-醋酸乙烯共聚物（EVA）、高吸水性树脂（SAP）等高端产品。加大招商力度，开展以商招商、产业链招商、委托招商，集聚发展一批产业链条完整、科技创新能力强、技术含量高、附加值大、环境友好、带动力强的重大项目，为全区产业转型升级创造有利条件。需统筹《自治区装备制造产业高质量发展实施方案》《自治区新型材料产业高质量发展实施方案》《自治区清洁能源产业高质量发展实施方案》《自治区数字信息产业高质量发展实施方案》，明确清洁能源装备制造业、新型材料产业、装备制造业、数字信息产业等发展重点和路径，力促清洁能源等产业延链补链，吸引清洁能源、数字信息产业链重点产品和关键零部件制造产业本地化，组织共享装备、苏宁新能源等企业为风电主机企业配套铸件生产，小牛自动化、中环高科、卧龙变压器等企业为区内光伏企业配套电气产品，加快推进宝丰储能、凯豪达制氢等项目建设进度，促进氢能装备制造产业链发展，助力打造“宁夏新硅都”、新材料生产基地、数字信息产业高地、西北重要的风电装备制造基地等。

（二）加大科技创新人才培养力度，推动内生动力再释放

以聚焦技术研发、载体培育，高质量推进新型材料、装备制造、清洁能源、数字信息等领域为重要抓手，依托“宁夏院士行”“关键技术揭榜攻关”等活动，进行技术攻关，帮助行业企业解决一批“卡脖子”技术难题、突破一批关键核心技术、转化一批技术创新成果。自主或联合创建企业技术中心、工程（技术）研究中心等创新平台，做好5G典型应用场景和数字化应用经验在风电、光电远程运维、新型材料等领域的推广。加快推进装备制造、新型材料、清洁能源等企业运用新技术、新工艺、新设备进行技术改造，推进产业智能化升级、数字化赋能，提升企业绿色化水平和能耗管控水平，持续增强产业发展内生动力。推进产业学院建设，联合知名高校、职业院校，促进校企深度合作，实施“六新”产业高层次人才能力提升行动，多渠道引进、培养产业人才，分批次举办清洁能源、装备制造、新型材料等产业高级研修班，为行业企业培养一批急需紧缺的经营管理人才和高技能人才。

（三）强化运行监测调度，解决产业发展难题

强化预警监测调度，进一步通过运用数据统计，加强、整合、完善对各个产业和行业的数据统计，剔除存在相互交叉、相互重复的统计，构建界限清晰、覆盖广泛、准确高效的数据统计体系，提高对重点企业的经济运行动态分析和行业产业运行调度的精准性，定期调研，及时了解企业生产、大宗产品价格、重点地区发展，紧盯疫情形势、紧盯停减产企业、紧盯重点项目，综合分析研判行业发展趋势，强化跟踪服务，警惕大宗工业产品价格波动对产业链形成的连锁反应，及时向企业发出预警，提前做好应对，确保行业产业平稳运行。发挥好包抓机制综合协调作用，建立重点问题台账，积极采取针对性措施，统筹协调解决制约企业生产经营、项目建设的突出问题，以企业健康发展支撑行业高质量发展。

宁夏实施特色农业提质计划 打造“六特”产业研究

王愿如

宁夏深入实施特色农业提质计划，大力发展葡萄酒、枸杞、牛奶、肉牛、滩羊、冷凉蔬菜“六特”产业，是认真贯彻党的二十大和习近平总书记视察宁夏重要讲话和重要指示批示精神的重要实践，是完整、准确、全面贯彻新发展理念的重要举措，是以建设黄河流域生态保护和高质量发展先行区为牵引，实现高质量发展的新突破。

一、宁夏实施特色农业提质计划，打造“六特”产业的优势条件

（一）宁夏打造“六特”产业的机遇好

党的二十大报告提出，要全面推进乡村振兴，发展乡村特色产业，拓宽农民增收致富渠道。乡村振兴战略是宁夏“六特”产业高质量发展的重要指导，“六特”产业是宁夏全面推进乡村产业振兴的关键抓手，将特色农业与乡村振兴的建设目标高度融合，是推动两者互动发展的重要路径。习近平总书记2016年和2020年视察宁夏时，都对宁夏特色农业的发展提出了高屋建瓴的指导意见，为宁夏特色农业的高质量发展指明了方向，大力提振了宁夏发展葡萄酒、枸杞、牛奶、肉牛、滩羊、冷凉蔬菜“六特”产业的信心。在认真贯彻习近平总书记视察宁夏重要讲话和重要指示批示

作者简介：王愿如，宁夏社会科学院综合经济研究所助理研究员，主要研究方向：中国少数民族经济、产业经济、财政金融等。

精神的过程中，宁夏特色农业的发展呈现新的优势。2020年，农业农村部等八部委正式批复同意宁夏建设国家农业绿色发展先行区，明确要求要加快发展枸杞、畜牧、瓜菜、葡萄等特色优势产业。国家农业绿色发展先行区建设与宁夏实施农业提质计划的目标和要求高度契合，也对农业高质量发展的可复制、可推广经验的积累提供了更高和更优的平台。近年来农业供给侧结构性改革的持续推进，为宁夏特色农业供给和需求的结构性改革提供了更多有利条件，宁夏特色产业在质量和效益上有所提升和改善。但是，特色农业的产业内部结构需要进一步优化，实施特色农业提质计划，打造“六特”产业，将继续有力推动农业的供给侧结构性改革，提升宁夏特色农业产品与国内外市场的适配性，实现宁夏特色农业高质量发展的新升级。

（二）宁夏特色农业的产业基础牢

宁夏葡萄酒、枸杞、牛奶、肉牛、滩羊、冷凉蔬菜产业具有较好的产业基础和发展优势，在长期发展过程中形成自己的特色，不断锻造发展新优势。“六特”产业的标准化种养殖水平逐年提升，以基地建设为基础，推进规模化、标准化和绿色化种养殖。宁夏酿酒葡萄种植面积是全国的三分之一，奶牛规模化养殖率达99%，高于全国平均水平近30个百分点，枸杞标准化种植率达到70%以上，肉牛规模化养殖比例达到46%以上，滩羊核心区规模化养殖比例达到59%以上，标准化种养殖为产业发展奠定了坚实基础。“六特”产业链不断延伸，产品附加值不断提高。积极优化和布局精深加工生产线，精深加工产品产量不断增加，产业综合价值稳步提升。枸杞产业加工转化率达到28%，乳制品加工总产值达到240亿元以上，肉牛和滩羊的饲草种植、养殖、屠宰加工、冷链物流等生产和加工线逐步布局与优化，冷凉蔬菜分级包装生产线、清洗切分速冻生产线、烘干生产线等布局规模不断提升。宁夏农产品加工转化率达70%，产业链价值链持续向高端延伸。此外，“六特”产业的精深加工企业数量呈上升趋势，供应链产业链综合发展水平不断提升。“六特”产业融合发展水平稳步提升，积极探索“产业+生态”“产业+旅游”等产业融合发展模式，通过种养殖与数字化产业、旅游产业及生态产品的融合发展，共同开辟产业发展新业态、新模式，提升“六特”产业一、二、三产业融合化发展水平。品牌认可度不断提升，更多农产品进入国内外市场。打造了“宁夏枸杞”“中宁枸杞”“贺兰山东麓葡萄酒”“盐池滩羊”“泾源黄牛肉”“宁夏菜心”“六盘山冷凉蔬菜”“盐池黄花菜”等品牌，宁夏各类特色农业品牌达到300余个，创建中国特色农产品优势区6个。2022年，“贺兰山东麓葡萄酒”品牌价值达到301.07亿元，“中宁枸杞”品牌价值达到191.88亿元，“盐池滩羊”品牌价值达到88.17亿元，这些品牌的市场认可度不断提升，品牌价值也呈不断上升趋势。农产品的市场不断扩大，营销网络不断升级，多个供港蔬菜基地成为粤港澳“菜篮子”的供应基地，在粤港澳大湾区、长三角经济带等主要销售市场价格高于同类产品。构建多层次人才支撑产业发展体系，通过引进知名科研团队、校企合作、特色专业和学院设置、基层人才职称评聘等措施，引才、育才和留才，为特色农业人才队伍建设打下坚实基础。

（三）宁夏实施特色农业提质计划的环境优

国家批复宁夏建设黄河流域生态保护和高质量发展先行区，这为实施特色农业提质计划提供了重要指引，围绕先行区建设，配套了一系列政策措施，支持产业高质量发展。这些政策措施也成为实施特色农业提质计划的指导性政策措施。国家级综合试验区、国家级研究院等机构的建设，为“六特”产业的高质量发展提供了更高平台。产业布局不断优化，推进集聚化发展。发展以贺兰山东麓为重点的葡萄酒产业集群，中宁县、清水河流域和银川平原“一核两带”的枸杞产业集群，以银川和吴忠为核心、石嘴山和中卫为两翼的牛奶产业集群，以中南部地区为重点的肉牛产业集群，以中部干旱带为重点的滩羊产业集群，以六盘山区为重点的冷凉蔬菜产业集群，依托资源禀赋，夯实产业基础，推动产业集聚发展。宁夏国家葡萄及葡萄酒产业开放发展综合试验区、国家级产业研究院、国家级产品质量检验监测中心（宁夏）等多个国家级机构和平台的建立，为农业高质量发展提供了更高效和更具创新性的发展机遇。特色农业高质量发展的配套机制，为农业提质计划的实施提供了全方位、多层次和多元化的产业发展机制。在科技创新、金融、营销等多方面配套发展机制，建设通道。根据

“六特”产业制订了科技攻关计划，部署了一系列创新项目，提升产业的创新发展水平。制定“六特”产业标准化发展的政策，建立产业高质量发展的标准体系，提升特色农业发展品质。搭建产业营销发展通道，产业博览会、农产品推广、国际博览会、合作与投资贸易洽谈会等多种方式和途径，为更多农产品走向国内外市场拓宽了渠道，搭建了平台。提升农产品从“田间到餐桌”的安全性，加强农产品品质保证和监督管理。宁夏1500个蔬菜基地、枸杞基地、畜禽养殖场和屠宰场等纳入了农产品质量安全追溯系统，近1300家农资经营主体接入自治区农业投入品在线监管系统，宁夏产地主要农产品监测合格率连续5年达到97%以上。

二、存在的问题

（一）产业基础的韧性有待增强

土地资源日趋紧张，种养殖规模提升的难度加大。在国家制止耕地“非农化”、防止耕地“非粮化”政策大背景下，对标生态环境保护和保障粮食安全等国家战略要求，可利用的土地资源十分有限。可利用的土地资源，在引水灌溉、土地管理等方面需要消耗大量人力、物力，需要协调多方因素，土地开垦利用的成本高、难度大。宁夏水资源紧张，用水量持续上涨，农业节水灌溉、循环利用的发展水平还不够高，支撑产业发展的水资源供给难度大。种养殖规模与加工和市场需求不匹配，绿色食品价格、质量和供给不稳定，种养殖的综合成本呈上升趋势，农业经营主体和农户的生产积极性降低。2022年枸杞采摘费是2008年的5倍，劳务费也达到2008年的1.6倍，但是枸杞干果售价的增幅仅为17%。此外，化肥、农药等成本增长也较快、较高。精深加工规模和水平仍需提高，配套产业发展相对滞后。产品单一且同质化和易复制较为严重，产品创新水平提高缓慢，产品科技含量仍然处于低水平。精深加工产品的生产线布局能力弱，配套产业缺失，很多产品没有进行批量生产。产业集聚发展过程中没有实现全产业链合理布局，集中在中低端环节，部分生产线无法实现效益提升，产品批量生产的效益不高，发展乏力，产业链整体水平不高。农业经营主体的发展模式、产品等同质化现象严重，竞争机制落后，分散式、小规模的中小企业和家庭作坊占比较高。宁夏食品加工企业营业收入超过10亿元的仅有4家，销售收入5000万元以上的农产品加工企业仅占农产品加工企业总数的7.7%，龙头企业带动能力不强，经营主体发展层次不清晰，企业自身经营管理的现代化水平不高，发展实力不强。

（二）宁夏特色农业的品牌建设水平有待提升

宁夏部分优势特色农产品的区域品牌知名度和市场认可度高，但是知名企业品牌和产品品牌建设和发展滞后。农产品区域公用品牌与企业或产品品牌组合使用，会对区域公用品牌和产品产生积极的互动发展影响，但是发展过程中，企业自身产品品牌的知名度远小于区域公用品牌，企业依靠区域公用品牌拓宽营销市场，但自身品牌的建设和发展不足，企业品牌打造投入要素不强，品牌发展水平不高。企业品牌打造的方向缺乏差异性，企业的发展定位同质化严重。产品市场划分不精细，没有专业的品牌设计团队，品牌策划滞后，没有形成多层级、精细化的产品品牌和企业品牌体系。地理标志保护的难度较大，存在“重申请、轻保护”的问题。宁夏枸杞、盐池滩羊等区域公用品牌多年来存在贴牌销售、侵权假冒的市场乱象。地理标志保护体系建设还不健全，相关的法律法规和产业标准体系建设还不完善。部分产业的标准体系不能反映宁夏“六特”产品的独特性和唯一性，假冒和挂牌的难度小、成本低。现有的部分执行标准不能适应产业高质量发展要求，产业前端的标准设置占比较多，关键环节的标准建设还不健全。市场监管手段和队伍的专业化、现代化、多样化水平还有待提升，行业发展的自律性有待提升。

（三）宁夏特色农业生产要素流通水平有待优化

宁夏创新体系中，农业创新主体占比少，创新力量严重不足。特色农业的创新项目在宁夏产业体系的创新项目中占比小，国家级和自治区级的科技进步奖项占比小，农业的研究与开发（R&D）投入比例也相对较低，创新能力不强，基础性科研成果少，科研转化能力较弱。特色农业的机械化、智能化、数字化发展水平较低，生产和加工的机器设备更新慢，产品更新迭代慢，粗放式发展占比仍然比较大，数字化与智能化基础设施不健全，与特色农业的有效衔接不到位。农业发展的抗风险能力弱，配套的保险服务和金融等现代服务供给不足。农业的资产可抵押物少，贷款难度大，用于农业发展的资金需求得不到充分满足，贷款额度近年来也在不断收缩，金融风险也时有发生。现代金融服务业与特色农业的深度融合程度低，服务能力不强，金融产品少、针对性不强，农业保险发挥的作用不强，保险深度和广度不够。特色农业从业劳动者的整体素质有待提高，缺乏专业技术和专业人才，符合特色农业高质量发展需要的人才队伍存在严重短缺。宁夏特色农产品进入国内外市场的交通运输成本仍然比较高，现代化物流建设水平较低。农产品的货运方式相对比较独立，铁路、公路、航空等多形式联运通道建设还不完善。特色农产品的开放型发展水平不高，出口比例小，进入国际市场的难度还比较大，对本地开放平台的使用效率还比较低，开放通道的建设仍然存在短板。由于宁夏数字贸易通道建设处于起步阶段，跨境电商发展基础还比较薄弱，线上贸易发展迟缓。

三、对策建议

（一）准确把握实施特色农业提质计划的基本要求

要完整、准确、全面贯彻新发展理念，以黄河流域生态保护和高质量发展先行区建设牵引特色农业高质量发展，以建设国家农业绿色发展先行区为重要载体，探索特色农业发展的可复制、可推广的“宁夏经验”。要以更加开放的姿态积极参与国内大市场和国际市场循环，充分利用国内和国际两个市场，锻造特色农业在国内外市场的新优势，主动融入和服务以国内大循环为主体、国内国际双循环相互促进的新发展格局。持续推进农业供给侧结构性改革，必须高度重视特色农业需求侧管理，扩大特色农业产品的内需市场。宁夏特色农业产品的需求市场存在较大潜力，但供应质量有待提升，需要进一步挖掘市场内需，释放消费者的消费潜力。随着近年来农业供给侧结构性改革的推进，宁夏特色农业在质量和效益上有所提升和改善，但是产业内部存在结构不合理等问题，要继续推动供给侧结构性改革，实现特色农业发展的新升级。通过农业提质发展，引领消费新升级。结合乡村振兴战略的实施，为宁夏打造乡村全面振兴样板区贡献力量。特色农业生根于农村，提质增效的对象在农村，产业参与主体也来自农村，宁夏特色农业提质发展的关键在乡村。实施特色农业提质计划是宁夏建设乡村全面振兴样板区的重要产业抓手，要结合乡村产业振兴的目标，带动乡村人才发展，推动城乡融合走向更高水平。优化乡村产业的布局，推动乡村生态环境与生态产品齐发展，助推乡村文化、乡村管理和乡村风俗的改善和提升。提升乡村人民收入水平，为实现共同富裕目标创造更多机会，为广大人民群众共享发展成果，构建利益共同体构建更好的产业基础。

（二）提升特色农业全产业链现代化水平

建立高效育种技术体系，构建绿色生态、智能化、标准化、农机农艺融合的现代化种养殖技术体系。提升良种繁育示范基地建设水平，增强科技要素投入，建立健全政府、企业和金融机构投资合作机制，推进现代化运营，完善科研、繁育、推广一体化发展机制。大力建设高标准种养殖基地，持续提升产业规模化、标准化、绿色化发展水平。建立与用水权改革相适应的特色产业用水方案，结合“六特”产业发展规划，大力发展节水灌溉，配套升级节水灌溉设施，推广应用节水灌溉技术。持续推广统防统治、生物防治、物理防治、配方施肥等病虫害绿色防控技术，防止农药残留超标，保障农产品绿色安全。加快提升农业机械化、智能化水平，加快农机设备引进和研发，继续实施农机购置补贴等，扩大农机推广应用范围。建立智慧基地管理机制，加快开展区块链技术在种养殖和基地智慧化管理方面的基础设施布局和应用。做实做深精深加工产业，增强精深加工环节的科技创新投入，延长产业链条，提高产品附加值，配套和完善生产性服务业。逐步推进设备换芯、机器换人、生产换线、产品换代，支持企业生产线布局和扩规。培育和引进精深加工企业，汇聚精深加工产业集聚优势。高质量建设特色农业产业园区，整合加工业力量，补齐精深加工短板，打造规模体量大、设施配套好、带动能力强的产业园区。提升特色农产品品质，加强农产品品质管理各环节的监督管理水平，以高品质应对市场消费升级需求，提供绿色、安全的生态产品，增加绿色高端优质产品供给，提升生态服务功能，更好满足人民日益增长的美好生活需要，使高质量农产品供需关系在更高水平上实现新的平衡。

（三）持续推动特色农业品牌建设

以打造区域公用品牌为核心，突出宁夏特色农产品的优势，以特色塑造品牌的独特性。结合资源禀赋、产业基础和文化传承等因素，更新“六特”产业品牌发展规划，培育具有差异化竞争优势的品牌战略实施机制，构建特色鲜明、互为补充的品牌体系，提升产业素质和品牌溢价能力。要构建多元化的产品品牌、企业品牌，继续发挥区域公用品牌与产品品牌的联动效应，以独特资源禀赋、优质品种、种植历史、加工方式、文化内涵以及产品功能等为基础，打造覆盖全产业链条的产品品牌体系。支持企业培育和发展品牌，鼓励和引导企业加快商标注册、专利申请、“三品一标”认证等，持续规范品牌创建标准。政府和企业要合力建设国家级、自治区级、市县级等多层级协同发展、相互促进的品牌梯队，形成创品牌、管品牌、强品牌的联动机制。支持龙头企业打造市场认可度高、辐射带动范围广、国际竞争力强、文化底蕴深厚的国家级农产品品牌，支持大中型企业与标准化基地建设相结合，加强自主创新、质量管理、市场开拓，鼓励新型农业经营主体培育特点鲜明的“小而美”品牌，推进品牌业态更多元、形态更高级。要加强宁夏“六特”产业国家地理标志产品和证明商标的保护， 维护好宁夏特色农产品区域公用品牌的“金字招牌”。持续提高综合执法力度，严厉打击地理标志侵权假冒行为，明确违法行为、法律责任及保护途径。要不断丰富区域公用品牌文化内涵，积极促进品牌与特色农业、非物质文化遗产、民间技艺、民俗等深度融合，加强老工艺、老字号、老品种的保护与传承，培育具有文化底蕴的特色农业品牌。讲好“六特”产业的品牌故事，以品牌故事和品牌文化内涵凝练品牌精神，树立品牌形象。

（四）畅通特色农业生产要素流通

推动“六特”产业创新力量对内整合、对外合作，加快构建多层次科技创新体系，支持高校、科研院所、企业组建联合创新平台，通过在高校建立产业和企业“冠名班”，订单培养适应产业和企业发展需求的科技创新人才和高级技术工人。科研院所与企业研发中心要务实合作效果，提升科技成果转化水平，建立灵活有效的合作机制，推动产学研深度融合。要继续深化对外合作，与区外知名研发团队、高校、研究院所等共建创新合作机制，突出多元化产品创新研发。增强特色农业融合发展的要素供给，探索产业融合多元化发展的方向。围绕“六特”产业进行一、二、三产融合及“六特”产业联合发展新模式、新业态探索，构建联动发展机制。发展“六特”产业的生态产品产业链，打造集健康、休闲、旅游、文化为一体的新兴特色农业发展机制。加快构建“六特”产业普惠金融体系和现代保险服务体系，扩大金融产品和保险服务的覆盖面，让更多金融产品和保险服务流向特色农业，扩大信用贷款和直接贷款比例，创新金融和保险产品，严格风险管控，提高金融和保险服务广度与深度。培育和发展多层次的特色农业经营主体，支持和鼓励新型农业经营主体自主发展，创新和完善农民利益联结机制，通过“资源变资产、资金变股金、农民变股东”，创新农业收入再分配机制，提高特色农业从业人员收入，让更多经营主体及参与者分享特色农业的增值收益，提高其参与产业高质量发展的积极性。

参考文献

1. 李宏武.推动宁夏枸杞产业高质量发展的有效路径［J］.共产党人，2018(21):32—34
2. 王林伶.做强做优宁夏葡萄酒产业［N］.宁夏日报，2020-06-30(2)
3. 宋春玲.多措并举　让滩羊产业更“洋气”［N］.宁夏日报，2020-08-04(11)
4. 尚亚龙.铆定绿色　坚持特色［N］.宁夏日报，2021-05-24(6)
5. 农业农村部关于加快推进品牌强农的意见［Z］. 2018-06

宁夏实施服务业扩容计划
打造“六优”产业研究

纳　慧

“六优”产业是自治区第十三次党代会报告中提出的文化旅游、现代物流、现代金融、健康养老、电子商务、会展博览6个产业。

近年来，宁夏产业结构不断优化，服务业稳步成为国民经济第一产业，经济发展实现了量的跨越和质的提升。面对持续演变的全球疫情及复杂严峻的国内外环境，宁夏经济承压前行，表现了总体平稳、稳中有进的发展态势。服务业作为宁夏经济增长的主要支撑力量，过去五年增加值年均增速达6.7%。2021年宁夏服务业就业人口比重为53.9%，为宁夏创造了42.3%的税收，为经济增长带来53.3%的贡献率。2022年前三季度，第三产业增加值为1650.57亿元，同比增长2.6%。①

当前，宁夏肩负着建设黄河流域生态保护和高质量发展先行区的时代重任，正处在千载难逢的战略机遇期和产业升级的转型关键期。但是宁夏地处西北，是我国典型的欠发达地区，发展水平相对滞后，综合实力不强、发展质量不高仍是宁夏推进高质量发展的主要矛盾。作为经济发展的主要动力，服务业高质量发展是顺应时代的必然要求。

党的二十大报告指出，加快构建新发展格局，着力推动高质量发展，

作者简介：纳慧，北方民族大学经济学院副教授，主要研究方向为产业经济学。

①宁夏回族自治区统计局．1—10月全区经济运行情况［EB/OL］．发布时间：2022-11-18

建设现代化产业体系，要构建优质高效的服务业新体系，推动现代服务业同先进制造业、现代农业深度融合。宁夏实施服务业扩容计划，高水平打造国家全域旅游示范区，建设区域物流枢纽、医养康养胜地，推动跨境电商综合试验区创新发展，促进金融更好服务实体经济发展，对后疫情时代培育经济增长新动能具有重要意义。

一、“六优”产业发展的外部环境

（一）全球进入服务经济时代是机遇也是挑战

全球进入服务经济时代，为服务业扩大开放提供良机。从国际形势看，全球价值链重构，以科技研发、金融、物流、营销、品牌为代表的服务环节在货物贸易中的重要性持续提升，服务业在全球经济中的比重稳步提高。需要注意的是，经济全球化遭遇逆流，百年未有之大变局制约着我国服务业发展所需要素的自由流动，给我国服务业向高端价值链迈进带来一定的挑战。从国内形势看，加快构建国内国际双循环相互促进的新发展格局，为服务业发展提供了广阔的市场空间。国内人口结构变化、居民收入增长、消费结构升级等，对服务业的发展质量也提出了更高要求。

宁夏积极融入“一带一路”建设，对外开放工作进展良好，开放型经济稳步提升。加快服务业扩大开放，促进现代服务业发展创新，是新发展阶段的重要内容，也是推动宁夏经济高质量发展的内在要求。

（二）新冠肺炎疫情带来双重影响

新冠肺炎疫情全球蔓延，给服务业发展带来双重影响。一方面，服务业发展面临严峻考验，疫情限制了人们的流动，严重冲击了旅游、运输等传统服务业。尤其2022年，由于人员流动受限，宁夏的会展业和文化旅游业基本处于关停状态，餐饮、零售、旅游、运输等行业经营困难。但另一方面，疫情推动了数字经济发展的提速。数字技术的广泛应用，催生了大量经济和服务贸易新业态。以现代信息技术推动服务业数字化、智慧化、平台化的知识密集型服务业比重快速提升，“云”上教育、医疗、展会等新业态新模式竞相发展，这些变化又为宁夏“六优”产业的发展提供了新的启示。

（三）内需潜力持续释放，激发服务业动力

2022 年以来，在全球经济发展低迷、自然灾害频发、社会正常发展受到干扰的情况下，我国经济平稳恢复。扩大内需成为经济工作的重点，一系列稳投资促消费政策逐步落地见效，以绝对人口优势形成的超大规模市场优势和潜在的内需潜力对经济的拉动作用持续增强，同时也为服务业的发展提供了广阔空间。

（四）宁夏为产业发展构建良好政策环境

为优化供应链，强化产业基础，促进“六优”产业发展，宁夏相继出台一系列政策，以构建良好的政策环境。《支持“六优”产业高质量发展有关财政政策措施》《宁夏“六优”产业高质量发展标准体系》等的颁布，为产业发展提供有效的政策措施及标准依据。印发了《宁夏回族自治区深化“互联网+旅游”推动旅游业高质量发展实施意见》，提出以信息技术促进旅游业转型升级，创新旅游生产方式、服务方式及管理模式。为促进现代物流业的发展，出台《现代物流业高质量发展实施方案（2022—2027 年）》，提出多项直接惠及邮政快递业发展的政策措施，助力现代物流业的高质量发展。明确了养老产业的发展目标，出台《宁夏养老服务体系“十四五”规划》，并于 2022 年 6 月印发《宁夏促进养老托育服务健康发展实施方案》。制定《宁夏回族自治区鼓励电子商务产业发展若干政策》，出台 22 条扶持政策，鼓励全面激发市场主体创新活力和内生动力，营造良好发展生态。

二、“六优”产业发展的基本情况

（一）以优势资源为基础，经济效益良好

“六优”产业以宁夏相关优势资源为依托，已具备一定的发展基础，经济效益良好。文化旅游产业以长城、长征、黄河国家文化公园建设为抓手，以高水平打造国家全域旅游示范区为定位。培育打造农业+旅游。2022 年 1—7 月，乡村旅游接待游客 1255.5 万人次，同比增长 30 万人次，收入 8.55 亿元。[①]葡萄酒+旅游，助力葡萄酒销售、餐饮民宿、文化交流，延伸

①宁夏回族自治区文化和旅游厅. 宁夏乡村旅游点突破 1000 家［EB/OL］. 发布时间：2022-09-25

联通了一二三产业链、市场链和消费链。以优势资源和特色文化为基础，宁夏文旅产业“黏性”凸显，在嫁接葡萄酒、滩羊等特色产业的同时，还逐渐融入医养、游养、膳养等新业态，打造沙漠康养旅游度假区、黄河民俗生态康养村等新场域，文旅产业外延不断拓展，为宁夏经济发展注入活力。

现代物流服务能力不断提升。2021 年，完成社会物流总额 9123.97 亿元，同比增长 28.1%。2022 年 1—7 月，完成社会物流总额 5990.24 亿元，增长 23.7%。进口货物物流总额 25.98 亿元，增长 19.0%；单位与居民物品物流总额 15.05 亿元，增长 7.6%。完成货运量 28206.48 万吨，增长 5.6%。[①]目前，宁夏各类物流企业约 1.86 万家，共有 A 级物流企业 53 家，其中 4A 级 21 家、3A 级 26 家、2A 级 6 家。

宁夏金融在科技金融、绿色金融、普惠金融等方面取得较好进展，有力有效地支持地方经济高质量发展。融资规模进一步扩大，据人民银行银川中心支行统计，截至 2022 年 10 月末，全区人民币各项存款余额 8308.37 亿元，同比增长 12.5%。其中，住户存款 4761.25 亿元，增长 13.4%。人民币各项贷款余额 8823.92 亿元，增长 8.7%。[②]

电子商务近 5 年累计实现 964.17 亿元零售额，年均增速 23.6%；农产品网络零售额累计实现 347.05 亿元，年均增长 32.5%；网商达 13.9 万家，带动就业 41.3 万人。[③]采用“电商+产业+消费”，开展特色农产品、文旅资源直播营销，助力农业增收。2022 年仅“双十一”期间，直播交易额实现 4.11 亿元，实现农村网络零售额 14.66 亿元，同比增长 7.79%，其中，农村实物型网络零售额实现 13.89 亿元，占农村网络零售额的 94.75%；农产品网络零售额实现 9 亿元，同比增长 9.09%。[④]

---

①宁夏回族自治区商务厅. 2022 年 1—7 月全区物流行业运行总体平稳［EB/OL］.发布时间：2022-08-19

②宁夏回族自治区统计局.1—10 月全区经济运行情况［EB/OL］.发布时间：2022-11-18

③宁夏回族自治区商务厅.发布会快讯丨近 5 年宁夏电商带动就业 41.3 万人［EB/OL］.发布时间：2022-07-01

④宁夏回族自治区商务厅.“双十一”期间宁夏网络零售实现 22.71 亿元，刚需消费占据主导［EB/OL］.发布时间：2022-11-14

（二）相关基础设施水平持续提升

在现代物流业发展的基础设施方面，产业园区不断升级。宁夏以银川公铁物流园为核心打造的物流枢纽，正式升级为国家商贸型物流枢纽，是宁夏第一个国家级物流枢纽。“公转铁”①取得阶段性成果，自动化仓储等智能化装备新技术广泛使用，自动驾驶重卡集装箱载货已开展试点，形成了覆盖全区、辐射周边、联通全国的区域性物流网络。中国物流中卫物流园利用“园区+战略”运营模式，目前已引入了国药控股宁夏有限公司、中卫宝通物流等30多家企业。

在深化养老服务供给侧结构性改革方面，推进公办养老机构公建民营改革，盘活存量养老服务资源，激发公办养老机构活力，养老服务设施不断完善，服务范围逐步扩大，服务模式不断增多，服务质量普遍提高。截至2021年底，宁夏登记养老机构133个、社区日间照料中心213个、农村老饭桌648个，养老机构床位数3.2万张，其中护理型床位1.24万张，占比38%。2022年8月，宁夏青铜峡市、盐池县入选国家积极应对人口老龄化重点联系城市。

宁夏在全国率先实现了电子商务进农村省域全覆盖，获批全国数字功效示范区，助推大批农产品走向全国。在科技创新方面，2021年，宁夏研究与试验发展（R&D）经费支出70.44亿元，比上年增长18.1%。工信部中国电子信息产业发展研究院发布的《2022中国数字城市竞争力研究报告》，对全国城市数字化竞争力进行全面评估，形成了2022数字城市百强榜，宁夏银川市上榜且居全国第64位。

（三）融合发展服务地区经济能力持续增强

为助力乡村振兴，制订《金融助推宁夏乡村振兴行动计划》，实施信贷、信用、金融科技、基础金融服务4项助农行动，持续引导金融资源向乡村振兴领域聚集。服务实体经济，落实尽职免责制度，提高小微企业信贷投放能力，扎实做好稳企纾困工作。围绕黄河流域生态保护和高质量发展先行区建设，大力发展绿色金融，引导资金要素流向低碳、环保、节能、

①“公转铁”，即在“蓝天保卫战”的背景下，大宗商品运输从公路到铁路的转变

降耗等领域。

文化旅游业、会展博览业均与特色产业深度融合，有力推动农业、旅游业、装备制造、新型材料、绿色食品等行业的发展。如聚焦葡萄酒文化旅游产业，通过“线上+线下”的方式，深化葡萄酒文化、教育、旅游、艺术、人才培养等多领域的交流合作，为国内外企业搭建葡萄酒全产业链交流合作的平台。

三、“六优”产业发展的制约因素

“六优”产业发展拥有较好的政策环境和产业基础，但目前的增长总体上是规模性增长，在扩容提质过程中还存在一些问题有待解决。为此，需要聚焦这些问题并积极应对。

（一）服务市场体系不够健全

从目前的发展状况来看，“六优”产业发展水平显著提升，但由于宁夏总体发展水平较低，支持服务业发展的资本、技术、人才等服务体系发展尚存不足，在一定程度上影响着发展质量的提升。由中国社会科学院发布的《中国城市竞争力第19次报告》，对2021年中国291个城市的营商硬环境竞争力分析排行，银川位列第96位，竞争力指数为0.366。排名前三位的上海、深圳和香港，其竞争力指数分别为1、0.942和0.844，西安排名第17位，竞争力指数为0.623。

从资本市场来看，当下市场环境打造高质量的“六优”产业，构建现代产业体系，是伴随着信息技术和知识经济的发展，用新技术、新业态和新服务方式改造传统服务业，向社会提供高附加值、高层次、知识型的服务业。“六优”产业的发展，需要在基础设施建设、产业发展层次、扩大规模形成集聚效应等方面投入大量的资本。如果单纯依靠政府财政支持，资本市场还存在较大的缺口。此外，一些服务企业由于规模小、信用低以及缺乏符合银行条件的抵押物等，本身获得贷款的难度也较大，融资难融资贵等问题仍然存在。

从技术市场来看，新一轮科技革命和产业变革，数字经济蓬勃发展，对服务业的创新发展提出了更高的要求。比如文旅产业，旅游科技的发展极大地改变了产业链的价值分配，数字化已经渗透到各层次旅游业务，但宁夏旅游业信息技术水平还相对较低。现代物流、电子商务的发展均与技术市场相关，当前“六优”产业融合发展所需的科创水平与现实技术方面还有待更好地提升，宁夏信息化程度和数字经济发展水平也有待提高。

从人才市场来看，“六优”产业依托电子信息、知识经济以及现代经营方式高质量发展，需要从业人员不仅具备扎实的专业基础，还应当具备较高的创新能力和职业能力，如企业管理、信息服务、科技研发、技术推广、电子商务、金融保险、现代物流等知识密集型专业人才。宁夏地处西北，经济发展水平滞后，培养和吸引高端实战型、管理型人才的能力都相对较弱，人才短缺，尤其是结构性短缺，制约产业水平的提升。

（二）产业层次低，发展质量有待提高

收入水平不断提高的同时，居民的消费观念和消费层次也随之改变，消费逐渐趋于多样化、个性化和高端化。宁夏经济基础相对薄弱，区域经济发展不平衡，服务企业规模小，产品单一，缺乏科技支撑，发展层次低，集聚化、规模化程度不够，缺乏具有行业引领能力的龙头企业。

从整体发展状况来看，“六优”产业存在发展层次低、竞争力相对较弱的现象。以金融业竞争力来说，根据“中国内地省市金融竞争力排行榜”，采用宏观经济实力、金融业发展程度、金融机构实力、融资能力、资本化程度、民间资本活跃度六大维度下的25个指标，评价国内31个省（区、市）的金融实力，宁夏近两年均排名在第30位，整体竞争力较弱。以文旅产业发展来说，产业整合力度不够，相关产业之间不能形成完善的体系，同时由于科创能力和发展能力的限制，目前智慧旅游管理水平相对较低，影响了消费者的体验感。

（三）新冠肺炎疫情冲击下，避险机制更需健全

新冠肺炎疫情暴发以来，对传统服务业的冲击最为严重。由于限制了人口流动，国内旅游及出境旅游受到的负面影响非常严重，餐饮、酒店等市场收紧，旅游需求急剧下降。宁夏各地会展业基本停滞，展会活动因故取消，对前期投入的准备工作收益归零，给企业造成非常大的损失。而且因为疫情切断了主要的跨省市道路交通，运输业及物流业受到一定程度的影响。疫情对金融行业的影响，主要表现在经济停滞带来的债务违约风险以及政府部门的财政风险。[①]而且在疫情的冲击下，人们消费放缓，在很大程度上也影响着服务业的发展。

由此看来，面对疫情的不确定性，且疫情加速了行业的洗牌和重塑，产业发展应当具备相应的避险机制。宁夏也针对企业本身的特征，出台了相应的纾困政策。在目前疫情常态化状态下，产业发展更应当寻求常态化的避险机制，从而缓解疫情带来的负面影响。

（四）企业规模小，缺乏龙头企业带动

“六优”产业规模在发展中逐步扩大，也不断涌现了一些新兴业态，但与产业的高质量发展要求还有一定差距。首先企业规模小，缺乏带动产业发展的龙头企业，或者说能够带动区域性发展的大企业集团非常欠缺，难以形成规模集聚效应。以现代物流业为例，2022 年物通网共收录宁夏物流企业 363 家，规模均较小，且缺乏“叫得响”的品牌企业和带动产业发展的龙头企业。龙头企业不仅有着较强的信用优势，关键是能够通过其本身所具备的影响力，起到牵引作用，带动中小企业发展，从而壮大产业实力。

四、加快推进宁夏“六优”产业扩容提质的思路

新发展格局下，宁夏要坚持新发展理念，响应二十大号召，建设现代产业体系。结合当前供需适配性持续提高、消费层次不断升级、消费需求多元变化的发展趋势，通过健全市场服务体系，推进服务业的增量扩容和提质升级，促进服务业结构优化，实现“六优”产业高质量发展。

（一）健全“六优”产业发展的市场服务体系

服务业高质量发展，需要政府进一步完善市场服务体系，优化营商环境，通过政务环境、市场环境、法治环境、人文环境等协调优化，为产业发展奠定良好基础。

结合宁夏具体情况，应当加大对“六优”产业的支持力度，在资金和项目安排上，政府方面的资金要向现阶段经济和社会发展中急需的公共服

①谈泳彤.新冠肺炎疫情对我国服务业发展的短期冲击及政策建议研究［J］.中国市场，2022（10）

务业倾斜。多元化筹资，通过引进项目、资金，强化外部投资对宁夏“六优”产业的支持。金融机构应进一步拓宽服务覆盖面，以解决实际问题为目标，针对中小企业特点，在风险可控、商业可持续的前提下持续创新服务模式和金融产品，切实解决中小微企业融资难融资贵等问题，加强中小微企业生存和发展的动力。多层次拓宽服务业融资渠道，通过融资服务平台的完善，实现银行与中小微企业的高效对接，提高服务的针对性和便利性。引导社会资本向创业投资的融资支持，支持符合条件的技术先进型服务业企业上市融资，支持科技型企业利用资本市场做大做强。

技术方面，以“高水平建设全国东西部科技合作引领区”为契机，加大开放创新力度，通过引入优质创新资源提升创新效率。比如，以优质创新资源加强对现代物流业、跨境电商的引领。以政府为引领，加强与发达的东部地区之间高层次、多领域的科创合作，以创新载体共建、技术转移转化等方式，吸引更多创新要素向宁夏集聚，比如创新开发宁夏旅游资源。同时，加快数字化赋能，拓展服务业增长空间，提升“六优”产业发展质量。

在人才建设方面，围绕培养、引进、激励、服务几个方面完善人才政策全链条工作机制。通过校企合作等方式搭载工作载体，为企业定向培养专业人才。优化城市环境，在人才引进、人才发展方面做足工作，吸引高层次人才向宁夏流动。帮助企业用好人才，充分发挥人才的作用，推动服务业高质量发展。

（二）扩大产业规模，促进“六优”产业高质量发展

重视科学、合理地扩大“六优”产业规模，发挥产业之间融通的作用，促进经济健康可持续发展。随着居民消费结构及消费层次的提升，文化旅游业逐渐成为带动服务业发展以调节就业、消费为重要内容，由此延展到健康养老、休闲娱乐、电子商务等现代服务业，以及借此集聚的城市综合体，对拉动区域消费能力作用显著。

现代物流业、现代金融业、会展服务业、电子商务产业属于生产性服务业，要向专业化高端化方向发展。生产性服务业的发展关系整个服务行业乃至国民经济的有效运行，贯穿于价值链的诸多增值环节。宁夏要依托产业基础、区位条件和资源禀赋，以服务制造业高质量发展为导向，提升先进生产性服务业比重。比如现代金融业要立足于服务实体经济，优化金融体系结构，大力发展科技金融、绿色金融、供应链金融、普惠金融，基本形成多层次、广覆盖、差异化的金融服务体系。推进物流业与制造业、商贸业深度融合发展，培育壮大特色电商主体，鼓励发展直播电商、社交电商、社群电商等新业态。

文化旅游业、健康养老产业属于生活性服务业，与民生息息相关，应当注重品质化精细化发展。不仅要扩大有效供给，还要建立便捷、智慧、安全的服务体系，实现消费需求升级和产业供给升级之间的相互促进。宁夏要以居民的收入水平、人口结构及消费升级趋势为切入点，改革创新服务业态和商业模式。进一步丰富服务供给和消费场景，提升服务质量，促进生活性服务业升级，推动生活服务与公共服务互嵌式、阶梯式发展，形成特色明显、优势互补、功能协调的现代生活服务发展格局。

（三）细化纾困政策，鼓励服务业企业技术创新和应用

政府应考虑细化对不同服务业类别的纾困政策和相关配套措施，有效落实政策，帮助企业渡过难关。完善服务业信息基础设施建设，加快推进服务业数字化、智能化发展，提高服务效率和品质。

企业之间要寻求合作，实力较强的大型企业与中小弱势企业可以寻求互利合作，企业内部更要同舟共济、团结协作。企业还要寻求“自救”，从危机中识别商机，尽快调整自己的商业模式和经营策略。

鼓励“六优”产业追求技术创新和应用，比如，展会经济的“线上+线下”服务，通过提高数字化和信息化水平，不断提升服务质量。加快智慧文旅产业建设，帮助游客有效地了解宁夏旅游信息，高效地进行线上规划行程和票务预订。

（四）打造龙头企业带动“六优”产业发展

以龙头企业引领带动“六优”产业发展，是实现服务业高质量发展的基本要求。建立现代服务业产业体系，发展壮大服务业企业，需要重点培育一批龙头企业。倡导现代物流、电子商务等企业通过联合、并购等方式实施资产重组，扩大企业规模，实现集聚效应，从而发挥大企业对整个区域的辐射和带动作用。

在高水平开放环境下，鼓励和支持重点企业扩大对外开放，积极引导区内龙头企业与外省或境外大企业之间开展合资合作，提升龙头企业在行业内的竞争力和影响力。从资源配置效率和利用效率角度出发，提高服务业效率，提高“六优”产业竞争力。

推动产业集聚发展，培育一批规模大、效益好、有示范引领作用的产业集聚区。还应当注重培育品牌价值，以品牌引领服务业的发展，促进企业提供更高水平、更规范化的优质服务供给。大中小企业融通发展，大企业要成为中小企业的引领和支撑，推动大企业共享生产能力、共享创新能力，为中小企业提供资金人才支持。

加强产业融合，鼓励不同企业之间进行跨界融合，探索“服务+”行动，积极推动服务业与制造业、农业融合发展，推动服务业各行业间交叉渗透。比如推进物流业与制造业、商贸业深度融合发展，培育壮大特色电商主体，鼓励发展直播电商、社交电商、社群电商等新业态。

在服务业发展的浪潮中，宁夏迫切需要不断优化完善现代服务业，为城市发展提供新动力，使生产性服务业更好地发展，为整体产业结构转型升级提供必要的支撑。增容扩量生产性服务业，在高水平开放中提质升级生活性服务业。只有实现发展方式转变、优化产业结构、转化增长动力才能实现经济的高质量发展，才能推动生产性服务高质量发展、生活性服务高品质提升，促进宁夏持续繁荣，实现经济高质量发展。

参考文献

1. 李雪.“一带一路”和双循环发展新格局下加速建设西部现代服务业——福建省社会科学院副研究员冯洁访谈录[J].经济式,2022(11)

2. 张义博.现代服务业与制造业、农业融合发展的国际经验及启示[J].江淮论坛,2022(04)

3. 鲁玉秀,等.数字经济对城市现代服务业空间集聚的影响与异质性检验[J].统计与决策,2022(21)

4. 汪海飞.新型城镇化、服务业高质量发展与产业结构升级[J].商业经济研究,2022(13)

5. 谈泳彤.新冠肺炎疫情对我国服务业发展的短期冲击及政策建议研究[J].中国市场,2022(10)

宁夏实施数字赋能计划
推进“东数西算”研究

陆　军　张克平　秦　岩　庞福翊　魏　荣
戴鸿鹏　李　彬　李能波

党的二十大报告提出：“加快发展数字经济，促进数字经济和实体经济深度融合，打造具有国际竞争力的数字产业集群。”“十四五”时期，我国数字经济正转向深化应用、规范发展、普惠共享的新阶段。2021 年 12 月 12 日，国务院印发《“十四五”数字经济发展规划》，提出了优化升级数字基础设施的重点任务，并明确指出，“加快实施‘东数西算’工程，推进云网协同发展，提升数据中心跨网络、跨地域数据交互能力，加强面向特定场景的边缘计算能力，强化算力统筹和智能调度。”数字经济时代，算力已成为新的生产力，是未来改变全球竞争格局的关键力量之一。当前电子算力的高能耗、高成本问题已导致算力建设进入瓶颈期，而随着量子技术的发展，量子算力低成本、低能耗的特性已成为支撑未来算力建设不可或缺的组成部分。当前正是第二次量子革命的爆发期，是量子技术向市场

作者简介：陆军，中国工程院院士、中国电子科技集团公司预警机领域首席科学家、信息系统与电子技术专家；张克平，中国移动宁夏公司政企事业部总监，教授级高工；秦岩，宁夏大学经济管理学院工商管理学硕士；庞福翊，中国移动宁夏公司政企事业部行业经理；魏荣，中国移动大数据分析专家；戴鸿鹏，中国移动宁夏公司政企事业部创新产品中心产品经理；李彬，中国移动宁夏公司政企事业部工业能源行业经理；李能波，中国移动宁夏公司政企事业部农商行业经理。

和产业转化的关键期，是全球量子信息产业的布局期，中国移动和中国电科作为担负国家科技创新和产业发展重大使命的中央企业，以宁夏算力网络国家枢纽节点建设为契机，共同推进量子算力网及其支撑下的数字经济应用建设可谓正当其时，为“十四五”期间和2035年的数字经济发展和现代化建设贡献力量。

一、宁夏区域环境优势分析

近年来，宁夏发挥自身自然环境和资源优势，响应国家号召，大力开展数据中心集群建设。2021年底和2022年初，国家发展改革委、中央网信办、工业和信息化部、国家能源局四部委联合发函，明确同意启动建设全国一体化算力网络枢纽节点（简称“宁夏枢纽”）。当前，“宁夏枢纽”已在中卫市建设7个大型、超大型数据中心，在建7个数据中心，成为国家算力网络的重要组成部分。在2022年6月10日召开的宁夏回族自治区第十三次党代会上，将“东数西算”作为第二大工程，由自治区领导包抓。宁夏也明确提出了“推进互联网、大数据、人工智能同产业发展深度融合，统筹推进产业基础高级化与产业链现代化，加快构建具有宁夏特色的现代产业体系”的产业振兴计划和“建设全国一体化算力网络国家枢纽节点、国家新型互联网数据交换中心，建成国家‘东数西算’示范、信息技术应用创新、国家级数据供应链培育‘三大基地’，推进经济社会数字化转型，加快建设数字宁夏”的建设目标，为量子算力网在宁夏落地生根，支撑“宁夏枢纽”建设、服务本地“六新六特六优”产业发展目标提供了巨大的机遇和良好的条件。

宁夏具有得天独厚的算力发展的优势，能源储备丰富，气候条件适宜，利用全自然风冷技术建设数据中心PUE值（PUE=数据中心总能耗/IT设备能耗）可降至1.1，是最适宜建设数据中心的地区之一。在全国首次发布的综合算力指数中，宁夏摘得了“两个前10、两个最低”的评价，即算力质效方面排名全国第4，资源环境方面排名全国第7，PUE排名全国第2低，电价优惠全国第2低。目前，宁夏算力产业基础能力建设和商业模式探索已经走在中西部前列。自治区自2012年开始启动中卫云基地的建设，经过多年的探索，已经在中卫形成以高端数据中心集群、“一高两低”网络、风光新能源充沛为特点的算力基础设施能力，并通过实际运营积累沉淀了由运营商、上市公司资本、IDC 服务商、头部客户等相互密切合作、互利共赢的成熟商业模式，已有亚马逊、阿里、华为、百度、腾讯、美团等 200 余家头部企业入驻。国家（中卫）数据中心集群已建成亚马逊、美利云、中国移动、中国联通、创客超算等 8 个超大型数据中心，机房总面积达 25 万平方米，服务器装机能力达到 72 万台。

2022 年 11 月，国家工业信息安全发展研究中心发布的《算力网络（宁夏）承载能力评估报告》显示，以“东数西算”宁夏枢纽节点运营商 2022 年 6—9 月（共 3 个月）的真实网络为基础，聚焦金融电子交易、移动支付、生活服务、高清长短视频、网络游戏和存储服务等八大重点场景，验证宁夏节点网络承载能力。以宁夏区域算力网络承载占比最大的运营商（宁夏移动占比 63%）网络基础为例，进行了集中测试和通报。一是宁夏移动已建成至 26 个省重点城市直达链路且带宽充足，二是宁夏移动可承载“东数西算”95%以上的业务场景，三是宁夏移动所提供的时延水平均显著优于场景的高性能时延要求。这就为东部业务西迁提供了可信的评估支撑，定会助力我国“东数西算”经济加速发展。这一组测试数据，网易新闻在 2022 年 11 月 23 日进行了同步报道。这也从一个侧面说明，宁夏枢纽建设取得了初步成效。

同时，宁夏能成为“东数西算”的战略要地，离不开政策的支持，其政策叠加效应优势明显。一是“保障有力度”。在用地方面，宁夏将优先保障数据中心新增建设用地指标，土地出让底价按照全国工业用地出让最低价标准的 70%执行；用电方面，大数据、云计算等企业享受优势产业用电政策，用电环境安全稳定；用水方面，按照服务类用水管理，由自治区统筹周转保障；能耗方面，宁夏枢纽重大项目优先办理能评，能耗指标优先保障。二是“服务有温度”。对数据中心重大基础设施建设，宁夏将每年安排专项债券资金给予支持；对区内注册的大数据、云计算企业在主板、创业板、科创板、北交所上市的，每户逐步分阶段奖励 1000 万元；对符合条件的大数据、云计算企业，可享受企业所得税地方分享部分“三免三减半”

优惠政策。三是“落实有态度”。建立了由自治区主要领导包抓、部署、推动的工作机制；持续深化“放管服”改革，企业开办实现一日办结；而纳税的企业高管和人才按月给予补助并发放安家费。

当前宁夏数字经济产业发展前景向好，但仍存在市场尚未充分挖掘、产业生态尚未建立、网络智能环境有待提升、产业人才匮乏、产业安全亟待加强等制约因素，其核心仍是未构建起合理的科技产业体系，未形成规模化的产业集群效应，导致数据的产业价值得不到有效挖掘，算力的应用落地找不到有效市场等。

二、战略谋划和系统布局

作为网络和算力的提供商，中国移动和中国电科联合产业上下游，以央企创新联合体为载体，与宁夏回族自治区人民政府、各市政府联合加强战略谋划，为双方深度参与“宁夏枢纽”建设和宁夏数字经济产业发展系统布局。

一是依托“宁夏枢纽”国家重大任务，中国移动和中国电科联合产业上下游，合作打造“电子—量子混合算力网”，盘活现有算力，拓展算力形式，提升计算速度，降低成本能耗，为“东数西算”工程提供更快速、更专业、更廉价的算力服务。二是创新推动“三网四化”产业发展模式，联合政府部门和上下游企业，打造支撑算力分发的“能量网+信息网+物联网”，实现算力向应用端和市场方下沉，支撑宁夏“农业现代化+工业现代化+服务业现代化+社会治理现代化”。三是打造西部数字经济高质量发展试验田，建设西部数字经济创新总部核心。立足数字经济“一带一核一节点多区联动”的总体格局，依托中卫现有数据基础条件，助力高质量建设全国一体化算力网络国家枢纽节点，助推数字经济创新建设，加快算力调度体系建设，构建“数据循环生态”。四是建立与京津冀、长三角等枢纽节点算力结对服务机制，构建低成本的一体化算力供给体系。以打造国家“东数西算”示范基地为战略定位，强化东西联动协同发展，积极承接东部算力服务需求，提升算力服务品质和利用效率。同时，深化数据带动作用，强化以数据流引领带动技术流、资金流、人才流和物资流的联动作用，打通数字经济大动脉，构建经济大循环。五是全力推动“数据飞地”建设。依托中卫数据中心集群的算力和数据“高地”，探索建设数据深度应用“大基础”，构建东部枢纽的算力“大后方”，主动融入全国数字化发展整体格局，建立数据和算力的东西部“循环合作圈”。六是积极布局算力发展宏伟蓝图。通过政企数据对接融合，有效满足政府社会治理、公共服务和市场化增值服务需求；深化大数据应用创新，提升政务大数据综合治理能力，加强大数据公共服务支撑，为重大突发事件期间开展决策研判和调度指挥提供数据支撑；推动行业数字化转型升级及工业大数据平台建设，为工业发展态势监测分析和预警预判提供数据支撑；加快城市大数据创新应用，促进提升城市治理水平和服务能力；强化大数据安全防护，保障业务在线安全运行。

以中国移动和中国电科牵头，联合产业链各方，实现携手共建，强强联合，锚定量子科技，为推进宁夏经济社会数字化转型，加快建设“数字宁夏”贡献国家战略科技力量。

三、宁夏“东数西算”工程建设内容

（一）推进“通信网＋算力网”双网融合

立足宁夏数字经济发展基础和区域主体功能定位，统筹规划全域数字经济空间布局。依托宁夏现有的通信网络设施，加快以 NFV/SDN 为核心技术的下一代网络规模部署，推进高质量直连网络建设。利用 YTFS 存储技术和数据库加密系统，提升数据可靠性、安全性、存储成本、容灾性、服务可用度等方面的能力，消除所有安全缝隙的安全闭环，实现工程意义上的绝对安全。依托中卫数据中心的算力基础，加快建设集约化、绿色化的数据中心集群，建设全国一体化算力网络国家枢纽节点，融合包括中电科量子算力在内的能力，建设“电子—量子混合算力网”，持续拓展数据中心服务能力和规模。以“东数西算”工程牵引数字信息产业建设，加速算力和网络在基础设施层面的融合，实现算力资源向全国辐射，为全国一体化算力网络建设贡献宁夏智慧和力量。

（二）推进宁夏“三网四化”建设

以“算力”为核心，建设能源网、信息网、物联网和大数据（简称“三网一数”）的宁夏“新基建”，加速推动农业现代化、工业现代化、服务业现代化和社会治理现代化，构建在智慧农业生产、“互联网+先进制造”、数字化文化旅游、智慧城市等领域的数字化创新联动格局，建设泛在智能新型基础设施，推进数据要素高效配置与价值提升，提升数字经济治理能力和水平，高水平建设数字宁夏。

（三）建立现代化产业“宁夏标准”

以数字技术赋能农业生产，加速传统农业生产经营模式变革，建设农产品种植、加工、销售全生命周期质量追溯体系，让农业生产更加轻松、精准、高效，让新产业工人更加“耳聪目明”。围绕优质粮食、酿酒葡萄、奶产业、肉牛、滩羊等优势农业领域，推进智慧农业先行先试，并有序推广到宁夏乃至全国，形成现代化产业的宁夏标准，占领行业高地。

五年建设目标：计划建设周期为五年。预计需要投入资金500亿元，服务宁夏农业、工业、服务业和社会治理现代化，带动产值达5000亿元以上，实现十倍投入产出比，达成再造一个新宁夏的梦想；形成辐射全国的算力服务能力，打造中国通信网—算力网双网融合首个产业示范高地。

四、“六新六特六优”试点工程

（一）基础支撑试点项目：“电子—量子混合算力网”建设

建立一种包含经典计算机和量子计算机在内的算力网络，以提供一种算力分配方法，应用于算力服务器。算力网和通信网扁平化融合，并结合网络计算处理能力与网络转发能力的实际情况和应用效能，实现各类计算、存储资源的高质量传递和流动。

（二）现代工业试点项目：高水平建设5G智慧工厂和智慧工业园区

以宁夏“六新链”产业数字化、智能化转型需求为出发点，在新型材料、清洁能源、装备制造、现代化工、轻工纺织等主导产业领域，建设全面覆盖宁夏重点工业园区的5G专网，打造基于新能源场站的5G智慧光伏、智慧风电、智慧电厂等应用场景，推进5G+设备管理、5G+工业AI质检、5G+智慧物流、5G+能源管理、5G+柔性制造、5G+工业互联网平台等一体化的5G+智能制造应用场景的落地，使能工业三条流：生产制造流实现全流程感知；优化决策全生命周期流；高价值智能产品生产价值流实现研发、采购、制造协同。结合国家“工业互联网+安全生产”实施策略和事故预防双控体系要求，建立覆盖工业安全生产研发域、生产域、运维域、安全管理（设备、产品、供应链、客户等）等涉及生产安全的各种数据基础设施。将宁夏“六新”主要工业企业逐步打造成高质量、绿色、低碳、安全的“5G+智慧工厂”的行业标杆。

以“园区+智能网络”为理念，在园区+5G专网、SDN/NFV、云化的基础上，融入社交、移动、大数据和云计算，将产业集聚发展与城市生活居住的不同空间有机组合，形成社群价值关联、圈层资源共享、土地全时利用的功能复合型城市空间区域。形成各具特色的工业智慧园区，铸就区域高质量发展的重要增长极。

（三）现代农业试点项目：宁夏智慧农业大数据中心建设

推动智慧农业大数据中心建设，建设宁夏全域统一的智慧农业大数据库，包含农业基础资源、重点产业单品、农村集体经济、农业种质资源、农产品价格等数据库。拟订和实施涉农大数据发展规划和相关技术标准，承担涉农信息系统和信息资源开发、应用与维护，建设、推广、应用涉农大数据。

（四）现代特色农业产业品牌保护试点项目：宁夏“六特”产业品牌保护链的建设与应用

基于区块链技术的端到端、不可篡改、安全性等特性，建设宁夏“六特链”，进一步夯实提升宁夏葡萄酒、枸杞、牛奶、肉牛、滩羊、冷凉蔬菜“六特”产业的全产业链智能化、信息化管理水平，实现价值品牌“抱团式”上链，全程可追溯可观可控。

（五）现代服务业试点项目：宁夏数字健康产业建设

开展“互联网+医疗健康”行业大脑建设，整合宁夏全域病人、医生、医院及健康管理等医疗的大数据，基于“电子—量子混合算力网”建立统一医疗云，制定医疗健康数据治理标准，建立宁夏全域医疗健康大数据中心和创新互联网医疗平台应用。依靠数字技术赋能医疗健康，让更多人享受到更好的诊疗服务和以人为本的综合健康服务。

（六）现代服务业试点项目：宁夏数字旅游产业建设

利用VR+AR、三维实景测绘技术，打造宁夏特色旅游元宇宙。依托通信网—算力网双网融合，为用户实时渲染重构宁夏特色旅游景观，让用户足不出户、身临其境感受宁夏风土人情，更好地推广宁夏旅游资源和地方特产。

（七）现代城市数据中台试点项目：宁夏全域城市政务数据大脑建设与应用

依托"东数西算"数据中心，汇聚海量高价值数据，制定统一的数据标准、接口规范、调用规则，实现跨部门、跨行业的系统平台数据对接，构建宁夏全域城市数据资源体系，推进宁夏全域城市数据大脑建设。推动新技术、新业态、新模式与城市规划建设管理服务深度融合，提升政府全局化、体系化数据分析决策与调度能力，科学化管理服务水平，为有效处理复杂社会问题提供新手段，推动宁夏全域城市高质量发展。这既是落地"依法治区"战略的举措，也是把宁夏全域看成一个"城市"进行高效管理的试点，为国家管理省、直辖市提供宁夏范本。

（八）全国大数据交易试点项目：建设辐射中国的大数据交易平台与应用，激活数据资源应用价值

以释放数据价值为导向，加强数据资源确权、流通、交易、应用、开发、保护等规则体系研究。由自治区政府牵头，协同中国移动等头部专业公司，基于隐私计算、联邦学习、区块链等先进技术，打造数据、算力、算法等多元的数据产品体系，激活数据要素供给，重点在政务、金融、医疗、文旅、劳务用工、公共资源交易、通信、电力、交通、气象等领域，培育一批专业数据服务商，"鼓励发展数据集成、数据经纪、合规认证、数据审计、数据公证、数据保险、资产评估、争议仲裁、人才培训等第三方服务中介机构"，面向全国数据流通交易提供高效便捷、安全合规的市场化服务。探索建立社会数据市场化运营机制。

（九）算网大脑试点项目：实现算力需求感知、算力类型决策、算力资源分配和物理算力调度等的大脑功能与标准化应用

全国算力网络的构建离不开算网大脑的支撑，宁夏可抢抓算网大脑建设先机，分阶段构建立足宁夏、覆盖全国的算网大脑，将算力和网络以一体化的形态对外提供服务，向下实现算网全领域资源拉通，向上实现算网融合类全业务支撑。算网大脑融合人工智能、大数据技术，建立各方认可的统一算力评估标准，平衡成本、效率和体验，构建分层分域管理的算网架构，实现算网统一管理、编排、调度、运维，打造算力网络资源一体设计、全局编排、灵活调度、高效优化能力，达成客户体验和社会总体效益的平衡，是未来高效调度管理算力的关键所在。

（十）设立量子计算专业人才扶持计划

“人才是第一资源，国家科技创新力的根本源泉在于人。”根据习近平总书记关于做好新时代人才工作的指示精神，结合中国移动战略领军人才、“十百千”专家队伍培养规划，借助“东数西算”枢纽节点（宁夏）设置“电子—量子混合算力网”试点项目契机，可拉通移动集团技术部、IT公司、云能中心、宁夏公司，围绕量子计算+云+5G+大数据+边缘计算融合方向，打造移动全网大数据基地落地宁夏，及基于融合网络为底座的全网的PaaS能力，与院士团队深度协同借“战培结合”项目制锻造人才。

可考虑院士团队+宁夏政府+宁夏移动+宁夏大学，构建产+政+学+研+企一体化联合体。从宁夏选拔优秀种子人才签订定向就业协议，由院士团队委培后归宁从事量子计算、“东数西算”相关学术、技术工作。同时，将以上成果与经验体系化输出并在宁夏大学落地“订单式”人才培养体系。

区内大数据人才培养方面，夯实人才、组织、活动、项目多维度的制度体系和资源保障。建议人才培育目标设定为每年至少聚集5名顶尖大数据人才、评定50名大数据领军人才、培养200名大数据专才、聚集500名大数据从业人员，形成以宁夏大数据新基建发展为核心需求的大数据人才聚集区，为大数据发展提供坚实人才保障。

（十一）共同设立“量算融合产业创新奖”的成果奖项大赛，联合信通院、属地管局主办，按年开展，提升社会影响力、促进科研成果转化，为产业数智化赋能

培育面向算力服务的典型网络新应用，通过开展创新应用大赛、示范工程等形式，推动统一架构、技术标准和开源生态的成熟完备，带动宁夏算力网络相关产业协同发展。

五、关于合作方式建议

为发挥宁夏回族自治区算力枢纽的作用，用好现有算力资源，增效提质，推动通信网—算力网双网融合产业落地，打造数字新宁夏，宁夏回族自治区人民政府、中国移动集团与中国电科集团开展紧密合作，提出两种合作模式。

（一）共建西部（宁夏）算力网研究院，成体系推进产业建设（优选模式）

宁夏回族自治区人民政府、中国移动集团和中国电科集团三方联合成立西部（宁夏）算力网研究院。研究院设在中国移动宁夏公司，因为中国移动宁夏公司作为西部算力产业联盟的理事长单位，目前已吸纳了全国107家成员单位开展全方位的合作。由宁夏政府提供或牵头引进100亿元资金支持和配套保障；中国移动集团、中国电科集团牵头，依托西部算力产业联盟，联合龙头企业，协同产业链各关键主体，围绕“电子—量子混合算力网”基础设施建设，提供400亿元的资金设备支持；包括中国电科量子团队在内的技术资源，提供技术支持和宁夏人才的培养，由中国工程院作为指导单位，落实通信网和算力网双网融合工程，为宁夏“三网四化”建设打造算力数字底座。

（二）设立算力网技术等专项集群，分阶段逐步推进产业落地（次选模式）

中国移动通信集团牵头设立算力网研究等重大专项，与中国电科量子团队联合承接，先期开展“量子+电子”混合算力网技术研究，逐步推进通信网和算力网双网融合。后期，共建成立西部（宁夏）算力网研究院，分阶段推进“三网四化”和宁夏标准等试点工程落地。

绿色经济篇

LÜSE JINGJI PIAN

宁夏贺兰山东麓文化旅游产业发展与生物多样性保护研究

王林伶　许　洁　程淑杰

贺兰山地处宁夏与内蒙古交界处，是我国南北走向的山脉，属昆仑—祁连—阴山造山系的祁连和阴山造山带的中间环节，与大兴安岭、阴山、祁连山一道，共同构筑了中国北方天然地理分界线，也是气候天然分界线中重要的一部分。是我国北方的历史文化名山、军事名山、地理名山、旅游名山，是宁夏人民的幸福之山、神圣之山。旅游业的快速发展，是影响贺兰山生物多样性的重要因素之一。

一、贺兰山东麓文化旅游产业发展与评价

旅游业是现代经济发展的朝阳产业，在经济发展的格局中占有重要的地位。在开展全域旅游与生态文明建设的背景下，旅游产业的发展受到广泛的关注，特别是在一些旅游资源丰富、区域经济欠发达的地区更是受到地方政府和当地群众的重视。在保护生态环境的前提下，全面促进贺兰山旅游业发展，是促进区域社会经济发展、改善当地居民生活水平的重要途径和手段。

作者简介：王林伶，宁夏社会科学院综合经济研究所副所长，副研究员，主要研究方向："一带一路"与内陆开放型经济、区域经济与产业经济、资源规划与可持续发展；许洁，宁夏工商职业技术学院副教授，主要研究方向：区域经济与产业经济、商贸物流、人力资源规划；程淑杰，银川能源学院讲师，主要从事城市与区域发展规划研究。

（一）贺兰山东麓旅游资源评价

贺兰山因独特的军事地理特点而成为古代兵家必争之地，故称“朔方之保障，沙漠之咽喉”。贺兰山与银川平原相互构成战略依托，有利于发挥以山控原、以原养山、山川相济的地缘优势。[①]贺兰山位于西北与华北接合部，是宁夏连接内蒙古、甘肃、陕西三省区的战略要地，被视为南下宁夏的“咽喉”与通往西北内陆的“锁钥”，在西北边防体系中意义重大。

贺兰山东麓旅游资源十分丰富，是宁夏西线的黄金旅游线路。主要旅游资源有长城遗址、冰川地貌、原始森林、山麓地貌、野生动植物等。20 世纪 80 年代起，旅游业悄然兴起，滚钟口、西夏王陵、贺兰山岩画、镇北堡西部影视城、苏峪口国家森林公园等一批旅游景区相继开发，并由专门机构进行管理经营，开辟了贺兰山探奇一日游（西夏陵—滚钟口—镇北堡西部影视城—拜寺口双塔—贺兰山岩画—苏峪口国家森林公园）、宁夏最高峰探险、银川周边一日游（西夏陵—贺兰山岩画—沙湖旅游区）等旅游线路。同时，贺兰山东麓从南至北主要旅游景点有古长城、西夏陵景区、滚钟口（小口子）景区、拜寺口（亦称百寺口）景区、贺兰山岩画景区、镇北堡西部影视城景区、苏峪口国家森林公园景区、鹿盘寺、大武口森林公园、北武当地质公园等。随着人民生活水平的提高，旅游业不断升温，各旅游景区不断开发新的旅游景点、新的旅游项目和旅游产品。

作为国内外知名的中国最佳酿酒葡萄和葡萄酒产区，贺兰山东麓是整个宁夏旅游资源品质最好、集中度最高的区域，也是发展比较成熟、对外最具吸引力的旅游区域。贺兰山东麓旅游景观带自西向东延伸至黄河以东，自北向南延伸至青铜峡南端。已推出了以西夏陵景区、镇北堡西部影视城、贺兰山岩画等为代表的成熟旅游产品，成为宁夏的标志性旅游区域。贺兰山东麓积温高，降水少，光照充足，土壤通透，微量元素丰富，独特的风土条件，使贺兰山东麓成为国际和国内公认的最适宜种植优质酿酒葡萄的“黄金地带”之一。这里种植的葡萄，具有香气发育完全、色素形成良好、

①孙生玉. 贺兰山志［M］. 宁夏人民出版社，2007：55

含糖量高、含酸量适中、无病虫害、无污染、品质优良的自然优势，是世界上少有的能生产高端葡萄酒的产区之一。各大葡萄酒品牌纷纷“抢滩登陆”，张裕、长城、王朝、威龙等国内葡萄酒知名企业纷至沓来，轩尼诗、保罗力加等国际葡萄酒企业亦纷纷跟进建基地、建酒厂。贺兰山东麓葡萄文化旅游将全新打造集酒庄休闲、葡萄酒体验、文化体验、古镇休闲、康体运动、高端度假等功能于一体的综合型旅游目的地，成为未来宁夏发展旅游的新天地。

20 世纪 80 年代中期，宁夏旅游业还处于萌芽状态。整个“七五”期间宁夏旅游业创汇不足 70 万美元。1982 年，贺兰山中段的三关口至苦水沟被划定为自治区级自然保护区，1988 年，国务院批准东起贺兰山东麓、南至甘沟、西至分水岭、北至汝箕沟等区域为国家级自然保护区，面积 6.1 万公顷。1993 年，经阿拉善盟行政公署批准，成立内蒙古贺兰山国家级自然保护区管理局；1995 年，加入中国人与生物圈保护区网络；2003 年，国务院批准将宁夏贺兰山国家级自然保护区总面积扩大到 20.6 万公顷。从 2000 年开始，宁夏已经连续成功举办了银川国际摩托旅游节，不少市县和景区还根据本地的特色推出了区域性的旅游节庆活动，如石嘴山九九重阳文化旅游节、吴忠高峡平湖漂流节等。贺兰山举办的冰雪旅游节，促进了冬季旅游市场的繁荣。

自 2000 年以后，随着旅游业受到自治区党委、政府的高度重视，在旅游部门制定宁夏旅游业总体发展规划之后，贺兰山旅游业进入了发展的快车道。节庆产品的推出是“十五”期间贺兰山旅游业蓬勃发展的又一标志。2004 年，银川市人民政府发布《关于加快沿山（贺兰山）沿河（黄河）生态旅游带开发建设的若干规定》，系统规划了沿山沿河地区旅游带开发的基本原则、发展目标和方向。2005 年，编制了《宁夏贺兰山东麓文化旅游带发展战略规划》《宁夏旅游业发展第十一个五年规划纲要》。旅游发展的态势由过去的“北温南冷，中部不发育”变为“北热南温，中部出现转机”的局面。2008 年 9 月，《国务院关于进一步促进宁夏经济社会发展的若干意见》明确提出对宁夏地区加快发展旅游和金融等服务业，支持重点旅游景区的建设，将宁夏建成西部独具特色的旅游目的地。“十二五”初期，宁夏积极发展文化旅游产业，进一步深掘贺兰山旅游文化内涵，并编制完成了《贺兰山东麓葡萄文化长廊旅游规划》。2017 年，自治区文旅厅主持编制了《宁夏回族自治区“十三五”全域旅游发展规划》，融合文化、农业、工业、体育、地产、水利、林业、商贸等多产业、多行业，构建以旅游业为引领，具有现代服务业特征的新兴产业体系。

（二）贺兰山东麓旅游业 SWOT 分析

SWOT 分析法又称为态势分析法、威胁分析法或自我诊断分析法，是一种成熟的策略选择分析法。SWOT 由优势（Strengths）、劣势（Weaknesses）、机遇（Opportunities）、威胁（Threats）4 个英文单词第一个字母组成，它是将与研究对象密切相关的各种优势、劣势、机遇和威胁等，通过调查列举出来，并依据形式排列，然后用系统分析的思想，把各种因素相互匹配起来加以分析，从中得出一系列相应的结论。基于 SWOT 矩阵的分析原理，建立贺兰山旅游业 SWOT 分析框架，并进行外部环境因素（机遇因素和威胁因素）和内部环境因素（优势因素和劣势因素）分析。

1. 贺兰山旅游业发展优势分析

旅游资源丰富，特色明显。良好的生态环境是旅游景区生存和发展的基础，为游客提供优质旅游体验效用则是景区竞争优势的根本来源①。贺兰山生态环境优美，旅游资源丰富：集森林景观、矿藏景观、岩画景观与西夏文化于一体。此外，贺兰山还具有重要的水源涵养、防风固沙、水土保持功能，发挥着巨大的生态、社会和经济效益。

葡萄酒产业与葡萄酒文化。贺兰山东麓以良好的气候条件、独特的地理环境、肥沃的土壤优势，成为全国 4 个“葡萄酒地理标志产品开发区”之一。积淀了贺兰山葡萄酒文化。近年来兴起的葡萄酒庄文化旅游，从品酒、赏酒、美食以及游览参观酒厂周围风景，到了解葡萄酒地区的文化和生活方式等一系列娱乐活动，使旅游者获得休闲游憩体验和经历。葡萄酒产业已经成为宁夏最具有区域优势的特色产业之一。形成了以银川市、青

①李慧，聂寒玉，靳梦菲.生态旅游景区产品创新对游客体验的影响研究——基于模糊集定性比较分析［J］.生态经济，2020，36（12）:112—117

铜峡市、农垦农场、永宁县、红寺堡为主体的产业带。近些年来，贺兰山东麓产区的影响力、产业带动力、市场竞争力不断提升，已经成为宁夏独具特色的“紫色名片”，成为引领旅游发展新的增长点。

便捷交通与智慧旅游。贺兰山旅游带靠近银川市区，距银川市火车站、机场均不远，离银川市区车程1小时左右，各景点均有公交车抵达。此外，电子商务环境的发展为旅游业快速发展提供了公开化、透明化和方便快捷的新平台。贺兰山旅游积极应对信息化、“互联网+”为传统旅游产业带来的机遇与挑战，以推进智慧旅游建设为主线，充分发挥信息化对宁夏旅游产业发展的支撑与引领作用，推动贺兰山旅游产业综合竞争力全面提升。智慧旅游系统的应用为贺兰山旅游业向更高质量发展提供了很好的技术支持。

2. 贺兰山旅游业发展劣势分析

开矿、采石使贺兰山植被遭到破坏。贺兰山既是一个天然的生态屏障，又是一个储量丰、品种多的矿藏资源宝库，在宁夏已列入矿产平衡表的17种矿产中，产于贺兰山的占10种，其中煤、磷、硅石、石灰岩和白云岩、黏土储量较多。长期的资源开发和布局，导致生态环境破坏严重，受建设需求和利益驱使，乱采滥挖、乱开山炸石、排渣现象非常严重，使本来生境非常脆弱的贺兰山植被遭到毁灭性的破坏，特别是汝箕沟以北地区破坏最为严重。据统计，20世纪70年代贺兰山上仅有几十家煤矿、磷矿、硅矿等企业。进入80年代，在贺兰山开矿、采石的企业越来越多，在石炭井面积4平方公里的大磴沟南北两侧聚集了50家洗煤、储煤、煤矿企业，2000年已达到一百多家。多年过量开采和露天作业，导致贺兰山废渣堆积，矿坑遍布，生态功能遭到巨大破坏。特别是山体的陡立面裸露严重，不仅恢复治理难度大，而且影响整个生态景观。由于长期以来的粗放式发展，贺兰山国家级自然保护区内资源掠夺式开发、工程违规建设、矿业无序发展等行为屡禁不止，对贺兰山生态环境造成巨大破坏，给生态治理修复带来了很大的挑战。

旅游给生态环境带来的压力。苏峪口国家森林公园位于贺兰山国家级自然保护区核心区的苏峪口沟内，占地面积9200公顷，主要以科研、教学、生态旅游、避暑为内容。森林公园内集吃、住、游、玩于一体，水电设施齐全。旅游是对资源消耗的一种替代方式，同样会给资源与环境带来负面影响。另外，滚钟口旅游区和贺兰山岩画旅游区分属不同机构管理，这种条块分割的行政现象进入到自然保护区来，对生态环境的干扰较大。

地下水的开采对生态环境的影响。自 20 世纪 80 年代以来，沿山公路两侧土地大面积的开发，加上城市、乡镇人口数量的增加，贺兰山洪积扇下打井采水的单位越来越多，造成地下水位急剧下降。据资料记载：六七十年代，贺兰山自然保护区大小沟道基本都有水流，有的沟道水流较大，不但解决了沿山部分乡村人畜饮水问题，还灌溉了上万亩农田，如大水沟、小水沟、插旗口、苏峪口等沟道。如今贺兰山上的大小沟道水流全部减少，有的已干涸。除全球气候变暖因素，人们无序开采地下水也是造成贺兰山大小沟道水流减少的原因。

旅游产品开发单一。贺兰山有着极为丰富的历史文化积淀和文化遗址遗产，是发展文化旅游产业的宝贵资源和坚实依托。但长期受到传统理念的影响和经营策划水平的限制，使得许多文化旅游资源的深刻内涵未能得到有效挖掘，资源利用水平低。文化旅游产品的开发利用目前仍然处于粗放经营阶段，对文化旅游产品深层次挖掘不足，缺乏文化品位和文化内涵，且制作精细化程度低，缺少个性与特色。

3. 贺兰山旅游业发展机遇分析

国家与地方的政策支持。依托国家近年来非常关注西部生态敏感性地区及欠发达地区城乡统筹发展的现实背景，贺兰山地区是我国重要的山地生态安全格局保障区，具有独特的地方特色。近年来，无论是在国家层面还是地方层面都比较重视和关注贺兰山东麓地区的发展问题。

宁夏于 2017 年 5 月正式打响贺兰山生态保卫战，从排查清理生态破坏问题、持续开展生态治理修复、加强保护与发展统筹、严格生态环境监管执法等多方面，全面推进生态环境综合整治，努力促进生态保护与产业协同发展。制订《贺兰山国家级自然保护区生态环境综合整治推进工作方案》和财力保障、保证金退还、阶段性验收要求等“1+8”配套政策，全力支持贺兰山保护区生态。2018 年，宁夏下达 2019 年重点生态修复保护治理项目资金，正式启动宁夏贺兰山东麓山水林田湖草生态保护修复工程试点项目；2019 年 5 月，宁夏印发《贺兰山生态环境综合整治修复工作方案》，要求建立贺兰山生态环境保护长效机制，逐步恢复贺兰山自然生态本底。截至 2020 年，宁夏贺兰山生态环境综合治理工程治理修复面积达 200 平方公里，生态环境正得到显著改善。自治区自然资源厅已编制完成《贺兰山生态环境保护治理专项规划（2020—2025 年）》，谋划生态保护治理修复建设项目 35 个，建设规模 8.24 万公顷。宁夏将以“三山”规划为抓手，启动实施一批生态保护、治理、修复、建设项目，恢复自然保护区生态功能，守好改善生态环境的生命线，筑牢西部生态安全屏障。2020 年 6 月 9 日，习近平总书记来到宁夏，再次强调贺兰山的生态安全重要性，使贺兰山的生态保护与修复再次成为关注焦点。此外，为了更好促进贺兰山旅游业的发展，开展了一系列关于贺兰山生态修复、综合管理和矿山转型发展的学术年会。这都为贺兰山后期的发展提供了良好的契机。

生态旅游新机遇。世界自然保护联盟（IUCN）于 1983 年首先提出生态旅游一词，1993 年国际生态旅游协会认为生态旅游是指具有保护自然环境和维护当地人民生活双重责任的旅游活动。生态旅游是当前旅游业发展的新趋势，其以经济效益、生态效益和社会效益协调发展为目标，是旅游业实现可持续发展的必然选择。近年来，生态旅游作为一种特殊的旅游类型，呈迅猛发展态势，尤其是森林资源和旅游资源比较丰富的地区。贺兰山以其丰富的旅游资源，依托良好的自然生态环境和独特的人文生态系统，应采取生态友好方式，开展以生态体验、生态教育、生态认知、科考等为主要方式的生态旅游，让游客获得身心愉悦的体验。

4. 贺兰山旅游业发展威胁分析

经营管理水平与融资环境。贺兰山旅游业在发展动力上不足，还没有形成完善的多方投资系统，且社会资本偏少，资金短缺使得部分古建筑的修缮保护与管理经费不足、旅游宣传力度不够等；此外，管理和服务水平低，主要表现为旅游专业人员不足，从业人员素质普遍不高等。

缺乏新兴业态。贺兰山旅游以观光旅游为主，相对缺乏体验型、度假型旅游产品，在住宿、餐饮、购物、娱乐等方面档次较低，缺乏特色。产业要素不完善，导致无法有效延长游客停留时间。此外，贺兰山旅游新业态发育不足，与交通、文化、体育、养老、农业、教育等相关产业的融合不足，与相关产业的资源性、生产性与服务性融合有待加强。

季节性制约。宁夏位于中国季风区的西缘，夏季受东南季风影响，冬季受西北季风影响大。四季分明，春天暖得快，秋天凉得早。5—10 月气候宜人，是旅游观光的黄金季节。由于季节性的制约，贺兰山冬季旅游项目较少，吸引力较低，成为威胁贺兰山旅游业发展的重要因素。

通过上述对贺兰山旅游业现状的 SWOT 分析，结合当下旅游业在开展过程中的主要问题，对贺兰山旅游业的开发与管理提出如下旅游战略选择。

SO 战略分析：借助国家和地方政府政策支持，放大贺兰山东麓葡萄酒产业优势，提升品牌价值，把贺兰山东麓打造成“葡萄酒之都”。重点挖掘贺兰山旅游资源优势，推动旅游与康养、教育、科考、生态等产业深度融合发展，促成生态旅游+产业模式的形成。借助智慧旅游平台，完善贺兰山各景区智慧服务功能，提升游客使用满意度。此外，利用旅游院校、培训班、专题讲座、学术会议等各种形式及引进人才、派出学习等办法培养生态旅游方面的高素质的专业管理人才和服务人才，为生态旅游可持续发展提供人才保障。

WO 战略分析：在贺兰山国家级自然保护区生态环境综合整治推进过程中，排查清理生态破坏问题，持续开展生态治理修复，加强保护与发展统筹，严格生态环境监管执法等，全面推进生态环境综合整治，提升贺兰山生态环境质量。融合良好的生态环境与优质旅游资源，促进生态保护与产业协同发展，推动农村田园景观、游览、观赏、科考、探险、狩猎、垂钓、田园采摘及生态农业等方式的旅游产品输出。

ST 战略分析：生态旅游应该在当地居民参与管理的基础上，建立社区共管模式，促进当地经济发展。进一步完善融资环境，打造多样化旅游服务，攻克贺兰山冬季旅游制约。

WT 战略分析：减少劣势，回避威胁。

二、贺兰山东麓文化旅游产业中长期发展预测

贺兰山东麓是银川都市圈旅游带建设与宁夏文化和旅游发展的主阵地。近年来，民俗文化旅游产品开发营销不断加强，客源地影响力逐步扩大。随着旅游业的快速发展，一些企业资本和个人民间资金也投入民俗文化旅游，将民俗类非物质文化、地方历史文化遗产融入旅游业，以民俗特色为题材的演艺节目进景区演出成为常态。此外，更多的旅游景区开始打造各具特色的民俗文化旅游产品，初步打开了民俗文化旅游消费市场。同时，宁夏贺兰山东麓以民俗体验旅游为代表的乡村旅游业也逐步发展壮大，有力地促进了民俗文化旅游的发展。

贺兰山东麓的旅游人数主要集中在银川市、石嘴山市和吴忠市。以该三市 2007—2021 年旅游人数与收入为基本数据（见表 1、表 2），利用 GM（1，1）模型进行 2022—2025 年贺兰山东麓旅游人数及其收入变化的预测。

表 1　2007—2021 年贺兰山东麓旅游接待人数及各市接待人数占比

年份＼区域	银川市		石嘴山市		吴忠市	
	旅游接待人数（万人）	占比（%）	旅游接待人数（万人）	占比（%）	旅游接待人数（万人）	占比（%）
2007	246.93	50.61	123.91	25.39	117.11	24.00
2008	277.31	52.21	126.81	23.88	127.00	23.91
2009	329.90	53.37	143.60	23.23	144.60	23.39
2010	395.70	56.44	154.60	22.05	150.80	21.51
2011	461.36	57.06	182.70	22.60	164.48	20.34
2012	530.75	57.37	208.40	22.53	185.93	20.10
2013	798.61	61.61	252.83	19.50	244.84	18.89
2014	669.46	58.57	245.54	21.48	227.95	19.94
2015	741.36	59.28	261.70	20.98	247.46	19.79
2016	869.52	60.22	285.91	19.80	288.58	19.98
2017	1283.90	61.63	327.42	15.72	471.87	22.65
2018	1404.40	61.84	350.75	15.44	516.00	22.72
2019	1655.19	58.92	397.65	14.16	756.34	26.92
2020	1680.47	69.29	237.32	9.78	507.55	20.93
2021	1918.64	70.00	438.48	10.00	876.96	20.00

因新冠肺炎疫情影响，从 2020 年和 2021 年银川市和石嘴山市旅游接待人数及人数占比数据变化可知，银川市:石嘴山市:吴忠市旅游人数占比约为 70:10:20，根据 2020—2021 年银川市和石嘴山市旅游人数增长比例，推断吴忠市 2022 年旅游人数。在旅游收入基础数据统计中，缺失石嘴山市和吴忠市 2020 年和 2021 年的外汇收入数据，主要通过纵向增长速率大小不变和横向比例不变的方法综合确定。

表 2　2007—2021 年贺兰山东麓旅游收入

区域 / 年份	银川市		石嘴山市		吴忠市	
	国内旅游收入（亿元）	外汇收入（万美元）	国内旅游收入（亿元）	外汇收入（万美元）	国内旅游收入（亿元）	外汇收入（万美元）
2007	16.49	221.45	3.37	8.87	3.57	4.04
2008	21.53	224.29	4.56	19.25	4.81	7.17
2009	28.30	340.80	5.10	14.60	7.30	9.6
2010	36.50	506.80	7.00	19.7	7.90	15.2
2011	46.70	488.23	9.44	17.6	9.11	27.43
2012	58.51	405.16	11.28	22.7	10.75	44.97
2013	73.11	874.51	13.24	35.5	12.77	56.71
2014	82.02	1400.15	14.51	31.86	13.8	46.8
2015	93.40	1514.36	15.91	40.82	15.08	74.72
2016	111.97	2806.41	19.48	65.06	19.18	113.74
2017	149.53	2558.33	23.90	53.88	33.17	88.41
2018	148.26	3338.41	22.69	79.33	35.50	374.91
2019	170.74	4050.00	24.55	98.93	42.98	169.40
2020	113.65	272.63	15.29	4.26	24.41	8.52
2021	125.38	298.24	28.23	7.56	43.93	15.34

灰色系统的 GM（1，1）模型实质上是一种三参数指数模型，在求解过程中将其转换为现行模型，然后利用最小二乘法估算模型参数。GM（1，1）模型的参数估算主要借助于矩阵乘法运算，考虑到模型在求解过程中采用了基于线性关系的最小二乘技术，因此借助一元线性回归分析估算模型参数，并对模型的适宜性和拟合效果进行了检验。

采用 excel 进行 GM（1，1）模型的预测计算，参数估计和模型建设可分为以下几个步骤完成。第一步：数据的预备工作中。主要分为数据的累加生成和累加生成数据的移动平均计算并给出常对应的向量。

第二步：进行最小二成运算。主要包括计算矩阵 BTB 和逆矩阵（BTB）$^{-1}$；再进行向量 BTy 的计算；最后计算向量（BTB）$^{-1}$BTy 的结果，由计算结果确定 GM（1，1）模型的参数估计值 a、u 和 u/a（运算略）。

为了验证计算结果的准确性，同时采用回归方程对第二步进行验证。(见图 1)

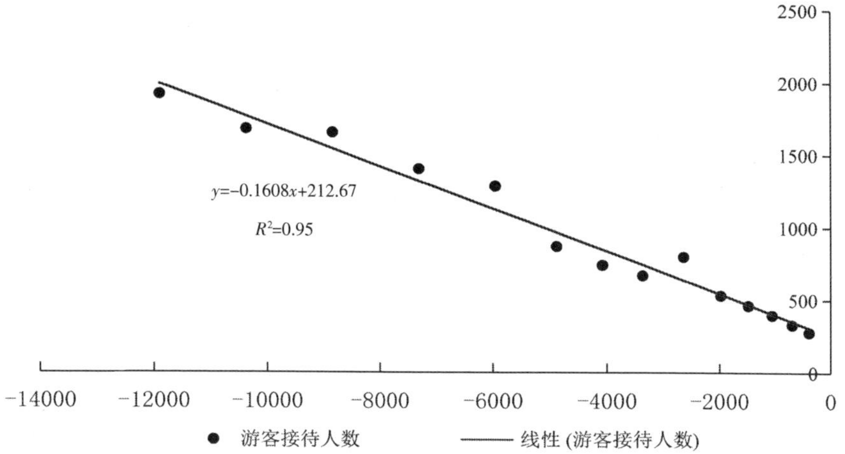

图 1　一元线性回归图与回归统计数据

第三步：建设模型。主要是将上面确定的参数估计结果赋予 GM（1，1）模型。

$$\hat{x}_t^{(1)} \ll (x_0^{(0)} \quad \frac{u}{a})e^{\ at} \quad \frac{u}{a}$$

第四步：预测与检验。有了赋予参数的模型，就可以进行预测分析。具体将年份变为从 0 开始的时序，计算累加数据预测值的递减还原，再计算累加数据的预测值。对于贺兰山东麓旅游人数与旅游收入的预测，除吴忠市国外旅游外汇收入拟合精度为 80%以外，其余预测拟合精度均大于 93%。因此，认为 GM（1，1）模型适用于本次预测。银川市、石嘴山市和吴忠市旅游人数预测图（见图 2），由于计算量较大，文中略去一些计算过程。

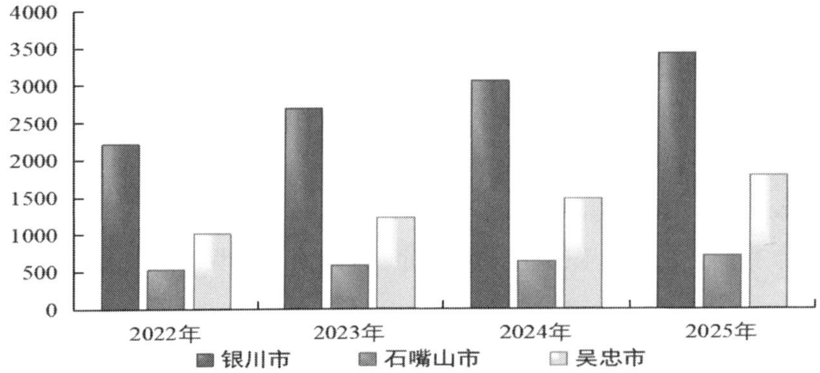

图 2　2022—2025 年贺兰山东麓旅游接待人数规模预测（万人）

从预测结果来看，在贺兰山东麓地带，银川市旅游接待人数最多，其次是吴忠市，石嘴山最少，主要由各行政区内的旅游景点数量及景点规模引起。各市在后期发展中应该整合景区现有优势，完善景区基础服务设施，打造特色文化、饮食、娱乐设施的建设，注重游客意见反馈，提高导游服务水平，完备安全保障制度等。

三、贺兰山东麓文化旅游业对生物多样性的影响

生物多样性是指地球上所有生物——动物、植物、微生物和它们所拥有的基因与周边环境形成的生态复合体以及与此相关的各种生态过程的总和，是人类赖以生存的条件，是经济社会可持续发展的基础，是生态安全和粮食安全的保障。[①]贺兰山物种资源多样，矿产资源丰富，是我国重要自然地理分界线和西北重要生态安全屏障，维系着西北至黄淮地区气候分布和生态格局，守护着西北、华北生态安全，对我国生态安全和经济发展具有重要意义。在维持区域气候，保护水源、土壤和维护正常的生态学过程中发挥着极其重要的作用。贺兰山东麓旅游资源，以苏峪口国家森林公园，滚钟口、拜寺口旅游景区为主。由于贺兰山生态环境脆弱敏感，且肩负极重要的生态意义，因此，适度发展旅游业是促进生物多样性保护的有效手

①彭荣胜.旅游产业发展与生物多样性保护协调发展路径研究［J］.理论与改革，2012（1）:149—151

段，但不当或过度的旅游活动也会对生物多样性造成严重威胁。①

（一）贺兰山旅游资源多样性特征

贺兰山拥有丰富的生物资源，被列为我国六大生物多样性保护的热点地区之一，也是我国北方地区唯一的生物多样性中心②。贺兰山的生物多样性主要从景观多样性、植被类型多样性、物种多样性和文化多样性 4 个方面来表征。

景观多样性：贺兰山旅游景观集岩画、古塔、寺庙、密林等于一体，景观资源丰富。此外，贺兰山东麓旅游资源十分丰富，是宁夏的黄金旅游线路。主要有中国各个时期的长城遗址，有古老神奇的冰川地貌、完整的原始森林垂直分布景观、雄伟险秀的山麓地貌、珍稀特有的野生动植物资源，自然景观和人文景观等诸多景观交相辉映，构成了贺兰山东麓旅游资源的精粹。

植被类型多样性：贺兰山自然条件和植物区系组成复杂，形成了丰富多彩的山地植被类型，可划分为 11 个植被型 69 个群系。主要包括寒温性针叶林、温性针叶林、针阔混交林、落叶阔（小）叶林、疏林、常绿针叶灌丛、落叶阔（小）叶灌丛、旱生灌丛、草原、荒漠、草甸、水生、沼生植被。贺兰山海拔较高，植被垂直分异明显且带谱复杂，按植被型划分为 4 个植被垂直带，从低到高依次是：山前荒漠与荒漠草原带——山麓与低山草原、灌丛带——中山针叶林带——高山或亚高山灌丛、草甸带。植被景观主要有森林景观、灌丛景观、草原景观、荒漠景观。

物种多样性：贺兰山内分布有脊椎动物 5 纲 24 目 56 科 218 种，其中国家一级保护动物有黑鹳、金雕、白尾海雕、大鸨、马麝等，国家二级保护动物有蓝马鸡、岩羊、马鹿等。国家重点保护脊椎动物有 40 多种，自治区级保护动物有 27 种，其中Ⅰ级保护动物 8 种，Ⅱ 级保护动物 32 种。植被类型多样，植物种类丰富，有野生维管植物 624 种，隶属 83 科 330 属，

---

①彭荣胜.淮河源旅游产业发展对生物多样性保护的影响研究［J］.生态经济，2012（7）:157—160

②王小明.宁夏贺兰山国家级自然保护区综合科学考察［M］.阳光出版社，2011

其中药用植物约310种，饲用植物约140种，可供造林治荒、保水治沙的本土树种约70种，可供绿化观赏的植物约100种。

文化多样性：观光农业是展示生物多样性和文化多样性密切结合的场所。贺兰山东麓葡萄种植与生态农业种植及养殖都渗透着不同的民俗文化、自然生态文化、历史人文文化和社会文化。此外，岩画文化、黄河文化、长城文化、古人类文化、沙漠文化、影视文化底蕴深厚。

（二）贺兰山文化旅游对生物多样性的影响

旅游基础设施建设对生物多样性的影响。为了完善旅游业的服务设施，更多旅游接待设施、旅游交通设施、旅游活动设施（场地）的建设，改变了土地的利用方式，使景观格局发生变化，从而使天然的生态系统被切割、生态廊道被打断，直接妨碍各种动物的正常活动和动物类群间的基因交流，也间接造成生态系统不稳定、土壤养分流失等结果，并有可能造成沿路的环境污染以及产生火灾的可能性①，旅游基础设施建设对生物多样性的影响在我国西部地区表现尤为突出②。

旅游活动对生物多样性的影响。由于贺兰山本身生态较脆弱，随着游人数量的增多，旅游活动对生物多样性的影响主要表现如下。旅游践踏：旅游的无序穿行、露营、山地车辆碾轧等行为对土壤、植被、土壤微生物都产生直接的影响，有机质和N、P、K流失，土壤的微生物量和土壤酶的活性都降低③，进而影响到植物的开花结实与更新，导致生物量产量下降。加之贺兰山生态脆弱，被影响的植物又难以较快恢复，加剧了生物多样性保护的困难。旅游惊扰对动物的影响。野生动物观赏、徒步、摄影、野营和电瓶车观光等各种旅游活动都对区域内的野生动物产生不同程度的惊扰，对野生动物的行为、生理、繁殖、种群动态和种类

①鲁春霞，谢高地，李双成，等.青藏铁路沿线土壤重金属的分布规律初探［J］.生态环境，2004，13（4）:546—548

②张怀科，成鸿飞，朱云，等.108国道秦岭隧道区域大熊猫栖息地现状及保护策略［J］.陕西师范大学学报（自然科学版），2007（35）:116—119

③石强，廖科，钟林生.旅游活动对植被的影响研究综述［J］.浙江林学院学报，2006，23（2）:217—223

组成都产生影响[①]。此外，由于人类的过多介入，个别生物的生存环境亦受到威胁，如由于过度采食，贺兰山野生蘑菇数量锐减。其他旅游活动的影响。游客的采摘行为、刻画行为等都会导致旅游区观赏性较强的植物数量减少。

社会经济变化对生物多样性的影响。旅游的发展必然带来社会和经济的变化，而这种变化作用于自然环境和生物多样性主要表现为积极影响、消极影响以及消极和积极影响交织的情况。对生物多样性的消极影响。受经济利益的驱使，在缺乏有效管理和监督的情况下，旅游景区可能发生无序化发展以及景区之间的恶意竞争。如曾经一度，当地居民大量采集贺兰山野生蘑菇、偷猎岩羊等行为，都会严重损害当地生物多样性。对生物多样性的积极影响。旅游发展可为当地居民提供就业机会，增加社区居民的收入，从而增强当地居民的自然保护意识，减缓其对自然资源的依赖程度，因此使生物多样性得到更好保护。但由于旅游业发展面小，涵盖居民数量少，当地居民获得的经济利益有限，经济利益的获得与生物多样性的保护缺乏直接联系等因素，旅游经济的发展对生物多样性的保护作用很有限[②]。

总之，不能因为旅游对生物多样性的消极影响，就不发展旅游，而是要通过变化方式、改变思路来发展旅游业，做生态旅游。通过各种活动、宣传和具体的引导措施，让人们在旅游的过程中尊重生态环境，并用旅游收入反哺生物多样性的建设。

（三）贺兰山岩羊与雪豹生存分析

雪豹属于国家一级保护野生动物，起源于青藏高原，分布在人迹罕至的中亚各大山系，是生物多样性丧失指示物种，具有重要的保护和科研价值[③]，探讨贺兰山引入雪豹的可能性及其对旅游业的影响具有重要的理论与

①王四海，杨宇明，叶文，等.旅游发展对生物多样性的影响［J］.安徽农业科学，2010，38（12）:6576—6579

②马骏.基于生态环境阈限与旅游承载力背景下生物多样性保护策略研究——以世界自然遗产武陵源核心景区为例［J］.经济地理，2016，36（4）:195—202

③徐峰，马鸣，殷守敬，等.雪豹栖息地选择研究初报［J］.干旱区研究，2006，23(3)：471—474

现实意义。

雪豹体长110—130厘米，肩宽55—60厘米，尾长80—110厘米，体重38—55千克，雄性略大于雌性[①]。世界自然保护联盟在2017年将雪豹重新界定为易危（VU）物种，当前全球雪豹数量为4678—8745只（Hussain，2003），中国境内雪豹适宜栖息地面积约占全球的60%（Riordan and Shi，2010，2016）。

影响雪豹生存的主要因素。栖息地：栖息地是动物赖以生存的场所，是维持其正常生命活动环境的总和（Block and Brennan，1993）。雪豹作为高海拔生态系统的重要组成部分，对于维持生态系统的平衡起着至关重要的作用。对雪豹栖息地选择的研究表明：雪豹对栖息地植被类型的选择倾向于灌丛与高山草甸，对生境的选择倾向于陡峭、崎岖的山脊、峡谷和破碎的悬崖区域[②]，其中崎岖度大于70和海拔1700—2900米是雪豹出现频率最高的地区[③]。对于生境海拔的要求：雪豹在海拔2000—4500米均有分布，随季节的变化在不同海拔活动，当处于2000—3000米时，多选择谷底；当处于3000—4500米时，多选择在山坡与山脊，且多利用阳坡而避开阴坡。食源组成：雪豹作为一种高海拔生存的大型猫科动物，其食物资源远少于其他低海拔物种，因此研究雪豹食物来源对于雪豹自身的存亡及其与同域动物之间的相互关系具有重大的意义。研究发现，我国雪豹的主要食物是岩羊和旱獭。分布区域：目前雪豹在中国主要的分布区域有新疆、青海、甘肃、四川、西藏等地（蒋志刚和徐爱春，2006），在地理位置上均具有连续性。综上可得，不同区域的雪豹选择栖息地时受到的影响因素多种多样，主要可归两大类：第一类为栖息地的自然条件，如地形、海拔、降水量和积雪覆盖度、距河流距离和年平均温度等；第二类为猎物的可获得性和人

①唐卓.利用红外相机研究卧龙雪豹和绿尾虹雉及其同域野生动物［D］.清华大学，2016

②JACKSON R. Snow leopard status， distribution and protected areas coverage［J］. Contributed Papers to the Snow Leopard Survival Strategy Summit，2002:79—103

③马兵，潘国梁，李雷光，等.天山中部雪豹栖息地适宜性研究初报［J］.兽类学报，2020，41（1）:1—10

类活动等生物因素。贺兰山在地理位置上与雪豹现有的分布区域具有连续性特征。

岩羊、马鹿等对自然生态的破坏。岩羊、马鹿等食草类野生动物种群数量增长过快，对贺兰山生态系统造成破坏。目前，贺兰山野生马鹿、岩羊等食草类动物基数大，增长率高，喜食灌木枝叶和草本植物。而贺兰山为石质山地，土地瘠薄，多岩石裸露，植被类型较简单，植被覆盖度低，为野生动物所能提供的食物很有限，不能满足野生动物种群数量的迅速增长，若无天敌控制，贺兰山生态环境将会有更大的威胁①。

贺兰山生境适合雪豹生存。贺兰山的海拔和地理气候正好适合雪豹生存对于环境的要求。此外，贺兰山作为自然保护区，人类干扰较小，猎物种群如岩羊、马鹿数量多、增长较快，贺兰山在物质方面为身处生态系统食物链顶端的雪豹提供了生存空间和条件。此外，人类活动的分布对雪豹栖息地的分布也存在不可忽略的影响。贺兰山保护区人类活动在逐年减少，贺兰山生态修复工程的逐年推进，大型的生态围网将人与雪豹分离，既保护了雪豹，也确保了雪豹假如伤人的隔离保护围网，为雪豹的后续生存提供了保障。

（四）加强对贺兰山区域雪豹保护的建议

据相关权威报道，非常可喜的是，国家林草局将一只内蒙古群众发现的雪豹，放归到贺兰山内蒙古段哈拉乌北沟林区。两个多月后，研究人员在林区附近发现了疑似雪豹捕食岩羊后留下的残骸、粪便和毛发，在这只雪豹被放归的两个多月间，研究人员发现它经常往返于贺兰山内蒙古段与宁夏段。同时还发现贺兰山区域有两只雪豹在此地栖息。

加强区域合作。雪豹在我国主要分布于四川、新疆、西藏、青海、甘肃等地（刘沿江等，2019），在地理位置上均具有连续性，但目前雪豹生态与保护的研究工作，彼此之间联系不够紧密，各地区均未建立持续或者定期的监测机制，方法与标准亦难以统一，导致今后很难在更大尺度上开展

---

①曹吉章，胡天华.加强宁夏贺兰山生态环境保护与建设的思考［J］.宁夏农林科技，2002（2）:47—49

相应的研究工作，从而很难为更大尺度上的雪豹保护政策制定提供科学依据[①]。因此，为了实现更为深入的雪豹生态与保护研究目的，不同地区的研究者应加强合作与交流，共同搭建研究平台，推动数据共享。

完善雪豹保护制度。雪豹与当地社区之间可能存在的冲突需要提前思考，并制定完善的保护政策。如制定良好的赔偿制度与激励政策等，促进雪豹的保护与可持续发展。近年来，由于人类活动的影响，全球气候变化加剧（Forrestetal.，2012），雪豹所分布的高山生态系统植被单一，抵抗力、稳定性较弱，对气候变化敏感，气候变化极有可能成为未来影响雪豹生存的重要因素，必须从以下几个方面格外注意：一是提升基层保护部门能力，开展综合能力建设系列配备，针对不同管理层级设定培训内容；二是关注气候变化对雪豹保护工作的影响；三是加强当地社区保护动力，建设社区保护示范地；四是栖息地的破碎化对雪豹保护带来负面影响。

雪豹种群发展建议。保护区可利用自身良好的气候条件，在适宜区域建立雪豹培育中心，通过与国际、国内雪豹基金会、有繁育经验的动物园及科研部门合作，引进人才、技术和资金，积极开展雪豹的人工繁育，通过主动繁殖与被动保护相结合，促进雪豹种群的发展。此外，对于濒危物种，首先要摸清分布与数量，进行种群动态监测、繁殖存活率、栖息地选择、生存状况、食物资源、保护区建设、环境破坏及面临威胁的调查与分析，为管理者或管理部门提出具体保护措施、解决方案和行动计划，协同做好雪豹的保护工作。

四、增强贺兰山文化旅游业与周边社区关系的建议

贺兰山旅游业的发展为周边社区经济发展和居民生活质量改善带来许多正面的影响，如提供更多的工作机会、更多的商业机会、更多的娱乐、新的商业中心、旅馆和饭店。但贺兰山旅游业的发展主要是基于自然环境的旅游，因此，不当的旅游开放与经营方式可能会给周边社区发展带来负面影响，如环境承载力下降，自然环境恶化等。此外，随着旅游业的发展，

①洪洋，张晋东，王玉君.雪豹生态与保护研究现状探讨［J］.四川动物，2020，39（6）:711—720

社区居民的关系会淡化，社交活动会减少。为了使旅游业与社区关系呈现良好的互动关系，要做好以下几方面工作。

（一）发展周边社区经济，促进对生物多样性的保护

生态旅游地的发展与周边社区经济发展之间的矛盾冲突长期贯穿于我国旅游业发展实践，良好的互动关系可以促进二者的共同发展。通过生态旅游可以提高社区活跃度，改善社区居民的生活水平。除此之外，吸纳社区居民，共同开展生态旅游管理工作，在提高社区管理人员的组织能力和居民的自我管理水平的基础上，不仅能对生态环境进行更好的保护，而且能够为当地居民提供就业岗位以缓解就业压力，一定程度上可以减少对自然环境的破坏，从而提高第三产业优质化和实现当地特色优质产业的发展，将生态优势转化为带动脱贫的强劲动力。还可以提高人民群众的生活质量与文化水平。从保护自然中寻找发展机遇，实现社区经济增长和生物多样性保护双赢。

（二）增强社区参与，提高旅游业发展感知

贺兰山旅游的发展对当地产生的经济效益、居民可感知的旅游发展影响主要体现在公共设施方面，如基础设施的改善、环境的美化等，但是当地居民的经济收入并未得到很大的改善。使得许多居民认为贺兰山的旅游发展与他们并无太大关联，这导致居民对旅游业发展的关心程度不强。这种社区参与感的缺乏不仅使得旅游发展的红利没有惠及当地的社区居民，也使得游客来到贺兰山旅游区无法与当地居民进行主客互动，无法充分体会到当地的文化内涵，极大地降低了游客的旅游质量，也降低了贺兰山景区对游客的吸引力。旅游目的地社区作为旅游发展过程中的利益相关者，是当地旅游发展的重要组成部分①。考虑社区居民的参与程度，让每个居民能直观感受到旅游发展给他们生活带来的正面影响，就能在一定程度上消除由于旅游带来的其他负面影响，增加社区居民对当地旅游发展的支持感。同时，贺兰山旅游的可持续发展一定要在可持续的生态旅游规划指导下进行，为了让规划内容能更好地反映多方意志，在规划编撰过程中，坚持

①杨俊娴，于巾渌，张璐.都江堰旅游发展中社区问题及对策研究［J］.中国市场，2020（32）:32—33

“开门编规划”，加强政府、专家和群众的多方协作，充分调动多方利益相关群体的积极性，为规划编制提供智力支撑，使规划立足于实际，应群众所盼、解群众所忧，真正做到凝聚众智编规划，使群众参与到规划编制中，有利于群众了解规划，拥护规划的实施，为地区的长远发展建言献策，加强规划的落地性和可操作性。构建生物多样性和文化多样性产业的蓬勃发展，共同制定贺兰山旅游区长远生态发展规划，从顶层设计中协调多方利益，从根本上减少保护与开发、管理层与开发经营、社区居民等之间的矛盾，通过后期的规划更新与评估，及时解决发展中新出现的矛盾问题，促进贺兰山生态旅游带的可持续协调发展。

（三）完善机制，享受生态保护红利

生态旅游的发展，离不开和谐友好的人地关系支撑。政府一方面需要加大环境保护的资金投入，增强当地环境保护政策的宣传力度，发挥群众力量，促进人们知道环境保护理念，人人充当环境保护的践行者；另一方面，要健全全民参与机制，扩宽群众反映环保问题的监督渠道，制定生态环境保护的奖惩制度，调动群众参与的积极性，对破坏生态环境问题、环境突发事件、环境违法问题，及时处理。同时根据财政实际情况适度提高封山禁牧补偿，使居民实实在在享受到生态保护政策带来的红利，通过旅游业的发展，拓宽居民增收渠道，增强居民获得感和幸福感。

（四）产业融合，促进多元化发展

在以上基础上，社区发展应围绕农牧业，加大政策倾斜和扶持力度，强化基础设施建设，集约土地，改进生产方式，提高生产效率和质量，大力发展社区农业合作社等新型经营组织。在立足生态有机农牧业的基础上，依托合作社引导农牧民积极开展有机畜产品、工艺品等生产销售，加强上下游产业链，打造本土特色生态有机品牌，拓展产业范围，完善市场体系建设。同时以“生态资源+生态旅游+生态体验+民族文化”等产业集群结构为基础，打造产业功能、文化功能、旅游功能和社区功能相互融合的园区特色小镇，开展生态民俗体验游，充分调动社区居民的积极性和创造性，提升社区居民本土文化意识，开发民俗体验居等旅游实体。坚持保护、传承、发展并重，大力实施传统工艺振兴计划，壮大和培育具有一定规模的民族手工生产基地，促进产业结构多元化，扩宽居民增收新渠道。

（五）构建智慧旅游平台建设

智慧旅游是一种全新的旅游理念与旅游方式。贺兰山旅游发展中，结合具体的智慧旅游发展措施，在旅游消费层面、旅游经营层面、旅游管理层面通过使用网络手段，减少各类手续和繁琐环节，实现旅游的数字化业务办公。在发展智慧旅游的过程中，要携手政府、网络和社区做好智慧旅游的宣传工作，助力贺兰山旅游的发展。顺应时代发展，借助“互联网+”、VR等新技术，开创贺兰山资源发展新局面，将境内重点旅游景点进行有机整合、巧妙衔接，坚持整体发展布局，突出不同特色，促进资源互补，结合智慧旅游信息服务技术，做好旅游安全保障、旅游互动评价管理等，共同打造特色贺兰山东麓文化生态旅游带。

宁夏实施“双碳”战略研究

陈　蕾

2020年9月，习近平总书记在第七十五届联合国大会上庄严宣告，中国力争于2030年前二氧化碳排放达到峰值、努力争取2060年前实现碳中和。宁夏作为以煤炭为主、倚能倚重的发展中地区，如何在经济持续增长与碳中和之间寻求有效平衡，努力提高能源使用效率，以能源转型促进产业升级，加快高耗能产业转型升级，努力走出一条绿色低碳高质量发展的新路子，实现“双碳”目标，是建设社会主义现代化美丽新宁夏的重要任务。

一、宁夏碳排放现状分析

宁夏产业结构倚重倚能，同时作为西电东送的重要送端，火电仍然是现阶段电力系统的“压舱石”。因此，燃烧化石能源发电以及大型能源化工项目生产产生的碳排放是全区碳排放的主要来源。本文2006—2019年碳排放相关数据来自中国碳核算数据库，2020年数据根据联合国政府间气候变化专门委员会（Intergovernmental Panel on Climate Change，以下简称IPCC）国家温室气体清单指南提供的方法计算得到。

作者简介：陈蕾，宁夏社会科学院综合经济研究所研究实习员，研究方向为经济统计。

（一）宁夏碳排放情况

1. 宁夏碳排放总量变化趋势

2006—2020 年，宁夏碳排放总量从 0.59 亿吨增长到 2.22 亿吨，增长趋势呈现明显的阶段性特征，并且与火力发电量增长趋势基本保持一致。

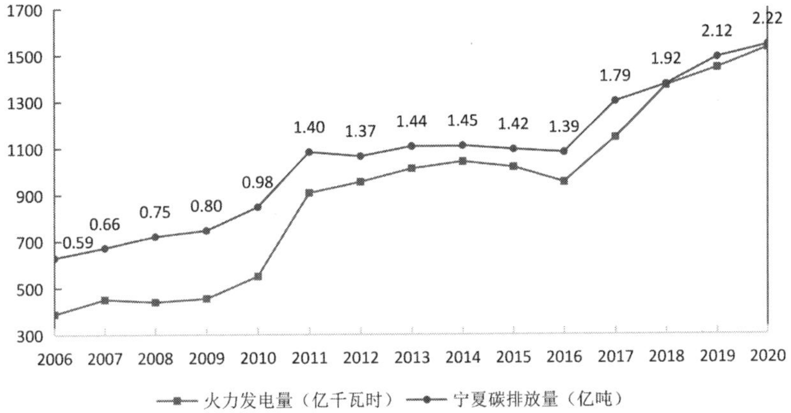

图 1　2006—2020 年宁夏碳排放总量及火力发电变化趋势

2006 年以来，宁夏碳排放总量变化可以划分为三大阶段。

2006—2011 年为增长阶段。“十一五”期间，宁夏碳排放总量增速呈逐年增长趋势，年均增长率为 13.6%。这一时期，宁夏工业发展的重点是扩大煤炭、电力、化工、冶金、轻纺等产业的规模，一大批现代化大型煤矿、火电、煤化工项目建成投运。2010—2011 年先后有 7 个火电项目建成投运，火力发电量直线上升，碳排放增长趋势与之保持一致。

2011—2016 年为平稳阶段。本阶段，碳排放总量基本保持在 1.4 亿吨左右，在 2014 年达到 1.45 亿吨后回落，2016 年下降至 1.39 亿吨。“十二五”期间，碳排放总量年均增长率为 0.4%。这一时期，宁夏通过调整产业结构，提高高耗能、高排放和产能过剩行业准入门槛，淘汰落后产能，优化能源结构，火力发电量增长趋于平缓，碳排放量增速放缓。

2016—2020 年为快速增长阶段。“十三五”期间，受火力发电与大型煤化工项目的双重影响，碳排放总量年均增长率为 12.3%。2017 年前后 13 个火电项目相继建成投运，抬高了宁夏碳排放总量的基数。这一时期，新建成投产的大型化工项目，如国能集团宁夏煤业集团 400 万吨煤炭间接液化及综合配套项目、宁夏宝丰能源集团焦炭气化制 60 万吨/年烯烃项目、中国石化长城能源化工（宁夏）有限公司煤基多联产项目等，也使得碳排放总量增加。

2. 宁夏碳排放强度变化趋势

宁夏碳排放强度 2006—2020 年总体呈现持续下降趋势，从 8.61 吨/万元降至 5.66 吨/万元。“十一五”期间碳排放强度下降 28%，“十二五”期间下降 24%，均超额完成国家下达的碳排放强度下降目标，“十三五”期间碳排放强度增加 13%，与国家下达的碳排放强度下降 17%的目标差距较大。2017 年后，宁夏碳排放强度下降进入平台期。一方面，受当前以火电为主的电力结构的影响，提高了碳排放总量的基数。另一方面，受化工行业具有碳排放强度较高的特征影响。“十三五”期间，宁夏推动现代煤化工发展，神华宁煤 400 万吨煤制油、400 万吨煤炭间接液化项目，中石化煤基多联产一体化项目等先后建成投产，这些大型化工项目不仅增加了碳排放量，也提高了碳排放强度。

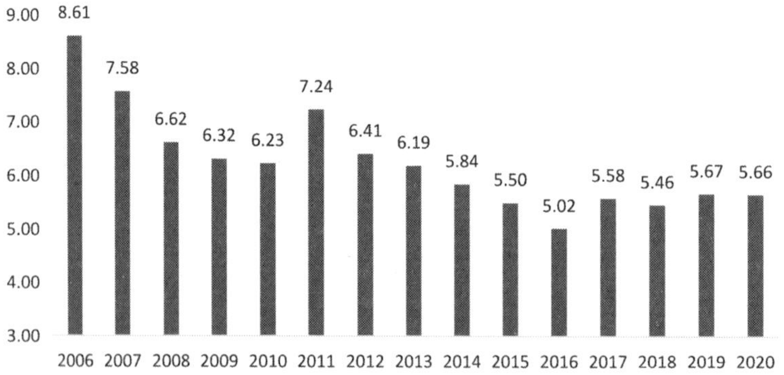

图 2　2006—2020 年宁夏碳排放强度（吨/万元）

（二）宁夏“双碳”特点

1. 宁夏碳排放与全国对比

全国碳排放量呈现东高西低分布，其中碳排放高的地区主要为环渤海经济圈、内蒙古与江苏等地。2019 年，在全国 30 个省（区、市）（不含港澳台、西藏）中，宁夏碳排放总量排第 21 位，碳排放总量相对较低。

2015—2019 年，全国碳排放总量呈缓慢增长趋势。伴随着产业西迁与西北地区经济发展，西北地区碳排放总量占全国碳排放总量比重逐渐增加，达18%左右。除青海、甘肃，西北各省区碳排放总量均呈增长趋势。宁夏碳排放总量处于中游位置，但2016年后碳排放总量保持较高速增长，2019年增长率为10.9%，居西北地区第一。

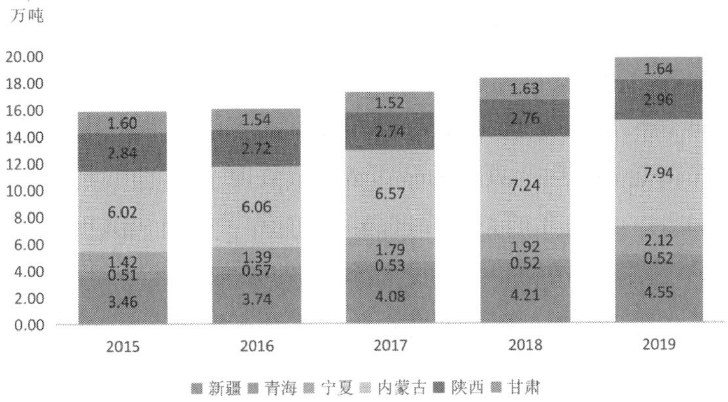

图3　2015—2019年西北地区各省区碳排放增长情况

通过对比分析全国各省（区、市）碳排放总量与强度情况可知，宁夏碳排放呈现总量较低但强度较高的特点。2015—2019年宁夏碳排放强度一直处于全国第一位，与内蒙古、山西、新疆等煤炭资源型省区处于第一梯队，但如吉林、甘肃、天津等与宁夏碳排放总量相当的地区，其碳排放强度都远低于宁夏①。

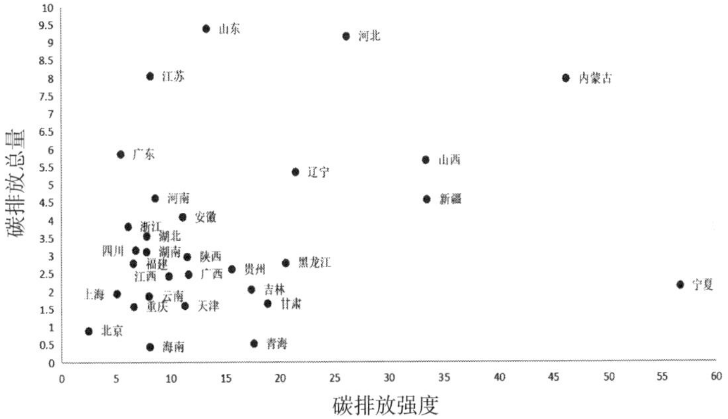

图4　2019年各省（区、市）碳排放总量与强度情况

①本研究选用IPCC分部门排放核算方法。如果采用表观排放量核算法计算各省（区、市）碳排放数据，则山西碳排放强度居全国首位，但宁夏、内蒙古、新疆碳排放强度依然处于第一梯队

2. 宁夏碳排放区域分布

宁夏碳排放整体呈北高南低分布。银川市（含宁东基地）碳排放总量占全区五成以上，并且呈现逐年上升趋势。根据自治区发展改革委经济研究中心报告，2020 年宁东基地碳排放量占全区的 44.5%，银川市（不含宁东基地）占 12.5%。

从碳排放强度视角分析。2016—2020 年，石嘴山市碳排放强度虽然呈现性波动下降趋势，但一直高于全区碳排放强度；银川市碳排放强度呈现逐年上升趋势，2018 年后高于全区碳排放强度，碳排放强度平均值为 5.4 吨/万元。吴忠市、中卫市、固原市碳排放强度均低于全区碳排放强度，其中吴忠市碳排放强度呈现逐年下降趋势，中卫市在 2019 年后开始上升，固原市一直处于低位。

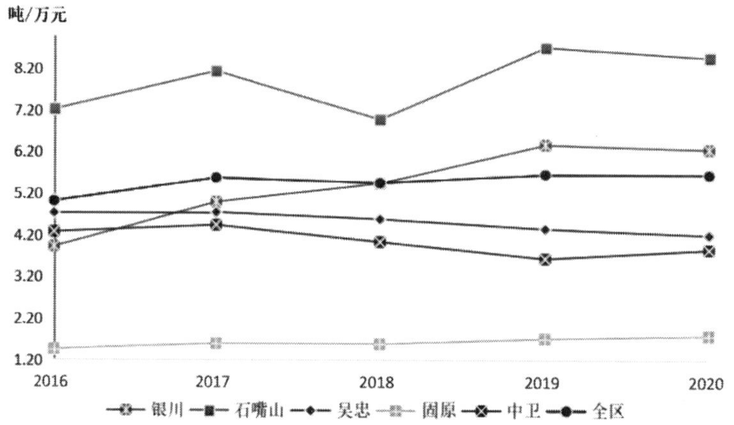

图 5　2016—2020 年宁夏各市碳排放强度变化趋势

3. 宁夏碳排放行业分布

宁夏产业结构偏重、能源结构偏煤。作为西电东送重要送端，宁夏碳排放量主要来源于电力、热力生产，占比达 71.16%，其中火力发电产生的碳排放占 63%，供热产生的碳排放占 8.2%。工业领域则是排名第二的碳排放来源，占 25.5%。工业领域的碳排放主要来源于煤化工、钢铁、水泥、金属冶炼压延加工等行业，而仪器仪表制造、电子设备制造、食品制造等行业碳排放较低。农业、交通、建筑、批发和零售、服务业及生活消费等领域共占碳排放总量的 3.3%，其中交通领域占四成以上。

表 1　2020 年宁夏分部门碳排放情况

行　业	碳排放量(万吨)	碳排放占比(%)
农林牧渔业	67.9	0.30
工业(电热除外)	5788.2	25.54
建筑业	71.7	0.32
交通运输、仓储和邮政业	328.0	1.45
批发和零售、住宿和餐饮业	37.3	0.16
其他服务业	56.1	0.25
生活消费	186.8	0.82
电力、热力生产和供应业	16123.5	71.16
其中:火力发电	14273.6	62.99
供　热	1849.9	8.16

注：1. 数据来源：本研究测算。

2. 考虑到碳排放主要来源于燃烧与生产、生活活动，本研究通过火力发电、供热与各部门终端消费量估算碳排放数据，故与总量存在差异。

4. 宁夏重点碳排放企业

发电行业是碳排放的主要来源，因此国家选择电力行业作为碳市场计划的突破口。生态环境部印发的《2019—2020 年全国碳排放权交易配额总量设定与分配实施方案（发电行业)》《纳入 2019—2020 年全国碳排放权交易配额管理的重点排放单位名单》，将 2019—2020 年度作为第一个履约周期，由各地根据企业情况制定碳排放权交易配额总量与分配方案。第一个履约周期中，宁夏公布碳配额清缴企业 35 家，这些企业的碳排放量占全区的 66%以上。这 35 家企业碳排放配额应履约量约为 2.94 亿吨，实际履约量约 2.89 亿吨；企业周期内通过全国碳排放权交易市场买入、卖出交易量累计 856.81 万吨，成交额 3.43 亿元。在本周期内，29 家企业按时足额履约，6 家企业因未按时足额清缴而被处罚。

二、宁夏实现“双碳”目标面临的困难

宁夏同时面临经济发展、结构转型及碳减排的多重目标。宁夏目前正处于产业结构转变的过渡期，传统产业仍有上升空间，新兴产业正处于成长期，要保持长期稳定高质量发展仍然需要较大的能源消费作为支撑。

（一）在经济发展转型期，节能减碳任务艰巨

目前，宁夏正处于工业化中期提升阶段。受自然条件和资源禀赋的影响，宁夏工业自起步起产业布局基本围绕煤炭展开。虽然近年来宁夏大力发展新能源、新材料、电子信息等产业，但能源化工、电力、冶金等高载能行业在一定时期内仍将是支撑工业经济发展的主导行业。六大高耗能行业长期位居规模以上工业营业收入前十，共占全区规模以上工业营业收入的65%以上。

表2　2017—2021年宁夏高耗能行业营业收入

单位：亿元

行　业	2017年	2018年	2019年	2020年	2021年
石油、煤炭及其他燃料加工业	649.56	669.63	638.77	446.7	724.41
化学原料和化学制品制造业	526.31	457.32	515.21	629.78	981.06
非金属矿物制品业	153.2	143.37	166.66	163.26	190.52
黑色金属冶炼和压延加工业	419.62	1031.45	779.05	598.89	693.29
有色金属冶炼和压延加工业	303.13	293.83	264.84	274.05	343.98
电力、热力生产和供应业	731.25	924.76	1003.16	1058.62	1231.43
合　计	2783.07	3520.36	3367.69	3171.3	4164.69

数据来源：《宁夏统计年鉴2018—2021》《宁夏经济要情手册2021》。

2015年，宁夏工业能源消费占总消费比值为87%，2020年已增长至90%，其中化工行业能源消费最多，占工业比重将近40%。第二产业占碳排放总量约88.5%。受工业结构约束，煤炭仍将是未来主要的能源消费，煤炭消费占能源消费总量的80%以上，近年呈逐渐递增趋势，碳排放量较低的天然气占能源消费总量的4%左右，清洁能源占能源消费总量的10%左右。煤炭是化石能源中主要的碳排放源，以单位能源的单位热值含碳量来算，煤炭是石油的1.4倍、天然气的1.7倍，2020年，宁夏由煤炭直接或间接产生的碳排放占总碳排放的93%左右，碳减排负担重。

（二）能源结构以煤为主，新能源消纳有扩展空间

宁夏以煤为主的能源结构短期内不会改变。作为国家重要的煤电基地与西电东送的重要送端，宁夏承担着国家能源供应保障的重任。宁夏的电源结构以火力发电为主，其中燃煤发电占据主导地位。虽然宁夏火力发电占全年总发电量比值逐年减少，但截至2021年火力发电仍占总发电量的

76.7%，高于同期全国平均水平 5.6 个百分点。宁夏电力调出量占总发电量比重从 2015 年不足 30%增长到 2020 年的 57.8%，煤电仍为外调电力主要来源。2021 年，电力、热力生产和供应业营业收入达 1231.43 亿元，位居规模以上工业行业营业收入之首，而且大部分燃煤电厂建成投运于 2017 年前后，距离设计寿命上限还有 20—30 年，如果采取激进的控煤和煤电政策，会造成很大资源浪费。

表 3　2015—2021 年宁夏发电构成及调出电力情况

指　标	2015	2016	2017	2018	2019	2020	2021
年发电量(亿千瓦时)	1154.73	1144.39	1380.95	1662.65	1765.94	1882.36	2081.9
火力发电占比(%)	88.2	83.3	82.9	82.3	81.8	81.3	76.7
可再生能源发电占比(%)	11.8	16.7	17.1	17.7	18.2	18.7	23.3
调出电量占比(%)	29.0	33.6	38.2	43.9	51.7	57.8	—

数据来源：《宁夏统计年鉴 2021》《2021 年全区能源生产情况》《宁夏能源统计年鉴 2021》。

宁夏作为全国首个新能源综合示范区，持续在发展清洁能源方向发力，可再生能源发电量逐年增加，2021 年可再生能源发电占总发电量的 23.3%，相较 2015 年增长 11.5 个百分点。可再生能源消纳量也逐年增加。2021 年，非水电可再生能源占全社会用电量比重达到 26.2%，仅次于青海，位居全国第二，超额完成国家规定的可再生能源消纳责任。但受限于缺少大型水电项目的客观现实，宁夏可再生能源总消纳量仍未超过总用电量的 30%。同时由于新能源发电存在间歇性，外送电力中可再生能源电力输出存在波动，因此火电仍然是现阶段电力系统的“压舱石”。

表 4　2018—2021 年宁夏可再生能源消纳情况

指　标	2017 年	2018 年	2019 年	2020 年	2021 年
可再生能源占全社会用电量比重(%)	23.0	25.2	25.7	26.7	28.8
非水电可再生能源占全社会用电量比重(%)	21.0	22.3	21.3	21.4	26.20
灵绍直流可再生能源占比(%)	17.0	22.4	26.3	17.1	—

数据来源：《2017—2020 全国可再生能源电力发展监测评价报告》《2021 年可再生能源电力消纳责任权重完成情况》。

（三）为保障外送电力供应，火电碳排放基数抬高

宁夏在全国电网能源优化配置上起重要作用，是首个外送大于内供的省级电网。在当前的能源结构与技术条件下，火力发电仍然是保障用电的稳定基础。2021 年，宁夏火力发电占总发电量的 76.7%，其中燃煤占主导地位。宁夏火电占碳排放总量的六成以上，外送电力以火电为主，2021 年，宁夏新能源外送电量 170 亿千瓦时，占总外送电量的 18.8%，初步估算外送电力产生碳排放约 6457.7 万吨，占宁夏火力发电碳排放的 46%。

2021 年，宁夏外送通道送电量较 2011 年增长了 645 亿千瓦时，年均增长率为 13.3%，且自 2016 年进入迅速增长阶段。宁夏现有 3 条电网外送大通道，分别为 2010 年建成投运的银东直流（宁东至山东±660 千伏直流输电工程）、2016 年建成投运的灵绍直流（宁东至浙江±800 千伏特高压直流输电工程）、2018 年建成投运的昭湖线（沙湖 750 千伏变电站—伊克昭换流站接入昭沂直流）。银东直流年均送电量 290 亿千瓦时，占山东“外电入鲁”总量的 40%，截至 2022 年上半年，累计外送电量已达 3302 亿千瓦时，相当于在当地减排二氧化碳 33700 万吨。[①]灵绍直流年度输送电量逐年上涨，2021 年度输电量破 500 亿千瓦时，占浙江外购电量的 23%左右，截至 2022 年 8 月，累计外送电量已达 2384.6 亿千瓦时，相当于在当地减排二氧化碳 26038.7 万吨。[②]截至 2021 年 10 月，昭湖线打捆新能源电力累计外送电量已达 612 亿千瓦时，相当于在当地减排二氧化碳 95.6 万吨。[③]

①银东直流累计输送电量突破 3300 亿千瓦时［N/OL］.宁夏新闻网，2021-03-24. https://www.nxnews.net/yc/jrww/202103/t20210324_7079828.html

②祁玉金，裴康宇.2022 年 7 月灵绍直流外送电量 52.95 亿千瓦时［N］.国家电网报，2022-08-10（2）

③宁夏电力向山东电网外送电量累计达 612 亿千瓦时［N/OL］.宁夏新闻网，2021-10-18.https://www.nxnews.net/yc/jrww/202110/t20211018_7304211.html

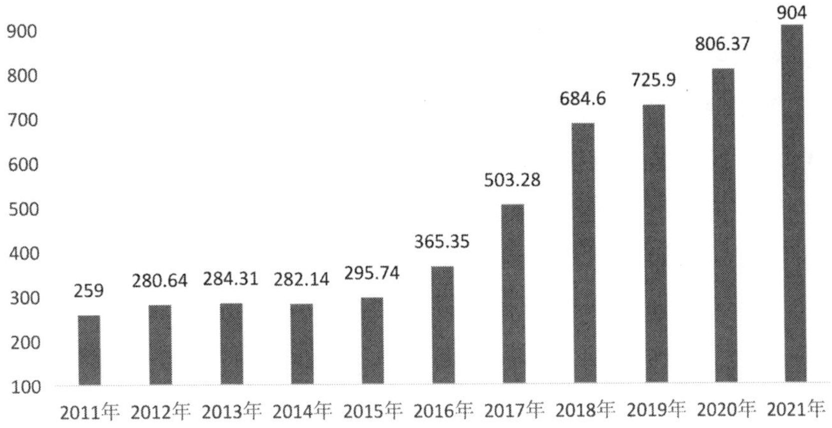

图6　2011—2021 年宁夏外送通道送电量（亿千瓦时）

三、宁夏实现碳达峰碳中和的对策建议

实现碳达峰碳中和是推动高质量发展的内在要求，要以新的发展眼光看待“双碳”带来的机遇与动力，抓住新的政策机遇实现能耗“双控”向碳排放总量和强度“双控”转变，以能源转型作为实现碳达峰碳中和的重要路径。

（一）正确认识把握碳达峰碳中和

习近平总书记在中央财经委员会第九次会议上强调，“双碳”不仅是生态文明建设的重要组成部分，也是一场广泛而深刻的经济社会系统性变革。“双碳”目标对经济发展模式提出了新要求，要走降碳、减污、扩绿、增长协同的发展之路，“双碳”目标的推进是高质量发展的重要抓手。

“双碳”是高质量发展的驱动力。结合当下实际情况来看，碳达峰与碳中和既为经济增长带来了机遇，也带来了挑战。在传统高耗能、高排放的发展模式下，“双碳”目标会“拖累”经济增长；在以效率与可持续为目标的绿色低碳发展模式下，“双碳”目标与经济增长之间是相互促进的关系。

目前，宁夏产业结构以第二产业为主，其中化工产业对能源投入依赖度高，控制和减少碳排放对能源化工产业发展会造成一定的约束；同时，伴随着绿色成本的逐步显化，企业的生产和运营成本也逐渐上升。从绿色发展的角度来看，减排是一个“创造性毁灭”的过程，虽然“双碳”目标制约了传统产业的发展，但同时倒逼产业升级，加速能源结构转型，拉动绿色领域投资，对经济增长产生正面促进作用。实现“双碳”目标，有利于改善环境质量，有利于构建全新的绿色发展体系，有利于推动经济社会高质量发展。

（二）实现能耗“双控”向碳排放总量和强度“双控”转变

2021年底召开的中央经济工作会议提出尽早实现能耗“双控”向碳排放总量和强度“双控”转变。国务院印发的《“十四五”节能减排综合工作方案》，明确“十四五”时期新增可再生能源电力消费量不纳入能源消费总量的考核，原料用能不纳入全国及地方能耗“双控”考核。新政策为宁夏能源转型与产业发展提供了机遇，通过构建现代能源体系与发展现代煤化工产业，宁夏走上了一条绿色低碳的转型高质量发展之路。

新增可再生能源电力消费量不纳入能源消费总量的考核。2022年，国家发展改革委、国家统计局、国家能源局出台通知，明确风电、太阳能发电、水电、生物质发电、地热能发电等可再生能源不纳入能源消费总量，自2021年起，在能源消费总量考核时扣除当年新增的可再生能源电力消费量，以可再生能源绿色电力证书作为电力用户可再生能源电力消费量认定的基本凭证。宁夏拥有良好的可再生能源发展基础，《自治区碳达峰实施方案》中提到2025年、2030年、2035年非化石能源消费比重依次要达到15%、20%、30%，可再生能源电力消费量不纳入能源消费总量的考核，有助于可再生能源发展，促进实现能源转型目标实现。

原料用能不纳入能源消费总量控制。2022年，国家发展改革委与国家统计局联合印发通知，将原料用能范畴具体为生产非能源用途的烯烃、芳烃、炔烃、醇类、合成氨等产品的煤炭、石油、天然气及其制品等。对于宁夏而言，现阶段产业布局虽然是围绕煤炭展开，但产业发展的重心已经向现代煤化工领域转移，在新政策下煤制油、煤炭间接液化项目、焦炭气化制烯烃等大型化工项目将不计入能源消费总量。在国家发展改革委公布的2020年与2021年《各地区能耗双控目标完成情况晴雨表》中，宁夏能耗“双控”方面均显示一级预警。但若将原料从能源消费总量中剔除，能耗总量将大幅降低。以2020年煤炭消费为例，剔除工业领域作为原料、材料的煤炭消耗，煤炭总消费量将减少10.1%。

（三）以能源转型作为实现碳达峰碳中和的重要路径

构建清洁低碳安全高效能源体系。2016年至今，宁夏经济每一次快速增长，大型火电发电厂或大型企业自备电厂集中投产都是主要原因，而且越来越表现为“火电厂成为碳排放主体，煤电行业是碳排放主要来源”的特征。各行业碳排放量中，火力发电碳排放量占全区的63%，工业（电热除外）占25.5%，供热行业占8.2%。在确保煤炭电力供应稳定的前提下，从供需两端入手调整能源结构，加快建设清洁能源“大基地”，进一步提升可再生能源发电量占比，构建以新能源为主体的新型电力系统，提高新能源利用效率。

大力发展电力储能产业。加强新能源的电力储能产业发展，能有效提升新能源消纳比例与能源供应系统稳定性，对能源结构优化具有重要意义。由于光伏主要是白天发电，风电也视风力而定，电力储能产业未发展成熟前，仍然需要依靠火电来稳定电力供应。目前宁夏储能发展还处于初级阶段，各县区已经备案了57个电力储能项目，规模为797万千瓦/1655万千瓦，正在建设的有银川宝丰集团锂离子储能全产业链项目、中环公司50GW（G12）太阳能级单晶硅材料智慧工厂项目、中卫穆和200MW/400GW新能源储能电站项目等，预计2022年底将建成近百万千瓦储能项目。

处理好宁电外送供需双方利益及本地高载能产业发展的关系。自2010年以来，宁夏先后建成了3条“宁电外送”通道，调出电量占总发电量比重从2015年的29%提高到2020年的57.8%，外送电比重大幅度提高。随着“宁电入湘”工程的建设，宁电外送的比重将进一步提升，宁夏电力工业正在形成煤炭资源和电力消费两头在外的电力市场格局，应该防止“两头在外”市场风险。受国际大宗物品及煤炭价格暴涨影响，火电生产成本在大幅度提高，随着高载能工业和羊绒轻纺工业的复苏，宁夏本地用电量也将逐步增加。应该平衡好“宁电外送”供需双方的利益，形成长远的可持续发展的合作机制，同时在本地高载能产业用电成本方面提供支持，延长本地产业链，确保供应链产业链稳定。

参考文献

1.张中祥.正确认识“双碳”策略需把握四个关键点[J].中国经济报告，2022(01)：75—81

宁夏能源结构转型升级研究

王宇恒

宁夏加快建设黄河流域生态保护和高质量发展先行区，能源结构转型升级为重中之重。党的二十大报告指出："推动绿色发展，促进人与自然和谐共生"，要求"加快发展方式绿色转型"，"加快推动产业结构、能源结构、交通运输结构等调整优化"，以推动经济社会绿色化、低碳化发展。宁夏作为国家新能源综合示范区，应大力探索以绿能开发、绿氢生产、绿色发展为主的能源转型发展新路，促进能源结构转型升级，推动经济高质量发展。

一、宁夏能源结构现状

宁夏能源资源丰富，产业特色鲜明。在绿色发展理念的指导下，宁夏率先走上能源转型之路。推动能源结构转型升级，应正确认识和把握宁夏能源结构现状及形势。

（一）煤炭、石油、天然气等能源资源丰富

宁夏煤炭资源丰富，远景储量 2041 亿吨，探明储量 343 亿吨，分别居全国第五位和第六位。2021 年，宁夏原煤产量 8632.9 万吨，发电量 2081.9 亿千瓦时，人均发电量和人均原煤产量在全国处于前列。宁东基地先后跻

作者简介：王宇恒，宁夏社会科学院《宁夏社会科学》编辑，研究实习员。

身国家14个亿吨级大型煤炭基地、9个千万千瓦级煤电基地、4个现代煤化工产业示范区之列，被确定为国家产业转型升级示范区。

宁夏也具有一定的石油、天然气储量。2019年以来，中石油、中石化在盐池县青石峁和定北区域先后探明两个千亿方级大气田，探明天然气储量3000亿立方米，远景储量达8000亿立方米。

（二）煤炭消费占比较高

宁夏能源消费结构以煤炭消费为主。2020年，宁夏能源消费总量为7933万吨标准煤，其中煤炭消费占能源消费的比重为81.7%；非化石能源消费占比由2015年的7.7%提升至10.4%，呈稳定上升趋势。近年来，尽管宁夏大力发展光伏、风电等新能源，能源消费结构不断优化，但以煤为主的能源结构决定了煤炭消费占比仍然较高，"倚煤"情况仍然存在。

表1　宁夏能源消费结构与全国能源消费结构对比

年份	宁夏能源消费总量（万吨标准煤）	宁夏能源消费结构(%)				全国能源消费结构(%)			
		煤炭	石油	天然气	一次电力及其他能源	煤炭	石油	天然气	一次电力及其他能源
2015	5437.9	81.2	6.4	4.7	7.7	63.8	18.4	5.8	12
2016	5591.3	78.8	6.1	5.0	10.1	62.2	18.7	6.1	13
2017	6460.8	80.9	4.8	3.8	10.5	60.6	18.9	6.9	13.6
2018	7100	81.9	3.3	3.5	11.3	59	18.9	7.6	14.5
2019	7648	81.3	3.8	4.0	10.9	57.7	19	8	15.3
2020	7933	81.7	3.6	4.3	10.4	56.8	18.9	8.4	15.9
2021	—	—	—	—	—	56	18.5	8.9	16.6

注：一次电力指水电、风电、太阳能发电、核电等。数据来源：《宁夏统计年鉴2021》、国家统计局。

（三）可再生能源利用得到新发展

2012年，宁夏成为中国首个国家级新能源综合示范区，光伏、风电等新能源得到快速发展。

宁夏发电装机容量结构不断调整，可再生能源发电装机容量占比持续提升，尤其是风电和太阳能发电装机容量占比得到显著提升。2021 年，宁夏发电装机容量 6214.3 万千瓦，其中火电发电装机容量 3333 万千瓦，占比 53.63%，较 2010 年减少 37.21 个百分点；可再生能源发电装机容量 2881.3 万千瓦，占比 46.36%，较 2010 年增加 37.2 个百分点。

宁夏可再生能源发电能力显著提高，发电结构持续优化，已成为国内首个风、光发电负荷超过用电的省区。2021 年，宁夏发电量 2081.9 亿千瓦时，较 2016 年增加 937.52 亿千瓦时。其中，火力发电量 1596.82 亿千瓦时，占比 76.7%，较 2016 年减少 6.63 个百分点。可再生能源发电量 485.08 亿千瓦时，较 2016 年增加了 294.25 亿千瓦时，占总发电量的 23.3%，占比从 16.68%提高到 23.3%，发电能力显著提升。相较 2016 年，风力发电量从 125.47 亿千瓦时增加到 281.2 亿千瓦时，光伏发电量从 51.34 亿千瓦时增加到 183.3 亿千瓦时。

表 2　2010—2021 年宁夏发电装机容量

单位：万千瓦

年份	总量	火电		水电		风电		太阳能发电		新能源装机占比（%）
		容量	占比（%）	容量	占比（%）	容量	占比（%）	容量	占比（%）	
2010	1399.6	1271.4	90.84	42.6	3.04	76.6	5.47	9	0.64	9.16
2011	1873.5	1639.8	87.53	42.6	2.27	142	7.58	49.1	2.62	12.47
2012	2000.1	1639.8	81.99	42.6	2.13	264.6	13.23	53.1	2.65	18.01
2013	2230.8	1731.3	77.61	42.6	1.91	301.8	13.53	155.1	6.95	22.39
2014	2423.8	1790	73.85	42.6	1.76	417.8	17.24	173.7	7.17	26.16
2015	3157.4	1983.9	62.83	42.6	1.35	822.1	26.04	308.8	9.78	37.17
2016	3674.8	2164.7	58.91	42.6	1.16	941.6	25.62	526	14.31	41.1
2017	4187.6	2583.2	61.69	42.6	1.02	941.6	22.49	620.2	14.81	38.31
2018	4714.8	2844.7	60.34	42.6	0.9	1011.1	21.45	816.4	17.32	39.66
2019	5295.9	3219.1	60.78	42.6	0.8	1116.1	21.07	918.1	17.34	39.22
2020	5942.7	3326.4	55.97	42.6	0.72	1376.6	23.16	1197.1	20.14	44.03
2021	6214.3	3333	53.63	42.6	0.68	1454.8	23.41	1384	22.27	46.36

数据来源：2010—2020 年数据来自《宁夏统计年鉴 2021》，2021 年数据来自《宁夏回族自治区 2021 年国民经济和社会发展统计公报》。

表 3　2016—2021 年宁夏发电量及构成

单位：亿千瓦时

<table>
<tr><th rowspan="3">年份</th><th rowspan="3">总发电量</th><th colspan="2">火力</th><th colspan="5">可再生能源</th></tr>
<tr><th rowspan="2">发电量</th><th rowspan="2">占比（%）</th><th rowspan="2">发电量</th><th rowspan="2">占比（%）</th><th colspan="3">其中</th></tr>
<tr><th>水力</th><th>风力</th><th>太阳能</th></tr>
<tr><td>2016</td><td>1144.38</td><td>953.56</td><td>83.33</td><td>190.83</td><td>16.68</td><td>14.02</td><td>125.47</td><td>51.34</td></tr>
<tr><td>2017</td><td>1380.94</td><td>1144.39</td><td>82.87</td><td>236.56</td><td>17.13</td><td>15.45</td><td>149.32</td><td>71.79</td></tr>
<tr><td>2018</td><td>1662.64</td><td>1367.77</td><td>82.26</td><td>294.88</td><td>17.74</td><td>19.76</td><td>180.55</td><td>94.57</td></tr>
<tr><td>2019</td><td>1765.93</td><td>1443.87</td><td>81.76</td><td>322.07</td><td>18.24</td><td>21.87</td><td>185.5</td><td>114.7</td></tr>
<tr><td>2020</td><td>1882.36</td><td>1529.99</td><td>81.28</td><td>352.37</td><td>18.72</td><td>22.5</td><td>194.2</td><td>135.67</td></tr>
<tr><td>2021</td><td>2081.9</td><td>1596.82</td><td>76.7</td><td>485.08</td><td>23.3</td><td>20.7</td><td>281.2</td><td>183.18</td></tr>
</table>

数据来源：2010—2020 年数据来自《宁夏统计年鉴 2021》，2021 年数据来自宁夏回族自治区统计局网站《2021 年全区能源生产情况》。

二、宁夏能源结构转型升级面临的问题与难点

（一）以煤炭为主能源结构的制约

宁夏作为国家重点能源基地和煤化工基地，经济发展严重依赖煤炭资源。尽管宁夏能源消费结构持续向好向优，非化石能源消费占比逐步提升，但是煤炭依然是能源消耗的主力军。除 2016 年，宁夏煤炭占能源消费总量的比重始终高于 80%。受能源消费结构、产业结构、资源禀赋、技术能力等限制，这一比重在短期内无法较快下降，“一煤独大”现象在短期内无法彻底改善，因此煤炭消费仍将作为“主力军”持续影响宁夏碳排放量。此外，近年来宁夏持续加大可再生能源发电装机比重，取得一定成效。但可再生能源发电仍然面临着发电成本高、技术难度高、储能难等问题，如果全面依靠可再生能源发电，则会面临电力系统供电不稳定、供电成本增高等问题，影响能源供给安全。

（二）以高耗能为主产业结构的制约

同全国相比，宁夏平均每万元地区生产总值能源消费位于全国前列。宁夏作为国家重点能源基地和煤化工基地，重工业占比高达 92%，高耗能产业集中。尽管这些产业为宁夏经济发展作出了较大贡献，但也存在以下

不足。一是电力、煤炭、化工、冶金、有色等行业煤耗高，由此导致了物耗高、能耗高、碳耗高①；二是产业链条短，且处于初级、低端阶段，个别

表4　平均每万元地区生产总值能源消费

单位：吨标准煤/万元

年份	万元生产总值能源消费量	
	宁夏	全国
2015	2.11	0.63
2016	2.02	0.6
2017	2.17	0.58
2018	2.23	0.56
2019	2.26	0.55
2020	2.26	0.55

数据来源：《宁夏统计年鉴2021》《中国统计摘要2022》、国家统计局。

表5　部分省（区、市）平均每万元地区生产总值能源消费

单位：吨标准煤/万元

地区	万元生产总值能源消费量	排序	地区	万元生产总值能源消费量	排序
全国	0.55	—	陕西	0.516	14
宁夏	2.26	1	海南	0.457	15
内蒙古	1.473	2	河南	0.414	16
青海	1.381	3	重庆	0.391	17
山西	1.016	4	浙江	0.382	19
河北	0.905	5	江西	0.382	18
甘肃	0.899	6	安徽	0.38	20
黑龙江	0.841	7	湖北	0.374	21
吉林	0.584	8	四川	0.337	22
天津	0.575	9	江苏	0.318	23
山东	0.572	10	福建	0.317	24
贵州	0.567	11	广东	0.296	25
广西	0.533	12	上海	0.287	26
云南	0.529	13	北京	0.209	27

数据来源：全国及各省（区、市）统计年鉴，除内蒙古为2019年数据，其他省（区、市）均为2020年数据，部分地区数据缺失。

①黄海伟.宁夏推动产业高端化绿色化智能化融合化发展对策研究［M］//段庆林，王林伶.宁夏经济发展报告2022.宁夏人民出版社，2022：206—208

特色产业虽具有一定品牌度，但总体来说发展不足，多为原料生产、初级加工，存在特色品牌少、高附加值少等问题；三是创新能力弱，研发不足，技术更新慢，难以做到以创新促发展，产创融合度较低，绿色溢价高，导致绿色转型困难。

三、宁夏实现能源结构转型升级的机遇分析

在我国努力实现碳达峰碳中和及建设黄河流域生态保护和高质量发展先行区的契机下，新能源发展促进能源结构变革，宁夏积极推动能源结构转型升级恰逢其时。

2012 年，宁夏主动走上清洁能源发展之路，成为全国首个国家新能源综合示范区。近年来，积极推进经济转型升级，持续优化能源结构，开发建设了一批大型现代化能源项目，形成了较为完整的煤、电、化、新能源产业链。2019 年，宁夏成为国内首个风、光发电负荷超过用电量的省区。2020 年，清洁能源产业被确定为自治区 9 个重点产业之一。

2021 年 10 月，为支持宁夏能源转型发展工作，国家发展改革委和国家能源局联合印发《关于支持宁夏能源转型发展的实施方案》。该方案聚焦能源产业发展，立足宁夏实际，提出了一系列政策措施，助推宁夏能源转型发展驶入快车道。这也是国家发展改革委、国家能源局第一次专门为一个省区出台能源转型发展支持政策。根据该实施方案，自治区党委、政府研究印发了《关于推动能源转型发展高水平建设国家新能源综合示范区的实施意见》，确定任务，制定清单，搭建“1+N+X”支撑体系，进一步优化能源结构，提升调节能力，保障新能源安全开发。

2022 年 1 月 17 日，自治区发展改革委召开专题会议，会议要求要加快实施黄河流域生态保护和高质量发展，以国家支持宁夏能源转型发展、先行区建设实施方案为抓手，促进全区投资增长、产业转型、动能转换。

四、宁夏能源结构转型升级的对策建议

能源转型是一项涉及多部门、多要素的长周期过程，要建立在自身经济发展、能源结构及资源禀赋的基础上，推动煤炭和新能源优化组合，在

保障能源安全的基础上实现能源转型。能源转型的主要方向是大力发展可再生能源和新能源，实施清洁能源替代，逐步实现“去煤炭化”，即通过提高能源消费端电气化水平，能源供应端用清洁能源逐步代替化石能源发电，使能源资源配置更加合理、利用效率大幅提升。

宁夏构建清洁低碳安全高效能源体系，建设以可再生能源为主体的能源电力系统，走出一条粗放利用向节约集约转变、传统能源向清洁能源转换、资源优势向经济优势转化的高质量发展之路，应重点从集约使用传统能源、构建新能源体系、加快新兴技术应用研发及加速产业转型升级方面着手。

（一）集约使用传统能源

优化能源结构，减少煤炭依赖，关键是构建新能源占比逐渐提高的新型电力系统，推动清洁电力资源大范围优化配置，即“电力行业零碳化，其他行业电气化”①。

1. 加快煤炭消费替代

严格合理控制煤炭消费，统筹推进煤炭减量，“十四五”时期严格合理控制煤炭消费增长，“十五五”时期逐步减少煤炭消费。按照“三改联动”模式，推进节能降碳改造、灵活性改造和供热改造。严格控制新增煤电项目，新建机组煤耗标准达到国际先进水平，在保障供应的基础上合理有序淘汰煤电落后产能。积极推进供热改造，积极推进城乡居民清洁供暖，推动煤电向基础保障性和系统调节性电源并重转型。推动重点用煤行业减煤限煤，减少农业领域散煤使用，大力推动煤炭清洁利用。

2. 加快石油、天然气生产

优化产能规模和布局，加大油气勘探开发力度，加快青石峁、定北两个千亿级气田开发，积极推进石嘴山煤层气试点开发，推进西气东输和盐池至银川等天然气输气管道建设，加强天然气储气能力建设。优化产品结构，促进石化化工与煤炭开采、冶金等上下游产业协同发展，加强副产气

①许勤华.分行业、分阶段采用碳市场相关政策［M］// 经济学家圈.碳中和的逻辑.中国经济出版社，2022：91

体高效利用。调整原料结构，控制新增原料用煤，拓展富氢原料进口来源，推动石化化工原料轻质化。提高原油一次加工能力、天然气产量、主要产品产能利用率等，保持全区石油消费稳定，提高天然气保障能力。

（二）构建新能源体系

1. 大力发展新能源

大力发展风电、光伏、氢能等清洁能源产业，加速推动能源产业绿色转型，提高新能源发电装机规模，降低火电占比，提高可再生能源电力消纳比重。加快建设集中式平价风电项目和分散风能资源开发等风电基地，推广先进技术，发展低风速风电，高效利用风能发电。加快智能光伏产业创新升级和特色应用，创新“光伏+”模式，建设一批百万千瓦级光伏基地，推进光伏发电多元布局，探索自发自用和就地交易新模式，扩大用户侧光电应用。因地制宜发展沼气发电、气化发电等类型的生物质发电、生物质能清洁供暖和生物天然气。进一步完善可再生能源电力消纳保障机制，大力提升电力系统综合调节能力，加快灵活调节电源建设，提升电网安全保障水平。

2. 加快新型电力系统建设

构建新能源高占比的新型电力系统，建设完善智能电网及配电网架构，提升新能源发电能力。降低火力发电产生的碳排放量。加大研发投入力度，全力推进火电设备与技术的更新迭代，淘汰落后设备和技术。实施能效标准，建立全流程生产环节数据监测系统，加强重点设备节能减排监督监测。排查老旧火电厂，关停技术不达标、产能不达标、排放不达标的电厂，对企业进行技术辅导，帮助企业分析痛点，再造生产流程，辅助企业实现清洁生产。加强需求侧管理，提高需求侧响应能力，鼓励各行业电气化，促进工业能源消费绿色化，推动能源清洁高效利用，推动以电代煤、以电代油、以电代气，优化高能耗、高排放领域的用能结构，提高可再生能源应用比重。深入实施绿色制造工程，建设绿色工厂和绿色工业园区。推进工业领域数字化智能化绿色化融合发展，加强重点行业和领域技术改造。

3. 推广新能源应用场景

推动运输工具低碳转型，大力推广新能源汽车，逐步降低传统燃油汽车在新车产销和汽车保有量中的占比，推动城市公共服务车辆电动化替代，推广电力、氢燃料、液化天然气动力重型货运车辆。建立绿色运输体系，优化运输结构，推进大宗货物和中长距离货物运输“公转铁”，降低运输能耗。推进可再生能源建筑应用，推广集光伏发电、储能、直流配电、柔性用电为一体的“光储直柔”技术应用，引导建筑供暖、生活热水、炊事等向电气化发展，有效利用可再生能源，科学取暖用能。

（三）加快新兴技术应用研发

充分依托国家科技成果转化引导基金，强化创业投资等各类基金引导，加强新能源、绿色能源技术创新应用，支持绿色技术创新成果转化应用。

1. 探索发展储能模式

积极发展“新能源+储能”技术方式，支持分布式新能源合理配置储能系统。综合利用抽水储能机制，推动黑山峡水利枢纽工程、牛首山、中宁等抽水蓄能电站等项目立项与建设。加快新型储能示范推广应用。深化电力体制改革，搭建智能电网，推进柔性直流输电技术应用，加快新型储能装机配置，积极发展“新能源+储能”、“源网荷储”一体化和多能互补，提升电网调峰能力，达到省级电网尖峰负荷响应能力。

2. 推进氢能应用示范建设

探索氢能技术研发，加快培育氢能技术人才，实现以氢换煤。开展储氢、输氢、氢能综合利用等技术攻关，培育氢能装备制造产业，形成集群发展，推进氢能项目产业化。加快建设宁东能源化工基地新能源产业园，积极推进光伏制氢项目建设，加快氢能替代，开展可再生能源制氢耦合煤化工产业示范，推进氢能项目规模化。积极扩大氢能、电力、天然气等新能源、清洁能源在物流运输、公共交通、市政环卫等领域的应用，推进氢能商业化进程。

（四）加速产业转型升级

紧跟产业变革趋势，立足宁夏特色优势，加速传统产业绿色转型，实现由重资源资产向重技术资产切换，打造现代产业基地，加快高质量发展。

1. 优化产业结构和布局

以“六新六特六优”产业为抓手，着力推动宁夏产业向高端化、绿色化、智能化、融合化方向发展。优化产业结构，加快退出落后产能，大力发展战略性新兴产业，加快传统产业绿色改造，深入实施新型工业强区计划，持续实施结构改造、智能改造、技术改造行动，加快新型材料、清洁能源、装备制造、数字信息、现代化工、轻工纺织“六新”产业发展，再造宁夏工业新优势。

2. 推动高新技术产业发展

大力发展碳基、晶硅、金属等新型材料产业，依托绿色技术，完善绿色制造体系，打造全国重要的新材料生产基地。大力发展电子信息制造、大数据、软件和信息技术等新型数字信息产业，综合利用宁夏太阳能优势，着力绿色环保地建设信息产业高地。大力发展煤化工、石油化工、电石深加工等现代化工产业，推动化工产业向精细化方向发展，降低物耗、能耗、碳耗；大力发展先进机械、智能铸造、仪器仪表等装备制造产业，深耕细作，推动垂直专业细分，减少碳排放。大力发展食品制造、生物医药、现代纺织等轻工纺织产业，加快产业绿色升级改造。

3. 提高配套政策支持力度

建立正向激励机制，鼓励新能源产业、非化石能源产业发展，给予重点行业示范工作资金支持，以税费优惠、政策倾斜、生产补贴等方式奖励通过自身技术升级改造而进行转型的企业。建立负向约束机制，约束化石能源产业，坚决遏制“两高”盲目发展。鼓励社会资本以市场化方式设立产业转型升级投资基金。鼓励金融机构大力发展绿色贷款、绿色债券、绿色基金等业务，完善信贷管理政策，优化信贷审批流程，通过调整内部资金转移定价等方式引导信贷资源配置，合理降低企业升级转型融资所需的综合成本。积极探索发展专业化的政府性绿色融资担保业务，促进投资、信贷、担保等业务协同，加大力度支持传统产业和资源富集地区绿色转型。

宁夏贺兰山沿线地区人类活动控制性措施研究*

宁夏社会科学院课题组

贺兰山作为我国西部重要生态屏障，对河套平原等繁荣发展起到了重要的作用。新中国成立特别是改革开放以来，贺兰山的采掘业、文化旅游业迅速发展，周边城乡人口聚集，对贺兰山生态环境及其生物多样性产生了许多负面影响。如何适度控制贺兰山沿线地区人类活动，促进人与自然和谐共生，是建设中国式现代化的内在要求。

一、宁夏贺兰山资源保护与功能定位及其分区管理问题分析

（一）宁夏贺兰山资源保护与功能定位分析

1. 功能定位

贺兰山位于青藏高原、蒙古高原和黄土高原交界处，是我国自然地理分界线之一，也是西北地区重要的生态屏障。贺兰山具有重要的地理意义和生态价值。作为季风气候与非季风气候的分界线，贺兰山与 200 毫米等降水量线基本重合。东麓得到太平洋西行暖湿气流的最后润泽，使得贺兰山成为荒漠区与半荒漠区的分界线。贺兰山不仅是阻挡风沙和寒流东侵的生态屏障，也是蓄积水源和保持水土的生态涵养区，还是聚集资源和保存

执笔人简介：陈蕾，宁夏社会科学院综合经济研究所研究实习员。

* 本文系自治区科技厅重点课题“贺兰山主要野生动植物生态特征及顶级捕食者适应性研究”（2020BEG02001）之子课题阶段成果。

物种的生态宝库。

贺兰山在生态、矿产与景观方面均具有得天独厚的资源优势。山地植被是贺兰山生态系统的重要组成部分。截至2019年，贺兰山森林覆盖率14.3%，植被覆盖率65%。贺兰山动植物资源丰富，已确认野生维管植物664种、大型真菌259种；昆虫1121种，脊椎动物218种，主要野生动物岩羊的种群数量达4.4万只，是世界上岩羊分布密度最高的地区之一。①贺兰山矿产资源丰富。宁夏矿产平衡表中的17种矿产，有10种产于贺兰山。贺兰山的煤炭资源以无烟煤和焦煤为主，分布在北部的汝箕沟、石炭井等地；石英砂岩主要分布在正义关、红果子及大口子一带。此外，贺兰山还拥有磷灰岩、灰岩、黏土岩等矿产资源。贺兰山还拥有贺兰山岩画、拜寺口双塔、西夏陵等人文景观资源，以及滚钟口、苏峪口森林公园两处自然景观资源。

我国将自然保护地按生态价值和保护强度分类，依次为国家公园、自然保护区、自然公园三类。贺兰山现有国家级自然保护区1个、自然公园2个。宁夏贺兰山国家级自然保护区于1988年成立，1990年林业部批准《贺兰山国家级自然保护区设计任务书》，确定保护区的经营范围。自然保护区范围在2003年、2011年经过两次调整，现有面积290.31万亩。宁夏贺兰山国家森林公园2000年成立，面积14.07万亩。宁夏贺兰山北武当地质公园2006年成立，面积10.32万亩。②

2. 存在的问题

贺兰山位于西北荒漠绿洲交界的生态脆弱区，环境梯度变化明显，物种相互渗透，环境与生物群落均处于临界状态，边缘效应显著，对气候变化反应灵敏。环境异质性大，水资源贫乏，存在植物区系脆弱、植被景观连通性弱、野生动物种群易失衡、自然灾害易发等问题。生态系统对变化

①贺兰山，生物资源宝库［N/OL］.宁夏新闻网，2019-03-29.http://www.nxnews.net/nxrbzk/jsmlxnx/201903/t20190329_6241265.html

②马波.关于2020年度国有自然资源资产管理情况的专项报告——2021年11月29日在宁夏回族自治区第十二届人民代表大会常务委员会第三十次会议上［R］.宁夏回族自治区人民代表大会常务委员会公报，2021（Z3）:92—103

反应敏感，抗干扰与自我修复能力弱。

贺兰山几个主要矿区都经历了长期、大规模的无序开采，使贺兰山生态环境受到严重破坏，部分山体也受到严重破坏，开采产生的固体垃圾堆积，洗煤厂造成环境污染，使本就脆弱的生态系统失去平衡。贺兰山下平罗县崇岗煤炭集中区，曾是西北最大的煤炭集散市场，众多耕地、宅基地变为煤场，虽然带来了部分经济效益，但也带来了严重的粉尘污染。经过不断地治理，贺兰山生态环境修复已经取得不错的成果，各类经济活动已逐步退出，保护区内采矿企业全部关闭退出。但如何平衡发展与保护，保障持续释放贺兰山资源红利的同时保护生态环境，预防生态安全屏障出现"缺口"，仍是当前需要解决的生态保护问题。

（二）贺兰山分区类型及其分区管理

近年来，宁夏回族自治区开展了贺兰山生态环境综合整治，修复因矿产开发等人类活动造成的生态环境。贺兰山生态保护修复被列入自治区"十四五"十大工程。自治区自然资源厅编制《贺兰山生态环境保护治理专项规划（2020—2025年）》，围绕规划贺兰山自然保护区、关联区、延伸区，构建"一屏两带两域"生态格局，实行分级保护、分区治理、分层修复。

"一屏"是贺兰山生态保护修复治理建设的重点，是指宁夏贺兰山国家级自然保护区。保护区北起石嘴山市惠农区麻黄沟，南至永宁县三关口，总面积为193535.68公顷，划分为核心区、缓冲区、试验区，分别占44.6%、22.4%、33.1%。核心保护区以保护天然状态的生态系统以及珍稀、濒危动植物为主，未经批准，不得擅自进入，禁止与保护无关的人类活动。缓冲区位于核心区外围，只能进行科学研究观测活动。试验区位于缓冲区外围，可以进行科学试验、教学实习、参观考察、旅游以及驯化、繁殖珍稀、濒危野生动植物等活动，不能建设污染环境、破坏资源或者景观的生产设施。

"两带"是指关联区内、保护区外围的山前生态保育带、以贺兰山东麓葡萄长廊为主的山下生态产业带。山前生态保育带以维护保护区生态系统稳定性和系统性为主，进行封育保护，治理历史遗留矿坑，建设雨水蓄积及生态防护林工程。山下生态产业带以保育生态和绿色发展为重点，在修复生态的同时，推进生态产业化、产业生态化，发展葡萄酒种植与酿造、文旅休闲、生态旅游等产业。

“两域”是指延伸区内北部平原绿洲生态区域、南部荒漠草原生态区域。“两域”以构建系统完整的生态网络为目标，通过推进城市、农田、湿地、草原、沙漠生态系统建设，辅助提升贺兰山生态系统稳定性、安全性。促进山水林田湖草沙一体化保护和系统治理，实现人与自然和谐共生。

二、贺兰山当代人类经济活动的进入与退出

贺兰山地区当代人类经济活动经历了3个阶段：新中国成立后及“三线”建设时期有序开发阶段、改革开放后腹地企业主动退出与市场化主导采矿业开发阶段、发展重心从经济增长转向生态保护后人类活动逐步退出阶段。

（一）新中国成立后及“三线”建设时期贺兰山开发情况

贺兰山北段煤炭资源蕴藏丰富，主要分布于石炭井、李家沟、马莲滩、汝箕沟4个矿区，主要以焦煤和无烟煤为主。“一五”期间，国家将石嘴山列为全国新开发的10个煤炭矿区之一。这一时期，贺兰山地区人类经济活动主要在贺兰山北段的石炭井、白芨沟、汝箕沟等地区。其中石炭井矿区建设规模最大，先后投资建成了石炭井一矿、二矿、三矿、四矿，大峰露天煤矿，白芨沟矿等一批国家统配煤矿。伴随着石炭井矿区煤矿建设，矿区配套行政机构、企业、生活设施也相继落成。1959年，石炭井成为区级县辖镇，辖石炭井、大磴沟、清水沟和大武口公社。1966年起，汝箕沟矿区建设逐步开展，贺兰山煤炭工业基地初步建成。为运送石炭井、白芨沟的煤炭和物资，1959—1971年，国家先后在贺兰山内建成潮石支线（平罗—大磴沟）、汝箕沟支线（大磴沟—汝箕沟）。

20世纪60年代，根据全国“三线”建设的部署，国家先后从华北、华东、东北等地通过全厂搬迁、部分迁厂、包建等方式，向贺兰山地区迁入煤炭、冶金、石化、仪表仪器、机械制造等领域大中型企业。“三线”建设时期，厂址选择以“靠山、分散、隐蔽”为主，多选择建设在贺兰山

腹地，如宁夏有色金属冶炼厂于汝箕沟原选煤厂的厂址上建立，西北轴承厂在平罗县境内贺兰山大水沟地区建厂。

1952年2月，西北军区农建第一师在贺兰山东麓开辟农场。1966年，宁夏军区农建十三师正式成立，1970年改编为农建第五师，其下辖平吉堡、暖泉、黄羊滩、南梁、前进5个团场。1974年，农建第五师撤销建制后移交自治区农垦局。1970年，贺兰山地区大规模国防施工开始。陆军第二十师驻守贺兰山北段大武口区、石炭井等地区，其直属队及各团营房在八号泉、塔塔沟、大磴沟等地区建设。

（二）改革开放以来采矿业等人类活动退出情况

20世纪80年代，改革开放后，贺兰山地区“三线”建设时期建成的企业在交通运输、水源、成本等方面受市场经济大潮影响，开始向城市郊区搬迁，如西北轴承厂于1992年整体搬迁至银川西郊。同一时期，驻扎在贺兰山内的守备军撤销建制后，如八号泉地区的高炮营部及连队警卫连，大磴沟工兵营、侦察连等各团营房逐渐空置，八号泉烈士陵园迁至石嘴山市革命烈士陵园。

20世纪80年代末，因资源枯竭或者深度开采难度增加、效益下滑，石炭井三矿、四矿、一矿等煤矿先后关闭。因居住条件有限、建设成本高等，矿区人员开始逐步下迁至大武口区，2002年行政区划归大武口区管辖。2000年，石炭井矿务局改为宁夏太西煤炭集团公司，后合并到宁煤集团公司，石炭井矿区由宁煤集团公司进行技术改造。

2000年，《宁夏天然林资源保护工程实施方案》出台。方案规定，在天然林区，严禁一切人为的、商业性的森林采伐，对有林地、灌木林地及未成林造林地全面实行管护。2002年，自治区发布《关于在贺兰山东麓部分区域实施围栏封育的公告》，在贺兰山东麓南起三关口、北至汝箕沟口110公里的范围内实施围栏封育工程，下迁封育区内的全部牧民与家畜。

（三）党的十八大以来贺兰山生态治理及其人类活动退出情况

“十二五”期间，宁夏先后实施了退耕还林、天然林保护、三北防护林体系建设等重大林业生态工程，并在贺兰山东麓建设生态防护长廊、葡萄长廊与防洪工程体系。伴随着经济社会发展，贺兰山地区人类活动日渐繁杂。2011 年，贺兰山国家级自然保护区范围扩大后，保护区内违法违规开发活动 120 处，保护区内 86 家采矿企业中有 81 家为露天开采，汝箕沟煤矿 2 个采区侵占保护区核心区和缓冲区面积 108 公顷，且切断生态保护区生物廊道，破坏林地 347 公顷，菜园沟煤矿占用保护区核心区、缓冲区面积 166.3 公顷。[①]2012 年，宁夏将贺兰山东麓葡萄种植基地及周边确定为环保重点区域，关停整治生产能力落后、无环保手续、无污染防治设施、超标排放的企业。

2017 年，宁夏开展贺兰山生态环境整治专项行动。针对中央环保督察反馈的煤炭工矿、非煤工矿设施、农林牧、旅游、交通道路管护、殡葬服务、军事及其他设施共计 169 处整治点，同步进行拆除整治与生态修复工作，并于 2018 年完成并通过验收。治理遵循区分问题、分类治理原则，注销自然保护区内探矿权，关闭清退保护区内采矿权，拆除保护区内核心区、缓冲区的违法违章建筑及整改项目和设施，保护区内贺兰山岩画等设施在规范管理的前提下予以保留，调整《贺兰山东麓葡萄酒小镇产业园区总体规划》中试验区种植范围。

2018 年，宁夏编制贺兰山生态保护修复专项规划，出台《宁夏回族自治区矿山地质环境恢复和综合治理规划（2018—2022 年）》，制定标准开展“绿色矿山”建设；《宁夏贺兰山东麓山水林田湖草生态保护修复工程试点实施方案》启动贺兰山东麓山水林田湖草生态保护修复工程试点项目。2019 年，宁夏出台《贺兰山生态环境综合整治修复工作方案》，清退整治自然保护区外围 14 个煤矿、9 个非煤矿山、20 处遗留矿坑和无主渣台、2 处煤炭集中加工区，共计 45 处严重损害贺兰山生态环境的点位；通过土地权属清理与勘界立标，建设信息化监测野生动植物栖息地，统一规划、管理保护区内 11 处旅游及农林牧设施，巩固提升 169 处整治点整治成果，推进实施贺兰山生态保护修复。[②]

①中央第八环境保护督察组向宁夏回族自治区反馈督察情况［EB/OL］.（2016-11-16）［2022-12-06］. http://www.gov.cn/xinwen/2016-11/16/content_5133215.htm

②宁夏启动贺兰山生态环境综合整治修复工程［EB/OL］.（2019-05-26）［2022-12-06］.https://www.eco.gov.cn/news_info/30596.html

三、贺兰山沿线人类活动分类及其存在的问题分析

2016年，原环保部用卫星遥感技术对2013—2015年全国国家级自然保护区人类活动所在的功能区及面积进行监测，将保护区内人类活动形式归纳为矿产开采及建设、能源及交通设施建设、农业生产、旅游开发及观光、居民点日常活动等。监测结果显示，矿产开采及建设、能源资源开发、违法无序旅游开发以及其他人工设施建设等人类活动，对自然保护区的生态环境造成影响较大。

（一）贺兰山矿产开发相关人类活动情况及问题

贺兰山工矿用地主要集中在贺兰山北段正义关沟、大武口沟、汝箕沟等地区，其中部分位于保护区的核心区。2017年开展贺兰山生态环境整治专项行动后，核心区内探矿权、采矿权均已注销，终止相关人类活动，对矿产开发过程中产生的渣台、矿坑，通过削坡降台、矿坑回填、播撒草籽等方式实施生态恢复。2019年，宁夏开展贺兰山生态环境综合整治修复工程，针对保护区外围、关联区内由矿产开发及相关活动使生态受损的45处功能点位开展集中治理。目前45处整治点已完成基础治理，8处露天煤矿中，1处完成关闭退出，3处通过阶段性验收，4处位于火区煤矿正在整治中；6处整治井工煤矿中，2处完成整治，3处正在建设绿色矿山，1处位于火区煤矿正在整治中；2处煤炭集中加工区（崇岗、长胜）正在整治中，涉对656家“散乱污”企业逐步实施分类整治，现已关停取缔340家，停产升级改造200家，限期搬迁1家；9处非煤矿山开展绿色矿山建设中；20处遗留矿坑和无主渣台中，5处通过阶段性验收，15处正在整治中。[①]

贺兰山保护区、关联区内针对矿产开发及相关人类活动的整治工作，已逐步开展并取得了阶段性成果。但矿区生态环境保护修复恢复是一个漫长的过程，目前相关的治理主要处于地貌重塑、土壤重构、植被播种的阶段，实现景观修复、生物多样性重组与保护，仍需要在规划、技术、管理

①宁夏贺兰山国家级自然保护区环境综合整治工作简报第38期［EB/OL］.（2019-10-30）［2022-12-06］. https://zrzyt.nx.gov.cn/ztzl_261/hlszz/201910/t20191030_1817933.html

层面进一步开展协同治理。贺兰山延伸区由于并未与保护区相连，在矿区监管治理方面仍有不足。如中卫市中宁县北部贺兰山余脉地区，是重要生态延伸区，石膏、石灰石等矿产资源丰富，但开发利用方式粗放，资源利用率低，存在非法开采破坏山体、违规占地堆放石料和装备等问题。

（二）贺兰山生态产业相关人类活动情况及问题

贺兰山地区酿酒葡萄种植、酒庄及旅游用地主要集中分布在贺兰山东麓 101 国道沿线。贺兰山东麓葡萄酒产区北起石嘴山、南至红寺堡、西与贺兰山自然保护区紧密相连、东至黄河沿岸，大部分位于贺兰山生态关联区、延伸区内。葡萄酒产业发展过程中土地的开垦和种植、企业的进驻、葡萄酒相关文旅产业开发，会对当地的生态环境产生一定的影响。2012年，宁夏出台政策，将贺兰山东麓葡萄种植基地及周边确定为环保重点区域，并实施环境综合整治。但葡萄酒产区西线与保护区紧密接壤，伴随着葡萄酒产业的繁荣发展，这一地区的生产、经营、旅游等人类活动对环境的影响可能延伸至生态保育带。

（三）贺兰山旅游产业相关人类活动情况及问题

贺兰山生态、人文旅游资源丰富，旅游资源自北向南散布于贺兰山东麓，自 20 世纪起陆续开发了贺兰山国家森林公园、岩画、西夏陵、滚钟口风景区、拜寺口双塔、镇北堡西部影视城、北武当地质公园等重点景区，保护区范围调整后部分景区与保护区的核心区存在重合。旅游者产生的噪声、垃圾以及践踏采摘植物等行为，对本就脆弱的贺兰山生态环境带来较高负荷；部分旅游设施的无序建设，宾馆、民宿、农家乐等住宿点产生的垃圾及废水，也可能对当地生态环境造成影响。生态廊道周边正义关沟、大武口沟、汝箕沟等地区“三线”建设时期的工矿企业、采矿场、军事设施及居民点人类活动基本已经撤出。“三线”建设时期修葺的道路设施，如石炭井与汝箕沟的铁路、老西轴厂路（核心区）为人类活动进入提供了便利的同时，也可能给保护区生态带来影响。

四、贺兰山沿线人类活动稳步退出及其补偿机制分析

贺兰山沿线人类活动退出可以分为两类，一类是“三线”建设时期建

成的企业、社区、军事机构等，因经济发展或政策要求主动退出贺兰山地区。另一类是因生态保护需求，根据政策要求被动退出贺兰山地区，如禁牧封育时牧民下迁、环境整治过程中清退的采矿相关企业等。政府对生态保护过程中利益受损的主体通过政策优惠、资金补助、设立生态效益补偿基金等方式进行补偿。

自贺兰山国家自然保护区成立起，伴随着保护区范围的调整以及天然林保护工程建设，封山保育政策开始实施。政策执行初期，由于我国生态补偿机制正处于起步发展阶段，缺少相关重要法规和政策作为依据，生态补偿主要通过补贴、生态移民等方式开展。如 2001 年，贺兰山国家自然保护区全面禁牧封育，保护区内近 15 万只羊全部迁出禁牧封育区，考虑到一些牧民会因此遭受损失，有关部门通过给予适当补贴的方式补偿牧民。同期，宁夏利用国家西部专项国债资金组织实施的国家易地扶贫移民开发项目，将贺兰山国家自然保护区的核心区以及周边地区的贫困群众易地搬迁安置，其中属于生态性移民的迁出土地全部用于退耕还林还草。2002 年，贺兰山地区开展贺兰山东麓洪积扇围栏封育工程，范围内 6 个村开展移民搬迁、退耕还林及禁牧封育工作。

为解决贺兰山封山保育迁出居民后续生活保障等问题，2018 年，宁夏借助大规模国土绿化行动，推进林业助推精准脱贫，开展庭院经济林试点。2020 年，借助天然林保护和生态修复助推生态扶贫，通过天保工程森林管护、生态效益补偿公益林管护聘用护林员的方式，实现贫困人口家门口就业，增加经济收入，实现生态惠民。

矿产开采及建设对贺兰山保护区的生态环境造成负面影响较大，2017 年、2019 年宁夏相继开展贺兰山生态环境整治专项行动后，核心区内探矿权、采矿权均已注销，重点生态区域内露天煤矿已全部关闭清退。2017 年，原自治区国土厅印发《贺兰山国家级自然保护区矿山企业矿山环境治理和生态恢复保证金提取使用意见》，提出自然保护区内关闭退出的矿山企业可根据生态环境恢复治理的进度，申请提取使用部分矿山环境治理和生态恢复保证金。2019 年，《贺兰山生态环境综合整治修复工作方案》重点整治任务涉及的 10 处清退企业，按照 70 元/吨的标准给予补助，并根据煤矿剩余资源储量核实及对应价款核算结果，进行采矿权价款退还。[1]同年，关闭退出煤矿退还价款核算和采矿权注销登记工作已基本完成，共计退还价款5.3167亿元（自治区退还4.279亿元，国家退还1.0377亿元）。[2]

在推进生态重点区域矿产企业关闭清退的同时，自治区稳步推进退出及关停企业职工安置工作。自治区人力资源和社会保障厅制定印发《关于做好贺兰山自然保护区外围重点区域退出及关停企业职工安置工作的通知》，通过企业内部挖潜分流、企业内部退养安置、公共就业服务帮扶、创业创新转岗、公益性岗位托底等方式，加大企业和职工政策帮扶支持力度，稳步推进职工安置。[3]

五、贺兰山沿线地区人类活动分类控制性措施及其对策建议

贺兰山沿线人类活动复杂多样，其中矿产开发、违法无序旅游开发以及其他人工设施建设等对生态环境造成影响较大。应该通过建设国家公园，整合贺兰山地区管理机构，提升管理效率与资源利用率，促进人与自然和谐共生；根据不同分区分类施策，推进贺兰山矿区生态系统治理，恢复矿产开发造成的生态破坏；建设人与自然和谐共处的生态社区，将生态保护融入当地居民生产生活；构建完善的访客管理机制，减少外来访客对生态环境的影响。

（一）建设贺兰山国家公园

2017年，中共中央办公厅、国务院办公厅印发《建立国家公园体制总体方案》提出，我国国家公园设立需满足具有极其重要的自然生态系统、

①宁夏贺兰山国家级自然保护区环境综合整治工作简报第19期［EB/OL］.（2019-07-18）［2022-12-06］.https://zrzyt.nx.gov.cn/ztzl_261/hlszz/201907/t20190718_1795214.html

②宁夏贺兰山国家级自然保护区环境综合整治工作简报第38期［EB/OL］.（2019-10-30）［2022-12-06］.https://zrzyt.nx.gov.cn/ztzl_261/hlszz/201910/t20191030_1817933.html

③宁夏贺兰山国家级自然保护区环境综合整治工作简报第2期［EB/OL］.（2020-03-23）［2022-12-06］.https://zrzyt.nx.gov.cn/ztzl_261/hlszz/202003/t20200323_1998059.html

拥有独特的自然景观和丰富的科学内涵、国民认同度高3个基本条件。贺兰山是西北重要的生态屏障，与西北至黄淮地区气候分布、生态格局紧密相关；贺兰山拥有独特动植物、地质、矿产资源；贺兰山作为历史名山之一，拥有西夏陵、贺兰山岩画、北武当庙等人文景观。综合来看，贺兰山具备建立国家公园的基本条件。

通过建设国家公园，整合贺兰山地区管理机构，提升管理效率与资源利用率，促进人与自然和谐共生。建立统一事权、分级管理体制。整合相关自然保护地管理职能，整合组建统一的管理机构，自然资源统一确权登记，自然资源资产所有权根据实际情况由中央政府和省级政府分级行使，提高管理效率，降低管理成本。构建社区协调发展制度。划定国家公园区域内居民的生产生活边界，通过签订合作保护协议等方式，共同保护国家公园周边自然资源。在国家公园周边合理规划建设入口社区和特色小镇。引导当地居民、专家学者、企业、社会组织等积极参与国家公园设立、建设、运行、管理、监督等各环节，完善社会参与机制。

（二）分类施策，推进贺兰山矿区生态系统治理

受历史欠账、发展矛盾、投入不足、生态系统脆弱等因素影响，贺兰山矿区生态修复治理困难重重。根据实际情况，国内外矿山修复主要有生态恢复、博物资源利用、旅游开发、复垦造田、引水造湖、垃圾处理厂和仓储等7种模式。贺兰山矿区修复治理需要根据历史遗留矿区和正在开采矿区的土地利用现状、开发潜力、土壤状况、水资源承载能力、地质环境安全和生态保护修复适宜性等因素综合考量，结合分区布局选择不同模式。

核心保护区内退出煤矿及采矿后遗留的废弃地，目前经过削坡降台、矿坑回填、播撒草籽等生态恢复方式，新的生态系统已初步形成。为巩固上一阶段生态修复成果，后续仍然要加强对核心保护区监管，封堵矿区与外界联通道路，严控人类活动进入干扰生态系统发展，保障生态系统恢复到理想状态。南北核心保护区间生态廊道外围区域，应实施与核心区相同的生态修复政策，扩展原自然保护区内较为狭窄的生态廊道，扩大生物栖息地，使破碎景观连通性增强，促进保护区内动植物交流，为引进雪豹等顶级捕食者提供良好的基础。保护区外围矿区，在保障不破坏生态的前提下，可以参考湖北省黄石国家矿山公园开展矿山旅游，利用矿区博物资源集中展示贺兰山地区矿业的历史文化和地质科普知识；以“影视基地+旅游”模式，利用石炭井工业旅游小镇作为影视剧取景地优势，为矿山修复争取更多的政策支持和资金支持。在关联区、延伸区进行矿产开发的地区，应摒弃传统“末端治理”理念，从源头及过程中控制对生态环境的破坏。推进绿色矿山建设，严控新建矿山准入，加快生产矿山升级改造，促进矿业绿色转型升级，实现矿业健康可持续发展。建设矿区生态监管系统，在重要生态功能区建立长期定位生态监测站，分区制定生态环境质量评估体系，构建区域生态安全预警网络，强化资源开发监管执法力度，防止无序开发和过度开发。

（三）建设人与自然和谐共处社区

贺兰山东麓自然环境相对较适宜人类生存，人类居住历史悠久。随着经济社会的逐步发展，人类生活区也逐渐向贺兰山腹地延伸，社区居民的各类活动与生态环境紧密相关。近年来，由于发展理念的转变，生态环境保护与建设力度逐渐增强，贺兰山重点生态区的牧民及牲畜已全部迁出，核心保护区范围变为无居民区。核心保护区外围，石炭井、汝箕沟、大水沟等“三线”建设时期建成的社区，随着常住人员的逐步下迁变为居民衰减区。最外层靠近乡村及城镇的地区，常住居民主要集中在惠农区红果子、北武当庙、石炭井、汝箕沟以及贺兰山东麓101国道沿线附近，居民社区与生态保护关联区、延伸区重合。通过构建人与自然和谐共处社区，一方面能有效减少社区内人类活动对生态环境造成的影响，另一方面也能吸纳部分社区居民参与到生态保护活动中。

强化生态保护宣传教育，提高保护意识和应急处置能力。定期对相关基层管理部门和社区居民进行生态保护重要性宣传。开展野生动植物保护的相关普法宣传，普及《中华人民共和国自然保护区条例》《中华人民共和国刑法》等野生动植物保护的相关国家法律法规，结合2021年新版《国家重点保护野生动物名录》，向社区居民宣传贺兰山红尾鸲、贺兰山岩鹨、贺兰山鼠兔等已升级为国家二级保护野生动物。组织巡护员、管护员、保护区外围社区居民学习应急知识，具体包括贺兰山常见野生动物习性、发生冲突时自救应急措施、遇落单需救助野生动物处理措施等。

以环境保育为目标建设生态社区，提高居民生活质量的同时保护生态。针对社区基本设施开展绿色节能改造，推广分布式能源和多种采暖方式，减少污染物排放；构建社区污水与垃圾全链条标准体系，通过污染源控制、资源化利用等方式，有效控制农村地区生活污水、养殖废水、生活垃圾和农药化肥等污染源影响范围。

通过推动社区产业绿色发展，实现社区居民生产生活与贺兰山生态保护目标一致。在产业发展方面做好空间调控，对生态保育带、生态产业带、生态延伸区社区产业，进行分类指导，吸纳本地剩余劳动力转移至资源保护、葡萄酒、旅游及服务业中。建立地区品牌增值体系，加强对地区品牌生态产品原材料、生产过程、质量标准的监管，提高地区品牌价值，确保社区能从绿色产业中获取红利，提升社区居民参与生态保护积极性。

（四）构建完善的访客管理机制

随着贺兰山东麓葡萄酒产业与文旅的融合发展，贺兰山国家公园设立工作的推进，外来访客不断增加，对当地的生态环境影响也逐渐增强。如何在当地自然承受力允许的范围内，合理有序发展旅游相关产业，促进贺兰山地区生态保护与高质量发展，构建完善的访客管理机制是重要的一环。

根据访客类型与偏好，分类管理访客。建立访客“画像”，了解主要客源地、到访目的、预期体验时长、体验偏好等，建立配套的信息反馈机制，根据反馈信息进行调整。在观光区采取广播、视频等形式对访客普及地区生态环境基本情况及注意事项。采取强硬的罚款、禁止入内等措施规范不听劝导访客行为。

时空分布调控与监测结合，控制访客数量。结合景区实际的生态、资源、空间、管理等因素设定访客容量，针对各要素实施周期性监测评估，根据每个周期监测评估结果，对访客容量进行调整。建立访客预约机制，合理控制访客数量，挖掘淡季旅游专线，开发短时游线，减少访客时间性不平衡分布。调控热门目的地与周边旅游目的地间关系，开发多条旅游线路，通过交通站点调控增加冷门景点利用率，减少访客空间性不平衡分布。

制定安全管理应急机制。在景区边界、自然灾害频发、存在山洪风险等地区设立警示牌，告知存在风险、自救方式、救援信息，提高访客安全认识。在交通便捷、人流较大地区建立医务室，配备心脏除颤器（AED），开展5G旅游医疗急救示范点建设，培训应急救援团队，提高访客安全保障。

专题研究篇

ZHUANTI YANJIU PIAN

金融助力宁夏“专精特新”企业发展的若干思考

王 瑛 李 博 杨 航

党的二十大报告指出：“坚持把发展经济的着力点放在实体经济上，推进新型工业化，加快建设制造强国、质量强国、航天强国、交通强国、网络强国、数字中国。”作为制造业产业链中不可或缺的组成部分，“专精特新”企业具有补链强链和解决关键领域“卡脖子”难题的重要作用。加速推进“专精特新”企业发展，不仅是为了促进产业链优化升级，也是均衡产业链发展与安全的战略性决策。

本文通过梳理“专精特新”金融支持政策的国内外成功经验，在系统分析宁夏对“专精特新”企业现有金融支持政策的基础之上，进一步探究了宁夏以金融助力“专精特新”企业发展的关键突破点，旨在为宁夏更好利用金融工具助力“专精特新”企业快速发展提供政策建议。

一、金融多维度精准服务“专精特新”企业的宁夏实践

促进“专精特新”企业发展是加快科技自立自强、提升产业链供应链现代化水平的重要抓手。近年来，宁夏持续开展“专精特新”中小企业培育认定工作，已形成由政府部门、科研院所、行业龙头企业及专业

作者简介：王瑛，北方民族大学经济学院副院长，硕士生导师；李博，北方民族大学经济学院2021级硕士研究生；杨航，北方民族大学经济学院2020级硕士研究生。

化服务商等多元主体共建的“专精特新”企业服务生态圈。截至2021年底，宁夏累计培育认定自治区级“专精特新”企业1164家，其中：示范企业474家，“小巨人”企业31家。在“专精特新”企业培育发展过程中，除财政政策支持外，自治区政府积极引导金融机构加大对“专精特新”企业的金融支持力度。中国人民银行银川中心支行发布的数据显示，截至2021年底，宁夏科技型中小企业贷款余额同比增长8.4%，高于各项贷款增速1.9个百分点，其中：31家国家级“专精特新”“小巨人”企业贷款余额22.27亿元，同比增长8.65%，“专精特新”企业获贷率高达80%，户均贷款余额9280万元，同比增长8.6%，高于各项贷款增速2.1个百分点。

（一）强化政策引领，加大资源投放

根据“专精特新”企业不同发展阶段特点，自治区政府相关部门、中国人民银行银川中心支行及各政策性金融机构积极引导并出台多项金融支持政策，为全区“专精特新”企业发展筑起全方面金融屏障。例如，建立“专精特新”企业信息共享机制。中国人民银行银川中心支行积极协调产业主管部门筛选形成“专精特新”企业名单并作为重点扶持企业，向各商业银行共享；印发《关于加强“专精特新”企业金融服务的通知》，联合自治区知识产权局下发《关于进一步做好知识产权质押融资工作的通知》，引导金融机构完善知识产权质押贷款管理机制，创新知识产权质押贷款，发挥了货币政策、财税政策和政府服务的协同作用，打通了金融活水流向“专精特新”企业的“最后一公里”。具体政策方面，中国人民银行银川中心支行发挥再贷款再贴现精准滴灌作用，引导金融机构加大对“专精特新”“小巨人”企业支持力度，实施内部优惠转移定价，主动下调制造业企业贷款利率，对于纳入制造业专项贷款的客户和项目执行差异化定价政策，切实降低企业融资成本。

（二）探索多方合作，丰富供给模式

在助力“专精特新”企业发展过程中，政府、创投、银行及保险公司等多方主体积极探索行之有效的发展模式。一是在平台建设方面，积极搭建“政银”合作平台，建立“白名单”数据库，切实提升银行金融服务便利度。例如，邮储银行宁夏分行与自治区工信厅、科技厅等10多家政府机构签订战略合作协议，搭建政银合作平台并依托大数据建立“小企业‘白名单’数据库”。截至2021年底，邮储银行宁夏分行已累计向全区各政银平台推荐的优质“白名单”客户贷款达3.6亿元，占全部小企业贷款余额的33%。二是在信用贷款方面，着力解决“专精特新”企业信用认证难题。例如，作为宁夏“专精特新”企业主要聚集区，银川经开区全面加强与金融机构等平台沟通合作，拓展“银税互动”平台，不断深化银税征信互认、信息共享等合作机制，强化各类涉税提醒和辅导，帮助更多企业将“纳税信用”转化为“融资资本”，切实享受纳税信用带来的红利。三是为解决部分“专精特新”企业抵押物不足问题，自治区相关部门联合银川中小企业融资担保有限公司和西部（银川）融资担保有限公司降低或取消“专精特新”企业反担保要求。四是设置“专新特精”板，增强宁夏区域性股权市场服务“专精特新”企业的能力。2022年8月10日，在自治区地方金融监督管理局、自治区工信厅、中国证券监督管理委员会宁夏监管局联合推动下，宁夏区域性股权市场“专精特新”板正式开板。宁夏鼎辉科技等31家“专精特新”企业首批挂牌入板，中国建设银行宁夏分行、中国农业银行宁夏分行、兴业银行银川分行、石嘴山银行等6家金融机构合计为“专精特新”板授信280亿元。①

（三）强化产品创新，扩大信贷投放

自治区各金融机构针对“专精特新”“小巨人”企业融资特点，量体裁衣、打造专属信贷产品，制订专业化的金融服务方案，支持“专精特新”企业开展应收账款、存货、仓单融资等业务，促进供应链金融发展。例如，邮储银行宁夏分行根据区域特色，持续加强线上信用产品开发力度，不断提高贷款可获得性和便利性，充分利用互联网、大数据等先进技术，创新产品类型，丰富供给模式，让秒批秒贷逐渐成为常态。又如，自治区工信厅与中国建设银行宁夏分行签订《金融服务企业战略合作协议》，推

---

①宁夏区域性股权市场“专精特新”板正式开板［EB/OL］. https://m.thepaper.cn/baijiahao_19429843

出“专精特新”企业专属信贷产品“善新贷”，对符合条件的企业给予信用贷款支持。

（四）设立专项资金，助力成果转化

为破解科技型企业融资难融资贵等问题，自治区科技厅、财政厅于2014年设立宁夏科技型中小微企业风险补偿专项资金，并联合金融机构启动宁夏科技型中小微企业风险补偿贷款（简称“宁科贷”）。例如，自2018年开始，吴忠市科技局已向“宁科贷”风险补偿资金池投入资金1200万元，各合作金融机构已提供1.2亿元的风险补偿专项融资支持。截至2022年中，吴忠市科技局已办理“宁科贷”贷款6600万元，其中多家企业已办理5次续贷手续。通过发放“宁科贷”，有效缓解了吴忠市科创型中小企业融资难题。

二、金融助力“专精特新”企业发展的国内外经验借鉴

分析国内“专精特新”企业发展相对较好省份和德国“隐形冠军”企业的成功经验，对于宁夏进一步探索金融支持“专精特新”企业突破点有一定的借鉴作用。

（一）国内经验借鉴——江苏省

作为制造业大省，江苏省从多维度助力“专精特新”“小巨人”企业飞速发展。截至2021年底，江苏省已培育国家级制造业“单项冠军”138家、“专精特新”“小巨人”企业709家和省级“专精特新”企业1998家，产业链“填空白”“补短板”企业数和上市企业数均居全国第一。

相较内陆省份，江苏省在多年的改革开放发展中，与世界经济的交融程度更深，对全球经济变化更为敏感，其以制造业和第三产业为主的“退二进三”变迁模式是中国经济结构转型过程的缩影。因此，研究“江苏模式”能更有效地指导内陆省份的产业转型与升级。[①]多年来，江苏省深耕“专精特新”企业发展方向，通过汇集各类金融资源，全方位多维度为“专

①王鹏飞，李红波.基于产业结构关联视角的区域经济韧性作用机理研究——以江苏省为例[J].地理科学进展，2022，41（02）：224—238

精特新”企业提供“一揽子”金融服务，推动“专精特新”企业量质并举、能级跃升。截至2022年6月底，政府投资基金子基金累计投资243家国家级和省级“专精特新”“小巨人”企业，投资金额超160亿元，推动30家国家级和省级“专精特新”“小巨人”企业IPO上市，实现了大批关键技术、关键领域和关键产品的攻关突破与科技成果转化，进一步激发了“专精特新”企业提速前行的强大动能。总结江苏省以金融助力“专精特新”企业迅速发展的经验，可归结为如下几点。

1. 从顶层设计出发，建立“专精特新”企业精准支持机制

为贯彻落实国家创新驱动发展战略，江苏省全方位多维度扶持“专精特新”企业发展。一是江苏省各商业银行不断完善顶层设计，积极出台指导意见。例如，农业银行江苏省分行出台《关于加强“专精特新”“小巨人”企业营销工作的指导意见》并启动“专精特新”“小巨人”企业专项营销活动，深入了解“专精特新”企业生产经营特点及其金融需求，引导金融资源精准对接目标客户需求。二是部分金融机构推出“专精特新”企业专项金融服务方案或产品。例如，中国银行江苏省分行针对“专精特新”企业客群业务拓展工作，确定了“三个全覆盖”的工作目标①，并设计出符合“专精特新”企业特点的综合性金融服务方案和产品。农业银行江苏省分行实施总、分行联动，积极建设科创型企业金融服务中心，并强化对关键核心技术、产业基础等领域的支持，同时采取多种方式助力“专精特新”企业利用资本市场直接融资。

2. 制订专属服务方案，优化“专精特新”企业服务流程

为满足各“专精特新”企业金融需求，江苏省各金融机构不断优化服务流程。一是开展融资对接。为深入了解“专精特新”企业现实融资难题，江苏省政府采用座谈交流、专题培训、走访调研等方式实现政府、银行、投资机构与企业的面对面交流，以此精准破解融资难题，提升服务效率。例如，光大银行无锡分行与无锡区级政府联合举办“专精特新”赋能专场

---

①“三个全覆盖”的工作目标：对国家级“专精特新”“小巨人”企业实现授信全覆盖、对省级“专精特新”企业实现金融服务全覆盖、对省级培育库“专精特新”企业实现营销全覆盖

行动，通过制定针对“专精特新”企业的“金融赋能十二条”与综合授信等方式，为“专精特新”企业提供金融扶持。北京银行南京分行设立“专精特新”服务团队，通过持续走访和调研实时了解相关企业融资需求，以此提供差异化政策与资源倾斜。二是开辟绿色通道。向符合条件的“专精特新”企业提供信贷倾斜，并提升整体服务效率，以提升企业获得感。例如，江苏银行无锡分行采用FTP贷款优惠定价、重点项目审批倾斜与审查特征相适应等方式为“专精特新”企业提供融贷款支持。

3. 开发专属信贷产品，强化“专精特新”企业信贷有效供给

江苏省各金融机构围绕“专精特新”企业“两高一轻”特点积极创新信贷产品，精准对接企业信贷需求，实现了企业信贷的有效供给。一是强化信用贷款扶持。各金融机构瞄准“专精特新”企业“短、频、快”的融资需求，纷纷推出系列特色贷款产品。例如，为缩短贷款申请时间，提升服务效率，中信银行南京分行积极推动“科创e贷”。江苏银行推出基于企业专利权和品牌价值的“专精特新贷”和“专精特新专项贷”等专属信贷产品。二是推进知识产权质押融资。针对“专精特新”企业自主创新能力强、高知识产权特点，金融机构不断探索开发知识产权质押产品，促进企业高价值专利的转化运用。例如，农业银行江苏省分行设立以核心知识产权为质押物的“专精特新贷”。三是强化投贷联动。例如，兴业银行无锡分行通过信用免担保等方式提供债权融资服务，并综合考虑股权投资机构的投资管理能力、被投资企业未来发展前景等因素，针对“专精特新”“小巨人”企业集中开展投联贷业务。

（二）国外经验借鉴——德国

长期以来，德国之所以在先进制造和出口贸易领域保持领先优势，拥有强大的中小微企业群体作为支撑就是其成功经验之一。德国著名管理学思想家赫尔曼·西蒙（Hermann Simon）将这类企业称为“隐形冠军”。“隐形冠军”企业指在某一特定细分市场处于绝对竞争优势的中小企业，不常出现在媒体大众视野中，且年销售额不超过50亿欧元。据2019年西蒙顾和管理咨询公司（Simon-Kucher & Partners）发布的报告可知，全球共有2734家“隐形冠军”企业，其中德语区（德国、瑞士、奥地利）有1553

家，占比56%；而仅德国就有1307家，遥遥领先于第二位的美国（366家）。德国“隐形冠军”企业的全球领先，得益于德国始终坚守金融服务实体经济的本源。目前，德国已逐步形成了开发性银行、商业银行与担保银行三方互补协同金融体系。上述金融体系对“隐形冠军”企业的支持可以归纳为以下几方面的经验。

1. 优化政策职能，发挥开发性银行撬动作用

开发性银行作为德国银行业的“第四支柱”，主要采取转贷模式支持“隐形冠军”企业发展。以德国复兴信贷银行（KFW）为例，其享有AAA评级，因此能以较低成本从市场取得融资，并通过转贷方式由商业银行以优惠利率为符合标准的中小企业发放贷款并做好贷后管理。针对不同类型、不同发展时期的企业，KFW贷款产品也呈现多样性。例如，针对不满三年的初创企业提供“欧洲复兴计划（简称ERP）创业贷款”；针对有较大创新潜力的中型企业提供“ERP数字化和创新贷款”。在贷款利率方面，受资助企业可享受长期补贴利率不超过20年和一定额度的贷款免偿等优惠，一般低于市场利率两个百分点左右。

2. 明晰不同银行定位，发挥商业银行主力军作用

商业银行、储蓄银行和合作银行构成了德国商业银行体系的“三大支柱”，是支持创新型中小企业信贷融资的主力军。其中，储蓄银行凭借其网点多、贴近客户的优势，成为德国中小企业贷款市场的最大供给方，占据近半的市场份额。《德国银行法案》规定，储蓄银行不得从事当地居民和中小企业以外的金融业务，以便储蓄银行更好地服务本地企业，也便于银行个性化金融服务的开展。德国大型商业银行则以产品创新为主要方式，加大向创新型中小企业贷款的支持力度。例如，德国商业银行增设适用于中小企业50万—500万欧元的产品；德意志银行开发长达10年的初创企业无息或低息信贷；德国商业银行发行了5年期5亿欧元的中小企业贷款支持债券。

3. 健全融资担保体系，发挥担保银行风险保障作用

具有私人性质的德国担保银行是德国分散银行信贷风险的主力军，且德国政府规定其享有税收优惠和部分免税的权力。在风险承担方面，德国

担保银行承担80%的风险，其中65%—80%的风险由各联邦州政府承担，而商业银行仅承担风险的20%，以此降低了商业银行风险，激发了银行信贷活力。在业务开展方面，根据《德国银行法案》规定，担保银行只从事所在联邦州创业型与成长型中小企业的贷款担保业务，在担保申请方面，只接受商业银行“转担保”[①]方式，不接受企业直接申请。此外，德国担保银行协会还设立15家中小企业投资公司（MBGs），为创新型中小企业提供“夹层资本”[②]融资支持。2020年，MBGs新投资中小企业项目540多个，支持金额超过1.88亿欧元。

4. 鼓励股权投资，发挥政府机构基层支持作用

为解决不同发展阶段的科创型企业股权投融资难题，德国于2016年启动了“新初创时代”计划（New Start-up Era）。目前，德国已形成世界领先且充满活力与吸引力的初创生态体系，各类孵化和加速中心已成为德国“隐形冠军”企业的重要摇篮。德国联邦政府、州政府和欧盟3个层面设有多项初创引导基金为初创期企业提供政府融资支持。例如，联邦政府为高度创新与技术导向型公司提供高科技初创基金（HTGF），为其早期运营提供资金支持；为加速和成长期的企业提供政府公共基金与私募风投基金相结合的公私合作形式（Public-Private Funds），加速创新企业融资模式。此外，德国还通过政府担保、税收减免等措施鼓励私募股权投资。

三、金融支持宁夏“专精特新”企业发展的进阶路径

通过总结金融助力“专精特新”企业的宁夏实践和国内外经验，可以发现，企业在初创期、成长期和成熟期所面临的风险、对资金的需求和融资策略都有明显不同，不同的金融支持适用于企业不同的发展阶段。因此，

① “转担保”指企业通过银行（可以指定不超过3家）提出申请，由银行对可能的融资额度、期限、抵押品和还款结构等出具报告。担保银行对担保申请进行评估，再依据企业业务情况、信用管理、抵押物质量等将其分为18个信用等级并确定担保额度

② “夹层资本”是介于股权和债务资本之间的一种支持方式，主要形式为“利润参与证书”、次级贷款和“无声合伙”等，在企业破产时追偿权在其他债权人之后但在普通股权之前

应该按照“专精特新”企业的发展生命周期和资金需求层次给予不同的金融支持。具体而言，可从以下几点发力。

一是政府增设引导基金，助力初创企业破解融资难题。对于处于初创期的创新型中小企业而言，由于初创团队想法、规划落地不确定性相对较高，“活下来”是第一要务，加之“专精特新”企业自身“两高一轻”[①]的特征，其融资需求具有借款额度小、融资风险高、综合经济效益低的特点，因而商业银行不愿介入太多，此时融资困境的破解应主要借助政府扶持基金的介入和政府政策的扶持。可借鉴德国“新初创时代”计划，在系统梳理“投早、投小、投科技”等政策措施基础之上，完善部门和地方政府协作，建立多层次的初创引导基金，借助多层次股权投资积聚资源，精准扶助“专精特新”初创企业破解融资难题。此外，还可采用二手份额转让基金和一级市场证券化方式解决政府引导基金退出难问题。二是完善互补协同金融体系，助力成长期企业做专做强。企业进入成长期，研发成果初见成效，有相对成熟的产品和稳定的客户群体，企业需要借助外部资金进一步占领市场。有鉴于政策性金融逐渐退出舞台，银行信贷与风险投资正式登场，此时金融支持应更多关注融资担保体系的建设与完善。可借鉴德国经验，完善“转贷款”模式，丰富地区“专精特新”企业融资体系，探索由地方政府、合作银行、公益性担保公司和“专精特新”企业等共同参与的“政银担企”四方合作机制。与此同时，充分发挥政府政策与财政引领作用，建立核心企业目录库建设，围绕战略性新兴产业、未来产业、传统产业转型升级等制造业重点战略方向，加快制造业强链补链与产业基础再造工程，强化重点产业链融资支持，推动形成产业链链主企业和核心企业重点客户群体，鼓励各金融机构拓展供应链金融业务。三是强化直接融资体系，加快培育地方骨干企业。对于成熟期企业而言，此时已具有一定的市场地位，盈利水平逐步提升，现金流相对稳定，资金压力逐渐缓解，已倾向于更多依靠资本市场，以更多元化的融资方式来满足自身融资需求。为此，应鼓励该阶段企业积极探索“三板”、北交所等直接融资途径，并加

---

①“两高一轻”指高技术投入、高人力资本投入和轻资产

强资源对接、合规辅导、梯队培育等方面的帮扶工作。此外，还应当将以风险投资产业判断能力强、风险共担机制健全为特点的VC/PE，作为中小企业尤其是“专精特新”企业融资的主要来源。①

四、金融支持宁夏“专精特新”企业发展的政策建议

（一）拓宽政策性资金来源渠道

一是充分发挥融资担保和中小企业发展基金作用，建立风险缓释资金池或向担保机构注资，引导金融机构对“专精特新”企业的重点扶持；设立产业并购扶持基金，收购优质资产并发挥并购重组功能，积极扩大企业规模，提高上市质量。二是整合各类支持制造业、中小企业发展的财政政策与货币政策，充分利用财政资金种子作用和杠杆作用，如：给予金融机构贷款部分财政贴息，对商业银行实施“专精特新”企业专项再贷款支持等。三是增加低成本资金供给，针对政策性银行，可通过投放低成本资金等方式降低“专精特新”贷款成本；针对商业银行，可采取合作转贷、商定转贷成本和利差水平等方式，降低中间缓解费用，以确保低成本资金直接惠及“专精特新”企业。

（二）健全企业融资担保体系

构建多层次的融资性担保体系是解决“专精特新”企业融资难问题的有效途径之一。多层次的融资性担保体系包括市场化担保机构和政府性担保机构两部分，其中，市场化担保机构为信贷资金提供担保；政府性担保机构为某些关键领域与薄弱环节提供补充担保或再担保。目前，宁夏多层次融资担保体系尚处于发展初期，通过构建多层次融资担保体系，能更好地推动各方面风险分散与共担，进一步增强金融机构对“专精特新”企业扶持的主动性、积极性和有效性。具体而言，一方面，要发挥担保机构作用。增加各融资担保机构中财政专项资金份额，强化政府风险分担能力，降低市场化担保机构风险，以此激发地方担保机构活力，增强担保体系中的民间份额，实现资源优势互补。与此同时，通过对担保机构开展定期绩

①王勇.金融服务“专精特新”新赛道［J］.中国金融，2022（17）：91—92

效评价来优化专项资金投向，鼓励担保机构加强企业服务力度。另一方面，要扩大政府融资性担保覆盖面。设立政府性融资担保机构，以政府注资为主，科学整合各类资源，形成政府融资担保机构全覆盖机制，适时成立“专精特新”专项信保基金，充分发挥政府性融资担保的“增信、分险、降费”作用。

（三）积极构建供应链综合金融服务体系

通过构建供应链综合金融服务体系，可使金融资源更好地嵌入产业供应链条，在助力上下游“专精特新”企业盘活流动资产的基础上，促进链条上下畅通，增进金融资本和实体经济的相互融合与支持。为此，一要加强供应链金融与“专精特新”核心企业的合作，加强应收账款融资服务平台建设与线上服务，做好供应链上下游企业信息共享，以此拓宽“专精特新”企业融资渠道，破解供应链上下游企业的融资难和金融资源优化配置问题。二要通过与供应链企业的重复博弈与合作，促进供应链系统与企业资金流、物流等外部数据的有效对接，完善商业信用体系，建立稳固的战略合作关系。三要充分发挥产业园区集聚效应，探索供应链金融与特色园区的重点结合，采取减税降费等方式，积极引导区内重点产业的核心“专精特新”企业及其上下游企业、金融机构聚集，以此加强供应链金融服务“专精特新”企业示范区建设，提升整体金融服务效率。

（四）加快金融产品服务创新

作为我国金融系统的主导，商业银行应不断优化针对“专精特新”企业的金融产品，加大产品供给和“专精特新”企业经营特点与资金需求的适配度。一方面，要丰富授信担保方式。“专精特新”企业缺乏传统意义上“可抵押的硬资产”，却拥有较多的“软资产”，如知识产权、市场接受度、品牌价值等。因此，商业银行应积极探索传统抵质押物之外的新型抵质押模式，如将知识产权、成果转化、企业人才等作为授信依据推出系列特色信贷产品，并积极强化与政府部门沟通合作，加强新型抵质押平台建设，更好助力企业实现创新成果转化。另一方面，要创新全周期授信产品与服务。对“专精特新”企业的金融服务要强调全程陪伴，开发设计符合不同类型、不同阶段、不同行业的“专精特新”企业发展特点的金融产品和授信运作规则，以此全面提升“专精特新”企业服务体系，最终形成“创新创业投资+信贷服务创新+科创担保增信+知识产权和科技保险服务+上市发债融资”全链条、全周期的金融服务体系。

（五）加快金融机构科技创新

随着物联网、大数据、区块链、云计算、人工智能等技术的成熟与应用，企业数字化水平逐渐提高，金融机构也只有不断进行科技创新，才能更好地适配“专精特新”企业的高质量发展。一是依托科技创新提升金融服务效率。例如，基于区块链技术构建企业数字信用资产评估体系，实现对企业资金流、信息流和物流的实时监控以及与政府平台信息的有效对接，为银企之间搭建更为透明的信用体系，有效缓解供需双方信息不对称难题，以此推动“专精特新”企业信用评估整体效率的提升。二是完善金融科技供给链。通过金融科技拓宽金融服务的广度与深度，缓解传统管理体制约束，促进金融机构内部效率提升。例如，针对“专精特新”企业不同发展阶段，探索金融科技赋能形式与应用场景搭建，进而提供更具针对性的服务。

（六）优化“专精特新”企业金融生态

良好的金融生态奠定了金融创新发展的基础。因此，宁夏助力“专精特新”企业发展离不开金融生态的持续改善。一是要加快社会信用体系建设，通过建立“专精特新”企业数据库，加强政府、金融、市场监管、企业各部门和领域的信息共享，便于金融机构对“专精特新”企业的精准画像，进而形成全社会覆盖的征信系统以及政府、银行与企业共荣共赢的良好金融生态。二是要建立健全信用增进机制。加大科技担保体系与再担保体系建设，鼓励专业化征信机构为不同阶段“专精特新”企业量身定制信用评级服务，增强“专精特新”企业信用采信度，与此同时，建立政府出资控股的金融综合服务平台，鼓励金融机构、科技担保公司等设立社会增信机构。三是要健全“专精特新”企业配套支持体系。紧抓北交所成立契机，针对性提供“专精特新”企业股权融资以及上市指导，拓宽“专精特新”企业融资渠道，帮助其借力资本市场实现跨越发展。

（七）发挥区域股权交易市场作用

区域股权交易中心是我国多层次资本市场体系的重要组成部分，是区域中小企业直接融资的重要场所，是发展资本市场的重要基础。目前，宁夏区域性股权市场“专精特新”板在宁夏股权托管交易中心已开板。作为宁夏“专精特新”企业通过区域性股权市场获得综合金融服务的专属板块，宁夏股权托管交易中心应着力提升服务的广度、深度和精准度，增强企业获得感。具体而言，既要创新融资方式和融资产品，为企业提供多元化的融资方式，如积极推广私募股权、股权质押、债权、商业保理、资产证券化、可转换债、融资抵押等融资方式，多途径解决企业融资难题；又要引进产业基金、风险投资等机构，撬动更多金融资本和社会资本对重点产业、重点企业进行股权投资，支持优质企业做大做强。

（八）防范“专精特新”企业的金融服务风险

由于“专精特新”企业具有高风险与投资收益不确定等特点，收益与风险不匹配也就成为制约金融服务“专精特新”企业的主要因素。为此，应不断完善风险补偿机制与风险评估体系，分散金融服务“专精特新”企业的风险。一是完善风险补偿机制。在宁夏银保（监）局的指导下，自治区相关部门、银行机构、投资机构与“专精特新”企业积极开展投贷批量联动业务，即以政府批量推荐企业并利用超额风险补偿资金池弥补风险为基础，银行批量化获客、市场化决策为依托，鼓励金融服务“专精特新”企业，促进政府、银行与股权投资机构的合作，降低业务风险。二是完善风险评估体系。建立多层次风险评估机制，开发针对“专精特新”企业的风险预警模型，加强对企业资金流、股权投资往来、企业家行为、经济环境、行业政策、技术革新等的监测，提高风险预判、预警、预防能力。

参考文献

1. 钟成林. 科技型中小企业融资困境及金融支持政策研究［J］. 南京审计大学学报，2016(03)：96—104

2. 鄢丽敏. 金融支持中小企业科技创新的路径设计——以江苏省为例［J］. 财会通讯，2017(26)：15—18

3. 范诗洋，钟培武. 供应链金融支持中小企业融资的路径分析［J］.征信，2019(06)：

83—86

4. 国务院发展研究中心金融研究所“金融支持科技创新”课题组.金融支持创新型中小企业的德国实践及借鉴［J］.新经济导刊，2021（04）：81—86

5. 王景武.金融支持高水平科技创新［J］.中国金融，2021（15）：15—16

6. 颜军梅，万波，石军.科技型中小企业金融接力支持创新研究——基于扎根理论的多案例探索［J］.科技进步与对策，2021（04）：88—95

7. 孙欣蕾，李亢.德国“隐形冠军”背后的金融支撑［J］.中国金融，2022（18）：82—84

8. 王卫东.开发性金融支持“专精特新”企业发展的若干思考与建议［J］.金融纵横，2022（06）：3—7

9. 王鹏飞，李红波.基于产业结构关联视角的区域经济韧性作用机理研究——以江苏省为例［J］.地理科学进展，2022（02）：224—238

10. 王勇.金融服务“专精特新”新赛道［J］.中国金融，2022（17）：91—92

宁夏建设以人为核心宜居宜业城镇研究*

田晓娟

党的二十大报告提出:“推进以人为核心的新型城镇化，加快农业转移人口市民化。以城市群、都市圈为依托构建大中小城市协调发展格局，推进以县城为重要载体的城镇化建设。”着重强调:“加强城市基础设施建设，打造宜居、韧性、智慧城市。”“统筹乡村基础设施和公共服务布局，建设宜居宜业和美乡村。”现今越来越多的省区将宜居宜业建设写进了未来的发展规划当中。因此，注重生态文明建设，创建高品质的宜居宜业环境是未来发展的重中之重。如何建设优良的人居环境和创业环境已经成为当前区域、城市群（带）、县域发展研究的热点之一。生态、宜居宜业与人民居住生产生活的环境紧密相关，其发展水平高低是提升居民满意度和幸福感的关键所在。

建设宜居宜业城镇是宁夏经济社会发展的重要增长极。宁夏地处黄河中上游“几”字湾的重要位置，自然资源富足，经济发展条件雄厚，然而宁夏经济以传统粗放型发展为主，导致生态服务功能下降、空气质量降低、基础公共服务分布不均、资源超负荷利用和环境污染频发等问题凸显。

作者简介：田晓娟，北方民族大学民族学学院博士，宁夏社会科学院综合经济研究所副研究员，研究方向为区域经济史。

*本文系国家社科基金项目“新中国成立70年来西北民族地区经济发展战略演变及其基本经验研究”（19BJL011）的阶段性成果。

2021 年《自治区人民政府办公厅〈关于印发宁夏回族自治区新型城镇化“十四五”规划〉的通知》、2022 年自治区政府工作报告、《宁夏回族自治区 2022 年新型城镇化建设和城乡融合发展重点任务》等文件提出，要抓住黄河流域生态保护和高质量发展先行区建设的机遇，构建“一主一带一副”的城镇空间格局。2022 年 6 月，自治区第十三次党代会再次明确提出：要加快以人为核心、以县城为重要载体的城镇化建设，推动产城融合、城乡互动、协调共生，打造颜值更高、功能更优的新型城镇。因此，如何建设“以人为核心”的新型城镇，如何提高宁夏地区宜居宜业水平，促进两者之间的协同发展，推动宁夏地区整体竞争力的提升，是宁夏经济社会发展面临的重要课题。

一、宁夏建设以人为核心宜居宜业城镇的必要性

党的十八大后，我国走上经济高质量发展的特色新型城镇化道路，并在 2014 年明确提出：新型城镇化是以人为中心，以工业化为动力，推动城镇现代化、生态化，走健康发展、集约经营、功能全面、友好和谐、城乡一体、大中小城市和谐发展的城镇化建设途径。①十九大后，开始实施乡村振兴战略，大力推进乡村振兴战略与新型城镇化协调发展，建立健全城乡融合发展的体制机制。2022 年党的二十大又再次提出推进以人为核心的新型城镇化。可见，建设以人为核心宜居宜业城镇有利于经济进一步高质量发展、有利于城乡一体化进一步统一、有利于人的全面发展进一步提升、有利于人民对美好生活的向往进一步实现。

（一）有利于经济进一步高质量发展和提升

党的二十大提出要推动经济高质量发展，而宁夏建设以人为核心的新型城镇有利于经济进一步高质量发展。宁夏虽为欠发达地区，但自 2009 年起，自治区人民政府明确提出构筑沿黄城市带一体化发展格局②。沿黄城市带成为宁夏推进新型城镇化进程的主体空间形态，也是宁夏经济高质量发

---

①国家新型城镇化规划（2014—2020）[Z]

②自治区人民政府关于同意实施宁夏沿黄城市带发展规划的通知［R］. 宁夏回族自治区人民政府公报，2009（21）：23—24

展中最具活力和潜力的核心增长极。2017—2021 年，宁夏开始以银川都市圈为核心、中卫和固原为两极，大力发展城区经济和县域经济，经济和人口均向北部沿黄地区和区域中心城市有序集聚。至 2021 年底，银川都市圈经济总量占全区比重超过 50%，沿黄城市群（带）经济总量占全区 80%以上；银川市、石嘴山市、吴忠市总常住人口达到 503 万人，占全区人口的 69.3%，比 2017 年提高 1.0%，成为主要人口承载地区；固原市、中卫市总城镇人口比2017 年增加 12.5 万人，城市集聚吸引作用增强。可见，沿黄城市带的带动和辐射作用，一方面促进全要素在城乡之间自由流动；另一方面当沿黄城市带要素集中和人口聚集达到一定规模时，就会形成一定的市场需求，从而对这一地区的基础设施提出相应的要求，进而促进经济规模的进一步扩大，形成规模效应。近年来，随着城镇化水平的不断提高，宁夏产业结构不断优化、新动能转换不断增长，更加有利于经济增长环境的营造。可见，这一时期宁夏新型城镇化发展最为迅速，极大地推动了人口的城镇化，也是宁夏形成经济高质量发展的初步格局的重要时期。

（二）有利于以人为核心发展的进一步需要和提升

人是生产力的核心要素，经济高质量发展的最终目的在于人的全面发展。随着沿黄城市带城镇化水平的不断提高，农村中青壮年劳动力开始大量向城市（镇）转移，既保障了企业用工的来源，又扩大了人口城镇化的规模。尽管宁夏沿黄城市带城镇户籍人口可以享有新型城镇化发展带来的有利条件，如良好的教育资源、较高水平的医疗保障。但当大量农业剩余劳动力不断流入沿黄城市带的各市、县区生活与就业时，由于受到二元户籍的制约，农业转移人口不能较为公平地享有这一地区的基本公共服务。基于此，自治区第十三次党代会和党的二十大都突出强调了新型城镇化战略中“以人为核心”。其一就要解决二元户籍制度及其一系列相关制度与宁夏城镇常住人口之间相互分割的问题，坚持发展“以人为核心”的新型城镇化，逐步提高农业转移人口的人力资本、劳动生产率、生活水平，从而进一步实现宁夏新型城镇化的高质量发展。其二构建“一主一带一副”发展新格局还需要乡村经济高质量发展。由于城镇户口转化为农村户口有诸多限制，间接导致城市人口无法向农村流动，出现了农村人口单向性地向城镇流动，没有形成农村与城镇的双向流动局面，且出现土地撂荒与弃耕现象，从而加剧农村的空心化、人口老龄化，给农村产业发展、公共设施建设、社会保障带来了巨大压力。最为重要的是，由于农村浅表性城镇化的缘故，其基础设施、教育环境、师资队伍普遍不及城镇水平，存在较大差距，城乡建设和产业发展获得土地途径的方式较为单一，中南部地区多个县区和小城镇建设中还存在公共设施服务短板，如宁夏人均城市道路面积为 26.4 平方米，而泾源县仅为 12.1 平方米。因此，城镇化建设有利于城乡基本公共服务均等化的形成，为促进农民的全面发展提供保障。

（三）有利于社会基础条件的进一步完善和提升

以人为核心的城镇化建设带动了农村转移人口市民化，产生了较为巨大的基础设施、公共服务设施以及住房等投资需求，有利于农村人居环境的日臻完善，有利于社会基础条件的进一步完善和提升。截至 2021 年底，宁夏基础设施的综合承载力不断提高。银西高铁、吴忠至中卫城际铁路建成通车，宁夏实现“高铁梦”。铁路营业里程达到 1350 公里，基本形成“三环四纵六横”高速公路网，高速公路里程达到 2079 公里。银川国际航空港综合交通枢纽全面建成，民航营运里程 14.96 万公里。实施中南部城乡饮水、银川都市圈供水、黄河段防洪等重大水利工程，历史性解决了宁夏城乡居民饮水问题。宁夏发电装机容量达到 6241.3 万千瓦，比 2017 年增加 2026.7 万千瓦，在全国率先形成覆盖全区的 750 千伏双环网。2022 年 1—10 月，宁夏基础设施投资同比增长 25.7%，其中，交通运输业投资增长 15.6%，水利、环境和公共设施管理业投资增长 36.9%，信息传输和信息技术服务业投资增长 42.7%。宁夏农村人居环境整治成效显著，危房改造动态清零，厕所普及率达到 58%，生活垃圾处理率达到 95%，生活污水治理率达到 30%。农村基础设施和公共服务明显改善，建制村全部实现通硬化路、通客车，美丽庭院（户）比例超过 40%，自来水普及率达到 92%，自然村通硬化路达 95%，4G 网络覆盖达到 98%。

（四）有利于山川与城乡城镇化差距进一步缩小和发展

2017—2021 年，在经济持续较快发展及城镇建设水平不断提高的推动下，宁夏城镇化进程明显加快，城镇化质量进一步提高。宁夏常住人口城镇化率从60.95%提高到66.04%，比全国高1.32个百分点，年均提高1.27个百分点。城镇人口从429.7万人增加到478.8万人，乡村人口从275.3万人减少到246.2万人，人口向城镇转移的规模不断加大。从目前发展情况看，宁夏12个县城（含红寺堡区）和2个县级市吸纳了全区总人口的近49.8%、城镇常住人口的37.5%，平均城镇化率为51.12%，比全区低14.92个百分点。2020年，宁夏仅有10个县区城镇化率高于全区平均水平，其余县区城镇化均低于全区平均水平。可见，山川各县区城镇化水平差距较大，中南部地区城镇化进程仍相对滞后。城镇化率的不均衡性影响了宁夏区域的协调发展，城镇化水平仍有较大提升空间。加快推进城镇化集约提质，是宁夏现阶段构建现代化经济体系的重要途径和有效手段，是深入巩固拓展脱贫攻坚成果同乡村振兴有效衔接的关键举措，也是推进区域协调发展和促进共同富裕实现的重要着力点。

（五）有利于科学技术的进一步创新和发展

如前所述，新型城镇化水平的不断提升，促进了人口向城市集聚，改善了基础设施与环境，提高了社会公共服务水平，为人的全面发展提供了条件和保障，加快了人力资本的积累，有利于科学技术的进一步发展。一方面，宁夏沿黄城市带所提供的良好的教育水平与教育设施有利于新知识的学习，为技术研发和推广提供了广阔的支撑平台，是人力资本提高和知识积累的大熔炉；另一方面，新型城镇化吸引和集聚了高素质人才，提高了本地人力资源指标。随着城镇化进程的不断推进，城镇人口数量增加的同时质量也在不断提升，可从事技术创新活动的潜在人口规模不断扩大，从而使得城镇化产生正的技术创新效应。可见，人口数量的聚集增长与教育发展的高水平是提升一个地区技术创新能力的基础，而新型城镇化发展可以吸引更多的创新资源和研发资本齐聚沿黄城市带，为科研技术的创新活动提供可供开发的土壤。以2018—2021年为例，宁夏各地区研究与试验发展（R&D）经费投入在逐年增长，特别是沿黄经济带逐年提高。（详见表1）可见，“城市规模的扩大和资源的集聚使其形成了一个充满活力的区域环境，增强了人与人之间的互动和信息交换，不仅产生了知识的外部性，同时也培育了创新”①。尽管宁夏南北山川之间在推动科技创新方面存在差距，但依然可以看出城镇化是促进科学技术创新的重要因素之一。

表1　2018—2021年宁夏各地区研究与试验发展（R&D）经费投入情况

地　区	城镇化率(%)		(R&D)经费(亿元)		(R&D)经费投入强度	
	2018年	2020年	2018年	2021年	2018年	2021年
全　区	58.88	64.96	45.58	70.44	1.23	1.56
银川市	77.58	80.22	26.59	45.53	1.40	2.01
石嘴山市	75.25	77.92	8.02	10.91	1.32	1.77
吴忠市	50.18	55.77	5.81	6.46	1.09	0.85
固原市	37.93	43.59	0.87	2.16	0.29	0.58
中卫市	44.41	49.70	4.29	5.38	1.06	1.07

注：2021年宁夏各市县城镇化率的数据还未核算，故本文引用2020年各市县的城镇化率数据作为参考。

二、宁夏建设以人为核心宜居宜业城镇存在的问题

工作和居住在城市或城镇中的农业户籍者大多处于“半城市化”“半城镇化”的状态，虽成为城市或城镇中的非农就业人口或者常住人口，但难以享有丰地城镇户籍居民的社会待遇。再者，宁夏作为西北内陆地区，沿黄城市带的就业吸纳能力有限，基本公共服务差异化和供给量不足，城市的承载力在短期内很难提升，特别是服务业发展水平不高，无法提供足够的就业容量和空间，基本公共服务水平的支撑力不足，人口资源环境的矛盾和压力更为集中，教育资源压力加大，这些都是影响建设以人为核心宜居宜业城镇的主要问题。

（一）农村居民消费水平滞后，公共资源配置不够均衡

首先，从居民消费水平来看，2021年，宁夏居民人均可支配收入为27904元，农村居民人均可支配收入为15337元，相当于2009年城镇居民收入水平。从各市、县区情况看，仅有银川市和石嘴山市居民人均可支配收入超过了全区平均水平。22个县区中，仅有银川三区、大武口区、惠农

①Rosenthal S S，Strange W C. Evidence on the Nature and Sources of Agglomeration Economics [J] . Handbook of Regional and Urban Economics，2004 (4)

区和灵武市居民人均可支配收入超过了全区平均水平。受收入水平影响，农村居民消费水平和消费质量均滞后于城镇居民。2021年，宁夏城乡居民人均生活消费支出占收入的比重分别是66.3%和88.3%，农村居民没有更多的收入进行投资或者消费。其次，从公共资源的配置来看，银川在“十一五”期间，提出建设“最适宜居住、最适宜创业”的两宜现代化区域中心城市，城市的宜居性得到显著改善。但由于人口向城市集中趋势明显，新城区快速扩张、基础设施服务不足，老城区人口密度过高，公共空地、休憩地缺乏，房价空间差异，导致工作地与居住地之间交通拥堵。再者，银川教育资源分布不均，仅2019年，银川市每万人拥有普通中学0.37所、高级中学0.06所、小学0.89所、幼儿园1.71所，均低于全区平均水平，导致农村教育质量弱化、空心化、优秀师资缺乏等问题，直接或间接影响宁夏宜居宜业城镇的建设。

（二）城市供给不足，承载能力有待提升

城市是各类要素资源和经济社会活动最为集中的地方，也是农业转移人口的主要承接地。城市发展水平的高低是体现一个地区经济发展水平的“测温仪”。城市具有中心地位。也正因如此，才能通过人口集聚创造出一定规模的消费与投资需求，从而形成一定的规模效应，成为经济发展的一个增长极。宁夏一直是以一个城市发展的状态进行规划设计[①]，但仍处于城市供给不足的状态之下。2021年，银川市GDP总量为2262.95亿元，第一产业增加值占地区生产总值的比重为3.7%，第二产业比重为45.4%，第三产业比重为50.9%，对经济增长的贡献率分别为3.7%、40.2%和56.1%，常住人口城镇化率为66.04%。从城市建设看，银川市的绿化率为80.2%；从

---

①参见：李园.“将宁夏作为一个城市来经营”战略思想研究——基于城市营销理论的视角[J].宁夏党校学报，2011，13(06)：87—90；李伯牙.把宁夏全区作为一个城市来规划建设[N].21世纪经济报道，2013-03-18(014)；王正伟.把宁夏全区作为一个城市来规划建设[J].领导决策信息，2013(11)：7；王林伶.把一个省区（宁夏）作为一个城市规划建设的战略构思[J].宁夏社会科学，2014(01)：69—73；马忠玉.关于把宁夏作为一个城市规划建设的研究报告[C]//.2014年宁夏社会学会学术年会论文集.北方民族大学社会学与民族学研究所会议论文集，2015：71—91

科技创新能力看，银川市有效发明专利拥有量为2843件，万人发明专利拥有量为9.94件，全社会R&D强度达到2.01%；在基本公共服务方面，银川市高校数量仅为3个，医院和卫生院有116个，其中医院80个；在基础设施方面，城市道路面积2819.4平方米，银川市区平均拥堵指数为1.38，存在停车难停车贵、城市内涝等问题。这一地区承载了过多人口并带来了交通拥堵和环境污染等城市病。而固原地区城镇化滞后，制约了三产的融合发展。因此，通过建设固原这一副中心，既可以促进这一地区的人口城镇化，使人口在南北山川之间的分布更为合理，也能有效分解宁夏沿黄城市带承载过多人口的压力，有利于固原地区经济高质量发展。

（三）山川宜居差距较大，呈北高南低的阶梯状分布

对于“一主一带一副”的宜居性而言，从居住舒适性来看，银川市和沿黄城市带借助于黄河优势，生态环境质量较高，不少居住小区都有湖泊、绿地和文化广场。2021年，银川市被评为全国幸福城市、全国领军智慧城市，蝉联全国文明城市。但近两年来由于受人口密度高、空气质量下降等因素影响，相对于南部山区固原市而言，银川市居住的舒适性略有下降。与此同时，由于退耕还林还草和移民政策的缘故，固原市生态环境不断得到改善，其居住舒适度进一步提高。从出行的便利性来看，沿黄城市带高于固原市，这是由宁夏南北两地的生态地理环境等因素所致。沿黄城市带是宁夏经济发展的中心区域，商业区覆盖面广且集中，人口密度大，高铁、火车、汽车及公交站点完备，出行便利性高；而固原市位于六盘山腹地，远离人口、城市和产业集聚的北部沿黄城市带，交通便利性低。从环境健康性看，沿黄城市带是工业、企业的密集区，如宁东能源化工基地，导致空气颗粒物浓度较高，空气质量不高，使其环境健康性降低；相反，南部山区形成了独立于北部黄河流域的发展体系，重化工业企业相对较少，使其环境健康性满意度较高。从居住的安全性方面来说，三者都相对较高。(详见表2) 从宜业性而言，2021年，银川荣获中国“年度最佳促进就业城市”，并入选全国“一刻钟”便民生活服务圈试点城市。可见，银川市宜业性较高，但与西北其他省会城市相比，仍存在一定的差距。

表2　宁夏“一主一带一副”宜居性调查

	出行便利性	生活便利性	居住舒适性	环境健康性	居住安全性	总体性
银川市	高	高	高	中	高	高
沿黄城市带	高	高	高	中	高	高
固原市	低	低	高	高	高	中

三、宁夏建设以人为核心宜居宜业城镇路径分析

伴随着城镇化步伐的逐步加快，随之出现的诸如城乡交通堵塞、生态环境污染、空气质量下降、住房紧张等一系列问题，严重影响了宁夏建设以人为核心宜居宜业城镇的发展。因此，如何解决这些新型城镇化过程中出现的问题，构建“一主一带一副”发展新格局，使沿黄城市带及固原市真正担当起宁夏地区乃至西北地区“宜居宜业”的两宜重任，是目前构建这一发展新格局的重中之重。

（一）培育发展壮大县域经济，打造宜居宜业城镇

县城上接中心城市和城市带，下联乡村振兴主阵地和城镇建设，是县域经济发展的空间载体和主要支撑。沿黄城市带县域经济得到了长足发展，然而宁夏城乡发展不平衡、不充分是目前最大的实际，特别是县域经济不强是宁夏经济高质量发展的突出短板，抓好以县城为重要载体的就地城镇化建设，可以达到突破一点、带动全局的效果。因此，一是要从产业配套、市政公用、公共服务、环境基础四大设施方面着手，赋予县级资源整合使用自主权，推动县域经济加速转型。二是以“打造宜居宜业城镇”为目标，建设一批重点小城镇，推动就地城镇化和区域农村现代化，推动镇域乡村、基础设施、公共服务、产业发展、生态环保及社会治理一体化建设。三是要顺应县城人口流动变化趋势，统筹县城生产生活、生态、安全需要，按照不同类型，推进县城就近就地城镇化建设，进一步提升县城人口集中程度、产业集聚能力。四是坚持把县城作为壮大县域经济的重要载体，满足人口就近进城安家就业需求。五是要健全城乡基础设施统一规划机制，发挥县城连接城市、服务乡村作用，推动重要市政公用设施布局向城郊乡村及规模较大中心镇延伸。支持有条件的县（市、区）政府以县域为基本单

交通物流的重要功能区。枢纽性作用是在利用枢纽功能的基础上，将各要素进行聚集、驻流、疏流后，再根据技术变革、制度建设，调整各要素的时空分布，优化产业布局，提高交通物流生产力发展，助力实现经济高质量发展。综上所述，枢纽性作用是结合区域规模经济与范围经济，以枢纽区域为中心、以创新为驱动的新型经济发展形式。其中，成熟完备和深度融合的交通物流基础设施是枢纽性作用的重要组成部分。（图 1）

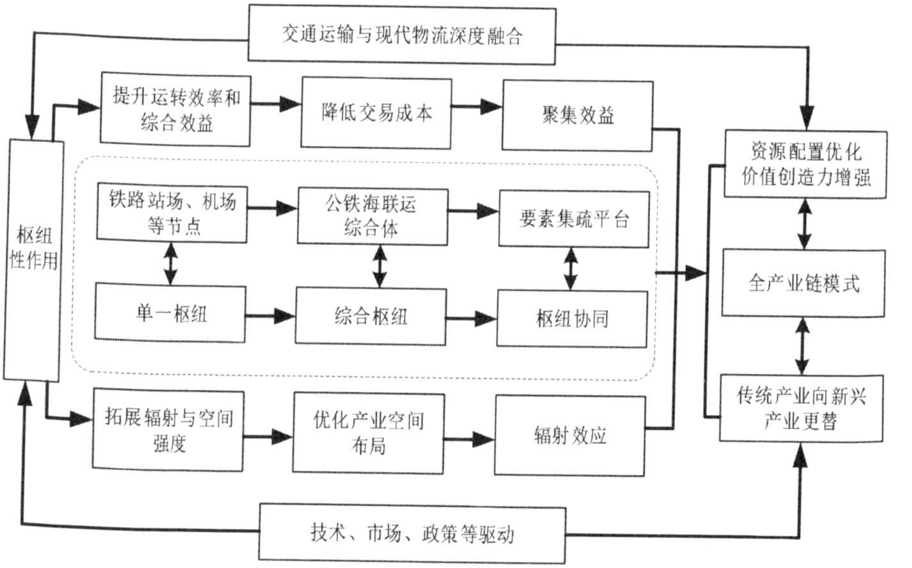

图 1　枢纽性作用的概念分析框架

二、宁夏现代交通物流建设现状

交通运输是物流业的基础环节和重要载体，在推进物流业发展中具有基础和主体作用。

（一）交通运输基础设施规模和质量双提升

截至 2022 年末，宁夏公路建成通车里程达到 3.81 万公里，比 2015 年增加 12%，达到每百平方公里 57.3 公里的公路网密度，高于全国均值。公路黄河大桥已建成 17 座，其密度居于黄河九省区首位。全区高速公路建成通车 2100 多公里，已建成 12 条省际通道，京藏高速改扩建、银百高速、乌玛高速青铜峡到中卫区间全线运转并投入使用。铁路运营里程 1645 公里，每百平方公里铁路网密度达到2.5公里。高铁建设逐步融入国家高铁网络，加强了与周边各省份的经济联系，增进了与长三角、兰白、珠三角、京津冀等经济区的互通合作。

在航空运输方面，银川河东国际机场开通了29条新航线、9架驻场机及11个新航站，实现了与各省会城市的直达直通；开通了4条空中快线和10条准快线，航线网络已延伸至多数大中型城市，提高了运作效率。以银川河东国际机场为主干道、中卫香山机场和固原六盘山机场为旁支的“一干二支”航空运输系统的不断完善，银川国际航空港竣工，新国际（区域）航线的开辟，将推动银川河东国际机场实现跨越式发展，加强宁夏“空中通道”对外开放建设。

（二）综合交通网络不断完善，枢纽衔接转换能力不断增强

宁夏正式融入国家高铁网络后，基本形成以包兰、宝中、太中银、干武4条干线铁路为骨架，平汝支线、宁东铁路等地方铁路为补充的普速铁路网。由高速公路，普通国、省干线和农村公路构成的公路网络高质量发展取得初步成效，“三环四纵六横”高速公路网基本形成，实现所有建制村通硬化路。黄河宁夏段航运工程建设持续推进，全区五级及以上标准的航道里程166公里，码头70个。铁路客运出行时间大幅缩短，公路运输转型升级稳步推进，航空网络覆盖国内国际主要城市，交通网络运行效率稳步提升。运输组织更加集约高效，银川公铁物流园、石嘴山富海物流等多式联运项目稳步实施，初步实现公路运输与其他运输方式有效衔接，物流效率明显提高。智慧创新建设不断加强，数字仓储、网络货运等“互联网+”高效物流新模式不断涌现，开展了自动驾驶重卡集装箱载货试点。

（三）综合交通物流枢纽服务能力得到提升

综合交通物流枢纽的发展，推动了航空运输和高铁的连接，实现了宁夏首个综合交通枢纽，融合了航空运输、高速铁路、大巴、出租车等各类交通方式。逐步完善了物流枢纽的现代化和园区的立体化建设，形成了以物流、贸易、加工、港口、综合业务于一体的新型现代综合物流园区。石嘴山保税物流中心（B型）顺利验收，将银川公铁物流港列入全国多式联运示范项目；银川铁路枢纽一期工程竣工，使铁路运输的整体实力和水平得到了极大提高，弥补了宁夏铁路立体化、现代化综合交通枢纽缺口。

银川、吴忠和中卫围绕高速铁路实现综合客运枢纽建设，有利于与公路客运、城市公交等进行高效换乘。同心、红寺堡等客运站已全部投入使用，为民众提供便利；银川公铁物流港、石嘴山保税物流中心等物流园区建设完成，公铁联运的水平和供应能力得到了较大的提高，区域运输协调发展卓有成效。沿黄城市群一体化融合程度不断深化，一小时通勤交通圈逐步形成。城乡一体化成效显著，城市公交不断向乡镇、村节点延伸，快递服务进村覆盖率达 60%。交通运输对外开放力度持续加大，河东机场国际航线稳步增加，中欧班列开行势头良好。

（四）现代物流业发展质量和效益稳步提升

2022 年，宁夏社会物流总额增长稳中有升，需求结构和物流运行环境进一步改善，产业向高质量发展阶段迈进。1—10 月，物流产业整体发展规模不断扩大，实现社会物流总额 8469 亿元，同比增长 19.5%；完成货物运输 4.1 亿吨，同比增长 2.9%；完成货物运输周转 720.8 亿吨，同比增长 6.2%。交通运输结构进一步优化，完成了 8410.5 万吨的铁路货运，增长 9.7%，超过了公路货运 8.4 个百分点；在全区范围内，货运占到了 20.7%，比上年增加了 1.3 个百分点。完成货物运输 225 亿吨，同比增长 19.5%，在全区范围内实现了 31.2%，较上年同期提高了 3.5 个百分点，“公转铁”工作取得了很大的成绩。在降低成本、提高效率方面，物流成本占 GDP 的比重达到 16.7%，较 2021 年降低 0.4 个百分点。受疫情影响，重点调查物流企业累计实现物流业务收入有所下降，同比下降 14 个百分点。

1. 现代物流业运行态势提质趋稳

2021 年，宁夏社会物流总额达到 9123.97 亿元，较 2016 年增长 45.2%，年均增长 9.8%；物流行业实现增加值 414.68 亿元，较 2016 年增长 11.5%，年均增长 2.8%；完成货物运输 4.69 亿吨，较 2016 年增加 24.2%；全年共完成快递业务 9962.97 万件，较 2016 年增长 288.0%，年均增幅 40.35%。（图 2）

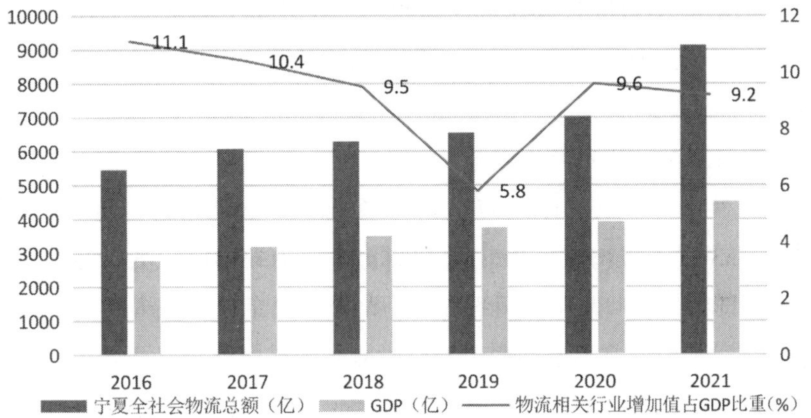

图 2　2016—2021 年宁夏社会物流总额及其增加值占 GDP 比重

资料来源：历年《宁夏统计年鉴》。

2. 社会物流总费用与 GDP 比率小幅回落

2021 年，宁夏社会物流总费用与 GDP 比率为 17.1%，比 2012 年下降 7.8 个百分点，比 2016 年下降了 3.7 个百分点，降本增效取得显著成效，“公转铁”已取得阶段性成果。（图 3）铁路货运在 2016—2021 年全区货物运输中所占比例由 16.6%增至 19.6%，与全国平均 14.6%以及欧美发达国家 8%左右的水平相比，仍有较大差距。社会物流总费用保持整体增加趋

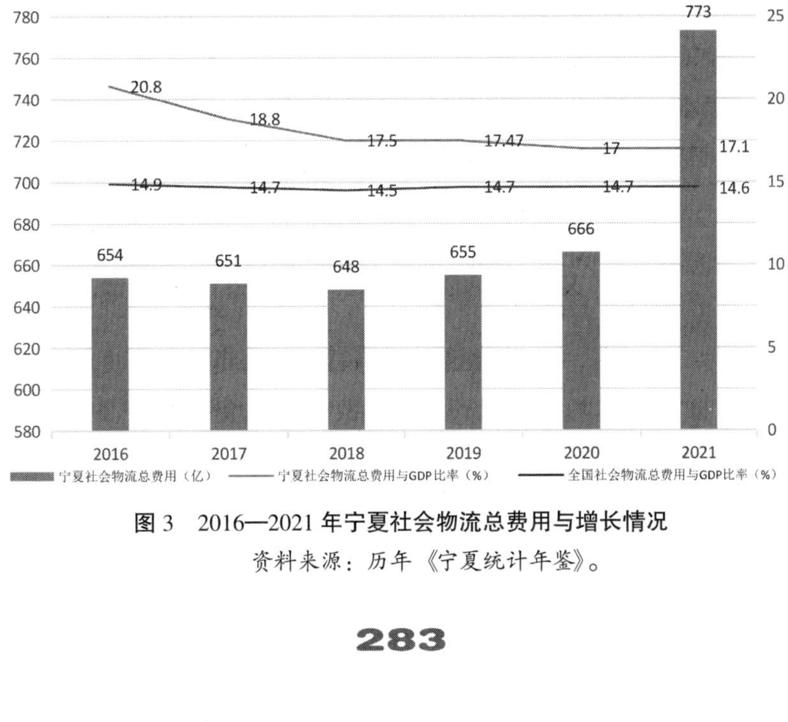

图 3　2016—2021 年宁夏社会物流总费用与增长情况

资料来源：历年《宁夏统计年鉴》。

势，反映出宁夏物流行业在总体需求持续增长的背景下，费用规模也在不断扩大。物流业近年来虽然保持较快的增长势头，但整体运行效率依然较低。①

3. 物流市场主体不断丰富壮大

2022年末，宁夏共有18577家物流公司从事物流运输、仓储配送和信息服务，53家A级物流公司，3A级以上占比为69.81%。A级单位的数量在整个西部都是名列前茅。网络货运、数字仓储等“互联网+”带来的物流新形式、货运新形式不断涌现，赛马、梦驼铃等网络货运企业得到快速发展，地域影响力逐渐增强。宁夏新华现代物流业有限公司的标准化货柜及流通设备的回收利用模式，被列为商务部示范和推广的典型案例，并被列为全国商贸流通标准化专项行动的重点单位。宁夏的快运行业发展迅速，目前已拥有831个快递物流企业、1470个快件配送网点。

三、推动宁夏现代交通物流建设发挥枢纽性作用的必要性与可行性

（一）必要性分析

宁夏现代交通物流体系建设仍然存在区域和城乡发展不均衡、不充分的问题，综合交通物流枢纽发展仍存在发展缓慢、体系建设不完善等突出问题。

1. 综合交通网络布局和韧性仍需优化

第一，铁路仍需补短板提效能。已建成和正在建设的高速铁路的技术标准较低。没有时速350公里的高速铁路，也没有与呼包鄂榆、山西中部等周边城市群的连接。南部山区缺乏高速铁路覆盖。宝兰铁路、宝中铁路、太中银铁路的技术水平不高。复线率仅为33.8%，铁路的通行能力和可靠性不高。特殊用途铁路网络缺口巨大，对物流园区和工矿企业的支持力度弱。

第二，道路网络仍需强韧性促衔接。一些高速公路的主干道不够可靠，

---

①社会物流总费用是一定时期内国民经济各个部门用于物流活动的总支出，在一定程度上反映了社会对物流的总需求和总规模。社会物流总费用占GDP的比重是衡量物流业总体运行效率和现代化水平的重要指标之一

跨省高速公路的出口尚未增加，南部山区高速公路的水平连接不完善，过境交通和城市交通混杂，高速公路与城市道路的连接还不顺畅。城市道路需要进一步优化和解锁。城市道路分类不合理的问题仍然很明显。二级公路、三级公路等微循环交通发展缓慢，增加了城市“主动脉”的运行压力。

第三，宁夏南部地区缺乏高（快）速铁路覆盖，专用铁路网络发展滞后，高速公路网络布局有待完善，省际出口仍需增加，南部地区东西向交通不畅问题日益突出，部分区域交通网络化发展不足。综合交通枢纽功能不强，设施建设一体化水平不高，便捷换乘、多式联运功能亟待提升，枢纽集疏运体系和综合运输的整体效能有待提升。区域发展不平衡不充分问题仍较突出，农村地区交通服务不能有效满足乡村振兴需要。交通运输高质量发展水平亟待提升，综合交通安全、绿色建设水平不高，行业治理能力有待增强。

2. 综合枢纽功能尚未健全，亟待持续优化

第一，机场集散能力不高。“一干两支”的空港基础设施已经无法适应不断增加的旅客和货物的需要。银川航空枢纽的辐射效应很弱，与京津冀和长三角之间的连接仍然存在一定的加密余地，而国内的国际航班数量较少，没有一个固定的、多维的固原和中卫的空港，其所带来的区域发展并不显著。

第二，陆路枢纽总体能力有限。中欧客运班线的覆盖及运营规模需要加强；综合运输中心（物流业园区）中，可操作性较差；综合客运中心内的多条运输途径之间的有机联系还有待加强，公交客运站的规模不断缩小，车站的综合发展需要加速。

3. 枢纽保障要素支撑能力不高，亟待加快强化

第一，我国目前的交通安全保障体系还不完善。“跨部门、跨方式、跨区域”的统筹交通协同管理体制，面向全区内外统筹交通运输规划、建设、管理、运营、安全生产各方面的一体化管理机制尚未建立。

第二，资金和土地仍然存在巨大的压力。目前，我国大量的公路工程项目存在着资金不足、融资方式单一、运输维修基金自我筹资不足等问题。

第三，亟须加强科学技术的创新运用。我国综合运输已步入加速发展

的重要时期，亟须加强新技术与运输产业的深度结合，加强新型基建。然而先进信息技术赋能宁夏交通基础设施和运输服务刚刚起步，综合交通运输精准感知、精确分析、精细管理和精细服务能力，以及智能绿色发展水平整体上还不高。

4. 综合交通枢纽体系建设不完善

综合交通枢纽竞争力和影响力有待提升，机场运输能力整体较弱，铁路枢纽总体能级有待增强，汽车客运站点竞争力逐步下降。综合交通枢纽衔接及集疏运体系不完善，综合枢纽间衔接畅通水平有待提升，枢纽站场间“连而不畅”“邻而不接”等问题突出。综合交通枢纽区域一体化发展水平不高，与国际性综合枢纽联系不紧密，省际之间的部分通道尚未打通，宁夏沿黄城市群枢纽协同发展程度不高。

（二）可行性分析

1. 以银川市获批商贸服务型国家物流枢纽建设为契机，加快推动宁夏现代交通物流建设发挥枢纽性作用

2022 年 11 月，银川市正式成为宁夏唯一的商贸服务型国家物流枢纽承载城市（简称银川枢纽），这是推动宁夏制造业、商贸服务业和物流业融合发展的核心平台。银川枢纽以银川公铁物流园区和银川南站货场为核心区，规划建设 7.39 平方公里的全国商务服务物流枢纽。

在“点”上，银川枢纽可以系统集聚整个区域的物流要素，减少低层次的重复建设和同质化竞争，引导物流资源形成规模经济；在“线”上，银川枢纽可以构建跨区域物流通道，完善区域集散体系，提高干线分支物流和终端配送的一体化运营水平；从“网络”上看，银川枢纽是我国物流枢纽网络的重要环节，在宁夏融入全国“渠道+枢纽+网络”现代物流运营体系中具有十分重要的地位；在“面”上，银川枢纽可以发挥枢纽资源集聚和区域辐射作用，带动制造业、商贸等产业集聚融合创新发展，培育经济发展新动能。

2.良好的政策环境和制度保障持续推动宁夏现代交通物流建设发挥枢纽性作用

近几年，相关部门相继颁布了一系列重大的政策和文件，有利于良好

政策环境的形成，为宁夏的现代化运输和物流体系的发展提供有力支撑。(图4) 特别是自治区第十三次党代会把“现代物流”列为“六优”产业，以促进现代服务业的发展进行高标准谋划和高水平定位，并建立省级领导包抓机制，成立工作专班进行高规格推动和高起点落实，为推动宁夏现代交通物流产业高质量发展提供了千载难逢的历史机遇和组织保障。

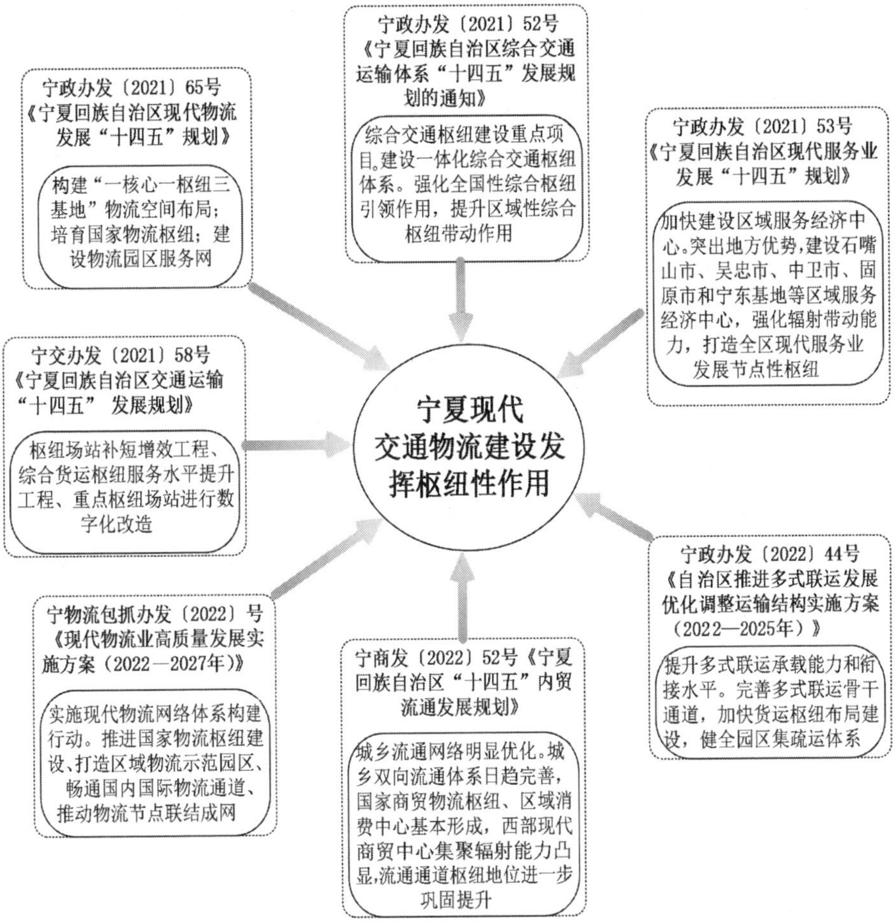

图4　推进宁夏交通物流建设发挥枢纽性作用的“十四五”规划相关文件主要内容

资料来源：由自治区发展改革委、交通运输厅和商务厅网站整理。

按照《现代物流业高质量发展实施方案（2022—2027年）》和《自治区现代物流业包抓机制专班联席会议制度》，未来5年宁夏物流业的增加值每年平均增长约5%，社会物流总额年均增长超过8%，培育新增20家A

级物流企业，实现5A级物流企业零的突破，在自治区建设约5个物流示范园区，将银川建成全国物流中心。

四、对策建议

第一，统筹协调，强化衔接。加强对现代交通物流枢纽的顶层规划设计，加强“大统筹”和“大协调”，引导各部门之间的规划有序衔接，高效落地实施。对标高质量发展要求，统筹“三位一体”综合交通枢纽体系与宁夏经济、产业、贸易、城市的融合协调，推动与国土空间规划、产业规划等衔节。加强枢纽与城市交通的衔接，深化重点领域和关键环节改革，强化各市各部门间在重大政策、重大工程等方面衔接协调作用。

第二，加大对交通物流资源和要素的统筹规划，提高交通物流企业的服务效率。加强建设交通枢纽、促进现代物流产业发展、完善枢纽节点的能力，形成组织有序、分工合理、权责明确、协调一致的工作机制。持续提升物流的规范化建设，不断制定和健全与宁夏运输、物流融合发展，与国际、国内标准相适应的技术标准和工作标准，并在关键产业中确立和健全相关的物流标准，并对其进行科技研发。

第三，重点建设国家综合交通枢纽和物流中心，完善物流枢纽和节点体系，优化空间布局。与职能等级相统一，构建多层次、高效率的枢纽系统；以“空港物流园—公铁物流园—专业物流基地—城市集散中心”为基本框架，对城乡运输和运输网络进行进一步的完善。

第四，加强要素保障，统筹资金、土地、政策等各类要素方面的保障支持力度。研究制定银川市支持商贸服务型国家物流枢纽建设政策，通过政策、资金保障枢纽建设加快推进，引导城市、区域物流和经济产业融合发展。强力推进枢纽体系、枢纽偏好型现代服务业等建设，以国际物流、冷链物流、电商物流和产业物流为重点突破方向，打造枢纽经济。

参考文献

1. 李国政.综合交通运输视角下枢纽经济的演化机理与推进路径［J］.铁道运输与经济，2021(8):3—42

2. 李国政.枢纽经济：内涵特征、运行机制及推进路径［J］.西南金融，2021(06):26—35

3. 自治区人民政府办公厅关于印发宁夏回族自治区综合交通运输体系“十四五”发展规划的通知 [R].宁夏回族自治区人民政府公报,2021(18):13—23

4. 自治区人民政府办公厅关于印发宁夏回族自治区现代物流发展“十四五”规划的通知 [R].宁夏回族自治区人民政府公报,2021(23):56—68

5. 田宁,马晓琼.宁夏现代物流业高质量发展路径研究 [J].中国商论,2021(12):20—22

6. 赵磊.宁夏构建立体交通为百姓出行提速 [N].宁夏日报,2022-06-01(01)

7. 赵磊.加码提速,宁夏基础设施建设答卷亮丽 [N].宁夏日报,2022-06-06(04)

8. 赵磊.大路畅行惠塞上　蓄势待发促动能 [N].宁夏日报,2022-06-06(04)

9. 赵磊.银西高铁助力宁夏经济高质量发展 [N].宁夏日报,2022-10-08(01)

10. 杨晓秋.银川商贸服务型物流枢纽跻身“国家队” [N].宁夏日报,2022-11-22(02)

11. 陈蓉,朴莲花,林浚恺,等.成都等交通物流融合发展经验与广州现代物流中心建设 [J].综合运输,2021(3):110—115

12. 锚定现代物流体系建设　助力经济高质量发展 [N].宁夏日报,2022-06-27(07)

13. 杨娟.全区现代物流业高质量发展工作推进会召开 [N].宁夏日报,2022-08-29(02)

14. 赵光辉.交通强国建设视域下我国交通物流发展趋势研判 [J].企业经济,2021,40(10):109—122,161

15. 高菲.培育壮大市场主体　深耕现代物流沃土 [N].宁夏日报,2022-12-02(04)

宁夏推进冰雪运动旅游产业高质量发展的思考与建议

刘天明

近年来，我国冰雪运动、冰雪旅游、冰雪经济持续升温。冰雪运动“南展西扩东进”，发展势头喜人。截至2021年初，各地已建成654块标准滑冰场、803个室内外各类滑雪场。中国旅游研究院发布的报告预计，到2025年，中国冰雪旅游人数将超过5亿人次，国内冰雪旅游收入将超1.1万亿元。借助北京冬奥会契机，我国冰雪运动、冰雪旅游产业的巨大潜力被激发，冰雪经济迅猛发展。①

一、宁夏冰雪运动旅游产业发展现状

宁夏地处祖国西北，北部有贺兰山，南部有六盘山，中部有罗山；居黄土高原，丘陵起伏、沟壑纵横；宁夏平原湖泊众多；冬季温度保持在-10℃左右，每年有4个月的冰雪期，开展冰雪运动在气候、地貌上有着先天的优势。

发展冰雪运动有利于全民健康水平提升，有利于青少年毅力品格的锻炼，有利于文旅、文体产业的发展，有利于宁夏消费市场规模的扩大。

作者简介：刘天明，自治区政府参事，研究员，宁夏社会科学院原副院长，主要研究方向为地方史志。

①推动冰雪运动和产业飞跃式发展［N］.人民日报，2022—01—30(05)

近年来，宁夏积极落实习近平总书记“带动三亿人参与冰雪运动”的要求，乘北京举办冬奥会的东风，掀起了大规模冰雪运动热潮。截至2022年，全区各地开放经营有14个滑雪场，占地面积约150万平方米，均为企业投资建设。泾源县娅豪国际滑雪场达到专业训练标准，其余滑雪场可以满足群众健身和休闲娱乐需求。全区开放经营1个室内真冰滑冰场和3个室外固定人工浇筑真冰滑冰场，另有经营管理较成熟、规范的天然水域冰场十余个，满足群众多样化冰雪运动需求。

为了带动更多人群参与到冰雪运动当中，宁夏体育管理部门通过开展滑雪社会体育指导员、教练员、裁判员培训，大众滑冰、滑雪技能推广普及与冰雪运动进校园活动，全区青少年冰雪运动锦标赛，培养出一批有潜质的冰雪运动后备人才。体育、文旅等部门举办多场冰雪嘉年华、冰雪运动会、冰雪旅游节等主题活动，有力地推动了群众性冰雪运动大规模的开展。近年来，每年参与冰雪运动的人群超过50万人次，掀起了全区冬季旅游、休闲消费热潮。在赛事方面，近两年，宁夏相继举办了全国青少年冰球邀请赛（宁夏站）、全国滑雪俱乐部大众公开赛（宁夏站）、高山滑雪公开赛、迎冬奥滑冰邀请赛、大众滑雪邀请赛等一系列冰雪体育赛事。组织运动员积极参加全国性冰雪运动比赛活动，累计获得第十四届全国运动会（冬季项目）3枚金牌、2枚银牌、2枚铜牌；获得全国越野滑雪锦标赛、冠军赛7枚银牌、6枚铜牌，为宁夏争得了荣誉。

近年来，宁夏的冰雪运动、冰雪旅游产业发展呈现如下特点。

1. 冰雪运动与旅游、文化、教育等多业态融合趋势明显。如同心县黄谷川冰雪旅游节、兴庆区冰雪嘉年华、贺兰山岩画风景区冰凌冰瀑徒步活动等，将冰雪运动与旅游休闲、文化传承相结合，共促发展。

2. 冰雪运动由冬季一季向四季发展趋势明显。适宜四季的旱地冰壶、滑轮等运动和室内滑冰运动的开展，满足了群众常年从事冰雪运动的需求，带动上万人四季参与冰雪运动。

3. 群众性冰雪运动项目更为丰富。除了传统的滑雪、滑冰、滑轮，还开展冰车运动、冰上龙舟赛、冰雪运动达人秀、青少年冰雪运动冬令营等20多项冰雪运动。

冰雪运动的发展促进了宁夏冬季休闲娱乐与文旅产业的发展。据不完全统计，2021—2022 年冰雪季，全区参与冰雪运动人数超 100 万人次，占全区总人口的 14.3%，较上个冰雪季增长 20 万人次，其中，银川阅海公园冰雪场地接待 20 万人次，泾源县娅豪国际滑雪场接待 8 万人次，银川冠军冰场接待 10 万人次。全区冰雪运动场所经营收入超 3000 万元，其中银川阅海滑雪场经营收入 1100 万元，较上个冰雪季增加 300 万元，增长率超 35%；同心黄谷川滑雪场经营收入 300 万元，较上个冰雪季增长 60 万元，增长率 25%；冠军冰场经营收入 210 万元，较上个冰雪季增长 40 万元，增长 23.5%。全区冰雪运动场所经营收入较上个冰雪季整体增长率超 20%。全区冰雪运动场所经营还带动冰雪装备、交通、餐饮、宾馆住宿、商业购物等行业的消费千万元以上。①

纵向来看，宁夏冰雪运动、冰雪旅游进步显著。但横向来看，由于种种原因，与外省先进地区相比较，宁夏还有一定差距。

一是全区标准化室内滑冰馆仍是空白。全区仅有 1 个小型室内滑冰场和 3 个室外固定冰场，占地面积不足 1 万平方米，均为非标准化场地。宁夏尚未有一个可四季进行集冰球、花滑、速滑等多种运动项目于一体的标准冰上运动馆，无法为专业队训练提供服务，无法承接高水平比赛，不能满足群众近距离观赏冰雪运动表演的需求，成为制约全区冰上运动、休闲、文旅发展的瓶颈。

二是宁夏还没有一座大型室内滑雪场。许多外地省区已建。建设大型室内滑雪场，对全年性冰雪运动和休闲旅游的开展有积极意义。

三是冰雪运动普及还不够。进校园、进社区活动还有待加强。如校园与社区中数字模拟滑冰、滑雪设施缺乏。

四是还没有定期举办全区综合性冬季运动会。

五是宁夏各地冰雪运动的发展尚不平衡。一些市县对发展冰雪运动认识不足，重视不够。

六是现有的滑雪、滑冰休闲产业大都比较单一，缺乏冰雪运动与文旅、

①相关资料由自治区体育局等部门提供

餐饮、购物、住宿等产业的深度融合、集聚性发展。

七是由于宁夏冰雪运动基础设施不足与冰雪人才缺乏，许多冰雪运动项目难以开展，在俯式冰橇、花样滑冰、冰球、冰壶等众多的冰雪项目上，还未有专业运动员涉足。

八是疫情期间，全区冰雪运动、冰雪旅游产业发展受到较大冲击，一些滑冰场、滑雪场客流减少，经营困难，营业收入下滑，部分员工下岗待业。

二、推进宁夏冰雪运动和冰雪旅游产业发展的建议

1. 抓紧落实“十四五”规划，尽快建设宁夏第一座奥林匹克国际标准滑冰馆，填补宁夏空白，解决滑冰运动瓶颈问题，推动宁夏冰雪运动高质量发展。经调研了解，宁夏标准冰上运动馆建设已列入“十四五”建设规划中，需加大推进力度，尽快建设完成。

2. 加大招商力度，引进社会资本建设宁夏第一座大型室内滑雪馆，使宁夏成为我国重要的滑雪运动基地，满足群众全季节参与滑雪运动需求，促进宁夏全季节冰雪文旅产业发展。

3. 定期举办全区性综合年度冰雪运动会，培养优秀运动员，带动更多群众参与冰雪运动，进一步营造冰雪运动的良好氛围。积极创造条件，筹办国际冰雪节和国内大型综合冰雪运动比赛活动。

4. 引导社会资本投资建设高质量综合性全季节冰雪文旅休闲小镇，推进冰雪运动产业与文旅产业深度融合，使冰雪运动同文旅、餐饮、购物、休闲娱乐、住宿等产业相结合集聚性发展。

5. 加大宁夏冰雪运动基地、景区、冰雪节的对外宣传力度，吸引更多的冰雪运动爱好者来宁夏，使宁夏冬季旅游热起来。

6. 加大冰雪运动普及力度，建立全区青少年及群众冰雪运动指导站点网络体系，逐步建设校园与社区中数字模拟滑冰、滑雪设施。进一步开展冰雪运动进校园活动。支持市、县区成立冰雪运动协会，奖励成立群众性冰雪运动俱乐部。拓宽冰雪运动项目人才引进与培养，促进俯式冰橇、花样滑冰、冰球、冰壶等冰雪项目专业运动员培养，进一步增强宁夏冰雪运动项目的竞争力。

7. 对疫情期间经营受到影响的滑冰场、滑雪场，应给予一定的资金补贴。对于下岗的职工，应引导、帮助其再就业。

8. 建立全区性冰雪运动领导协调机制。自治区领导定期召开相关部门联席会议，协调发改、财政、体育、文旅、监管及各市力量，统筹规划、协调推进冰雪运动、冰雪旅游、休闲娱乐融合发展。出台推动宁夏冰雪运动、冰雪旅游高质量发展意见，加大力度推出系统促进冰雪运动、冰雪旅游举措。出台冰雪运动法规，规范冰雪运动经营行为，推动冰雪运动经营有序发展。提升冰雪运动场馆服务标准，配备专业指导、医疗救护等服务。开展冰雪景区、运动场馆评级活动，使冰雪运动和冰雪旅游规范、有序发展。

宁夏加快建设乡村全面振兴样板区研究

郭勤华

党的二十大报告提出全面推进乡村振兴。宁夏响应落实党中央决策部署，加快推进乡村全面振兴样板区建设。

一、宁夏加快推进乡村全面振兴样板区建设状况

（一）深入贯彻落实乡村振兴战略，在政策上持续推进乡村全面振兴样板区建设

党的十九届五中全会对新发展阶段优先发展农业农村、全面推进乡村振兴作出总体部署后，自治区党委、政府把乡村全面振兴样板区建设作为乡村振兴的重要内容，制定了一系列政策，以保障乡村全面振兴样板区建设持续推进。2020 年 4 月，《自治区人民政府关于推进农业高质量发展促进乡村产业振兴的实施意见》指出，要立足宁夏资源禀赋和发展现状，加大对乡村产业的引导和扶持力度，全面推进乡村产业振兴。同年 12 月，《中共宁夏回族自治区委员会关于制定国民经济和社会发展第十四个五年规划和二〇三五年远景目标的建议》明确提出，以大力实施百万移民致富提升行动、城乡居民收入提升行动、基础教育质量提升行动、全民健康水平提升行动“四大提升行动”，作为未来 5 年巩固拓展脱贫攻坚成果、接续推

作者简介：郭勤华，宁夏社会科学院地方志办公室副编审。

进乡村全面振兴的目标任务。2021 年 3 月，《自治区党委 人民政府关于全面推进乡村振兴加快农业农村现代化的实施意见》进一步强化五级书记抓乡村振兴，将脱贫攻坚形成的组织推动、要素保障、政策支持、协作帮扶、考核监督等工作机制，运用到推进乡村振兴中，建立健全上下贯通、精准施策、一抓到底的乡村振兴工作体系。2022 年 2 月，自治区党委、政府《关于做好 2022 年全面推进乡村振兴重点工作的实施意见》要求，按照“五保五提升”工作定位，突出年度性任务、针对性举措、实效性导向，充分发挥农村基层党组织领导作用，加快实施“四大提升行动”，加快发展农业“五个重点产业”，加快推进“四权”改革，扎实有序做好乡村发展、乡村建设、乡村治理重点工作，推动乡村振兴取得新进展、农业农村现代化迈出新步伐，实现农业增加值增长 4%、农村居民人均可支配收入增长 8% 以及“两个高于”的目标，扎实做好全面推进乡村振兴重点工作。同年 10 月，自治区党委十三届二次全会指出，要以中国式现代化为引领，围绕习近平总书记给宁夏擘画的宏伟蓝图，加快建设乡村全面振兴样板区。

（二）初步建立起一批乡村振兴示范区和重点村，奠定乡村全面振兴样板区建设基础

近年来，宁夏大力开展传统村落、特色文化旅游名村、特色小镇建设等工作，以闽宁示范村、国家层面的各种类型村落建设为抓手，不断探索实践乡村振兴，一批基础设施较完善、公共服务较健全、经济发展活跃、城镇特色凸显的示范村、重点村脱颖而出。

1. 乡村自然生态村落和特色村镇

乡村自然生态村落千百年来历史文化信息的延续是乡村振兴的前提和基础。宁夏拥有 6 个中国传统村落（固原市隆德县城关镇红崖村、奠安乡梁堡村，中卫市沙坡头区迎水桥镇北长滩村、香山乡南长滩村等）、1 个中国历史文化名村（中卫市沙坡头区香山乡南长滩村）、11 个全国特色景观旅游名镇名村（银川市兴庆区掌政镇、西夏区镇北堡镇；吴忠市青铜峡市青铜峡镇、峡口镇，利通区东塔寺乡穆民新村；固原市泾源县泾河源镇、六盘山镇，隆德县城关镇杨店村；中卫市沙坡头区迎水桥镇、北长滩村、香山乡南长滩村）、7 个中国特色小镇（固原市泾源县泾河源镇，银川市兴庆区掌政镇、西夏区镇北堡镇、永宁县闽宁镇，吴忠市利通区金银滩镇、同心县韦州镇，石嘴山市惠农区红果子镇）。这四类入选国家层面的村镇及其文化传承，依托国家政策进行了相应的保护开发利用，它们或富有活力，或兴商贸物流，或具现代制造，或拥教育科技，或显传统文化，或融美丽宜居等特色，是乡村全面振兴样板区建设的先行村镇，在全面推进乡村振兴中，意蕴深远。

2. 打赢脱贫攻坚战中多层次推进建设的扶贫特色村

2021 年，宁夏深入实施“四大提升行动”，全面促进乡村振兴，提出要进一步强化示范引领，示范抓好“1 区 5 镇 73 个重点村”。这些乡村包括宁夏生态移民搬迁村、东西扶贫闽宁示范村等。在持续推进的扶贫开发进程中，这些乡村通过产业扶贫、就业创业、生态补偿、易地搬迁、危房改造、医疗救助、教育支持、兜底保障等，谱写了宁夏全面建成小康社会的辉煌篇章。在乡村全面振兴样板区建设中，它们依然能持续发力，是宁夏全面推进乡村振兴的重要经济增长点，也是乡村全面振兴样板区建设的全新载体。

3. 正在推进建设的典型示范乡村

近年来，宁夏在巩固脱贫攻坚成果的基础上，依托地域资源优势构建了不同模式的乡村样板，是宁夏乡村全面振兴样板区建设的标杆。如黄河灌溉区农业产业样板村——四十里店村，创新东西部扶贫协作的“闽宁模式”样板村——武和村，易地移民搬迁样板村——弘德村，传统文化样板村——老巷子，乡村基层治理样板村——长城村。

国家层面认定的村镇及其文化传承，是宁夏在国家传统村落保护政策下推进美丽新宁夏建设的重要内容，是宁夏乡村振兴的抓手之一。正在推进建设的具有宁夏特色的村镇，呈现了宁夏集中力量实施脱贫攻坚战、大力推进生态文明建设、奋力实现第二个百年奋斗目标的历程，是新时代乡村全面振兴样板区建设的实践基础。

二、乡村全面振兴样板区建设存在的问题

宁夏已有国家层面的各类自然乡村和特色村镇，也有脱贫攻坚中走在

前列的先行示范村镇，在乡村全面振兴样板区建设中正在稳步前进，但也存在一些问题。

（一）自然生态乡村和特色村镇量小且质不高

与全国相比，宁夏的中国传统村落、中国历史文化名村、全国特色景观旅游名镇名村、中国特色小镇数量较少。中国传统村落全国6799个，宁夏仅列入6个，占全国核定公布总数的1‰；中国历史文化名村全国528个，宁夏仅列入1个，占全国核定公布总数的2‰；全国特色景观旅游名镇名村全国553个，宁夏仅列入11个，占全国核定公布总数的2%；中国特色小镇403个，宁夏仅列入7个，占全国核定公布总数的2%，宁夏属于最少的省份。这些自然生态乡村和特色村镇与其他省份相比，基础设施建设水平低，公共服务水平不足，地区特色不突出，品牌知名度不高。

（二）对乡村全面振兴样板区建设认识不够深入

首先，对国家级各类自然生态村落和特色村镇的建设意义，缺乏深入思考，认识不到位，如如何建设特色小镇？如何传承保护传统村落？开发保护特色村镇的真正意义到底是什么？等等。

（三）产业层次不高，创新不足

宁夏特色村镇的产业以传统农业、旅游观光等为主，产业整体层次不高，结构松散，产业之间没有形成高效联动，创新能力较弱。对特色村镇资源开发未能形成多结构、多功能打造。

（四）融资渠道较少，发展资金不足

宁夏乡村发展的融资渠道过少，且融资成本较高，各类乡村基础设施、服务设施等建设需要大量资金支持，各种特色村镇发展规划落实速度较慢，建设速度参差不齐。

（五）政策不完善，政府支持力度不够

宁夏对于各类乡村建设没有给予足够重视，政府支持力度不够，针对各类乡村发展出台的政策不够全面和完善，宏观层面多，缺乏具体且针对性强的政策。和国内其他地区相比，宁夏特色村镇的培育和建设滞后，在城镇公共设施和交通基础设施建设等领域，财政投入不足。

（六）发展滞后，特色资源没有得到合理开发

宁夏各类特色村镇和毗邻城市地区没有充分联动起来，很多特色产业和产品，品质好，产量不高，附加值低。对资源优势的利用不足，造成闲置甚至浪费，既便被列为国家级特色村镇，但没有对其进行持续性监督和建设。

三、促进乡村全面振兴样板区建设的建议

（一）聚集特色产业优势，夯实乡村振兴物质基础

产业振兴是农业农村高质量发展的物质保障，是乡村振兴的基础。在乡村全面振兴样板区建设过程中，一要立足区域产业优势，构建现代农业产业体系。宁夏地处引黄灌区，要深入实施特色农业提质计划，坚持以龙头企业为依托、以产业园区为支撑、以特色发展为目标，大力发展葡萄酒、枸杞、牛奶、肉牛、滩羊、冷凉蔬菜“六特”产业，集中打造特色优势产业。二要把推动高质量发展的主攻点放在产业上，延长农业产业链。加快农业产业转型升级，在凸显宁夏农业产业特色优势的同时，推进和利用大数据、人工智能与产业发展的深度融合，对重点产业进行创新性发展，不断延长农业产业链，创建国家农业绿色发展先行区。三要强化农业科技支撑，大力发展农产品精深加工，培育和壮大新型农业经营主体。产业振兴的基本导向是围绕发展乡村生产生活服务带动农民就业增收，要结合就业渠道与产业链增值收益，引进产业龙头、引导投资兴业、引领工商资本下乡建立绿色优质产品基地，带动农民共同富裕。

（二）强化政策支持，畅通乡村振兴人才渠道

乡村振兴人才是关键，农民是主体。“以创造更多的本地人才，聚天下人才而用之”，把各方面人才集聚到乡村振兴的伟大事业中来。在乡村全面振兴样板区建设过程中，一要通过政策引导，吸引鼓励乡土人才投资兴业，务工人员返乡创业；打破政策壁垒，让有资金、有能力的城市人群回流乡村投资置业。要关注本地优秀青年大学生、外出务工人员、复转军人进入人才队伍，想方设法培养、留住本土各类人才。二要激发乡村振兴的内生动力。乡村振兴唯有与农民利益诉求、情感愿望高度契合，充分尊重

广大农民群众意愿，才能最大限度激发农民群众参与建设的热情和激情，提高农民的获得感和幸福感，为乡村振兴提供源源不断的内生动力。三要鼓励支持社会各界搭建培育乡村人才平台，实施乡村人才振兴行动计划和新型职业农民培育工程。通过地方职业院校、农科大讲堂、公费农科生试点等途径，大力培养乡村本土人才。探索引导工商资本通过项目带动人才培育，培养高素质农民队伍、农村创业创新带头人。发展壮大乡村治理人才和科技、教育、文化人才，为乡村振兴提供人才资源。四要发挥乡贤群体的智慧和力量。乡贤群体是一个特殊的人群，他们多是从乡村走出来的干部、工人、技术人员，包括教授、学者等，是特殊的乡村致富带头能人。乡贤群体既有管理者，也有各方面的技术人才。同时，还是乡村民俗文化的实践者和传承者。乡贤群体，是协调和引导乡村振兴不可忽视的重要力量。

（三）挖掘优秀传统文化，提振乡村振兴文化自信

农耕文化是乡村文化的根基。繁荣发展文化事业和文化产业，增强文化自信， 在乡村振兴过程中必须全力推进。乡村全面振兴样板区建设，一要深入挖掘乡村优秀传统文化，注重突出地域文化特色，把农业文化遗产传承保护融入乡村振兴过程中，以物质文化、非遗文化、民俗文化，包括村庄道路、房屋建筑、水系河流等多样化为指向，保持村落文化和风俗风貌，让人们记得住乡愁，留下乡土文化之根。二要培育发展乡村新型文化企业、文化业态、文化消费模式，开辟乡村特色产业新领域，把乡村积淀的特色文化、历史故事等与乡村特色产业融合起来，实现乡村文化振兴的多元需求，为乡村振兴培根铸魂。三要深入推动习近平新时代中国特色社会主义思想进乡村，围绕举旗帜、聚民心、育新人、兴文化，大力增强文化自信，全面提升农民文化素质。移风易俗，摒弃陋习，帮助农民传承文明乡风、良好家风、淳朴民风，帮助农民既“富口袋”又“富脑袋”，全力推进乡风文明建设，助力乡村振兴。

（四）打造乡村生态宝地，建设美丽新宁夏乡村乐园

尊重自然、顺应自然、保护自然，是全面建设社会主义现代化国家的内在要求。促进人与自然和谐共生，是中国式现代化的本质要求，也是乡村振兴的重要内容。在乡村全面振兴样板区建设中，一要引导广大农民牢固树立和践行绿水青山就是金山银山的理念，修复和扩大生态湿地，山水林田湖草沙一体治理。按照生态宜居的要求，因地制宜推进产业振兴，宜粮则粮、宜经则经、宜林则林、宜牧则牧、宜渔则渔，坚定不移走绿色发展之路。二要打造乡村乐园。乡村乐园是美丽新宁夏建设的标杆。建设社会主义现代化美丽新宁夏，就乡村振兴而言，其指向是农业强、农村美、农民富，尤其在巩固脱贫攻坚成果的基础上夯实农业基础，推进农业绿色、优质、安全发展。同时，完善乡村公共服务体系，如乡村人居环境、安全饮水、基础公共服务、乡村治理水平等，都是建设乡村乐园的硬核要求。

（五）聚力组织引领，创建乡村振兴的动力引擎

习近平总书记指出："要推动乡村组织振兴，打造千千万万个坚强的农村基层党组织"。乡村基层组织是构筑乡村振兴强大动力系统的关键。在乡村全面振兴样板区建设中，一要坚持党管人才原则，建设一支具有组织力、凝聚力、战斗力的基层干部队伍，通过不同途径配备有思想、有能力，又志在乡村的高素质人才队伍成为乡村振兴的领导者和引导者。二要发挥基层组织的凝聚力。乡村基层组织是推进乡村共建共治共享社会治理最主要、最直接、最有效的力量，是全面建设社会主义现代化美丽新宁夏的政治主体，充分发挥基层党组织在乡村振兴中的战斗堡垒作用。三要实施"党支部+"模式。利用"党支部+乡村旅游开发"模式、"党支部+土地股份合作社"模式、"党支部+农宅合作社"模式等，利用政策法规等保障盘活乡村各类资源，增加农民致富渠道。

区域发展篇

QUYU FAZHAN PIAN

2022年银川市经济发展报告

张保君

2022年以来，面对严峻复杂的形势和多重超预期因素冲击，银川市深入贯彻落实中央经济工作会议、全国稳住经济大盘和全区稳经济保增长促发展电视电话会议精神，坚持稳字当头、稳中求进工作总基调，紧紧围绕疫情要防住、经济要稳住、发展要安全总体要求，高效统筹疫情防控和经济社会发展，扎实做好“六稳”“六保”工作，大抓发展、抓大发展、抓高质量发展，全市经济恢复态势逐月向好，主要指标优于全国平均水平，呈现稳中有进、进中向好、好中提质态势。

一、银川市经济运行情况

（一）政策措施精准有效，经济运行总体平稳

面对经济下行三重压力和疫情冲击，银川市及时出台稳经济促发展10条、“四保两稳一促”32条、促进服务业领域困难行业恢复发展20条等一系列政策措施，生产要素良性循环，消费需求逐步释放，市场主体信心得到有效提振，经济实现向好发展。初步核算，2022年前三季度，实现地区生产总值1800.45亿元，按不变价格计算，同比增长4.8%。分产业看，第一产业增加值64.62亿元，同比增长6.3%，对经济增长的贡献率为

作者简介：张保君，银川市统计局副局长。

4.7%。第二产业增加值857.46亿元，同比增长8.3%，对经济增长的贡献率为72.4%，拉动经济增长3.4个百分点。其中，工业增加值728.53亿元，增长9.4%，对经济增长的贡献率为67.0%，拉动经济增长3.2个百分点。第三产业增加值878.37亿元，同比增长2.0%，对经济增长的贡献率为22.9%，拉动经济增长1.1个百分点。

（二）生产供给协同发力，稳的基础不断夯实

1. 农业生产形势稳定

深入贯彻落实中央农村工作会议精神，以市场需求为导向，积极调整农林牧渔产业结构，农业农村经济呈现稳步增长的态势。前三季度，全市实现农林牧渔业总产值138.22亿元，同比增长6.8%。其中，农业产值72.09亿元，同比增长5.2%；牧业产值51.97亿元，同比增长10.6%。坚决落实“藏粮于地藏粮于技”战略。初步统计，全市粮食播种面积144.1万亩（含青贮玉米），超额完成自治区下达的121.4万亩目标任务。其中，春小麦播种18.9万亩，较2021年扩大种植8.8万亩。全力抓好农业生产和重要农产品稳产保供工作。1—9月，猪牛羊禽肉总产量4.31万吨，蛋产量1.74万吨，蔬菜及食用菌产量101.85万吨，瓜果类产量29.88万吨，园林水果产量10.21万吨，水产品总产量5.19万吨，较好地丰富了城乡居民“菜篮子”。积极推进畜牧产业结构调整和优化布局，加强畜产品质量安全体系建设，着力发展牛羊肉、奶牛产业。9月末，全市牛存栏40.99万头，同比增长28.0%，其中，奶牛存栏达26.48万头，增长35.0%；羊存栏104.30万只，增长7.5%。1—9月，牛奶产量86.79万吨，同比增长38.6%。特色种植业稳中有增，鲜切花产量同比增长33.3%，盆栽观赏植物产量同比增长71.4%。

2. 工业生产稳中加快

建立“千名干部包千企”工作机制，加快落实振作工业经济、促进工业经济平稳增长的行动方案，设立银川市工业企业风险补偿基金和转贷基金，切实帮助工业企业解决生产经营难题。1—10月，全市规模以上工业增加值同比增长11.0%，分别高于全国、全区7.0和2.9个百分点。各经济类型企业同步增长。1—10月，国有控股企业增加值同比增长5.0%，股份制企业增长 10.3%，外商及港澳台商投资企业增长 17.8%，私营企业增长 20.0%。大中型企业贡献显著。大中型企业增加值同比增长 11.6%，快于全市平均水平 0.6 个百分点，对全市规模以上工业增长贡献率为 87.6%。半数以上行业、产品实现增长。全市 32 个行业大类中，17 个行业增加值呈现增长态势，增长面 53.1%，其中 12 个行业呈两位数以上增长，占 37.5%。94 种工业产品中，51 种产品呈现增长态势，增长面 54.3%。民营企业强势增长。民营企业增加值增长 17.2%，高于全市平均水平 6.2 个百分点，拉动全市规模以上工业增加值增长 7.1 个百分点。能源供给安全稳定。1—10 月，全市规模以上工业原煤产量 6052.25 万吨，同比增长5.4%；焦炭产量 516.62 万吨，同比增长 35.0%。全市规模以上工业发电量 889.06 亿千瓦时，同比增长 10.9%。其中，火力发电量 737.57 亿千瓦时，同比增长 9.6%；太阳能发电量 38.76 亿千瓦时，同比增长 28.3%。全市规模以上工业企业用电量 318.68 亿千瓦时，同比增长 8.5%，增速比 1—9 月加快 1.8 个百分点。

3. 第三产业稳步恢复

统筹新百、美团等社会资本累计发放超市、百货等各类消费券 129 万张，拉动销售 48 亿元以上。精准推出文化旅游消费惠民活动，组织 30 家景区景点开展门票减免、半价等优惠活动。联合中国银联云闪付 APP 平台“惠民消费券”专区集中发放文旅类政府消费券，接待游客人数和旅游收入稳步增长。优化消费环境，启动包容审慎的监管机制，阶段性允许餐饮、零售企业在指定区域摆摊经营，对夜间经济集聚区实行柔性执法，实行节假日、周末商圈停车免费政策，引导人流向商圈集聚。2022 年前三季度，全市服务业实现增加值 878.37 亿元，同比增长 2.0%。五大行业保持增长。其中，批发和零售业增长 0.9%，住宿和餐饮业增长 2.2%，金融业增长 4.6%，营利性服务业增长 3.7%，非营利性服务业增长 3.2%。规模以上服务业增势良好。全市规上服务业实现营业收入 192.95 亿元，同比增长 15.5%，高于全区 6.3 个百分点，连续 4 个月居全区五地市首位。规上服务业十大门类“七增三降”，其中，交通运输、仓储和邮政业，科学研究和技术服务业，水利环境和公共服务业同比分别增长 49.3%、28.8%和 20.3%。

（三）内外需求持续改善，进的动力不断积蓄

1. 固定资产投资稳定增长

启动产业项目三年攻坚行动，大力开展项目突破年和“五比”活动，扎实开展项目签约及集中开工，实行市级领导包抓、媒体晾晒指标进度等工作机制。1—10月，全市固定资产投资同比增长5.6%，增速较1—9月回落3.0个百分点，其中，项目投资同比增长19.7%，房地产开发投资同比下降13.0%。三次产业“一增两降”。第二产业投资同比增24.5%，拉动全市投资增速9.6个百分点，第一产业和第三产业投资分别同比下降19.5%和6.0%，合计下拉全市投资增速4.0个百分点。三次产业占全市投资比重分别为2.1%、46.3%和51.6%。工业投资保持快速增长。1—10月，全市工业投资同比增长24.5%，占全市投资比重为46.3%，拉动全市投资增速9.6个百分点。其中，采矿业投资同比下降33.7%，制造业投资同比增长50.0%，电力、热力、燃气及水的生产和供应业投资同比下降4.4%。民间投资支撑作用显著。全市民间投资同比增长17.0%，占全市投资比重为72.3%，拉动全市投资增速11.1个百分点，比重较上年同期提高7.4个百分点。基础设施投资比重小幅提升。1—10月，全市基础设施投资同比增长29.1%，占全市投资比重为7.6%，较上年同期提高1.3个百分点。

2. 市场消费保持增长

加大消费促进力度，制订实施银川市促消费奖补工作细则方案，精心策划、压茬推进举办美食消费节、数字消费节、家电消费节、汽车消费节、百货消费节、优品消费节、无界商圈新零售七大品牌活动。2022年前三季度，全市完成社会消费品零售总额601.18亿元，同比增长2.5%，高于全区增速0.2个百分点，增速连续两个季度蝉联全区五地市第1位。1—10月，全市限额以上单位零售额300.61亿元，同比增长4.1%。基本生活类持续增长。粮油食品、日用品、烟酒、饮料等基本生活类商品同比分别增长4.1%、25.7%、21.5%和24.7%。消费升级类快速增长。新能源汽车、通信器材、书报杂志等升级类商品分别增长2.4倍、16.4%和27.7%。重点商品消费贡献突出。占全市限额以上消费品零售额30.8%的石油及制品类商品零售额同比增长14.5%，对限额以上消费品零售额增长贡献率为98.2%，拉动限额以上消费品零售额增长 4.0 个百分点。重点行业保持增长。限额以上批零住餐业销售（营业）额同比增长 14.2%。其中，批发业销售额增长 17.2%，零售业销售额增长 3.8%，住宿业营业额下降 18.4%，餐饮业营业额增长 9.9%。

3. 对外贸易增势良好

加快推动跨境电商综试区，举办跨境电商博览会，枸杞、葡萄酒、绿色食品、羊绒纺织等优势出口产品市场竞争力持续提升。开通银川—天津港“一单制”铁海联运班列和宁夏—欧洲（布达佩斯）中欧货运班列，国际卡车班列保持常态运行，外向型经济增幅持续扩大。1—10 月，实现货物贸易进出口总额 128.19 亿元，同比增长 66.7%，分别高于全国、全区 57.2 和 9.1 个百分点。其中，出口 102.13 亿元，增长 73.4%，进口 26.05 亿元，增长 44.9%。进出口相抵，贸易顺差 76.08 亿元。

（四）民生福祉持续改善，好的态势不断保持

1. 居民收入增速回升

在稳就业保民生一系列政策作用下，居民收入增长与经济增长基本同步。2022 年前三季度，全体居民人均可支配收入 25826 元，同比增长 5.6%。其中，城镇居民人均可支配收入 31984 元，同比增长 5.0%，较上半年加快 1.2 个百分点；农村居民人均可支配收入 15029 元，同比增长 5.9%，较上半年加快 0.5 个百分点。城乡居民收入比由上半年的 2.33 下降至 2.13，城乡居民收入相对差距继续缩小。

2. 就业形势总体平稳

开展打好就业收入扩增战百场政策“三送五进”活动和“吹响冲锋号、打好扩增战”活动，加大城镇农村公益性岗位安置，全力以赴推动重点群体就业。10 月末，全市城镇新增就业 5.69 万人，同比增长 2.2%；农村劳动力转移就业 9.62 万人，同比增长 1.9%；就业困难人员实现就业 6022 人，分别完成全年任务的 135.4%、145.2%和 170.1%，均快于年度目标任务时序进度。

3. 物价水平总体稳定

强化价格监管和预警，完善重要民生商品储备调节制度，全市价格水平总体保持稳定。1—10 月，全市居民消费价格连续 6 个月同比保持 2.1%的涨幅，低于 3.0%左右的全年宏观调控预期目标。

4. 民生支出有力保障

1—10 月，全市一般公共预算支出 315.79 亿元，同比增长 24.1%。民生支出 232.93 亿元，同比增长 28.4%，占一般公共预算支出的比重为 73.8%，比上年提高 2.5 个百分点。其中，教育支出增长 17.9%，卫生健康支出增长 36.0%，社会保障和就业支出增长 27.9%。

5. 民生投资持续加大

聚焦保障和改善民生，民生短板和薄弱领域投入不断增加。前 10 个月，交通运输、仓储和邮政业投资增长 61.9%，住宿和餐饮业投资增长 10.2 倍，体育投资增长 69.7%，卫生和社会工作投资增长 72.3%。

（五）新动能加快积蓄，发展后劲持续增强

1. 转型升级步伐加快

围绕大抓产业、大抓项目，以高端化、绿色化、智能化、融合化为主攻方向，突出“一产抓特色、二产抓延伸进而抓集群、三产抓扩容、整体抓提升”，不断优化产业结构，三次产业结构调整为 3.6∶47.6∶48.8，第二产业比重同比提高 4.1 个百分点。

2. 结构调整扎实推进

1—10 月，制造业增长 12.4%，快于规模以上工业增速 1.4 个百分点，占规模以上工业增加值比重由上年同期的 72.9%提高到 74.0%，对规上工业贡献率达 78.0%。全市规模以上工业中装备制造业增加值同比增长 25.7%，明显快于全部规模以上工业增速，占规模以上工业增加值比重由上年同期的 15.0%提升至 17.9%。积极推进新能源、新材料等重大项目建设，加强制造业补链强链，有力支持制造业投资。1—10 月，装备制造业投资增长 80.4%，快于全部投资增速 74.8 个百分点，拉动投资增长 6.3 个百分点，占全部投资比重由上年同期的 7.8%提升至 13.3%。

3. 创新驱动持续向好

产业升级步伐加快，产业加速向数字化、网络化、智能化转型，对经济的带动作用增强。1—10 月，高技术制造业增加值同比增长 32.4%，快于规模以上工业21.4个百分点，拉动规模以上工业增长3.9个百分点，占全市规模以上工业增加值比重为15.1%，比上年同期提高3.2个百分点。高技术制造业投资增长82.0%，快于全部投资增速76.4个百分点，占全部投资比重为13.1%，比上年提高5.5个百分点。信息传输、软件和信息技术服务业投资增长5.4%，科学研究和技术服务业投资增长24.8%，新动能持续壮大，有利于经济恢复。

4.“三新”产业平稳增长

统筹推进新材料、新能源、新食品“三新”产业发展，将新材料产业作为稳增长、促创新、调结构、转方式、增动能的重要抓手，加快构建高端化、绿色化、智能化、融合化的现代产业体系。1—10月，“三新”产业规上工业企业完成产值555.0亿元，占市级工业总产值的比重为43.6%，同比增长32.9%，“三新”产业已成为银川市制造业高质量发展的强力引擎。

5. 新动能增势良好

随着信息技术的广泛应用，新业态持续保持较快增长。1—10月，实现网上商品零售额13.95亿元，同比增长79.7%，比全国、全区高72.5和54.1个百分点，占限额以上零售额的比重为4.6%，同比提高1.9个百分点，对市场销售的贡献稳步提升。随着绿色低碳转型加快，相关产品生产快速增加。1—10月，单晶硅同比增长83.5%，电工仪器仪表增长53.1%，工业机器人增长13.6%。新能源汽车零售额同比增长2.4倍，占限额以上汽车类商品的比重为10.0%，同比提高7.1个百分点。

（六）质量效益稳步提升，引领作用持续显现

1. 财政收入稳定增长

1—10月，全市完成一般公共预算收入145.56亿元，同比增长5.0%，增速较1—9月加快0.8个百分点，扣除留抵退税因素影响后同口径增长16.2%。其中，税收收入104.40亿元，同比下降2.8%。

2. 企业利润快速增长

1—9月，全市工业企业经济效益水平继续保持快速增长。规模以上工业企业实现营业收入3303.84亿元，同比增长40.2%，高于全区增速9.7个百分点；实现利润总额266.28亿元，同比增长26.6%，高于全区增速16.6

个百分点。32个工业大类行业中，24个行业实现盈利，盈利面75%。其中，16个行业利润总额同比增长或扭亏为盈。

3. 金融市场总体平稳

10月末，全市实现金融机构人民币存款余额5310.30亿元，同比增长15.3%，其中，住户存款2608.60亿元，同比增长14.6%；全市实现金融机构人民币贷款余额6396.88亿元，同比增长9.1%。

4. 绿色发展稳步推进

1—10月，全市规模以上工业单位增加值能耗同比下降1.0%，能耗下降水平好于全区0.7个百分点。截至11月14日，全市优良天数264天，达标率83%，同比增加2天，与自治区下达目标持平。PM_{10}、$PM_{2.5}$以及水、土、危废等指标均实现自治区考核目标。

5. 市场主体加快培育

1—10月，全市新登记市场主体5.28万户，同比增长6.5%。截至10月31日，全市累计在册市场主体35.87万户，同比增长7.0%。

二、银川市经济发展中应关注的主要问题

（一）经济下行压力持续加大

2022年以来，疫情多点散发频发的情况超出预期，对经济的冲击或大于2020年和2021年。在疫情反复以及外部环境更趋严峻复杂的背景下，全市经济面临下行的压力加大。从增速看，虽然一季度、上半年、前三季度全市GDP均维持同比增长4.8%的增速，但与2021年相比，全市经济整体呈下行趋势，同比增速分别比2021年一季度、上半年、前三季度、全年下降11.2、6.2、3.3和1.5个百分点。从投资看，全市固定资产投资从年初的35.0%下降到5.6%，累计下降29.4个百分点，降幅分别大于国家、自治区23.0和26.6个百分点。从消费看，全市社会消费品零售总额从一季度的3.1%下降到前三季度的2.5%，下降0.6个百分点。从财政收入看，全市一般公共预算收入从25.0%下降到5.0%，累计下降20个百分点。从居民收入看，2022年前三季度，全市城镇居民可支配收入增速低于全区1.4个百分点，农村居民可支配收入分别低于全国、全区0.5和1.4个百分点。从先行

指标看，市场需求依然不足，全区制造业采购经理指数从3月的最高值55.7%下降到10月的45.4%，环比回落2.9个百分点，从6月开始已连续5个月处于荣枯线以下。生产指数和新订单指数均连续5个月位于收缩区间，并且已连续5个月低于全国平均水平，10月低于全国3.8个百分点。从市场需求看，全市商品房销售面积340.96万平方米，下降33.3%，降幅比1—9月扩大4.3个百分点，降幅分别高于全国、全区11.0和5.4个百分点，其中，住宅销售面积下降29.2%，降幅扩大5.0个百分点。

（二）服务业主引擎作用减弱

2022年以来，疫情呈现多点散发、局部暴发、持续频发的态势，全市批发零售、住宿餐饮、旅游、邮政、交通运输、文化和娱乐业等高接触类行业持续承压，服务业运行困难重重、恢复缓慢，增速持续回落，对全市经济增长的贡献率和拉动作用都在大幅减弱。从各产业增速看，服务业增速处于低位。2022年前三季度全市服务业同比增长2.0%，分别低于全市GDP、第一产业、第二产业增速2.8、4.3、6.3个百分点。与全国、全区比，全市服务业增速低于全国和全区平均水平，分别低于全国、全区0.3和0.6个百分点。与各季度比，服务业增速呈现逐季度回落的态势，前三季度增速分别低于一季度、上半年1.9和0.6个百分点。从占全市经济比重看，服务业占全市的经济比重持续下降，已处于近年来的低位，已改变服务业占全市经济半壁江山的态势。2022年前三季度，全市服务业占GDP比重为48.8%，占全市经济比重分别比2021年前三季度、全年下降3.9和2.1个百分点，与2022年一季度、上半年相比，占比分别下降7.6和1.3个百分点。从经济贡献率看，服务业对全市经济增长的贡献率逐步下降。2022年前三季度，服务业对全市经济增长的贡献率仅为22.9%，分别比2020年全年、2021年全年、2021年前三季度、2022年一季度、2022年上半年低37.3、33.3、28.7、24.5和8.3个百分点，与之对应的是第二产业对经济的贡献率提升至72.4%，高于服务业49.5个百分点。从拉动经济增长看，前三季度全市服务业仅拉动全市经济增长1.1个百分点，与之对应的是第二产业拉动全市经济增长3.4个百分点。前三季度，服务业拉动经济增长分别低于一季度、上半年1.2和0.4个百分点，分别低于2020年全年、2021年前三季度、2021年全年0.8、2.4和3.3个百分点，服务业拉动全市经济增长的主引擎作用减弱。

（三）工业加快增长难度加大

受市场需求减弱、生产成本上升、部分行业利润下降等因素影响，工业生产进一步加快增长的难度加大。部分工业企业受疫情封控、需求不足、原材料供货周期延长、下游开工率低、出口下降等因素影响，产能产值均有所回落。部分行业发展仍较困难。1—10月，全市规上工业32个行业大类中，有15个行业增速呈下降态势，占比46.9%，有20个行业增速低于全市平均水平，占比超过六成。其中，有色金属冶炼和压延加工业同比下降8.2%，专用设备制造业同比下降24.4%，非金属矿物制品业下降14.1%，合计下拉全市规上工业增速0.7个百分点。生产经营成本高位运行。1—9月，规上工业企业营业成本同比增长46.4%，每百元营业收入中的成本83.72元，同比上升3.53元，单位成本持续上涨，挤压企业利润空间。1—9月，企业营业收入利润率为8.06%，比1—8月下降0.46个百分点。能源消费持续增长。1—10月，全市规模以上工业能源消费量同比增长9.9%，增速比1—8月加快3.2个百分点。其中，六大高耗能行业能源消费量同比增长10.1%，增速比1—8月加快3.3个百分点。六大高耗能行业能耗占全市比重高达92.2%，能源消费持续增长，对全市节能降耗工作形成较大压力。全市规模以上工业单位增加值能耗同比下降1.0%，较年初最低值已上升6.6个百分点，规上工业能耗强度不降反升。

（四）投资增速下行压力较大

一产投资降幅明显。1—10月，全市第一产业投资同比下降19.5%，降幅分别比一季度、上半年回落176.0和10.4个百分点，占投资比重较上年同期下降0.7个百分点。其中，畜牧业投资下降40.1%，占一产投资比重较去年同期下降19.3个百分点。部分工业行业投资下降。1—10月，全市采矿业，电力、热力、燃气及水生产和供应业投资分别下降33.7%和4.4%，分别下拉全市投资增速1.8和0.5个百分点。其中，风电项目投资下降82.4%。三产投资持续回落。1—10月，全市第三产业投资同比下降6.0%，呈现逐季下降的态势，分别比一季度、上半年、前三季度下降11.2、6.5和

5.1 个百分点，下拉全市投资 3.5 个百分点，占全市投资比重较上年同期下降 6.4 个百分点。房地产投资持续低迷。全市房地产开发投资同比下降 13.0%，降幅比 1—9 月扩大 3.3 个百分点，下拉全市投资增速 5.6 个百分点。其中，住宅下降 12.8%。

（五）消费市场恢复再受冲击

2022 年以来，全市受疫情冲击强度和持续时间均高于上年，特别是 9 月、11 月的突发疫情对全市消费品市场产生较大冲击，居民消费意愿依然不强，升级类商品消费明显不足，消费市场恢复再度放慢步伐。月度消费品零售额大幅下降。1—10 月，全市限额以上消费品零售额增速比 1—9 月回落 5.4 个百分点。10 月，全市限额以上消费品零售额同比下降 43.0%，比 9 月回落 59.8 个百分点，降幅高于全区 1.3 个百分点，为 2020 年 3 月以来同期最低水平。大宗商品零售额回落。10 月，全市 18 类重点监测商品中，有 16 类商品零售额下降。其中，占全市限额以上消费品零售额 33%的汽车类零售额同比下降 74.7%，比 9 月回落 94.4 个百分点，占 30.8%的石油及制品类商品零售额下降 25.4%，回落 52.2 个百分点。超八成零售企业零售额下降。10 月，全市 80.3%的限额以上批零企业零售额下降。其中，降幅超过 50%的企业占 59.0%。住宿业、餐饮业遭受严重冲击。10 月，全市住宿餐饮业、实体零售业态基本停业停产，限额以上餐饮业营业额同比下降 57.0%，降幅比 9 月扩大 58.8 个百分点，在库统计的 90 户餐饮业企业有 84 户营业额下降，占比达 93.3%。限额以上住宿业营业额同比下降 68.1%，降幅比 9 月扩大 49.6 个百分点，在库统计的 32 户住宿业法人和个体有 29 户营业额同比下降，占比达 90.6%。

三、促进银川市经济高质量发展的几点建议

（一）聚焦突出精准施策，着力稳定经济运行

紧盯目标任务，合力攻坚克难，补齐短板弱项，用“拼”的精神、“闯”的劲头、“创”的勇气推动各项工作落地见效。强化政策集成落地。把握好调控的方向、重点、力度、节奏和时机，发挥产业、投资、消费、财税、金融等政策叠加效应，落实好稳经济保民生 45 条政策，确保全面承

接、应享尽享、一项不漏，努力把疫情的影响降到最低。完善督导服务长效协调工作机制，切实打通关键堵点，帮助基层解决实际困难。强化市场主体纾困。优化环保、消防、税务、市场监管等执法方式，培育更多市场主体并提高活跃度。有效发挥银川市政策性纾困基金和转贷资金作用，引导金融机构“一企一策”，帮助大型民营企业降低成本。稳定对“专精特新”、先进装备制造、新材料和煤炭等能源保供企业信贷规模。强化市场预期管理。加强对发展政策措施的宣传和解读，及时释放政策信号、回应各方关切、引导社会预期，进一步增强社会各方面信心。

（二）聚焦提升产业能级，着力推动经济高质量发展

全力抓好农业生产。针对元旦、春节“两节”期间畜产品需求旺盛，及近期猪肉、牛羊肉、鸡蛋价格上涨的情况，加大畜禽出栏补栏和屠宰加工，持续巩固生猪生产。加强秋冬设施蔬菜田间管理，进一步深化产销对接，推进线上线下融合，畅通蔬菜流通运输通道，确保冬季蔬菜产得出、供得上、无积压、无滞销。全力巩固工业增长基础。兑现稳经济保民生 45 条、工业稳增长 36 条等惠企政策，保障产业链供应链稳定畅通，着力稳定市场主体预期，全力稳定工业经济运行。加大对小微工业企业帮扶力度，增强企业发展信心，推动停工减产企业尽快恢复生产。围绕煤炭、电力、化工、有色等重点行业和生产放缓的重点企业开展精准调度，尽快扭转增速持续回落的不利局面，发挥好重点企业对稳增长的支撑作用。持续追踪监测要素保障堵点卡点，及时协调解决企业要素保障等方面的突出困难，强化风险研判，确保重要原材料供得上、关键产品出得去。全力促进服务业加快恢复。扎实落实国家、自治区、市消费促进政策，聚焦“双十二”等节点，推动供应链、物流配送、商品服务下沉和农产品上行，继续发放存量消费券，持续带动大众消费。加大对受疫情影响较大服务业行业以及抗风险能力较弱的中小微企业和个体工商户帮扶力度，在财税政策扶持、金融信贷支持、减轻企业负担、稳定企业用工、强化信用服务等方面给予定向精准支持。挖掘城乡消费潜力，鼓励新能源汽车、智能家电、绿色建材下乡，发挥好大宗商品消费对消费市场恢复的支撑作用。大力促进商贸服务消费，鼓励商超、大型商业综合体、重点消费集聚区和商业街区等开展促消费活动。发展夜经济提升烟火气，引导主要商圈和特色商业街与文化、旅游休闲等紧密结合，延长营业时间，打造一批夜经济试点企业和夜经济集聚区。对年度营业额和安排就业人数达到一定标准、有效带动夜间客流量的夜经济集聚区给予一定资金支持。

（三）聚焦产业转型升级，着力创新驱动发展

大力发展“三新”产业。紧紧围绕黄河流域生态保护和高质量发展先行区示范市建设，统筹推进新材料、新能源、新食品“三新”产业发展，实施产业基础再造工程，加快建设“两都五基地”。新材料产业方面，聚焦光伏硅、蓝宝石、第三代半导体、储能电池材料等领域，着力补齐产业链配套，加大核心环节工艺研发。新能源产业方面，聚焦光伏产业，做大高效晶硅电池、新型电池产业化规模，重点推动隆基乐叶5GW、宝丰电池及储能集装系统示范等项目建设。新食品产业方面，聚焦葡萄酒、高端奶产业和枸杞精深加工等领域，推进全过程绿色化生产、全链条数字化管控。强化项目支撑。大力提升创新能力。坚持围绕产业链部署创新链，攻克一批关键技术难题，推动产业向高端化、绿色化、智能化、融合化方向发展。实施科技型企业梯次培育计划，遴选培育一批创新型示范企业，促进各类创新要素向企业集聚，带动产业链上下游企业融通创新，促进科研成果从实验室走向市场。大力抓好谋划提升。深入研究党的二十大提出的“优化重大生产力布局”，把握中东部地区产业向西部转移的战略机遇，积极承接招引一批强基础、补短板、锻长板、育集群的产业转移项目。深入研究吃透国家政策导向、资金投向，重点围绕中央预算内、专项债等支持领域，持续谋划一批教育医疗、城市更新、生态环保等方面的投资项目。围绕“六新”产业转型升级、“六特”产业提质增效、“六优”产业扩容增量等方面，谋划储备一批投资体量大、产业带动力强、效益质量高的项目。

（四）聚焦消费扩容回流，着力推进消费恢复

积极帮扶市场主体。落实好税费减免、租金减免、社保缓缴、融资服务等方面的阶段性帮扶措施，加大对受疫情影响较大的行业和企业帮扶力度，确保政策有效传导至市场主体，减轻企业负担。积极推进复商复市。

努力降低疫情对消费市场的冲击，抓住疫情好转后黄金消费期，推进商贸流通、文化旅游、娱乐休闲等经营场所全面恢复正常营业。扎实落实国家、自治区、市消费促进政策，抢抓疫情缓解后消费需求旺盛契机，鼓励全市商贸流通和文化旅游企业在做好疫情防控的前提下，举办“购物节”“美食节”“区内联游”“文旅节庆”等活动。继续发放各类惠民消费券，持续发挥消费券杠杆效应。积极打造消费新场景。引导线上电商平台、线下实体商家联动，加快推广“线上引流+实体消费”促销模式，拓展“网上菜场”“网上餐厅”“网上超市”消费空间。引导“宅经济”合理发展。推广“种养殖基地+中央厨房+冷链物流+餐饮门店”模式，鼓励餐饮企业打造预制菜本土品牌。策划实施汽车消费活动，加强与比亚迪、蔚来等新能源汽车供应商对接，加快订单交付，保持汽车消费增长态势。

2022年石嘴山市经济发展报告

马瀚骋

2022年，面对复杂严峻的宏观环境，石嘴山市全面落实中央、自治区和市委、市政府决策部署，高效统筹疫情防控和经济社会发展，统筹抓好发展和安全两件大事，经济社会发展各项事业取得新成效。1—11月，固定资产投资增长24.5%，一般公共预算收入24.3亿元，同口径增长18.1%，一般公共预算支出112.7亿元，增长28.4%，规上工业增长0.2%。老工业基地和资源型城市产业转型升级示范区、资源枯竭城市首次获评良好等次，老工业基地调整改造和产业转型升级工作成效明显，获得国家通报表扬，经济社会发展呈现总体平稳、稳中向好态势。

一、石嘴山市经济运行情况

（一）坚持统筹调度，“稳保促”推进有力

在狠抓国务院“33条”、自治区“50条”等稳经济一揽子政策措施落实的基础上，及时有针对性地出台工业经济稳增长“30条”、服务业发展“42条”、农民增收“14条”等配套政策20余项。开展“百名领导抓百企”行动，召开帮助重点企业发展解困工作推进会，帮助企业解决问题300余项。落实退税减税缓税24.2亿元，兑现贷款贴息、“专精特新”奖补等资

作者简介：马瀚骋，石嘴山市发展改革委综合科科长。

金 1.31 亿元，新增发放企业贷款 156.75 亿元。强化物流保通保畅服务，以自治区重点保供“白名单”为依托，推动辖区企业应纳尽纳。设立中转接驳站 10 个，平罗县应急物资中转接驳站建设运行经验获全区借鉴推广。统调电厂及重点企业稳定运营，为经济社会发展提供有力支撑。

（二）坚持创新驱动，转型升级成效明显

1. 强化科技创新支撑作用

持续推进“四个一”行动，争取自治区各类科技项目 541 项，到位资金 1.94 亿元。全社会 R&D 经费投入 10.91 亿元，投入强度 1.77%，高于全区平均水平 0.21 个百分点。建立完善科技企业培育库，入库企业达到 314 家，新增国家高新技术企业 17 家、自治区科技型中小企业 67 家。深入开展东西部科技合作，东方钽业、贝利特等 53 家企业 83 个科技合作项目列入全国东西部科技合作重点项目库。推进科技成果转化，技术合同成交额 3.17 亿元。每万人发明专利拥有量达到 8.23 件，大武口区获评宁夏唯一国家级优秀区域双创示范基地。

2. 推动“六新”产业集聚发展

建立“六新”产业高质量发展工作机制，推动新型材料、清洁能源等“六新”产业集聚发展。光伏全产业链制造基地加快建设，东方希望、江苏润阳等重点企业布局落户，初步形成以工业硅—多晶硅（单晶硅）—拉晶—切片—组件为主的制造业主链，金晶科技、氟峰新材料、盈氟金和、建龙钢铁等配套产业协同推进，为“十四五”规划新能源确定的 500 亿产值奠定了坚实产业基础。新材料产业集群加速形成，巴斯夫杉杉、瑞鼎科技、星凯科技、西墨新材 10 余个正负极材料项目加速实施，储能材料产业集聚发展。装备制造产业优势不断巩固，天地西北煤机成功研制国内首套远程控制自牵引伸缩机身装置，实现成果转化 47 套。工业数字化转型加速推进，实现重点场所 5G 网络全覆盖，获批全国 IPv6 技术创新和融合应用试点。

3. 促进“六优”产业提质增效

培育扩大电子商务产业规模，建成维塞数字经济产业园等电子商务园区 4 个。文旅产业繁荣发展，大武口区获批国家工业旅游示范基地，《万里归途》《山海情》《我的父亲焦裕禄》等40余部影视剧在石炭井文旅影视小镇取景拍摄。加快培育多层次资本市场，建立健全企业上市后备库制度，首批35家企业进入后备库，惠农区获批普惠金融发展示范区。“一城一策”调控房地产市场，累计化解烂尾楼盘11个，新开发楼盘14个。推动服务业集聚发展，优宜家数字经济产业园获批自治区级现代服务业集聚区。深入推进主辅分离试点建设，引导31家企业开展服务外包业务，新成立服务业企业30家，其中限上服务业企业10家。

4. 加快“六特”产业培育发展

夯实粮食安全根基，实施高标准农田建设面积6.73万亩，粮食播种面积109.69万亩，产量达50万吨以上，粮食产量实现“十九连丰”。实施种业振兴行动，举办第九届宁夏种业博览会，年产优质种子2500万公斤。加快“六特”产业发展，建设利垦、正元等奶牛养殖场6个，奶牛存栏达13万头，鲜奶产量达40万吨。建设灵沙、中方村等肉牛肉羊养殖园区10个，肉牛、肉羊饲养量分别达到15.5万头、152万只。发展稻渔综合种养新模式，渔业产值达到6.3亿元。培育发展菌菇产业，新建菌棚81座，种植食用菌1088亩、菌草2000亩。实施绿色食品加工重点项目13个，先正达、百果园等企业招引落地，新培育龙头农业企业25家，绿色食品加工产值增长13.4%。大武口区获批国家第三批农村产业融合发展示范园。

（三）坚持扩大内外需求，经济发展稳中提质

1. 多措并举扩大有效投资

扎实开展“扩大有效投资攻坚年”活动，实施投资500万元以上项目330个，突出抓好100个市级重点项目，全年预计完成投资190亿元以上，固定资产投资持续高速增长，为近年来最好水平。东方希望宁夏晶体新能源、氟峰新材料等大项目落地并加快建设，宁夏润阳硅材料、滨泽新能源尾气制乙醇等项目建成投产。重大基础设施项目加快推进，109国道惠农至黄渠桥段改扩建、简滨路改建等4个项目建成通车，县域间通道进一步畅通。包银高铁顺利实施，乌玛高速石嘴山段全面开工，中西线供水等项目加快建设，“互联网+城乡供水”项目启动实施，黄公铁路至惠农专用线前期加快推进。

2. 持续激发消费外贸

采用“政府调节、银企联动、企业参与、市场推动”方式，筹集各类资金5800余万元，开展惠民购车节、家电下乡等促消费活动150余场次，发放消费券70余万张，带动消费4.5亿元，红柱子夜经济聚集区正式开街，平罗阳光特色商业示范街、优创·澜山小镇获评全区“十大网红打卡地”。发运石嘴山至越南PVC班列16列，开通中国石嘴山—印度蒙德拉国际多式联运货运班列，惠农—天津港海铁联运直达班列成功运营，与44个“一带一路”沿线国家开展300余种产品贸易往来，外贸进出口总额预计突破50亿元大关。

3. “六争”和“双招双引”成效明显

加大招商引资力度，实施招商引资项目305个，到位资金278.6亿元。完善招才引智举措，共引进各类人才5417人，增长12.9%。整体推进争项目、争资金、争政策、争试点、争示范、争会议等工作，共争取生态保护、节能减碳、卫生健康等领域项目525个，中央及自治区各类资金104.1亿元，各类政策28个、试点68个、示范271项，各类会议、调研、培训257次，招引带动示范作用不断增强。

（四）坚持绿色发展，生态环境逐步向好

深入打好污染防治攻坚战，坚决抓好中央生态环境保护督察反馈问题整改工作，完成第二轮中央生态环保督察年度任务6项。黄河流域生态环境反馈问题整改全面完成，在自治区推动黄河流域生态保护视频现场会上做经验交流。开展臭氧防控，完成自治区级大气污染治理项目54个，空气优良天数235天，同比增加7天，优良天数比例80.8%。平罗工业园区精细化工基地再生水资源化利用、污水处理厂等项目建成投运，黄河石嘴山段出境断面平均水质保持在Ⅱ类。持续开展涉重金属重点行业企业清洁生产审核，危险废物和医疗废物安全处置率100%。扎实开展工业企业生态环境保护和安全隐患“大排查大整治大提升”行动，崇岗、长胜和“104”三个煤炭集中区环境问题整改取得阶段性成效。

（五）坚持协调发展，城乡差距逐步缩小

扎实推进以人为核心的新型城镇化，实施棚户区住房改造 1179 套，改造完成背街小巷 19 条，建成小微公园 15 座，实施燃气、给水、排水、供暖等“四类管线”改造项目 12 个，新改建市政管线 15 公里。巩固拓展脱贫攻坚成果同乡村振兴有效衔接，建成移民种植养殖园区 34 个、劳务工作站 25 个，实现脱贫人口稳定就业 19360 人。推进美丽乡村建设，打造红果子、姚伏等重点小城镇 4 个和常青、东永固等美丽宜居村庄 4 个，建设“中心村”20 个，新建生活垃圾分类和资源化利用试点村庄 22 个，农村垃圾治理率 95%。

（六）坚持深化改革，市场主体活力有效激发

稳步推进“六权”改革。农业用水权确权全部完成，确权面积 168.33 万亩、水量 8.27 亿立方米；推动工业用水权有偿使用，开出全区工业企业用水权有偿使用费第一单；出台政府储备排污权管理办法，完成排污权交易 15 笔，核定排污许可企业 417 家；规范农村集体经营性建设用地入市等管理，全市首宗“标准地”落地实施，首宗国有土地租赁挂牌成交；完成林地、草地权属调查及勘测定界 49.51 万亩，办理林权抵押登记 2800 余亩，实现全区“林票”认购零的突破；探索开展用能权、碳排放权改革。持续优化营商环境。一体推进“放管服”改革，实施自治区“审管联动”一体化应用试点，颁出全区首张“一业一照一码”营业执照。

（七）坚持共享发展，民生福祉不断提升

坚持把民生和“三保”支出作为重点方向，全市民生支出累计完成 91.2 亿元，占一般公共预算支出的 81%，较上年提高 5.3 个百分点。支持扩大就业增收，为 1383 家企业返还失业保险稳岗补贴 1817 万元，阶段性降低社保费率，为企业减负 7.77 亿元，城镇调查失业率控制在 5.5%以内。推动教育均衡发展，迁建、扩建、改建中小学、幼儿园 13 所，宁夏理工学院科教融合创新园等项目加快推进，宁夏卫生健康职业技术学院、闽江应用技术学院获教育部批复。全面推进异地就医保障，与 31 个省份 5.95 万家医保定点机构直接结算，惠及区外就医群众 1.5 万余人次。提升养老服务水平，实施“塞上乐龄”老年大学项目 12 个，颐享养老中心项目加快建设。深入推进全国市域社会治理现代化试点建设，全面落实六大领域基层治理任务，顺利通过全国文明城市、国家园林城市等复检工作，民主法治、民族团结、国防动员、防震减灾等工作取得新进展。

二、存在的问题

总的来看，全市经济社会发展稳的局面持续巩固、保的措施持续完善、促的力度持续增强，各项事业取得了新的进步。同时，仍面临一些困难和挑战。

（一）工业企业发展压力持续加大

疫情对部分行业和领域的冲击影响仍继续显现，电石、铁合金等主要工业品购销价格持续倒挂，产业链上下游供应不畅，部分工业企业尤其是初级产品加工制造业出现行业性亏损。接触型服务业受到明显冲击，批零住餐等服务业企业经营困难。

（二）服务业恢复制约因素较多

受培训、婚庆等接触性、聚集性活动减少影响，批发零售、住宿餐饮、交通运输增长均低于上年同期水平；房地产市场恢复不足，房屋销售面积持续负增长；金融贷款增长压力较大，各项贷款余额增速尚未转正；同时，居民消费价格累计上涨2.9%，推高生活成本，压降居民消费需求。

（三）经济发展质量有待提升

地区生产总值低于预期目标，城乡居民可支配收入增速虽高于地区生产总值增速，但增速明显放缓，居民就业增收压力加大。

（四）社会民生保障存在短板

公共服务供给与群众期盼还存在差距，优质教育资源供给不足，教师队伍建设相对滞后，医疗卫生资源分布还不均衡，资金保障缺口不断扩大，康养产业基础设施布局还不完善，生活保障、关爱服务等工作水平有待提升。

三、2023年工作建议

（一）全力稳定经济运行

持续抓好国务院、自治区和全市稳经济一揽子政策措施落实，确保全面承接、应享尽享、一项不漏，发挥产业、投资、消费、财税、金融等政策叠加效应。完善督导服务长效协调工作机制，切实打通关键堵点，帮助基层解决实际困难。强化市场主体纾困，落实“白名单”动态管理制度，加强供需对接、产销衔接，保障产业链供应链畅通稳定。强化电力、煤炭等能源保供，全力稳定企业生产。稳定对“专精特新”、先进装备制造、新材料和煤炭等能源保供企业信贷规模。强化市场预期管理，加强对发展政策措施的宣传和解读，及时释放政策信号、回应各方关切、引导社会预期，进一步增强社会各方面信心。

（二）全力推动产业转型

一是推动“六新”产业集聚扩能。深入实施新型工业强市计划，重点发展新型材料、清洁能源、装备制造、现代化工产业，积极发展数字信息产业，培育发展轻工纺织产业，不断完善光伏制造业主链，加快发展电池材料等新型材料，推动锂电池全产业链建设，培育发展碳基材料生产基地优势。二是“六优”产业提升质效。持续完善物流基础设施，加快惠农陆路口岸和保税物流中心（B型）融合发展，推进北武当国家5A级旅游景区创建，推动平罗县创建普惠金融发展示范区，持续抓好房地产业健康发展。完成工业企业主辅分离试点任务，新增服务业企业30家以上，入规上限10家以上。三是推动“六特”产业“接二连三”。深入推进优质奶源基地建设，加快肉牛肉羊标准化规模养殖基地建设，肉牛、肉羊饲养量分别达到15万头、150万只。建设先正达设施农业示范园，实施百果园等“三个零”技术示范产业园项目，争创第四批国家农村一二三产业融合发展示范园。

（三）全力抓好投资消费

围绕“3122”目标，谋划实施固定资产投资项目300个以上，总投资1000亿元以上，年度完成投资200亿元以上，投资保持两位数增长。重点抓好100个市级重点项目建设。强化重大基础设施建设，加快包银高铁银川至惠农南段、乌玛高速等建设进度，实施“互联网+城乡供水”工程，统筹推进金能煤矿、煤层气开发利用等重大项目。持续激发消费活力。完善县域商业体系，持续推动大武口区步行街等商圈改造升级，抓好搞活汽车流通，扩大汽车消费。积极参与共建“一带一路”，发挥国家外贸转型示范基地引领作用，推动与天津港、曹妃甸等港口联动发展。利用“互联网+外贸”拓宽海外营销渠道。

（四）全力改善生态环境

坚决抓好中央、自治区环保督察反馈问题整改，全面完成年度整改任务。坚持打好蓝天保卫战，着力打好碧水保卫战，开展黄河石嘴山段入河排污口排查整治专项行动，确保黄河出境断面平均水质保持Ⅱ类优。持续打好净土保卫战，强化医疗废物产生、收集、转运、处置的全过程监管，危险废物和医疗废物安全处置率稳定在100%。推动园区优化提升，坚持抓好煤炭集中区整治提升，制订完善园区企业供热用热实施方案，提升园区承载能力。持续提高资源利用效率，全面开展再生水利用配置试点市建设，创建国家级节水型城市。

（五）全力深化重点领域改革

稳步推进排污权、用水权改革，完善政府储备排污权交易管理制度，推动扩大覆盖范围。加大收储政府投资结余、无偿配置剩余及企业闲置用水权，指导县区、企业实现多种形式水权交易。扎实推进土地权改革，创新市场化供地机制，持续推进平罗县二轮土地承包到期后延包30年国家级试点、“一块田”改革试点等。全面推进山林权改革，建立山林资源政府回购机制，引导更多社会资本进山入林。探索推动用能权、碳排放权改革，以科技赋能企业绿色低碳发展。推动营商环境不断优化，全面推进政务服务标准化规范化便利化建设，探索推行简易审批事项“掌上办事”模式。

（六）全力统筹城乡发展

巩固脱贫攻坚成果同乡村振兴有效衔接，建立防返贫动态监测工作机制，健全农村生活保障和救助制度，引导社会力量参与帮扶，大力发展草畜、瓜菜、菌草等高效种养业。着力建设宜居宜业和美乡村，开展农村人居环境整治提升年活动，推行“户分类、村收集、乡镇转运、县区处理”和政府购买服务市场化运营模式，实现村生活垃圾治理全覆盖，创建全区农村生活垃圾分类和资源化利用示范县区。全面实施城市更新行动，加快推进老旧小区改造，改造老旧小区29个20万平方米、棚户区住房200套、背街小巷10条，更新燃气、给水、排水、供暖等“四类管线”15公里，建设小微公园10座。

（七）全力抓好民生保障

实施就业优先政策，持续开展“春风行动”、就业援助月等就业创业服务活动，扎实做好下岗失业人员、高校毕业生等重点群体就业，城镇调查失业率控制在5.5%以内。有效提升教育供给质量，大力发展公办园，积极扶持普惠性民办园，实施义务教育学校标准化建设项目。优化职业教育布局，加快推进宁夏卫生健康职业技术学院建设进度，筹备建设宁夏闽江应用技术学院。深化健康水平提升行动，巩固提升国家卫生城市创建成果，开展卫生乡镇（村）创建，支持平罗县创建国家卫生县。健全多层次社会保障体系。聚焦“一老一小”民生保障，深入实施居家和社区养老服务试点建设，建成石嘴山优抚医院。加强基层公共服务体系建设，健全常态化治理与应急管理动态衔接的全周期模式，构建多方参与、及时高效的应急响应机制，巩固提升全国市域社会治理现代化试点地区创建成果。

2022年吴忠市经济发展报告

王风全

2022年，面对复杂严峻的发展环境，特别是新冠肺炎疫情持续影响，吴忠市深入学习贯彻党的二十大精神，按照自治区第十三次党代会和市第六次党代会的要求，扎实做好“六稳”“六保”工作，在攻坚克难中砥砺前行，按照疫情要防住、经济要稳住、发展要安全的要求，高效统筹疫情防控和经济社会发展，加快落实稳经济政策措施，全市经济呈现加快发展、持续稳进的态势。

一、吴忠市经济运行主要特点

（一）经济运行加快，产业结构优化

2022年前三季度，吴忠市实现地区生产总值605.7亿元，同比增长6.1%，比全区高1.2个百分点，比全国高3.1个百分点，增速位居全区五市第一。

三次产业全面增长。第一产业完成增加值71.3亿元，同比增长6.5%；第二产业完成增加值317.1亿元，同比增长8.4%；第三产业完成增加值217.3亿元，同比增长3.3%。

第二产业贡献较大。从三次产业对经济增长的贡献看，第一产业对全

作者简介：王风全，吴忠市统计局副局长、二级调研员，统计师。

市经济增长的贡献率是11.94%，拉动经济增长0.73个百分点；第二产业对全市经济增长的贡献率是65.84%，拉动经济增长4.02个百分点；第三产业对全市经济增长的贡献率是22.22%，拉动经济增长1.35个百分点。

区域经济竞相发展。利通区实现地区生产总值179.5亿元，同比增长3.2%；红寺堡区实现地区生产总值72.1亿元，增长9.6%；青铜峡市实现地区生产总值123.6亿元，增长7.6%；盐池县实现地区生产总值132.4亿元，增长6.6%；同心县实现地区生产总值98.1亿元，增长6.6%。

（二）农业良好运行，畜牧业较快发展

前三季度，全市实现农林牧渔业总产值154.37亿元，同比增长7.1%。分县（市、区）看，前三季度，利通区实现农林牧渔业总产值45.96亿元，同比增长6.6%；红寺堡区实现农林牧渔业总产值17.27亿元，增长15.3%；青铜峡市实现农林牧渔业总产值41.51亿元，增长6.4%；盐池县实现农林牧渔业总产值21.2亿元，增长6.3%；同心县实现农林牧渔业总产值28.43亿元，增长7%。

畜牧业良好发展。畜牧业养殖规模持续扩大。9月末，全市肉牛、肉羊存栏34.56万头和312.4万只，同比分别增长13.4%和6%。牲畜出栏快速增长。全市生猪出栏17.6万头，同比增长21%；肉牛出栏14.7万头，增长1.1%；肉羊出栏270.8万只，增长16.1%；家禽出栏271.2万只，增长9.1%。猪牛羊肉产量8.57万吨，增长11.6%。奶产业发展势头良好。9月末，全市奶牛存栏33.34万头，同比增长22.7%；牛奶产量103.27万吨，增长15.3%。

（三）工业生产加快，能耗增速较高

1—10月，全市规模以上工业增加值同比增长8.3%，比上年同期加快0.3个百分点。其中：利通区规模以上工业增加值同比增长2.3%，红寺堡区规模以上工业增加值增长7%，青铜峡市规模以上工业增加值增长11.6%，盐池县规模以上工业增加值增长8.4%，同心县规模以上工业增加值增长11.8%。全市工业呈现以下特点。

1. 制造业领跑三大门类工业增长

全市规模以上制造业增加值同比增长14.2%，高于全部规模以上工业

5.9 个百分点，拉动全市规模以上工业增长 7.8 个百分点，是全市规模以上工业增长的主要拉动力量；采矿业增加值增长 13.7%，高于全部规模以上工业 5.4 个百分点，拉动全市规模以上工业增长 3.2 个百分点。

2. 轻工业增速快于重工业

全市规模以上轻工业增加值同比增长 11.2%，高于全部规模以上工业 2.9 个百分点，拉动全市规模以上工业增长 1.6 个百分点。重工业规模以上工业增加值同比增长 7.8%，拉动全市规模以上工业增长 6.7 个百分点。轻工业增长快于重工业 3.4 个百分点。

3. 重点行业保持增长

规模以上工业 32 个行业大类中，18 个行业增加值实现增长，增长面为 56.3%。重点行业中，石油煤炭及其他燃料加工业增长 25.1%，煤炭开采和洗选业增长 20.5%，食品制造业增长 9.9%，有色金属冶炼及压延加工业增长 15.1%，烟草制品业增长 9.8%，石油和天然气开采业增长 6.1%。增长的行业中，石油煤炭及其他燃料加工业、煤炭开采和洗选业、有色金属冶炼及压延加工业三大行业表现明显，三大行业合计增加值占全部规模以上工业的 45.6%，对全市规模以上工业增长的贡献率达 106.1%，拉动全市规模以上工业增长 8.8 个百分点。

4. 主要工业产品产量保持增长

全市乳制品产量同比增长 11.4%，饲料增长 23.7%，水泥增长 7.8%，工业自动调节仪表与控制系统增长 15.7%，铁合金增长 90.2%。

5. 能源消费增速较高

前三季度，全市规模以上工业综合能源消费同比增长 13%，单位工业增加值能耗同比增长 3%。全市能源消费呈现以下特点。一是县（市、区）单耗“三增二降”。红寺堡区规上工业综合能源消费量同比增长 12%，单位工业增加值能耗同比增长 1.7%；同心县规上工业综合能源消费量增长 2.9 倍，单位工业增加值能耗同比增长 2.5 倍；青铜峡市规上工业综合能源消费量增长 18.7%，单位工业增加值能耗同比增长 4%；利通区规上工业综合能源消费量同比下降 7.6%，单位工业增加值能耗同比下降 10.6%；盐池县规上工业综合能源消费量下降 5.8%，单位工业增加值能耗同比下降

12.4%。二是六大高耗能行业均上涨。六大高耗能行业能源消费量同比增长14.7%。其中，有色金属冶炼和压延加工业能耗同比上涨5.5%，石油煤炭及其他燃料加工业能耗上涨18.8%，化学原料和化学制品制造业上涨9.8%，非金属矿物制品业上涨9%，电力、热力生产和供应业上涨14.7%，黑色金属冶炼及压延加工业上涨1.4倍。三是单位工业增加值能耗增速较快。前三季度，全市全社会能源消费量693.6万吨标准煤，同比增长10.4%，单位GDP能耗1.3吨标准煤/万元，同比增长4.1%。分县（市、区）看，盐池县单位GDP能耗同比下降10.6%，利通区下降8.2%，红寺堡区增长1.3%，青铜峡市增长6.8%，同心县增长51.9%。

（四）投资快速增长，建筑业稳步发展

1—10月，全市完成固定资产投资同比增长10.6%，比上年同期加快7.6个百分点，其中建筑安装工程投资同比增长24.1%。分县（市、区）：利通区完成固定资产投资同比增长2.9%，红寺堡区完成固定资产投资增长14.9%，青铜峡市完成固定资产投资增长9.8%，盐池县完成固定资产投资增长9.6%，同心县完成固定资产投资增长15.6%。

第三产业投资增速高。地方投资中，第一产业投资同比下降17.1%，第二产业投资增长9.1%，第三产业投资增长22.7%。

房地产投资快速增长，销售下降。全市房地产开发投资同比增长19.9%，其中，住宅投资同比增长26.1%。从销售情况看，全市商品房销售面积103.9万平方米，同比下降14.6%；销售额54.4亿元，同比下降15.6%。其中：住宅销售面积97万平方米，下降10.5%；销售额50.4亿元，下降13.6%。

建筑业发展稳定。前三季度，吴忠市注册地建筑企业115家，有工作量的企业105家，完成建筑业总产值62.1亿元，同比增长9.1%。其中：建筑工程产值55.85亿元，同比增长14.4%，占建筑业总产值的89.9%，在全市建筑行业中占主体地位；安装工程产值5.9亿元，同比下降12.3%，占建筑业总产值的9.5%；其他产值0.4亿元，同比下降73.5%，占建筑业总产值的0.6%。分县（市、区）看，利通区注册地建筑业总产值同比增长7.1%，红寺堡区注册地建筑业总产值增长40.1%，青铜峡市注册地建筑业总产值增长20.3%，盐池县注册地建筑业总产值增长11.2%，同心县注册地建筑业总产值下降6.5%。

（五）服务业平稳增长，消费市场恢复发展

全市服务业总体运行平稳，保持较好发展态势。前三季度，服务业增加值完成217.3亿元，同比增长3.3%，对经济增长贡献率为22.2%，拉动经济增长1.35个百分点。全市服务业呈现以下特点。

1. 各县（市、区）均稳步发展

前三季度，利通区服务业完成增加值79.7亿元，同比增长2%，占全市服务业的比重为36.7%，对全市服务业增长贡献率是23.1%，拉动全市服务业增长0.8个百分点。红寺堡区服务业完成增加值22.8亿元，同比增长4.9%，占全市服务业的比重为10.5%，对全市服务业增长贡献率是15.7%，拉动全市服务业增长0.5个百分点。青铜峡市服务业完成增加值35.6亿元，同比增长2.5%，占全市服务业的比重为16.4%，对全市服务业增长贡献率是12.5%，拉动全市服务业增长0.4个百分点。盐池县服务业完成增加值36.1亿元，同比增长3.8%，占全市服务业的比重为16.6%，对全市服务业增长贡献率是19%，拉动全市服务业增长0.6个百分点。同心县服务业完成增加值43.1亿元，同比增长4.9%，占全市服务业的比重为19.8%，对全市服务业增长贡献率是29.6%，拉动全市服务业增长1个百分点。

2. 七大服务行业呈现“六升一降”

前三季度，全市交通运输、仓储和邮政业实现增加值21.4亿元，同比增长3.6%，占服务业的比重为9.8%，对全市服务业贡献率为10.3%，拉动服务业增速0.3个百分点。批发和零售业实现增加值27.2亿元，同比增长1.8%，占服务业的比重为12.5%，对全市服务业贡献率为6.9%，拉动服务业增速0.2个百分点。住宿和餐饮业实现增加值6.5亿元，同比下降2.3%，占服务业的比重为3.0%，下拉服务业增速0.1个百分点。金融业实现增加值25.4亿元，同比增长3.6%，占服务业的比重为11.7%，对全市服务业贡献率为12.7%，拉动服务业增速0.4个百分点。房地产业实现增加值16.3亿元，同比增长4.5%，占服务业的比重为7.5%，对全市服务业贡献率为10.1%，拉动服务业增速0.3个百分点。营利性服务业实现增加值30.2亿元，同比增长 3.6%，占服务业的比重为 13.9%，对全市服务业的贡献率为 15.7%，拉动服务业增长 0.5 个百分点。非营利性服务业实现增加值 87 亿元，同比增长 3.3%，占服务业的比重为 40.0%，对全市服务业的贡献率为 41.5%，拉动服务业增长 1.4 个百分点。

3. 消费品市场恢复发展

2022 年，面对复杂严峻的外部环境和疫情散发带来的多重考验，吴忠市采取了一系列稳经济、促消费措施，使全市消费品市场运行状况得到改善。前三季度，全市实现社会消费品零售总额 137.8 亿元，同比增长 2.3%。全市消费品市场呈现以下特点。一是县（市、区）消费低速增长。前三季度，占全市社会消费品零售总额 45%的利通区实现社会消费品零售总额 62.1 亿元，同比增长 2.5%，拉动全市社会消费品零售总额增速 1.1 个百分点；占全市社会消费品零售总额 9.2%的红寺堡区实现社会消费品零售总额 12.7 亿元，同比增长 2.2%，拉动全市社会消费品零售总额增速 0.2 个百分点；占全市社会消费品零售总额 14.5%的青铜峡市实现社会消费品零售总额 19.9 亿元，同比增长 2.1%，拉动全市社会消费品零售总额增速 0.3 个百分点；占全市社会消费品零售总额 14%的盐池县实现社会消费品零售总额 19.3 亿元，同比增长 2.1%，拉动全市社会消费品零售总额增速 0.3 个百分点；占全市社会消费品零售总额 17.3%的同心县实现社会消费品零售总额 23.8 亿元，同比增长 2.2%，拉动全市社会消费品零售总额增速 0.4 个百分点。二是城镇消费增长快于乡村。前三季度，全市城镇实现消费品零售额 117.1 亿元，同比增长 3%；乡村实现消费品零售额 20.7 亿元，同比下降 1.2%。占全市社会消费品零售总额 85%的城镇消费增速高于乡村 4.2 个百分点。三是批发零售好于住宿餐饮。前三季度，批发业实现零售额 41.1 亿元，同比增长 3.1%；零售业实现零售额 76 亿元，同比增长 2%；餐饮业零售额 19.8 亿元，同比增长 2.9%；住宿业实现零售额 0.9 亿元，同比下降 13.7%。四是生活类商品增速提高。前三季度，限额以上粮油食品类、饮料类、烟酒类、服装鞋帽针纺织品类、金银珠宝类分别比上年同期增长 15.6%、15.3%、9.9%、70.3%、31.5%，增速分别比上半年提高 12.2、1.8、4.8、1.0、13.0 个百分点。

4. 超市等零售业增长较快

前三季度，与居民基本生活密切相关的超市等零售业态增长较快。限额以上单位超市商品零售额同比增长 19.6%，增速高于限额以上零售额 20.7 个百分点。

（六）财政收支良好，金融运行稳定

1—10 月，全市一般公共预算收入 30.7 亿元，同口径（扣除留抵退税因素）增长 10.6%。其中：税收收入 20 亿元，增长 0.3%；非税收入 10.7 亿元，增长 4.3%。一般公共预算支出 202.7 亿元，同比增长 11.3%，增速比上年同期加快 13.9 个百分点。

10 月末，全市金融机构人民币存款余额 890.68 亿元，同比增长 7%。其中，住户存款增长 12.3%，非金融企业存款增长 2.8%。全市金融机构人民币贷款余额 800.9 亿元，同比增长 9.1%。其中，中长期贷款余额同比增长 21.5%，短期贷款下降 7.1%，票据融资增长 22.5%。

（七）居民收支稳进，价格上涨温和

城乡居民收入增加。前三季度，全市城镇居民人均可支配收入为 24884.6 元，同比增长 5.7%，农村居民人均可支配收入 12114.1 元，同比增长 7%。

随着持续推进城乡一体化均衡发展，各地不断加大民生领域投入，着力推进基本公共服务均等化，推进农业农村现代化，实施乡村振兴战略，各项惠民政策落实卓有成效，促进经济实现平稳发展，助推城乡居民收入不断提高，消费支出稳步增长。前三季度，全市城镇居民人均生活消费支出 14696.7 元，同比增长 6.6%；农村居民人均生活消费支出 9279.4 元，同比增长 7.7%。城乡居民生活消费从八大类指标来看，城镇居民生活消费呈现“六升两降”态势，其中食品烟酒、衣着、居住、交通和通信、教育文化和娱乐、医疗保健 6 类支出均呈增长态势，生活用品及服务与其他用品和服务增速下降。农村居民生活消费呈现“七增一降”态势，除衣着消费有所下降，其他 7 类消费支出均稳步增长。

1—10 月，全市居民消费价格指数同比上涨 2.1%。居民消费价格调查的八大类商品及服务价格呈现“一降七升”。其中，食品烟酒类上涨 1.5%，居住类上涨0.4%，生活用品及服务类上涨0.6%，交通和通信类上涨8.4%，医疗保健上涨0.8%，教育文化和娱乐1.5%，其他用品和服务上涨3.1%，衣着类下降2.5%。商品零售价格总指数同比上涨2.4%。

二、需要关注的问题

（一）工业生产面临困难

工业产品产销衔接不畅，制约企业产能释放。前三季度，规模以上工业企业产品销售率为96.9%，同比下降0.3%。工业产成品存货增速维持较高水平。9月末，全市规模以上工业产成品存货同比增长52.6%。工业企业供给、需求端恢复不平衡，产销衔接不畅，加剧了企业资金紧张。企业经营成本压力大。由于大宗商品价格高位运行影响延溢及疫情多点散发的叠加影响，工业企业生产所需原材料、用工、物流等生产成本仍然出现不同程度增加。前三季度，全国工业生产者购进价格指数同比上涨8.3%，比生产者出厂价格指数高2.4个百分点，工业生产者价格“高进低出”剪刀差持续；规模以上工业企业营业成本同比增长30.9%，高于营业收入增速5.6个百分点，每百元营业收入中的成本为85.57元，比上年同期增加3.65元。资金仍显紧张。受企业货款回笼慢，用工、折旧等成本及各项费用刚性支出不减，疫情波动等诸多因素影响，企业资金压力仍然较大。9月末，全市规模以上工业企业应收账款、产成品存货两项资金占流动资产比重达41.7%。

（二）消费市场恢复较慢

住宿餐饮企业因其集聚性消费特点，受疫情散发影响相对明显。前三季度，餐饮业零售额同比增长2.9%，住宿业同比下降13.7%，住宿和餐饮业对社会消费品零售总额的拉动作用逐渐减弱。限额以上消费品零售额同比下降1.1%，消费呈现低迷态势。受疫情影响，居民出行活动减少，汽车类、石油类等出行类商品对消费品市场拉动作用减弱。限额以上汽车类零售额同比下降4.6%，下拉限额以上零售额增速0.6个百分点。石油及制品类同比下降33%。

（三）服务业发展减弱

前三季度，服务业对全市经济增长贡献率为22.22%，比上年同期减少

15.4个百分点，拉动经济增长1.35个百分点，比上年同期减少2.05个百分点。服务业占地区生产总值的比重为35.9个百分点，比上年同期回落4.8个百分点。前三季度与上半年相比，批发业、零售业商品销售额增速分别回落1、1.6个百分点，搬运和仓储业营业收入增速回落22.1个百分点，金融机构本外币存、贷款增速分别回落2.6、2.7个百分点，证券交易额增长速度回落16.6个百分点，互联网和相关服务营业收入增速回落4.9个百分点，软件和信息技术服务业营业收入增速回落28.3个百分点，信息传输、软件和信息技术服务业营业收入增速回落4.3个百分点，租赁和商务服务业营业收入增速回落1.3个百分点，租赁和商务服务业工资增速回落17.5个百分点，居民服务、修理和其他服务业工资增速回落7.7个百分点，水利、环境和公共设施管理工资增速回落16.3个百分点，卫生和社会工作工资增速回落14个百分点，公共管理、社会保障和社会组织工资增速回落8.7个百分点。这些服务业行业增速回落对服务业乃至整体经济增长影响明显。

三、加快吴忠市经济发展的建议

2023年，吴忠市将继续做好“六稳”“六保”工作，狠抓相关政策落实见效，充分释放政策效能，着力保市场主体，稳就业，稳物价，扩大有效需求，巩固经济恢复发展基础，努力增加城乡居民收入，保持经济运行在合理区间，实现全市经济健康发展。

（一）抓产业转型，确保经济稳定增长

大力实施产业振兴战略，深化供给侧结构性改革，推动“六新六特六优”产业量级做大、能级做强、品级做优，加快构建现代化体系。在“六新”产业提质扩量、“六特”产业提质增效、“六优”产业提质增速上下功夫，加快实施重点工业项目。严格落实粮食安全和耕地保护责任，实施种业振兴行动，建设高标准农田。实施消费扩容提质工程，大力发展现代金融、现代物流、健康养老、会展博览产业，增强服务业发展，确保全市经济稳定增长。

（二）抓“三农”工作，全力推动乡村振兴

坚持农业农村优先发展，着力加固底板、补齐短板、打造样板，推动

乡村振兴取得新进展。切实巩固脱贫攻坚成果，千方百计增加农民收入，努力打造吴忠特色的善治乡村。

（三）抓工业生产，确保较快增长势头

全面落实落细各项促进工业经济平稳增长的政策措施，紧盯重点产业和骨干企业的生产运行，持续在减税降费、降本增效等方面用功用力，进一步激发企业发展活力，稳定市场预期，助力企业稳定健康发展。千方百计帮助企业解决实际困难，密切关注市场、行业、企业变化，在稳住大中型企业较快增长的基础上，持续加力，帮扶小微企业加快发展，不断巩固工业生产向好势头，促进工业稳定增长。围绕“六新”产业发展，加大工业投资力度，推进制造业强链补链以及产业优化升级，提高产品竞争力。

（四）抓服务业，加力恢复经济发展

帮扶小微服务业企业发展。制定灵活实用的政策实施细则，针对服务业轻资产、资金流较弱的特性，加大支持力度。加大力度培育服务业企业。壮大服务业市场主体，特别是对规模过小的服务业，要合理引导企业整合资源发展壮大，改善服务业行业分布不均的问题，着重改善互联网相关服务业、租赁业、机动车及电子产品、日用产品修理业等其他营利性服务行业规上企业户数少、行业增速波动较大等问题。项目带动促进服务业发展。推动服务业产业结构升级，发展现代物流、文化创意、旅游休闲等重点行业和产业，不断丰富和完善服务业产业。支持发展新兴服务业，鼓励企业改善供给、推出新产品新服务，拓展发展空间。加快生产性服务业发展步伐。

（五）抓居民增收，着力提升消费能力

收入是消费的前提和基础，是决定消费的最根本因素，促消费必须要让居民的钱袋子鼓起来，全方位推动经济高质量发展。坚持稳中求进工作总基调，统筹推进常态化疫情防控和经济社会发展。加快构建高质量发展产业体系，有序推进产业结构优化升级，努力提升创新发展水平。做好困难行业稳岗就业工作，促进居民收入稳定增加，增强居民消费能力，有效释放消费潜力。针对餐饮、住宿、零售等受疫情冲击较大的困难行业，落实好各项帮扶政策措施，促进零售业稳定增长。挖掘消费增长潜力。切实保障商品升级消费政策落地落实，利用发放消费券等促消费政策，刺激实体店消费，促进本地消费。

加强社会保障，逐步提高城乡居民最低生活保障水平。完善创新激励机制，搭建完善创新支撑平台，大力推动科技创新、产业创新、业态创新，以创新引领创业，以创业带动就业，实现居民增收。大力发展“互联网+社会服务”消费模式，积极促进线上线下融合发展，加快居民消费升级步伐。利用数字经济发展新浪潮，运用大数据掌握居民消费新趋势，吸引居民消费。持续深化改革，建立健全社会保障制度。建立健全与城市经济发展水平相适应的社会保障制度，重点提升社会养老保障水平，完善医疗保障制度，保障全市经济社会健康发展。

2022年固原市经济发展报告

陈瑞启

2022年，固原市深入学习贯彻党的二十大精神，坚决落实自治区第十三次党代会和市委五届五次、六次全会精神，准确把握新发展阶段，全面落实新发展理念，主动融入新发展格局，统筹做好疫情防控和经济社会发展，扎实做好“六稳”工作，全面落实“六保”任务，始终坚持稳中求进工作总基调，全市经济发展继续保持总体平稳、稳中有进良好势头。

一、2022年固原市经济社会发展情况

（一）经济发展稳中有进

固原市积极应对经济下行压力，精准落实国家和自治区稳经济一揽子政策措施，出台“稳保促”43条、接续政策措施26条以及稳经济保民生40条等系列配套政策，启动实施产业千亿倍增和投资千亿倍增计划，力促经济稳定增长。前三季度，全市完成地区生产总值288.25亿元，同比增长5.3%，三次产业占比由上年同期的13.9：21.5：64.6调整为14.6：22.2：63.2。规模以上工业增加值同比增长6.9%，固定资产投资同比增长19.6%。社会消费品零售总额92.87亿元，同比增长2.4%。地方一般公共预算收入11.97亿元，同口径增长3.1%。地方一般公共预算支出207.17亿元，同比

作者简介：陈瑞启，固原市发展改革委发展规划科科长。

增长 5.1%。城镇居民人均可支配收入 26172 元，同比增长 7.3%；农村居民人均可支配收入 8739 元，同比增长 8.9%。

（二）产业体系加快构建

紧紧围绕自治区“六新六特六优”产业、固原市“五特五新五优”产业布局，继续拓展重点产业链条，产业结构更趋合理。特色农业提质增效。建成肉牛养殖“出户入园”53 个，粮食播种面积达到 314.7 万亩，粮食总产量达到 85.6 万吨，马铃薯、冷凉蔬菜种植面积分别达到 81.17 万亩和 50 万亩，肉牛饲养量达到 101 万头。融侨丰霖 10 万头肉牛屠宰精深加工和雪川农业 20 万吨马铃薯主食化加工项目建成投产。种植特色经济林 36.4 万亩，累计培育林下经济示范基地 30 多个。新兴工业提速增量。获批 1 个自治区工业互联网试点示范项目、1 个自治区数字化车间示范项目、2 个自治区企业技术中心。启动建设简墨科技清洁取暖设备生产等 3 个建链延链补链壮链项目。彭阳县宁南数字经济产业园、原州区飞毛腿“实训+基地”投入运行。坚持“源网荷储链”一体化发展，开工建设西吉汇能 50MW 风电项目。淘汰落后产能企业 25 家，腾退能耗空间 2.26 万吨标准煤。实施节能降耗技术改造项目 40 余项，节约标准煤 4 万吨以上。优质服务业提质扩容。打造农旅融合产业发展改革示范点 13 个，建成全国乡村旅游重点村镇 14 个、宁夏特色旅游村镇 29 个、乡村旅游助力乡村振兴示范工程项目 3 个。接待游客 900 万人次，实现旅游社会总收入 35 亿元，同比分别增长 27%和 22%。投入扩大消费资金 9770 万元，拉动消费 15 亿元以上，建设特色餐饮街区、夜间经济集聚区等特色餐饮产业项目 4 个，打造新华百货、锦汇城文旅夜市等高品质消费集聚区 4 个。

（三）生态环境整体向好

全面划定“三区三线”，统筹推进山水林田湖草一体化保护和系统治理，新增国土绿化面积 67 万亩，森林面积达到 468 万亩，森林覆盖率达到 29.7%，草原综合植被盖度达到 85%。扩大“四尘同治”“五水共治”“六废联治”成果，PM_{10} 和 $PM_{2.5}$ 浓度分别为 46、23 微克/立方米，无重污染天气发生，优良天数比例达到 92.8%，8 个国控断面水质优良比例稳定保持在 87.5%，饮用水源地水质达到Ⅲ类比例为 100%。地下水环境质量达标，土壤环境总体安全，建设用地安全利用率100%。隆德县被命名为国家绿水青山就是金山银山实践基地。

（四）有效投资不断扩大

充分发挥重点项目对经济社会发展的支撑和拉动作用，固定资产投资增速连续7个月位居全区第一，保持两位数增长。截至10月底，全市争取中央预算和自治区统筹资金13.2亿元，同比增加56.1%。开（复）工项目427个，开（复）工数为近年最高，完成实物工作量258.1亿元，年度计划投资完成率89.9%，同比提高15.7个百分点。80个市级重点建设项目已全部开（复）工，完成实物工作量176.2亿元，年度计划投资完成率80.3%，同比提高11.8个百分点。与全区同步集中开工的3批次共394个项目，总投资395.8亿元，年度计划投资209.4亿元，已完成投资162.1亿元，投资完成率85.1%，同比提高6个百分点。

（五）乡村振兴开启新局

统筹涉农资金27.4亿元，投入闽宁协作和中央单位定点帮扶资金3.68亿元，着力改善农村基础设施，大力扶持发展乡村产业，新发展设施农业8700亩，新建高标准农田54.7万亩、高效节灌农田33.36万亩。脱贫人口人均纯收入达到13050元，增长19%以上，实现“两个高于”目标。新纳入监测对象1499户5927人，累计纳入监测对象6628户26527人，消除风险监测对象4644户18815人，风险消除率71%。扎实推进乡村建设行动，编制“多规合一”实用性村庄规划369个，建成美丽村庄100个、乡村振兴示范村17个。

（六）城市功能提档升级

教育资源供给扩面提质，建设7所公办幼儿园、4所义务教育学校，组建教育集团23个。综合医改不断深化，依托市、县区医院建成远程影像、远程心电、远程门诊，全市941家卫生健康单位全部接通电子政务外网。加强养老体系建设，4个社区成功创建全国示范性老年友好型社区。城市更新稳步推进，统筹实施魁星楼—城隍庙历史街区、马饮河水环境综合治理、九龙山生态修复、污水再生利用等项目。建设180套保障性租赁住房，逐步解决新市民、青年人等人群住房困难问题。治理水平持续提升，加快宁夏副中心城市建设，全面完成雨污分流、街区改造等项目，常住人口城镇化率达到46%。

（七）民生福祉持续增进

深入推进“六大提升行动”，制定打好就业收入扩增战20条措施，新增城镇就业9187人，转移农村劳动力31.3万人，创收70.5亿元，分别完成自治区任务的131.2%、104.3%和175.2%，城镇调查失业率5.1%，控制在自治区5.5%目标内。各类教育协调发展，普惠性幼儿园覆盖率达98.1%，小学六年巩固率达99.9%，初中三年巩固率达98.3%，高中阶段教育毛入学率达94.3%。深入推进“互联网+医疗健康”，县域内就诊率达到91.9%，基本养老、医疗保险参保率分别达到96.5%和98.7%，居民住院实际报销比例达到75.2%，位居全区前列。出台问题楼盘处置与化解办法，争取中央“保交楼”专项借款1.02亿元，稳妥解决历史遗留问题。生产安全事故和死亡起数分别下降50%和33.3%，群众获得感、幸福感、安全感显著提升。

（八）重点改革纵深推进

用水权方面，确权水量19425万立方米，颁发用水权证808本，核发取水许可证1172个。持续探索水权交易，五县区实现“水资源”向“水资产”转变新突破。土地权方面，办理国有建设用地使用权转让3宗，面积181.16亩，转让价款24362.14万元；出让工业用地3宗，面积57.86亩，出让价款254.7万元。山林权方面，泾源县引进社会资本参与生态修复试点，采取“生态修复+一二三产业融合发展”模式，完成900亩耕地、3000亩荒山修复，种植苗木15万株，修路6.5公里，投资2700余万元。彭阳县率先颁发林权不动产证238本，林地确权登记走在全区前列。排污权方面，健全完善排污权交易指南、操作指引，引导企业减污降碳、扩大交易，累计交易金额8.73万元，交易排污权指标二氧化硫19.7吨、氮氧化物17.26吨。企业开办“一网通办”“一照多址”备案登记全面推广，企业年度报告“多报合一”改革全面实施，率先在医药、餐饮等15个行业推行“一业一证”改革。将农民专业合作社及个体工商户纳入简易注销范围，建设工程质量、安全监督办理实行告知承诺制，初步建立“一口受理、多部门协同”联合验收机制，出口退税业务办理时限压缩至6个工作日。持续深化政银企合作，优化营商环境各项任务措施扎实有效推进。

二、存在的困难和问题

固原经济社会发展仍面临不少困难和问题，主要表现在4个方面：一是发展不足、发展质量不高的基本市情没有变，产业结构不优，产业链总体处于价值链中低端，面临着稳增长与调结构的双重挑战。二是发展方式依然粗放，能耗水耗高位运行，资源环境约束趋紧，生态文明建设任务依然艰巨，面临着生态保护与追赶发展的双重压力。三是科技创新支撑发展动能不足，人才短板亟须补齐，对外开放不足，发展活力面临着发展要素流失和重塑竞争优势的双重难题。四是城乡区域差距较大，基础设施总体滞后，民生保障存在明显短板弱项，巩固拓展脱贫攻坚成果任务依然繁重，面临着补短板和强基础的双重任务。

三、2023年主要目标和建议

（一）笃行不怠，推动经济社会平稳运行

持续落实中央、自治区和全市稳经济保增长一揽子政策措施，有效统筹疫情防控和经济社会发展，坚决贯彻经济要稳住要求，聚焦保市场主体、稳就业促增收、粮食能源安全、财政金融支持、稳投资促消费、保产业链供应链稳定、保基本惠民生等方面，围绕新问题、新短板，切实制定细化措施，分解任务抓落实，确保经济领域安全形势基本稳定。进一步强化经济运行分析，完善月压茬式调度与季超常规调度机制，紧盯主要经济指标，加强监测预警，着力挖存量、扩增量、抓变量、实要件，培育新的经济增长点，确保全市经济持续健康发展。

（二）创新引领，扎实促进产业提质增效

坚持把发展经济的着力点放在实体经济上，实施产业振兴战略和产业千亿倍增计划，全产业链推动发展“五特五新五优”产业，加快形成多点支撑、多业并举、多元发展的现代化产业体系。实施产业发展项目169个，年度计划投资196.7亿元。提档升级特色农业，坚持规模化养殖和分散养殖相结合，实施肉牛养殖“出户入园”工程，建设规模化养殖场50个，肉

牛饲养量达到110万头，加工转化率45%。聚焦打造百万亩高产高品质冷凉蔬菜基地，新建粤港澳冷凉蔬菜直供基地，冷凉蔬菜种植面积稳定在50万亩，加工转化率达到65%。聚焦打造百万亩优质马铃薯生产加工基地，建设马铃薯一级种薯繁育基地13万亩，马铃薯种植面积稳定在100万亩，年产鲜薯200万吨，加工转化率达到70%。建成中药材种子种苗繁育基地2个，种植面积达到18万亩。深入开展林业碳汇试点，打造“双碳”“双控”实践基地，主动融入国家碳汇交易序列，争做全区碳汇交易排头兵。大力发展生态友好型工业，立足“一白一黑”资源禀赋，延伸化工产业链条，加快推进新疆中泰固原盐化工一体化项目前期进度，加大金昱元等技术改造更新力度，积极推动南湾煤炭资源出让、炭山煤矿资源勘探，推进南湾煤矿年产180万吨矿井建设项目前期工作，力促炭山煤矿复工复建。开工建设六盘山电厂2×1000 MW机组扩建工程，推动“宁电入湘”配套100万千瓦风电项目、8万千瓦分散式风电项目、“绿电园区”配套15万千瓦集中式项目开工建设，建设多能互补的能源供给体系。提质扩容优质服务业，实施消费扩容提质“四大工程”，推进城市街区商圈、县城商业体系建设，扩大新能源汽车、智能家电等大宗商品消费。壮大现代物流、金融服务业等生产性服务业，加快建设新材料产业园企业物流配送综合服务中心。

（三）生态优先，持续厚植绿色发展底色

全面巩固国家生态文明示范市创建成果，坚决守好改善生态环境生命线，年度计划投资22.6亿元，实施生态环境项目54个。实施宁夏南部生态保护修复和水土流失综合治理、六盘山生态功能区山水林田湖草一体化保护修复等生态建设重点工程，全年完成营造林45万亩，森林面积达到484.68万亩，森林覆盖率达到30.71%，草原综合植被盖度达到85%，创建国家森林城市。持续加强污染防治，深入开展“四尘同治”“五河共治”“六废联治”，全面推进“蓝天、碧水、净土”三大保卫战，实施再生水资源化利用、北方地区冬季清洁取暖试点工程，全年空气环境质量优良天数比例保持在90%以上，8个国控断面水质优良比例巩固在87.5%以上。

（四）普惠共享，不断增进民生福祉

坚持在发展中保障和改善民生，持续办好民生实事，补齐民生短板，年度计划投资16.7亿元，实施社会民生项目63个。抓好居民收入、移民致富、教育质量、健康水平、文明素养、城乡面貌六大提升行动。通过加强技能培训、扩大社会就业、发展优质种养、培育市场主体等措施，全面增加居民收入，全年实现农村劳动力转移就业25万人次以上，新增城镇就业8500人。建设市第十八幼等6所幼儿园，促进学前教育普及普惠优质安全发展；推进泾源二中等18所义务教育学校标准化建设，改善提升5所普通高中校园校舍，推动宁夏师范学院升大创博，固原职业技术学校升格为高职院校。建成省级区域医疗中心建设项目和固原市妇幼保健院妇女儿童健康服务能力提升项目，力争开工固原市托育综合服务中心建设项目和固原市医疗健康一体化平台建设项目，建立健全覆盖全民、统筹城乡、公平统一、可持续的多层次社会保障体系。

（五）统筹推进，加快建设宁夏副中心城市

突出“宜居宜业、文旅融合、开放包容、团结和谐”的城市内涵，年度计划投资163.9亿元，实施基础设施和城镇建设项目111个，高质量启动建设宁夏副中心城市。补齐基础设施短板，力争固原六盘山机场二期改扩建、中卫经固原至平凉扩能改造项目和新材料产业园铁路开工建设，加快G85银昆高速建设进度，开展G85银昆高速与彭青高速连接线建设前期工作，建成农村公路200公里。加快实施固海扩灌扬水更新改造工程、彭阳石家峡水库、清水河流域城乡供水工程，抓紧开展苦咸水处理、泾河水高效利用等前期工作。加快推进冬季清洁取暖工程，实施城市更新行动，加大城市生态修复和功能完善，推进老旧小区改造，实施嘉泰农产品蔬菜批发市场和南河滩市场改造提升项目。培育壮大县域经济，实施产业配套设施提质增效、市政公用设施提档升级、公共服务设施提标扩面、环境基础设施提级扩能工程，推动天然气管网全域覆盖，打造宜居宜业幸福地，高质量建设宁夏副中心城市。

（六）巩固衔接，稳步推进乡村振兴

全力做好巩固成果守底、产业延链富民、人才入乡强农、文化浸润乡村、生态赋能乡村、党建引领乡村“六项重点任务”。年度计划投资43亿元，实施巩固脱贫成果同乡村振兴有效衔接项目376个。突出连片成带，推进肉牛、冷凉蔬菜、马铃薯、中药材、文旅特色小镇建设，统筹抓好2个基础夯实县、3个示范引领县建设，建设24个乡村振兴示范村、50个产业振兴基地，推进100个乡村振兴重点帮扶村和316个易地扶贫搬迁重点安置区建设。坚持定点监测向动态监测销号转变，实现收入9000元以下脱贫户清零和60%监测对象动态消除风险，脱贫户劳动力外出务工12万人以上，中央衔接资金用于产业比例达到60%以上，脱贫人口、监测对象小额信贷获贷率保持在60%以上，符合条件农户实现“富民贷”应贷尽贷，2023年脱贫人口人均纯收入增长15%以上。夯实农业发展基础，全市域推进实施“高效节水灌溉+农业经营体制改革+一二三产融合发展”机制，新建高效节水灌溉农田23万亩以上、高标准基本农田27.2万亩，确保全市粮食播种面积和产量分别稳定在310万亩和80万吨以上。实施农村人居环境整治提升五年行动，接续开展“百村示范、千村整治、万户清洁”行动，建立健全“建、运、管”一体化机制，完成农村改厕6650万座。持续开展村庄清洁行动和绿化美化行动，提升村容村貌60处，打造农村人居环境整治示范村100个。

（七）先行先试，继续推进全面深化改革

坚持系统集成、协同高效，进一步解放思想、大胆探索，着力推动新阶段全面深化改革取得更大突破。持续推进“放管服”改革，制定2023年全市持续优化营商环境措施清单，推动降低市场主体准入成本，持续便利市场主体登记；推进减税降费各项政策落实，降低市场主体成本，增强获得感；进一步规范涉企收费，优化涉企服务，加强公正监管，切实保护市场主体合法权益，严格规范监管执法行为，全力打造固原营商环境“金名片”。激发“六权”要素活力，加快构建资源有价、使用有偿、交易有市、节约有效的市场化机制，破除影响要素有序流动、高效配置、集约利用的体制机制障碍，形成市场化配置资源新机制。深化农业农村改革，推进农村土地制度改革，探索建立土地集约高效利用“三统三分”机制，深化农村承包地“三权”分置；健全城乡统一的建设用地市场，完善农村土地征收制度，推进农村集体经营性建设用地入市改革，建立健全增值收益分配制度。

2022年中卫市经济发展报告

秦春辉

2022年，面对严峻复杂的内外部环境，在自治区党委、政府和市委的坚强领导下，中卫市坚持深入学习贯彻党的二十大精神，完整、准确、全面贯彻新发展理念，全力推动中央和自治区、市各项决策部署落地见效，以奋力谱写社会主义现代化美丽新宁夏中卫篇章为统领，全力稳经济、保民生、战疫情、促发展，全市经济发展总体平稳，社会大局保持和谐稳定。

一、2022年中卫市经济运行情况

初步预计，2022年，全市实现地区生产总值580亿元，同比增长7%左右；规上工业增加值增长10%；固定资产投资增长15%；社会消费品零售总额135亿元，增长2%；一般公共预算收入22.3亿元，同口径增长5%；城乡居民人均可支配收入分别增长7%和10%。

（一）加快结构调整，促进转型升级，三次产业协同发展

坚持产业是经济发展的根基，用情深耕农业，科学把脉工业，全方位扩容服务业，三次产业实现质的有效提升和量的合理增长。

1. 围绕“六新”夯实现代产业基础

着眼抓项目、扩体量、促升级，加快实施工业倍增行动，新型材料、

作者简介：秦春辉，中卫市发展改革委规划与投资科科长。

清洁能源、现代化工取得新进展。瑞泰尼龙 66、协鑫 5GW 颗粒硅 N 型单晶等 12 个工业转型项目建成投产，中盛新 2.8 万吨绿色环保染料、宁创 30 万吨再生铝等 22 个项目加快建设。抢抓国家大力推进以沙漠、戈壁、荒漠地区为重点的大型风电光伏基地建设和宁夏新能源综合示范区建设等重大机遇，全力推进“宁电入湘”及配套输变电项目落地中卫，全国规模最大、总投资 152.5 亿元的 3 GW 沙漠光伏基地项目开工建设，嘉旭、京能储能电站，佳洋、喊叫水 200 MWp 光伏发电项目，国电投香山风电老旧风机“以大代小”等重点工程顺利推进，全市新能源装机容量突破 1000 万千瓦，位列全区第二。抢抓国家“东数西算”战略和全国一体化算力网络国家枢纽节点宁夏枢纽建设机遇，招大培优建设“一集群、三基地”，建成国家（中卫）新型互联网交换中心，打通深圳—中卫数据链路，美利云二期、电信一期、联通二期等数据中心加快建设，移动二期、联通三期顺利开工，年内新增标准机架 1.2 万个，累计达到 4.4 万个，实现营业收入 42 亿元，增长 62%。传统产业持续转型，胜金北拓 30 MW 余热发电、宁钢 55 MW 高炉煤气发电等节能技改项目建成投运，工业技术改造投资同比增长 59.1%。

2. 聚力“六特”打造特色农业优势

集聚要素育龙头、建基地、创品牌，开展农业倍增行动，现代农业提质发展。新建高标准农田 22.2 万亩、高效节水农业 8.8 万亩，高标准农田占比跃升至 60%，农业生产基础不断夯实。粮食播种 210 万亩，总产量 70 万吨，同比增长 3%；蔬菜播种 21.8 万亩，产量 59.6 万吨，分别增长 3%和 2.8%，群众“粮袋子”“菜篮子”更具保障、更加安全。奶牛存栏 13 万头，增长 27.5%；肉牛、肉羊饲养量分别达到 53 万头和 290 万只，同比增长 3.1%和 3.6%，畜牧业产能稳定增长。农产品质量安全监测总体合格率 98.2%，越来越多绿色优质农产品摆上百姓餐桌。依托枸杞等特色农产品，布局创建绿色食品生产基地 2 个、农业标准化全产业链基地 4 个，新认证绿色食品品牌 10 个。新植枸杞 2.1 万亩，提升改造 2.9 万亩，枸杞鲜果产量 20 万吨，“中宁枸杞”综合产值和品牌价值分别达到 150 亿元和 192 亿元，农业品种培优、品质提升、品牌打造和标准化生产成果不断扩大。

3. 聚焦“六优”提升现代服务业品质

以项目建设为承载，启动实施服务业提质增效行动，加强服务业标准化、品牌化建设，推动服务业创新融合发展。沙坡头品牌影响力持续提升，沙漠传奇、钻石酒店开工建设，中宁丰安屯成功创建自治区级旅游度假区，黄羊古落、漠贝酒庄成功创评国家3A级旅游景区，打造全国乡村旅游重点村（镇）4个、全区特色旅游村3个，中卫“星星故乡”等文旅品牌不断巩固，全域旅游示范市扎实推进，全年接待游客890万人次，实现旅游总收入53亿元。与南京证券、国家开发银行、中国平安等13家金融分支机构签订战略合作协议，“一企一策”精准对接帮扶困难企业融资9.4亿元，普惠小微企业贷款余额103.5亿元，较年初增长5.6%，金融服务业稳步发展。获批全国县域商业体系建设试点，建成自治区级电商直播示范基地3个、电商快递分拨中心8个、乡镇中转中心33个、村级电商服务站点284个、线上销售直播间1286家，全市网商总数达到11560家，全市社会物流总额增长21%。

（二）狠抓有效投资，扩大消费需求，发展支撑持续巩固

坚持扩大内需这个战略基点，以“三争”成果积蓄发展后劲，以扩大消费总量畅通国民经济循环，始终以主动姿态、主动作为抢抓先机，推动高质量发展。

1. 项目谋划精准务实

围绕黄河流域生态保护和高质量发展先行区、国家新能源综合示范区、全国一体化算力网络国家枢纽节点建设等重大战略，聚焦中央和自治区重点支持方向，先后争取黄河上游风沙区（中卫）历史遗留废弃矿山生态修复、北方地区冬季清洁取暖、公立医院改革等示范试点项目落地中卫，争取中国广电数据中心、老旧燃气设施更新改造、海原西安供水水源工程等中央和自治区项目资金200亿元，较上年增长24.1%。

2. 项目建设成效显著

牢固树立“抓项目就是抓发展”理念，大力实施“扩大有效投资攻坚年”活动，强化市级领导包抓和“五个一”重大项目协调推进机制，组织实施各类项目523个。当好企业的“店小二”，施行领办、代办、帮办制度，全年实施产业项目 235 个，民间投资增长 9.4%，制造业投资增长 16.1%；做好群众的“服务员”，75%的财政资金用于民生事业，基础设施投资增长 106.8%，教育投资增长 22.2%，医疗卫生投资增长 5.3%。重大项目对经济社会发展的支撑作用进一步加强。

3. 市场消费提档升级

围绕打造消费热点、提升供给质量、营造消费氛围、加大补贴力度，千方百计刺激消费、活跃市场。出台扩大消费 22 条政策措施，成功举办“首届中卫房·车文化节”“钜惠周末 乐购盛夏”等促消费活动 15 场次，发放政府消费券 7300 万元，带动消费 20 亿元。改造提升向阳步行街、创业城观光夜市 2 个特色夜市，推动万达城市消费综合体重塑升级，支持打造朝阳夜间经济特色街区、中宁县美食文化观光夜市、海原县泰丰观光夜市，消费业态进一步丰富。

（三）补齐发展短板，提升人居环境，城乡融合加快推进

坚持城乡融合发展，加快补齐城镇、农村基础设施和公共服务短板，推动教育、医疗、文化等公共服务均等化发展，城镇化水平显著提升，农村基础设施提档升级。

1. 基础设施不断完善

大力实施城市更新行动，改造老旧小区 56 个 34 万平方米，新改扩建市政道路 22 条 52 公里，建成新墩桥、文昌桥、利民桥，铺设供水管网 64 公里、排水管网 23 公里、燃气管网 125 公里，新建体育运动场馆 18 处，新老城区交通更加畅通，群众出行更加方便，生活更加健康舒适。

2. 乡村建设深入推进

启动乡村全面振兴示范市建设，深入开展农村人居环境整治，建成抗震宜居农房 2377 户，改造农村危房 830 户，建设“四好农村路”194 公里，改造危桥 9 座，改造卫生厕所 4264 户，完成农村生活污水治理项目 17 个，全市农村污水治理率达到 33.3%。打造中宁县石空镇、海原县李旺镇两个高标准重点小城镇和沙坡头区何滩村、中宁县白马村、海原县方堡村等 7 个美丽宜居村庄，沙坡头区获评中国乡村振兴十大示范县（市），全市农村人居环境明显改善。

3. 基本公共服务更加均衡

加大乡镇卫生院和村卫生室标准化建设力度，建成社区卫生服务中心1个、标准化村卫生室6个，评定五星级村卫生室36所。选派194名教师到村学校任教走教。围绕“一老一小”，新建13个“农村老饭桌”，启动“守护童心”等16个关爱未成年人项目，对1432名孤儿发放养育津贴1301万元。

（四）深化改革开放，突出创新驱动，内生动力不断增强

坚持以改革促发展、以创新添动力、以开放增活力，积极服务和融入新发展格局，推动经济发展的质量变革、效率变革、动力变革。

1. 科技创新步伐加快

聚焦产业发展优势，充分发挥企业科技创新中的主体力量，支持企业加大科技创新力度，中化锂电池、隆基硅等14家企业获得自治区2022年重点研发计划支持，113家企业争取自治区企业研发费用财政后补助资金6891.9万元，获得科技创新激励以奖代补资金2000万元。全市有研发活动规上企业67家，较上年增加17家，占全市规上工业企业的37.2%。实施企业家创新精神培育行动，新增国家高新技术企业15家、自治区科技“小巨人”和农业高新技术企业14家、科技创新平台18个。87家企业纳入自治区科技型中小企业，宁夏中宁枸杞产业创新研究院被自治区认定为第一批新型研发机构。

2. 重点改革深入推进

实施改革赋能行动，434项改革任务稳步实施，19项国家和自治区级改革试点扎实推进、成效明显。“六权”改革取得阶段性成效，中宁县打造全区首个“六权”改革交易专区。农业水价改革和用水权确权工作全面完成，办理农村产权抵押贷款5163笔7.2亿元，开展排污权交易25笔23.5万元。深化“放管服”改革，101项审批事项“零材料”办理，85项事项“一证通办”，一窗受理率、网上可办率分别达到91%、94%。新增市场主体1.1万户。出台持续优化营商环境“新70条”和降低市场交易成本56条，中卫市“首办刻章免费”和“探索免缴投标保证金”经验做法在全区复制推广。

3. 对外开放不断加快

加快融入和服务新发展格局，常态化开行西部陆海新通道班列、“公转铁”多式联运班列749列，外贸进出口总值达到29.2亿元，同比增长44%，实际利用外资1.08亿美元，增长2%。成功举办第五届“云天大会”、枸杞博览会，参加广东宁夏经贸合作暨企业家恳谈会，宁夏党政代表团赴广东、福建两省考察学习等活动，实施招商引资项目280个，招商引资到位资金320亿元，增长41.6%。

（五）办好民生实事，增强社会保障，民生事业持续改善

坚持发展成果由人民共享，把有限精力、有限资源向民生事业倾斜，把收入、教育、健康等基本保障兜牢，人民群众获得感、幸福感、安全感持续提升。

1. 科学精准抓好疫情防控

持续构建完善公共卫生、基层治理等高效运行体制机制。在国务院专家组、自治区指挥力量的坚强领导、科学指挥下，团结带领中卫市人民，投入防疫资金9亿元，统筹防控力量7万人次，顶住压力、昼夜奋战，以非常之举应对非常之事，举全市之力抗击疫情，“8·04”“9·20”“11·17”突发疫情得到有效应对。

2. 持续巩固提升拓展脱贫攻坚成果

深入实施“六大提升行动”，严格落实“四个不摘”要求，持续巩固“两不愁三保障”和饮水安全成果，开展防止返贫动态监测集中排查27.92万户，稳定消除116户443人返贫致贫风险，脱贫地区农民收入增长8%。为552户移民发放创业担保贷款6768万元，开发公益性岗位2000个，实现移民转移就业5.02万人，带动劳务创收5.76亿元。为实现乡村振兴进一步奠定了基础。

3. 居民就业总体平稳

加大重点群体帮扶力度，举办“春风行动”等线上线下招聘会100场次，提供就业岗位1.8万个，城镇新增就业1.2万人，农村劳动力转移就业22万人。优化创业担保贷款“一站式”服务机制，拓宽创业融资渠道，发放创业担保贷款3.16亿元，培育创业实体2050个，创业带动就业达到

10120 人。

4. 教育、卫生质量稳步提升

扎实开展教育质量提升行动，实施中卫市第十三小学、中宁县第十二小学、海原县第一中学扩建等 26 个教育项目，新增公办幼儿学位 2340 个，促进学前教育普惠化、义务教育均衡化、特殊教育融合化加快发展。稳步推进健康中卫建设，中卫市方舱医院、中宁隔离板房建成投运，市人民医院和市中医医院三甲创建、县级综合医院三乙创建工作稳步推进，城市医联体、紧密型县域医共体实现全覆盖。

5. 民生保障有力兜底

持续提升城乡居民基础养老金水平，沙坡头区、中宁县、海原县城乡居民月人均养老金分别达到 225 元、255 元、215 元，惠及城乡居民 8.73 万人。中卫市残疾人综合托养服务中心等 6 个社会保障项目加快建设，为中卫市困难群众发放各类救助资金 6.16 亿元，为低收入群体发放价格临时补贴 1225 万元，城镇低保和农村低保标准分别提高 50 元/月和 80 元/月，社会保障扩面提标工程顺利开展。

二、2022 年发展中存在的困难与问题

受疫情和外部环境变化的多重冲击，主要经济指标增速回落，部分指标与预期目标存在差距，当前经济运行面临一些突出矛盾和问题，发展中的一些短板和弱项不容忽视。

（一）农业发展质效有待提高

农产品品种单一，加工企业总体规模偏小，一、二、三产业融合发展水平较低，农业产业链条不长，抵御市场风险能力较弱，产品附加值较低。人才资源缺乏，奶牛、肉牛、葡萄酒、苹果、红枣和蔬菜产业缺少本地领军型骨干人才，企业自主孵化培育人才的能力弱。

（二）工业经济持续增长受限

受“9·20”疫情影响，重点企业原料供应、产品外销运输仍存在不通不畅，36 家规上企业停产，大部分企业不同程度减产。同时受市场等因素影响，钢铁等工业产品价格低迷，工业经济保持持续快速增长压力较大。

受工业发展基础、地区资源禀赋等因素制约，高耗能行业仍占很大比例，能源产出率偏低，企业自主创新能力较弱，特别是技术研发、创新平台、智能制造和人才引进对工业高质量发展支撑不足。

（三）服务业企业经营困难

受“8·04”“9·20”“11·17”疫情持续影响，人流、物流、商流不畅，批发零售业，住宿餐饮业，交通运输、仓储和邮政业，建筑业等聚集性服务业，及快递、家政、即时配送等接触性服务行业受到限制，房租、人员工资等支出压力大，1—10月，18类重点监测的商品中，14类商品呈下降态势，部分小微企业、个体工商户生产经营困难。

三、做好2023年工作的对策建议

2023年是全面贯彻党的二十大精神、全面建设社会主义现代化国家的开局之年，是贯彻落实自治区第十三次党代会部署、实施“十四五”规划承上启下的关键一年，做好2023年经济社会发展工作至关重要。2023年，中卫市经济社会发展目标是：地区生产总值增长7%左右，规上工业增加值增长10%以上，固定资产投资增长15%左右，地方一般公共预算收入增长5%，社会消费品零售总额增长5%，城镇、农村常住居民人均可支配收入分别增长7%和10%以上。重点抓好以下方面工作。

（一）坚持扩规提质，全力以赴推动高质量发展

围绕“六新六特六优”产业，以结构调整为主攻方向，以技术创新为根本途径，推动产业向高端化、绿色化、智能化、融合化方向发展。

1. 加快推动工业转型升级

坚持提高创新能力、培育核心优势，以实施工业倍增行动和“四大改造”为抓手，全力推动产业兴市战略。大力发展新能源和新材料等优势产业，培育化工新材料、晶硅新材料、钢铁冶金、锰基、铝基、电池及储能材料6个百亿级产业集群，组织实施晨光30万吨硅基新材料等8个新材料项目、沙漠光伏基地等28个清洁能源项目、伟力得全钒液流电池等5个装备制造项目、利安隆自动化改造等15个工业技改项目，力争新材料产业产值达到350亿元，工业技改投资增长15%以上。聚焦全产业链推动创新，实施企业梯次培育行动，新增规上工业企业10家、“专精特新”企业5家，指导支持瑞泰与国内高校合作建设新材料研究院，推动尼龙工程技术研究中心2023年建成投运，力争高新技术制造业和战略性新兴产业增加值增速分别达到20%和15%。

2. 加快提升农业综合效益

坚持科学定位、放大优势、融合发展，加快构建特色农业产业体系、生产体系、经营体系，特色农业产值比重达到90%以上。坚决遏制耕地“非农化”、防止“非粮化”，建设高标准农田18万亩，发展高效节水农业11万亩，粮食总产量达到70万吨以上。加快建设中宁县枸杞国家农村产业融合发展示范园，新植枸杞1万亩，建设绿色丰产示范园10个、千亩优质高效示范基地6个，深入实施“六大工程”，推动枸杞产业向价值链中高端迈进。规划建设“一地六区”奶牛产业基地，推进“出户入园”标准化养殖基地、良繁基地、屠宰加工基地和优质饲草生产配送基地建设，新建万头奶牛、肉牛养殖场2—3个，奶牛存栏达到16万头，肉牛饲养量达到56万头。

3. 加快壮大现代服务业

坚持夯实基础、提升品质、促进融合，推动生产性服务业增容扩量、生活性服务业提质升级、新兴服务业发展壮大，服务业增加值增长8%。持续深化全域旅游示范市创建，支持中宁县、海原县创建全域旅游示范县，加快建设钻石酒店、沙漠主题度假中心等28个文旅项目，办好大漠黄河国际文化旅游节等系列节事活动，力争游客人数、旅游收入均增长20%以上。加快推动消费升级，沙坡头区重点打造向阳步行街、沙坡头水镇、全民创业城（紫云新都）3个特色夜间经济示范区，中宁县、海原县各打造1个特色夜间经济示范区，完成中卫万达等5个城市商圈改造，引进品牌首店10家以上，大力发展平台经济、电子商务、直播带货等消费新业态，建成电商兴农超市30个，网络零售额增长10%以上。实施国家综合货运枢纽补链强链三年行动，推动宁钢集团中卫热电铁路专用线、华夏特钢铁路专用线建成投运，力促沙坡头区机场二期扩建、天元锰业保税仓等26个项目开工建设，着力打造多式联运枢纽中心。加大外资外贸企业扶持力度，常态化开行国际国内班列，力争外贸进出口总额增长20%以上。

（二）坚持创新驱动，全力以赴培育发展动能

抢抓机遇、乘势而上，以创新驱动为引领，以重大项目建设为带动，不断形成和释放更高水平的规模效应，着力打造经济发展增长极。

1. 加快实施创新驱动战略

加大科技创新研发投入，充分发挥企业创新的主体作用，力争全社会研究与试验发展经费增长20%以上。支持优势企业开展科技研发和技术创新，加速科技成果转移转化，争取自治区重点研发计划和成果转化项目60项以上，技术合同交易额达到1亿元以上，登记科技成果50个。加大创新主体培育，新增工程技术研究中心、技术创新中心等创新平台20个。实施科技企业“倍增”计划，培育自治区科技型中小企业家50家、科技“小巨人”和农业高新技术企业8家、国家高新技术企业5家。增强创新人才支撑，建设好专业人才、企业家、岗位（班组）创新人才3支队伍，引进培养高精尖紧缺人才及优秀青年人才1000名以上，引进高层次人才100名以上、创新创业人才团队5个。

2. 深入推进大数据产业中心市建设

抢抓国家实施“东数西算”战略机遇，充分挖掘“双节点”城市政策内涵，加快布局和发展数字经济。重点抓好移动二期、联通三期等10个数据中心项目建设，标准机架达到10万个。高效运营国家（中卫）新型互联网交换中心，提升网络通达能力，引进互联网、云计算企业20家，着力打造“互联网直辖市”，数字信息产业营业收入达到100亿元。加快推进数字化改造，开展“上云用数赋智”行动，建设工业互联网平台2个，新增上云企业50家。稳步推进“云天中卫”建设，新增5G基站900座，实现千兆光网全覆盖。

3. 高水平建设新能源示范基地

不断优化新能源产业布局，依托“宁电入湘”重点工程，突出抓好3GW腾格里沙漠光伏基地、国能集团4×66万千瓦热电厂等项目建设，有序推进农光互补、老旧风电场“以大代小”更新试点和中宁县国家级屋顶分布式光伏示范点创建项目，不断提高清洁能源装机能力，力争全市新能源装机总量突破1200万千瓦。坚持走绿色高效发展之路，探索电力“源网荷储一体化”和多能互补发展路径，推动实施5.5GW“绿电园区”试点工程，为中卫工业园区和西部云基地提供多元高效稳定可靠的能源供应体系，着力服务园区企业降本增效。

（三）坚持有效投资，全力以赴抓项目增动力

以“两大任务”为抓手，以优化服务为保障，充分发挥有效投资在稳经济中的关键作用，以及重大项目牵引带动作用。

1. 加快项目建设促投资

深入开展“扩大有效投资巩固提升年”和“五比”活动，围绕自治区重点项目、“六大领域”重大项目，实施市级领导包抓和重点项目协调推进机制，强化要素保障，解决困难问题，全面加快重点项目建设步伐，分季度集中开工一批大项目、好项目，着力实施好西气东输三线、中国广电数据中心、大唐共享储能电站等513个计划项目，力争完成年度投资350亿元以上。

2. 强化招商引资增动能

聚焦产业链、供应链和重点产业、重点地区、重点企业，持续开展“大招商、招大商”活动，坚持洽谈项目促签约、签约项目促落地、落地项目促进度，力争全年新引进投资额10亿元以上项目10个，县区围绕主导产业各引进2家以上龙头企业，招商引资到位资金400亿元以上。加快落实签约项目开工条件，推动贝盛5GW高效光伏组件、东方日升量子计算、赫峰智能板材生产基地等招商引资项目开工建设。

3. 夯实项目储备争资金

紧盯国家、自治区政策方向和资金投向，围绕“十四五”规划和“六新六特六优”产业发展，聚焦全市在生态环保、基础设施、社会事业等方面短板弱项，持续开展项目谋划储备，完善前期手续，做好项目“包装”，加强沟通对接，持续做好一体化算力中心、城市雨污分流、迎水桥保税物流中心、“一带一路”粮食储加销基地等项目资金争取，确保争取资金有方向、当前投资有抓手、长远发展有后劲，着力以高质量“项目蓝图”实现项目资金争取突破220亿元的目标。

（四）坚持城乡统筹，全力以赴补短板强弱项

围绕推进城镇合理有序开发，大力实施乡村建设行动，补齐基础设施和公共服务短板弱项，加快推进以人为核心的新型城镇化。

1. 稳步推进城市更新行动

新改建黄河一街、富民路等7条城市道路，新改建应理街、鼓楼街、卫谢路、滨河路“三纵一横”城区排水防涝主管网22公里，完善城市应急避难场所6个。更新改造“四类管线”130公里。持续开展城市人居环境整治，强化收运监管和病媒生物防治，持续推进城市生活垃圾分类管理，城市生活垃圾无害化处理率保持在99.7%以上。完善社区功能，规范物业服务，推动市场化经营，改造老旧小区46个2339户、棚户区1120套，打造“15分钟便民生活圈”，让城市舒适度更高、烟火气更足、生活味更浓。

2. 加快推进乡村建设

加快实施沙坡头区、中宁县水系连通及水美乡村试点县、“互联网+城乡供水”、农村人居环境整治、农村污水垃圾处理、脱贫地区三级物流配送站点等36个乡村基础设施项目，实施产业强镇项目2个，建设高标准重点小城镇2个、特色小镇2个、美丽宜居村庄6个、特色传统村落2个，建设抗震宜居农房155户，改造危窑危房99户，改造农村卫生厕所3000户，新改建“农村四好路”120公里，推动农民生产生活条件稳步提升。

3. 持续改善基本公共服务

加强基层政务服务标准化建设，依托宁夏政务服务“一张网”，搭建覆盖市、县、乡（镇）、村的一体化政务服务平台，实现电子政务外网全接通、全覆盖。乡镇民生中心、村（社区）设立帮办代办窗口，提供文印、传真、寄递等配套服务，为基层群众提供掌上导办、帮办、代办服务，让基层群众办事更智能、更便利，实现简单事项不出村（社区）、复杂事项代帮办。

（五）坚持久久为功，全力以赴抓改革见实效

坚持社会主义市场经济改革方向，充分发挥市场在资源配置中的决定性作用，持续优化营商环境，提升政府效能，形成有效市场和有为政府相互促进的良好格局。

1. 深化重点领域改革

深化经济体制改革，不断推进产业布局区域化、经营规模化、生产标准化，打造现代化特色优势产业体系。深入实施国企改革三年行动，推进国有经济布局优化和结构调整。加快推进民生领域改革，落实“1+6+1”市域社会治理任务，加强基础性、普惠性、兜底性民生保障建设，促进社会公平、增进民生福祉。

2. 扎实推进“六权”改革

持续推进用水权入场交易、建设用地使用权二级市场交易、排污权交易、山林地“三权”分置改革任务。持续用力推进沙坡头区和中宁县 4 项试点任务出经验、出成果、出亮点。坚持“四水四定”，严格落实水资源最大刚性约束，推进农业节水增效、工业节水减排、城镇节水降损等行动，争创自治区节水型社会示范市，单位 GDP 用水量下降 9.6%，万元工业增加值用水量下降 6%。围绕实现碳达峰碳中和目标，稳妥推进初始用能权确权、有偿使用、交易等工作。

3. 持续优化营商环境

持续深化“放管服”改革，优化企业投资、项目建设审批流程，简化企业生产经营审批条件，着力提升行政审批效率。全面落实减税降费及退税缓税缓费各项政策，降低企业经营成本，切实保住稳住各类市场主体。加大行政许可、行政处罚、“红黑名单”等信用信息归集共享及信用修复工作力度，着力构建统一、公平、诚信市场环境和社会环境。

（六）坚持总体安全，全力以赴防风险保稳定

把安全发展贯穿到经济社会发展各领域和全过程，有效防范和化解各类风险挑战，巩固政通人和、社会和谐稳定的良好局面。

1. 着力防范化解重点领域风险

突出抓好经济运行监测调度、研判分析，及时预警苗头性倾向性问题，采取措施积极应对，全力化解经济领域各类风险。提升金融服务实体经济质效，有效整治和清理非法金融活动，稳妥化解金融风险，牢牢守住不发生系统性区域性金融风险的底线。

2. 着力保障粮食能源安全

完善粮食储存、加工、运输、供应全链条式应急保障体系，加快实施自治区原粮储备基地和优质粮食工程建设，每个县区培育大型粮油加工企业 2 家。做好居民生活必需品、重要农副产品供应保障，全力抓好“米袋子”“菜篮子”工程。加快推动中宁县瑞泰煤矿产能恢复，力促国能 4×66 万千瓦热电厂、昆仑第二气源开工建设，谋划引进煤炭密闭仓等能源储备项目，落实企业储煤、储气任务，着力提升煤炭、天然气、电力等能源供应保障能力。

3. 着力筑牢安全生产底线

全面落实安全生产 15 条硬措施，统筹重点领域安全生产攻坚行动，突出排查化解危化品、矿山、道路交通运输、城镇燃气、经营性自建房、森林防火、消防等重点行业风险隐患，为中卫市经济平稳健康发展保驾护航。

2022年宁夏经济大事记

陈　蕾

一月

4日，《宁夏回族自治区应对气候变化“十四五”规划》出台，将形成以光伏硅材料为核心，耗材、辅材和配套设备企业集聚发展的全产业链体系；控制石油、煤炭等“高碳低效”行业扩张，压缩高耗能企业产能。

10日，自治区现代枸杞产业高质量发展第三次推进会在银川召开。会议强调，要着力打造“宁夏枸杞”“中宁枸杞”两个区域公用品牌，继续建设“三个国家级”平台、“四大体系”，奋力创造宁夏现代枸杞产业高质量发展新业绩。

12日，宁夏储芯集成电路研发项目银川市西夏区中关村双创园产业基地正式投产，填补了全区高端芯片封装测试的空白，也将加速推动银川中关村双创园形成示范引领效应。

23日，自治区第十二届人民代表大会第五次会议审议通过《宁夏回族自治区建设黄河流域生态保护和高质量发展先行区促进条例》，是全国首部黄河流域生态保护和高质量发展的地方立法。

作者简介：陈蕾，宁夏社会科学院综合经济研究所研究实习员，研究方向为经济统计。

25日，盐池县与浙江正泰新能源开发有限公司在银川签订合作框架协议，共同打造宁夏新能源集聚区。

二月

4日，固原推进“出户入园”，促肉牛产业转型升级。固原市推动肉牛精深加工和粪污有机肥加工循环利用，依托园区牛棚发展光伏产业，构建集肉牛养殖、精深加工、粪污处理和光伏产业“四业并举”的产业融合发展新格局。

7日，春节期间宁夏消费市场购销两旺、繁荣有序，呈现稳中有进、稳中向好态势。自治区商务厅监测数据显示，春节7天假期，全区重点监测的103家零售和餐饮企业实现销售总额4.84亿元，同比增长1.58%，其中餐饮企业营业额增长11.22%。

8日，宁夏1月实际利用外资同比增长近三成，“九个重点产业”的吸引力逐步增强。1月，全区新设外商投资企业3家，计划投资总额1.9亿美元；合同外资额1.7亿美元，同比增长41%；实际使用外资1000万美元，同比增长29.37%。

15日，商务部公布2021年国家级经济技术开发区综合发展水平考核评价结果，银川经开区在217家国家级经开区中位列第69位，排名较上年前进21个位次，跃居西部地区第7位。

同日，国家开发银行宁夏分行自2021年起已累计向宁夏泰和芳纶、巴斯夫杉杉能源、宁夏中化锂电池等项目发放新型材料产业贷款20.27亿元，为产业发展提供金融支撑。

17日，国家发展改革委等部门联合印发文件，同意在京津冀地区、长三角地区、粤港澳大湾区、成渝地区启动建设全国一体化算力网络国家枢纽节点，此前内蒙古、贵州、甘肃、宁夏已被批复启动建设国家算力枢纽节点，并规划了10个国家数据中心集群。至此，全国一体化大数据中心体系完成总体布局设计，“东数西算”工程全面启动。

20日，湘宁两省区在银川召开湖南宁夏区域经济合作座谈会，共商能源合作大事、共谋湘宁协作大计，携手开创中西部区域协同发展新篇章。

21日，宁夏回族自治区人民政府印发《自治区关于振作工业经济促进工业经济平稳增长的行动方案》，形成落实财税政策、优化金融环境、做好保供稳价、挖掘需求潜力、健全保障措施5个方面23条政策措施。

25日，自治区政府与国家电力投资集团有限公司签订战略合作框架协议，盐池县政府、中宁县政府分别与中国电力国际发展有限公司在清洁能源、绿色交通、生态保护等领域签订投资合作协议。

27日，自治区出台《宁夏光伏产业规划（2021—2030年）》。规划提出到2030年，打造国内重要的光伏产业基地，光伏电站装机规模达到5000吉瓦；打造自治区“一核三群”“一线一园一基地”的特色光伏产业生态，推进光伏全产业链重点领域绿色化改造。

28日，自治区政府第113次常务会议审议通过了《关于加快全区农村寄递物流体系建设的实施方案》，推动农村地区流通体系建设，提出到2024年，所有建制村实现寄递物流服务全覆盖，农村寄递物流体系基本建成。

三月

1日，自治区十二届人大五次会议表决通过的《宁夏回族自治区建设黄河流域生态保护和高质量发展先行区促进条例》正式施行。《条例》共十章80条，包含生态环境保护和治理、水资源节约集约利用、灾害预防和应对等内容。

同日，自治区文化和旅游厅围绕全域旅游示范区创建、乡村旅游发展召开工作推进会。会议为五星级乡村旅游示范点授牌，并提出2022年宁夏乡村旅游将聚焦助力乡村振兴示范工程，打造乡村旅游重点村镇，推进《宁夏乡村旅游发展三年行动方案（2020—2022年）》的落实。

3日，全区招商引资工作视频会议在银川召开。会议总结2021年招商引资工作并兑现奖励，提出围绕重点产业精准招商、着眼转型升级精准招商、发挥优势精准招商、改善方式精准招商、优化环境精准招商，有针对性地开展招商引资。

8日，自治区印发“为‘专精特新’中小企业办实事清单”，从加大财税支持力度、完善信贷支持政策、畅通市场化融资渠道、推动产业链协同创新、提升企业创新能力等十个方面推出了31条具体工作措施。

13日，自治区传达贯彻全国两会精神会议在银川召开。自治区党委书记、人大常委会主任陈润儿出席会议并讲话，强调要学习好、宣传好、贯彻好习近平总书记重要讲话和全国两会精神，站位全局谋发展，保持定力强信心，团结奋进开新局，确保完成全年经济社会发展目标任务，以优异成绩迎接党的二十大胜利召开。

14日，宁夏依据《产业结构调整指导目录》《西部地区鼓励类产业目录》推进落后产能彻底退出，全面淘汰半封闭式镍铁、铬铁、锰铁电炉和烧结砖瓦行业落后产能，对污染严重、稳定达标排放无望的企业和生产线依法予以关闭。

16日，2022年前2个月，自治区规模以上工业总产值首次突破千亿元大关，超过1100亿元，总产值增速高达30%，工业经济总量再上新台阶。

18日，2022年全区第一批重大项目集中开工现场推进会在银川苏银产业园宁夏宝丰昱能科技有限公司100GWh电池及储能集装系统示范项目建设现场举行，五市及宁东能源化工基地的25个分会场与主会场联动开工。

同日，自治区人力资源和社会保障厅会同自治区党委人才办召开2022年自治区重点人才项目推进会，启动实施12个重点人才工程项目，大力支持枸杞、葡萄酒、奶产业、肉牛和滩羊、电子信息等重点产业、重要领域高质量发展。

22日，宁夏扶持个体工商户发展厅际联席会议制度建立，13个部门合力扶持个体工商户发展，各成员单位将加强协作，继续落实好已出台的减税降费、金融支持、就业促进等政策。

28日，自治区政府办公厅印发《自治区深入推进减税降费工作实施方案》。《方案》要求，落实小微企业税收优惠政策，落实制造业税收优惠政策，对制造业等6个行业的存量和增量留抵税额全额退还。落实科技创新、服务业、自治区税收减免等优惠政策。

31日，工业和信息化部公布2021年国家新型数据中心典型案例名单，中国移动（宁夏）数据中心和宁夏电信智能视频边缘数据中心入选。

四月

2 日，自治区印发《全国一体化算力网络国家枢纽节点宁夏枢纽建设方案》，确立了宁夏枢纽两大建设阶段。提出立足全区数字经济“一带一核一节点多区联动”的总体格局，打造沿黄流域数字经济高质量发展示范带，建设银川数字经济创新总部核心。

7 日，银川市政府储备排污权一期交易在宁夏公共资源交易平台启动，宁夏鑫尔特新能源有限公司等 47 家次企业参与竞拍，购得政府储备排污权指标二氧化硫 7.544 吨、氮氧化物 22.439 吨、化学需氧量 14.505 吨、氨氮 1.4508 吨。

12 日，银川市出台排污权有偿使用和交易改革方案，明确 2022 年银川市实现排污权交易区域全覆盖，排污权有偿使用和交易改革在工业、农业、服务行业全覆盖。

13 日，自治区推进政府职能转变和“放管服”改革协调小组与自治区推进“数字政府”建设领导小组 2022 年第一次会议召开，讨论审定有关政策性文件和制度规范，研究部署有关工作。

18 日，自治区第十二届人民代表大会常务委员会第三十三次会议修订《宁夏回族自治区中小企业促进条例》，从财税支持、融资促进、创业扶持、权益保护等方面，优化中小企业经营环境，保障中小企业公平参与市场竞争，支持中小企业创业创新。

19 日，2022 年一季度，自治区实现地区生产总值 1114.13 亿元，按不变价格计算，同比增长 5.2%，比全国高 0.4 个百分点。

20 日，自治区印发了《关于进一步加强全区安全生产工作的若干措施》，共确定了 20 项加强安全生产工作的硬措施，为统筹抓好全区经济发展、安全生产、疫情防控三件大事提供有效保障。

27 日，《2022 年全区深化“放管服”改革工作要点》正式印发。明确了 10 个方面 50 条具体举措，持续一体推进“放管服”改革，打造一流营商环境，激发市场活力和社会创造力。

五月

3日，自治区地方金融监管局等七部门联合印发《关于金融支持山林权改革的指导意见》，进一步深化山林权改革的金融支持服务，推动山林生态价值转化增值、生态效益优化提升。

6日，银川市委、市政府办公厅联合印发《银川市葡萄酒产业高质量发展实施意见》，提出将围绕推动银川产区高质量建设，发布涵盖产区品牌宣传推广、企业做大做强、产业规模化发展、产业文化内涵、金融政策等方面具体扶持政策。

13日，自治区科技厅印发了《宁夏能源转型发展科技支撑行动方案》，以实现“碳达峰碳中和”为目标，以“绿能开发、绿氢生产、绿色发展”为重点，聚焦能源生产、能源储运、能源消耗全链条的技术需求与瓶颈问题，同时提出了宁夏能源转型发展的技术创新路线图。

15日，宁夏创业谷创新服务科技孵化器入选科技部2021年度国家级科技企业孵化器。至此，宁夏国家级科技企业孵化器增至6家。

17日，自治区科技厅开通“科技政策咨询投诉平台”。公众通过这个平台可进行政策咨询和投诉，推进一系列科技政策落地见效，更好地服务创新发展。

18日，石嘴山通过自治区国资委组织开展的“国资国企地市行”，活动，着眼“六新”产业，精准对接42个项目，现场签约8个项目，总投资额近268亿元。

19日，由自治区文化和旅游厅主办的2022年“中国旅游日”宁夏分会场活动在沙湖旅游景区启幕，组织开展了“宁夏旅游惠民月”等活动，提振行业发展信心，增强旅游市场活力。

27日，科技部正式批复同意《宁夏回族自治区建设东西部科技合作引领区行动方案》，支持宁夏进一步深化东西部科技合作，建设东西部科技合作引领区，打造东西部跨区域协同创新样板。

29日，自治区从保市场主体、稳就业促增收、粮食能源安全、财政金融支持、稳投资促消费、保产业链供应链稳定、保基本惠民生7个方面出台稳经济保增长促发展50条政策措施，确保实现全年经济社会发展预期目标。

六月

1日，宁夏名优特色农产品促消费活动在位于银川市的宁夏名优特色农产品展销中心启幕。活动通过打造网红打卡一条街、举办休闲农业系列节庆活动、品鉴特色美食等方式，激发经营活力，进一步提高宁夏优质农产品品牌影响力和美誉度。

4日，自治区农业农村厅、宁夏农垦集团分别与伊利集团签订战略合作框架协议，携手打造千亿级奶产业集群。

7日，自治区自然资源厅出台了《宁夏回族自治区自然资源厅稳经济保增长促发展12条政策措施》，从高效保障重大项目建设用地、推进煤炭优质产能释放、提升确权登记办证效率3个方面，助推疫情防控和经济社会发展。

10日，自治区人民政府办公厅印发《自治区工业经济稳增长36条政策措施》，帮助企业渡难关、增动能、促发展、添活力，确保实现全年稳增长的目标任务。

14日，自治区人民政府办公厅制定了《关于支持农产品加工业高质量发展政策的意见》，促进农产品加工业高质量发展，提升农业现代化水平。

16日，第五届枸杞产业博览会枸杞鲜果采摘直销节在中宁的玺赞庄园枸杞有限公司枸杞基地开幕。活动依托玺赞生态枸杞庄园万亩茨园优势，强化“宁夏枸杞、贵在道地”“中宁枸杞、道地珍品”的影响力，吸引更多客商了解中国枸杞之乡，促进深度合作。

21日，宁夏千亿级牛奶产业集群“三基地三中心”建设项目在吴忠市启动。吴忠市人民政府、宁夏农垦集团、宁夏民族职业技术学院分别与伊利集团现场签订合作协议。

24日，“闽宁特产线上行”活动启动。活动以农产品线上线下推介与展示为媒，重点推介展示宁夏“六特”产业优质产品及宁夏水产品和其他优质农产品，以及福建的茶饮、瓷器、特色海鲜等，进一步深入推进闽宁协作。

七月

2日，在东西部科技合作工作推进会上，宁夏与北京、江苏、上海等地进行线上和线下共136个合作项目的集中签约，累计签约金额近27亿元。签约领域覆盖农业种植养殖、中医药、化工、新能源、新材料等，为经济社会高质量发展提供技术支撑。

6日，由中国科学技术协会、生态环境部、住房和城乡建设部、宁夏回族自治区人民政府主办的“2022绿色发展国际科技创新大会”在银川市举行。大会以“绿色低碳 合作共享”为主题，倡导绿色发展理念，聚焦绿色科技主题，展示创新前沿趋势，推动绿色经济合作。

8日，由自治区12家骨干商贸物流企业组建的宁夏共同配送联盟正式宣布成立，联盟企业将通过“联合、联盟、联动、联网”等形式，探索新技术、新模式、新服务，加强城市配送资源的整合与集成，联手共建城市共同配送系统，推动现代服务业扩容。

10日，自治区政府与广东省政府签订深化合作框架协议。协议涉及发展战略、深化改革、科技创新、投融资、产业、数字经济、金融、现代农业和乡村振兴、能源、人才等13个领域。

11日，2022年宁夏品质中国行（福州站）活动在福州海峡国际会展中心启幕。以宁夏“六特”产业为主的240家企业通过展示展销、美食品鉴、宣传推介等活动，扩大宁夏特色优质农产品品牌影响力和核心竞争力。

13日，自治区文化和旅游厅报送的青铜峡黄河大峡谷旅游区“讲好黄河故事，推动景区高质量发展”案例成功入选文旅部典型案例，为全国旅游景区高质量发展提供学习样本和参考借鉴。

15日，《关于推动生活性服务业补短板上水平提高人民生活品质的行动方案（2022—2025年）》出台，明确24条具体举措，推动生活性服务业补短板上水平，加快宁夏生活性服务业发展。

16日，2022年上半年，自治区地区生产总值同比增长5.3%，比一季度高0.1个百分点，高于全国平均水平2.8个百分点，从一季度的全国第15位跃升为全国第1位，增速排位历史最好。

17 日，中卫特色农旅产品云上展销节正式开启。展销节通过线上线下展销，邀请明星直播达人和客商走进中卫，推动中卫更多农旅产品走出宁夏，走向全国。

18 日，全区新材料产业高质量发展包抓机制会议在银川召开，审议《自治区新材料产业高质量发展包抓机制》等文件，坚持问题导向，聚焦短板弱项，科学规划扩容量，两端发力提质量，科技创新增能量，招才引资求增量，全力推动新材料产业质效新提升。

22 日，第四届中国西部国际投资贸易洽谈会在重庆开幕。宁夏以主宾省身份参展，全区 45 家企业携 200 余种优品亮相，重点宣传推介优势产业，展示展销本地特色产品。

27 日，由自治区工信厅牵头主办的“数字赋能六新产业，北斗助力产业升级”宁夏工业高质量发展现场推进会在银川召开，充分发挥宁夏北斗数据中心作用，培育一批产业龙头企业，打造北斗产业集群，赋能“六新六特六优”产业高质量发展。

28 日，中国（宁夏）—蒙古国大宗商品跨境交易直通平台启动。在平台项目、煤炭、基础设施建设和绿化工程等领域达成合作成果 11 项，签约金额 118 亿元，为中蒙两国进一步深化经贸合作带来新契机、提供新机遇。

八月

5 日，青山 750 千伏输变电工程竣工投运。工程可满足宁东能源化工基地及周边地区超过 500 万千瓦的新能源接入并网，每年可汇集消纳新能源电量超过 75 亿千瓦时，每年减少煤炭消耗超过 246 万吨，减排二氧化碳超过 748 万吨，带动清洁能源等重点产业投资逾 200 亿元。

6 日，雪川固原马铃薯产业绿色高质量综合开发项目一期建成投产。项目依托当地优质的马铃薯资源，引进现代化、智能化马铃薯冷冻产品生产线，建立马铃薯绿色加工基地，带动一、二、三产业融合发展。

9 日，中国（宁夏）·韩国友好交流周活动开幕。此次活动为宁夏与韩国交流合作提供了新契机，进一步拓宽合作领域，深化人文交流，为助力中韩关系发展作出积极贡献。

10日，《关于推进全区内外贸一体化发展的若干措施》印发，以进一步发挥市场优势和内需潜力，提高统筹利用两个市场、两种资源的能力，助推宁夏内外贸协调发展，加快融入以国内大循环为主体、国内国际双循环相互促进的新发展格局。

16日，自治区与山东省签署新一轮科技合作协议。在重大关键技术攻关、科技创新平台共建、科技成果转移转化、人才培养与交流等方面，深入开展科技合作交流。

17日，自治区农业农村厅、宁夏农垦集团分别与蒙牛集团签订合作框架协议，携手打造现代牛奶产业绿色融合发展示范区。

22日，自治区所有县区的农业、工业和规模化畜禽养殖业用水权确权工作全面完成，确权水量41.6亿立方米，工业用水确权总量4.8亿立方米。

25日，第二届中国（宁夏）国际葡萄酒文化旅游博览会新闻发布会在北京举行。

28日，自治区自然资源厅印发《2022年度深化“放管服”改革优化营商环境工作要点》，强化事中事后监管，提升政务服务质效，持续深化“放管服”改革，优化营商环境。

30日，《宁夏回族自治区贯彻落实碳达峰碳中和目标要求 推动数据中心和5G等新型基础设施绿色高质量发展实施方案》印发。

九月

1日，自治区党委和政府召开全区“六权”改革推进会，推进水、土、污、林、能、碳6个要素资源市场化配置。“六权”改革是加快建设黄河流域生态保护和高质量发展先行区的重大改革。

5日，宁夏“六新六特六优”产业专题推介会在银川举行，以带动更多中外企业与宁夏深化合作、实现互利共赢。

6日，以“乡味宁夏，妙选银川，这是宁夏的好东西”为主题的宁夏品质中国行（北京站）特色农产品推介会启动。

7日，作为第二届中国（宁夏）国际葡萄酒文化旅游博览会重磅活动之一的贺兰山东麓葡萄酒电商节在银川市闽宁镇红酒街启幕。

8日，宁夏国家葡萄及葡萄酒产业开放发展综合试验区建设论坛在银川举行。

同日，自治区政府与中国电信签订战略合作框架协议，联手共建“西部数谷”、“冲浪”数字云端。

15日，由自治区人民政府主办、以“数聚宁夏·算领未来”为主题的首届“西部数谷”算力产业大会在银川开幕。

19日，自治区供销社出台《关于开展“绿色农资”升级行动实施方案(2022—2025)》，围绕全区“六新六特六优”产业，提高农业生产和农资利用效率，推进农业农村绿色发展。

22日，自治区自然资源厅、自治区林草局印发《宁夏回族自治区自然资源领域生态产品价值实现机制建设方案（试行)》。《方案》提出，将通过开展自然资源领域生态产品价值实现机制建设，逐步完善多元化的生态产品价值实现路径及自然资源领域支持政策体系，解决生态产品“难度量、难交易、难变现”等问题。

23日，自治区水利厅、财政厅制定的《宁夏回族自治区用水权收储交易管理办法》正式发布。《办法》完善了用水权制度，规范用水权确权、收储、交易及监管行为。

24日，《自治区贯彻落实〈国务院办公厅关于进一步优化营商环境降低市场主体制度性交易成本的意见〉任务分工方案》出台，从5个方面提出23项举措切实降低制度性交易成本，为各类市场主体健康发展营造良好环境，助力经济社会高质量发展。

29日，自治区财政厅、贺兰山东麓葡萄酒产业园区管理委员会联合发布《关于推进宁夏贺兰山东麓葡萄酒产业高质量发展的财政支持政策》，支持培育一批带动力强、竞争力强、品牌力强的龙头企业大力拓展国内外市场。

十月

3日，自治区党委召开稳经济补短板专题会议，并与部分中央驻宁企业座谈交流，为完成全年目标任务打下良好基础、创造有利条件。

4日，自治区商务厅等部门印发关于搞活汽车流通、扩大汽车消费的通知，聚焦汽车消费全领域，着力“拉动增量、盘活存量、畅通循环、带动关联”，全面释放汽车消费潜力，巩固自治区汽车消费回稳态势，促进汽车市场转型升级。

6日，自治区印发《关于高水平建设全国东西部科技合作引领区的实施方案》，从总体要求、重点任务、创新机制等方面明确了建设全国东西部科技合作引领区的方法、路径。《方案》进一步深化东西部科技合作，打造东西部跨区域协同创新样板，推动宁夏成为区域有影响力的科技创新高地。

8日，自治区党委、政府印发《宁夏回族自治区碳达峰实施方案》，明确实现宁夏碳达峰目标的十大行动。

9日，自治区党委办公厅、自治区人民政府办公厅印发《推进宁夏国家葡萄及葡萄酒产业开放发展综合试验区建设的政策措施》，从组织领导、基础配套、科技支撑能力、土地保障、财税金融服务、市场营销与品牌塑造6个方面推出20项政策措施，推进国家葡萄及葡萄酒产业开放发展综合试验区建设。

14日，自治区工业和信息化领域发布揭榜任务86项，实施揭榜项目76项，已取得阶段性成果336项，11个项目完成技术指标，通过项目验收。

24日，自治区前三季度实现进出口199.5亿元，同比增长66.2%，增速排名全国第1位。截至9月，进出口连续21个月保持正增长，连续15个月保持30%以上高位增长，连续5个月排名全国第一。

26日，贺兰山东麓葡萄酒国家地理标志产品保护示范区被国家知识产权局正式批准筹建，建设周期为3年。

27日，前三季度，宁夏直接出口各类蔬菜11.86万吨，货值1.02亿元，同比分别增长87.27%、78.35%。其中，中卫市出口新鲜蔬菜1.3万吨，宁夏优质食品农产品逐渐走出国门，“明星产区”的影响力日渐提升。

28日，在北京举办的第77个联合国日纪念活动暨招待会上，宁夏贺兰山东麓产区葡萄酒作为活动用酒惊艳亮相，为该产区葡萄酒走向多边外事活动舞台和“外交平台”开辟了路径。

十一月

1日，自治区《关于推进乡村旅游高质量发展的实施意见》出台。《意见》推出促进乡村旅游发展的19条政策举措，进一步提升全区乡村旅游发展质量和服务水平，充分发挥乡村旅游的综合带动作用，打造宁夏乡村旅游“升级版”，推动乡村全面振兴。

4日，宁夏回族自治区第十二届人民代表大会常务委员会第三十七次会议决定，批准《银川市水资源管理条例》。

5日，大武口生态工业旅游休闲集聚区和百瑞源枸杞工业旅游基地入选国家工业旅游示范基地。

6日，自治区发展改革委、财政厅会同有关部门研究印发《全区稳经济保民生政策措施》，聚焦稳经济、保民生，提出45条具体措施。

7日，国家开发银行宁夏分行发放38亿元能源保供专项贷款。

9日，厦门市鹭衫工贸进出口有限公司与海原县政府正式签订服装加工生产项目投资协议。该公司投资3000万元的服装加工项目落地海原县闽宁科技园，带动当地产业发展和群众增收。

10日，《宁夏“六新”产业高质量发展标准体系第1部分：新型材料》发布。标准体系以发挥宁夏区域优势、产业特色为主线，紧扣产业发展目标定位和重点任务，以高标准带动宁夏新材料产业高质量发展，加快构建现代化产业体系。

11日，《宁夏回族自治区氢能产业发展规划》印发，从发展环境、总体要求、空间布局、重点任务、保障措施5个部分，助推发展氢能产业。

同日，《银川市进一步促进工业经济平稳增长的若干措施》印发，从高效统筹疫情防控和经济发展、鼓励工业企业稳产增产、加大工业项目投资建设等方面，全力促进工业经济平稳增长。

12日，《京东11·11区域消费报告》出炉，2022年京东“双十一”期间，宁夏绿色产品成交额增长率为439.1%，全国排名第一；服务消费增长率为101.1%，全国排名第七；宁夏商家数量增长52%。

13日，“双十一”期间，自治区网络零售额实现22.71亿元，同比增长5.73%，高出全国0.88个百分点。

18日，宁夏贺兰山东麓葡萄酒产业园区管委会组织开展了2022年综试区高标准葡萄园评选活动，最终志辉源石、观兰、嘉地、利思（贺利种植基地）4家酒庄的葡萄种植基地被认定为综试区高标准葡萄园。

20日，工业和信息化部、中国工业经济联合会组织开展了第七批制造业单项冠军企业（产品）培育遴选，宁夏小牛自动化设备股份有限公司成功入选。

21日，生态环境部发布第六批“绿水青山就是金山银山”实践创新基地名单，宁夏贺兰山东麓葡萄酒产业园区、固原市隆德县成功入选。

23日，自治区供销社系统截至2022年10月底，通过闽宁协作推动宁夏优质农产品出塞入闽，实现线上线下销售额近2亿元。

25日，自治区自然资源厅印发《关于进一步强化建设项目用地标准审核工作的通知》，通过精准配置土地资源要素，推动土地资源节约集约高效利用。

26日，6万吨进口亚麻籽保税加工项目一期完成建设。项目将有效解决宁夏当前亚麻籽产业原料短缺问题，促进产业链上下游深度整合，加速构建高端、绿色、安全的亚麻籽产业体系。

28日，《宁夏回族自治区文化和旅游标准化工作管理办法》出台。

29日，黄河流域生态保护和高质量发展省际合作联席会议在银川召开。会议通过《黄河流域生态保护和高质量发展省际合作联席会议合作共识》，沿黄河各省将在生态环境共保联治、科技创新合作、产业发展联动、沿黄城市群建设、区域重大战略融合发展等方面深化交流合作。

30日，自治区发展改革委印发《宁夏回族自治区可再生能源发展“十四五”规划》。《规划》要求，进一步扩大太阳能热利用，创新商业模式，探索发展风电清洁供暖，加快构建现代能源体系，使可再生能源成为宁夏电力增量主体。

十二月

1日，自治区市场监督管理厅批准发布《宁夏“六特”产业高质量发展标准体系第3部分：牛奶》。标准涵盖一产农牧领域，二产工业领域乳制品加工、产品、检验检测，三产服务业领域产品追溯、社会化服务、品牌建设与保护、产业可持续发展等16个子体系。

2日，自治区召开全区安全生产工作电视电话会议，学习贯彻习近平总书记重要指示精神，通报全区安全生产和消防工作情况，部署推进年终岁尾安全生产工作。

3日，自治区市场监督管理厅批准发布了《宁夏“六特”产业高质量发展标准体系 第4部分：肉牛》。标准基本涵盖了肉牛全产业链的各环节，将增强宁夏肉牛品牌内生动力和创造力，助推肉牛产业振兴发展。

4日，国网宁夏电力有限公司提供的数据显示，1—11月，宁夏累计外送电量854.5亿千瓦时。至此，宁夏已累计外送电量突破6000亿千瓦时。

5日，自治区党委副书记、主席张雨浦主持召开自治区政府第141次常务会议，深入学习贯彻党的二十大精神，听取全区防范化解金融风险、加强食品药品安全和“双拥”工作等情况汇报，部署有关工作。

6日，银兰高铁中兰段（宁夏段）启动联调联试，意味着银兰高铁中兰段进入开通倒计时。该线路开通运营后，中卫至兰州列车运行时间将由5个小时缩短到1个多小时，成为我国西北地区连接华北、东北地区的快速客运通道。

11日，宁夏全面落实一系列促进工业经济持续向好发展政策措施，累计下达工业专项资金10.15亿元，退、减、缓各项税费225亿元。

13日，宁夏电网容量最大的共享式储能电站项目——宁夏穆和200兆瓦/400兆瓦时新能源储能电站接入中卫电网。该项目将在调峰、调频、削峰填谷等方面发挥积极作用，最大限度就地存储新能源所发的绿色电能，进一步提升电力系统安全稳定与新能源高效利用。

14日，随着防疫“新十条”发布，宁夏航空运力增加，航班逐步恢复。银川河东国际机场最新统计显示，该机场单日航班量已恢复至100架次以上，旅客吞吐量预计恢复至1万人次以上，创近3个月以来新高。

15日，自治区生态环境厅等12个部门联合印发《减污降碳协同增效实施方案》，明确强化生态环境分区管控、加强生态环境准入等21项举措，推进减污降碳协同增效，为宁夏生态环境质量改善和实现碳达峰碳中和战略任务的深度协同作出顶层设计。

同日，新修订的《自治区土地管理条例》经审议通过，将于2023年1月1日起施行。《条例》主要聚焦宁夏国土空间规划、耕地保护、建设用地、土地征收、土地监管等五方面重点领域和关键环节。

19日，自治区党委常委会召开会议，传达学习中央经济工作会议精神特别是习近平总书记重要讲话，研究部署贯彻落实工作。会议指出，要深刻领会会议明确的明年经济工作总体要求、5个方面政策取向、“六个统筹”战略要求，结合宁夏实际，不折不扣贯彻落实到明年经济工作全过程各方面。

20日，银川海关数据显示，前11月宁夏与中东17个国家达成贸易往来，贸易额同比增长72%。其中民营企业成为“主力军”，实现进出口8.1亿元，占比83.5%。

（根据宁夏新闻网、《宁夏日报》等信息整理）